알기 쉽게
풀이한

핵심

고사성어

알기 쉽게 풀이한

핵심 고사성어

장원일 지음

미래사

머리말

　　　　　　　　　　　　고사성어(故事成語)는 한자(漢字)가 곧 표
의문자(表意文字)라는 것을 가장 빛낸 역사적인 대표작이며 거의 2천년에 걸쳐 다
양한 사건을 함축한 것으로 수신제가치국평천하(修身齊家治國平天下)에 도움이 되
는 지극히 교육적이고 윤리적인 내용이다.

　그러나 고사성어는 한자로 되어 있어 접근과 터득이 용이하지 않으며, 중·고
등학생이나 한자를 배우지 못한 세대들의 경우에는 더욱 심하다고 생각한다.

　그래서 한자풀이와 용어풀이를 적용하여 이해를 증진시키는 데 중점을 두었
다. 실제로 한자는 우주 만물의 형상을 본떠서 만든 부수(部首)가 조합된 표의문
자로 창제되었다. 그러므로 고사성어를 이루는 한자 하나하나를 조합된 부수를
근거로 본래의 뜻을 풀이하여 전체 의미를 스스로 파악할 수 있도록 시도하였고,
그 다음 고사(故事)에 대한 유래는 핵심 줄거리를 중심으로 간략하게 재구성하여
짧은 시간에 요점이 파악(把握)할 수 있도록 작성하였으며, 성어(成語)의 전체 의
미는 직역(直譯)과 의역(意譯)으로 구분하여 응용과 적용의 확장성을 살리는 데
중점을 두었다.

고사성어는 고전입문(古典入門)의 도서로서 지혜(智慧)와 도덕(道德)이 담겨져 있고, 선악(善惡)과 시비(是非)가 제시되어 있으며, 뿐만 아니라 임금의 정치(政治), 신하(臣下)의 충성, 장수(將帥)의 전략, 인간의 신의(信義)와 절개(節槪) 등이 끊임 없이 소개되고 있다.

그러므로 군자(君子)의 자세로 학문을 배우고 덕(德)을 닦듯이 고사성어를 섭렵(涉獵)하여 보다 성숙된 지성인(知性人)으로 살아가기를 기대한다.

2021년 10월

장원일

※ 고사성어(故事成語)의 유래 요약은 아래 문헌을 참고하여 재구성한 것임.
1. 재미있는 한자교실 고사성어(한자교육연구회 출판)
2. 곁에 두고 보는 고사성어(나무의 꿈 출판)
3. 고사성어 대사전(예가 출판)
4. 기타 출판 도서

• 이해를 위한 5가지 해법(解法)

첫째

고사성어를 이루는 한자 하나하나를 자연과 우주 만물(萬物)의 형상을 본떠서 만든 부수(部首)의 근원설명을 적용하여 가급적 원래 의미에 맞도록 본뜻을 풀이.

둘째

고사성어의 유래(由來)는 쉽게 독해(讀解)나 파악이 가능토록 핵심(核心) 내용을 중심으로 요약(要約) 또는 보완(補完)하고 원본(原本)에 맞는 인명(人名)·지명(地名)·관직(官職) 및 벼슬명 등을 한자로 명기(明記)하고 각각 풀이.

셋째

고사성어의 유래에 대한 독해(reading comprehension)가 가능토록 문장에 나오는 일반 어휘(語彙)와 특수용어(特殊用語)를 별도로 제시하고 각각 알기 쉽게 풀이.

넷째

고사성어에 제시된 한자풀이와 용어풀이에서 어려운 어휘가 있을 경우에는 독해 중 불편함이 없이 완전 파악이 가능토록 추가로 재차 풀이.

다섯째

고사성어에 대한 본래의 의미는 단계별 발전과정을 거쳐 다양하게 상상(想像)하면서 이해가 가능토록 한자 자체의 뜻을 중심으로 1차 직역(直譯)을 하고, 다시 2차로 응용(應用)을 중심으로 의역(意譯)을 하여 풀이.

• 이 책(冊)의 3대 효과(效果)

첫째 역사적 의미 수천 년 동안 우리의 정서(情緒)와 사상(思想)과 언어문화(言語文化)와 함께 하였으며 앞으로도 인류(人類)가 존재하고 학문(學問)이 창조되는 한 살아있는 지식(知識)으로 널리 활용됨.

둘째 교육적 가치 한자(漢字)의 능력을 근본적으로 향상시켜 신문기사(新聞記事)·고전(古典)·종교(宗敎)·철학(哲學)·문학(文學) 등 전반적인 면에서 지식을 터득하는 데 기반이 됨.

셋째 인격적 수양 삶의 교훈(敎訓)과 지혜(智慧) 그리고 역사적으로 실제 상황에서 일어났던 판단력(判斷力)을 통한 깨달음과 정의(正義)에 입각한 목표 지향적인 품성(品性)을 갖추는 데 도움이 됨.

• STUDYING PROGRAM

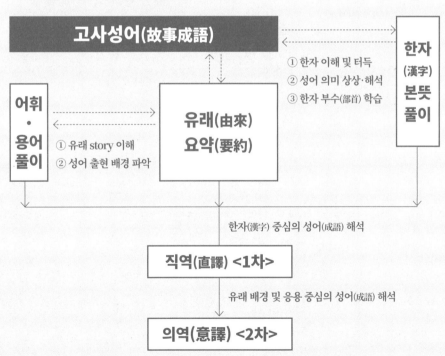

차례

군자(君子)의 자세로 학문을 배우고

덕德을 닦듯이고사성어를 섭렵涉獵하여

보다 성숙된 지성인知性人으로 살아가기를 기대한다.

각골난망
刻骨難忘

유래 요약 ————————

중국 한(漢)나라의 한 벼슬아치가 나랏돈을 잃어버려 벼슬자리도 잃고 감옥(監獄)에 가게 될 처지에 놓였다. 이때 그는 친구의 권유(勸誘)로 엄하지만 덕(德)이 많은 유명한 마을의 대감(大監)을 찾아 딱한 사정을 말씀드렸다. 그 대감(大監)은 며칠 후 하인(下人)을 시켜 그 벼슬아치에게 돈을 갖다 주며 돈 걱정은 하지 말고 나랏일을 열심히 하라고 부탁하였다. 그때 고마움을 느낀 벼슬아치는 하인(下人)에게 대감(大監)께 가서 각골난망(刻骨難忘)이라고 전해드리라 했다. 하마터면 그 벼슬아치는 벼슬자리를 잃고 감옥(監獄)에 갇힐 처지가 될 뻔한 것을 한 대감(大監)의 도움으로 모면(謀免)할 수 있었다.

뼈에 새기면서까지 은혜(恩惠)를 잊지 못한다는 이 말은 어떤 고사성어(故事成語)보다도 강조된 뜻이며 중국에서는 각골명심(刻骨銘心)이나 누골명심(鏤骨銘心)이라는 표현(表現)을 쓴다.

반대로 증오(憎惡)나 한(恨)을 잊지 못할 때는 "골수(骨髓)에 사무치다. 뼛골에 사무치다."라는 표현을 쓴다.

한자 풀이 ————————

① 각 刻 8 - 새길 각[刂(刀 : 칼 도)와 발음요소인 亥(지지 해)가 합해진 글자로 칼에 힘을 주어 '새기다' 뜻을 나타냄. 물건의 바탕을 칼로 파거나 조각하는. 바늘로 살갗을 찔러 글씨를 새기는]·깎을 각·모질 각·시각 각

* 刻(각)은 시간의 단위로 한 시간의 1/4인 15분을 나타냄.

② 골 骨 10 - 뼈 골[옛날에 점칠 때 쓰던 소 어깨뼈 모양을 본뜬 冎(살발라낼 과)와 月(肉 : 살 육)이 합해진 글자로 본래는 살 또는 몸속의 알맹이인 쇠뼈를 나타내며 이후 사람과 동물

의 뼈를 뜻함·뼈대 골·요긴한 골

③ **난 難** 19 - 어려운 난(란)[작은 새를 뜻하는 隹(새 추)와 堇(堇 : 진흙 근)이 합해진 글자로 진흙에 빠져 날개에 진흙이 묻은 새가 날지 못하고 어려움을 겪고 있다는 뜻을 나타냄]·어려워할 난(란)·난리(亂離) 난(란)·재앙(災殃) 난(란)·나무랄 난 또는 꾸짖을 난(란)

④ **망 忘** 7 - 잊을 망[心(마음 심)과 발음요소와 잃거나 없어진다는 뜻의 亡(없을 망)이 합해진 글자로 주의하는 마음이 없어서 기억하지 못한다는 뜻을 나타냄. 마음에 없어 기억하고 있던 과거의 사실이나 내용을 잊고 있는]·건망증(健忘症 : 잊어버리는 정도가 심한 증세) 망

용어 풀이 ────────

- 감옥(監獄) : 조선시대(朝鮮時代)의 형벌(刑罰) 집행(執行)에 관한 사무를 맡아보던 곳.
- 권유(勸誘) : 어떤 사람에게 좋은 뜻으로 말을 하여 어떤 행동이나 결정을 하도록 하는.
- 덕(德) : 사람을 대하는 올바르고 너그러운 마음이나 품성(品性).
- 대감(大監) : 조선시대(朝鮮時代)에 정2품(正二品) 이상의 관원(官員 : 관리, 벼슬아치)에 대한 존칭.
- 하인(下人) : 옛날에 남의 집에서 대대(代代)로 살면서 심부름·농사일 등 육체노동 같은 천(賤)한 일에 종사(從事)하던 사내종과 계집종을 이르는 말.
- 모면(謀免) : 어떤 위기(危機)나 불행(不幸)한 일을 도움을 받거나 꾀를 써서 벗어나는.
- 각골명심(刻骨銘心) : 銘(새길 명)으로 뼈에 새기고 마음에 새기는, 마음속에 깊이 새겨 두는.
- 누골명심(鏤骨銘心) : 鏤(새길 루)로 어떤 일을 뼈에 새길 정도로 마음속에 새겨 잊지 아니하는.
- 증오(憎惡) : 어떤 사람을 무슨 일로 인하여 몹시 미워하는.
- 골수(骨髓) : 뼛속·뼛골 또는 마음속을 비유하여 이르는 말.

직역 몸속 뼈에 새겨져 잊지 못한다는 뜻.

의역 입은 은혜를 마음속 깊이 새겨 결코 잊지 않는다는 뜻.

각주구검
刻舟求劍

*刻船求劍(각선구검)이라고도 씀.

유래 요약 ─────────

이 글은 『여씨춘추(呂氏春秋)』의 「찰금편(察今篇)」에 나오는 이야기다.

중국 춘추시대(春秋時代) 초(楚)나라의 한 병사(兵士)가 전투(戰鬪)에서 세운 공(功)으로 포상(褒賞) 휴가(休暇)를 받아 고향(故鄕)으로 가는 길에 나룻배를 타고 양쯔강(長江 : 장강)을 건너게 되었다. 배에 함께 탄 사람들이 병사(兵士)에게 전쟁(戰爭)터에서 있었던 이야기를 들려달라고 청(請)했다. 자랑하고 싶은 참에 그 병사는 손짓발짓을 해가며 자신의 무용담(武勇談)을 늘어놓았다. 배가 어느덧 수심(水深)이 깊은 중간쯤 지나갈 때 과격(過激)한 손놀림을 하다가 손에 쥐고 있던 소중(所重)한 칼(劍)을 강물에 빠뜨리고 말았다.

그 병사는 나중에 칼을 찾으려고 떨어뜨린 위치(位置)를 뱃전에다 긁어서 표시(表示)를 해놓고 칼이 떨어진 장소의 표증(表證)으로 생각하여 칼을 찾고자 하였다. 융통성(融通性)이 없는 그는 뱃전에 표시(表示)한 부분을 따라서 물속으로 들어가 칼을 찾으려 했으나 배가 이미 한참 지나가 버려 칼을 찾을 수가 없었다. 물이 계속 흐르고 배 또한 그 장소를 지나가 버렸으니 떨어뜨린 곳에서 그 칼을 찾을 리가 없었다.

여기서 그는 배가 움직여 가고 있다는 사실에 대한 상황(狀況) 판단(判斷)이 부족하여 엉뚱한 곳에서 빠뜨린 칼을 찾으려는 어리석은 자신을 알게 되었다.

한자 풀이 ─────────

① 각 刻 8 - 새길 각[刂(刀 : 칼 도)와 발음요소인 亥(지지 해)가 합해진 글자로 칼에 힘을 주어 '새기다' 뜻을 나타냄. 물건의 바탕을 칼로 파거나 조각하는, 바늘로 살갗을 찔러 글씨를 새기는]·깎을 각·모질 각·시각 각

   * 刻(각)은 시간의 단위로 한 시간의 1/4인 15분을 나타냄.

② 주 舟 6 - 배 주(통나무의 안을 깊게 파서 만든 배를 사람이 노를 저으며 앞으로 나가는 모

습을 나타낸 글자로 물 위에서 사람이 탈 수 있게 만든 쪽배나 나무판자를 붙여 유선형으로 작게 만든 배)

③ **구 求 7** - 구할 구(짐승을 잡아서 살과 뼈를 빼내고 털가죽만 쭉 펼쳐 놓은 모양을 본뜬 글자로 짐승을 잡거나 옷을 만들고자 통째로 말린 털가죽을 구한다는 뜻임. 일할 직장이나 사람을 찾는)·구걸(求乞)할 구·빌 구 또는 바랄 구·요할 구·탐낼(욕심을 내는) 구·가죽옷 구

④ **검 劍 15** - 칼 검[刂(刀 : 칼 도)와 발음요소인 僉(다 첨)이 합해진 글자로 날이 양쪽에 다 있는 칼을 나타냄. 전쟁에서 싸우는 무사나 병사들이 허리에 차는 칼]
  * 劍·劔(칼 검)은 무기용 칼을 뜻하며 刀(칼 도)는 생활용 칼을 뜻하며 劒은 劍의 옛날 한자임.

⑤ **선 船 11** - 배 선[舟(배 주)에 발음요소와 沿(물따라갈 연)이 생략된 㕣(산속의늪 연)이 합해진 글자로 물흐름을 따라 움직이는 배를 나타냄. 모터나 증기기관의 동력으로 고기를 잡거나 짐을 싣고 바닷가나 강 위를 떠다니는 배]·선박 선·옷깃 선

용어 풀이 ————————

• 여씨춘추(呂氏春秋) : 중국 진(秦)나라 때 재상(宰相) 여불위(呂不韋)가 쓴 사론서(史論書 : 역사에 관한 이론).

• 포상(褒賞) : 나라 발전에 공로가 있는 사람에게 칭찬하고 장려하여 상을 주는.

• 무용담(武勇談) : 싸움에서 용감하게 활약하여 공을 세운 이야기.

• 수심(水深) : 물의 깊이. • 소중(所重) : 매우 귀중한.

• 과격(過激) : 행동이나 주장·연설·이야기 따위가 지나치게 격렬한.

• 표증(表證) : 겉으로 드러나 보이는 사실을 증명할 수 있는 근거.

• 융통성(融通性) : 막힘이 없이 통하거나 돌아가는 상황에 따라 적절하게 처리하는 재주.

• 상황(狀況) : 어떤 일이 되어가는 형편이나 모양.

• 판단(判斷) : 어떤 대상의 참과 거짓, 선(善)과 악(惡), 아름다운 것과 추한 것 따위를 충분히 생각하여 현명하게 정하는.

직역 타고 가는 배에다 표시를 해 놓고 강물에 떨어뜨린 칼을 찾는다는 뜻.

의역 판단력(判斷力)이 부족하여 세상일에 어둡고 어리석다는 뜻.
　　　또는 낡은 생각만을 고집하여 이를 고치지 않는 어리석음을 뜻함.

간담상조
肝膽相照

유래 요약 ━━━━━━━

중국 당(唐)나라 황제인 헌종(憲宗)때 유종원(柳宗元)이 유주자사(柳州刺史)로 좌천(左遷)되었을 때 그의 친구 유몽득(劉夢得)도 파주자사(播州刺史)로 좌천되었다. 이때 유종원은 늙은 어머님을 홀로 두고 궁벽(窮僻)한 변방(邊方)으로 떠나는 유몽득의 처지(處地)를 알고 간청(懇請)하여 친구 대신 파주로 가면 좋겠다고 말했다. 이 사정을 보던 한유(韓愈)가 그 우정에 감복(感服)하여 유종원이 죽자 아래와 같이 묘지명(墓誌銘)을 썼다.

"사람이란 곤경(困境)에 처했을 때라야 비로소 참다운 절의(節義)가 나타나는 법이다. 평소에는 간담(肝膽)을 내보이며 죽는 한이 있어도 우정만은 변치 말자고 맹세한다. 그러나 이해관계가 생기면 눈을 부릅뜨고 언제 봤냐는 듯 안면(顔面)을 바꾼다. 더욱 함정(陷穽)에 빠져도 손을 뻗쳐 구해 주기는커녕 오히려 더 깊이 빠뜨리고 위에서 돌까지 던지는 인간(人間)이 이 세상(世上) 곳곳에 널려 있다."

한유(韓愈)와 유종원(柳宗元)은 당(唐)나라 시대를 대표(代表)하는 훌륭한 문벌(門閥)의 집안이다. 이들은 함께 고문부흥운동(古文復興運動)을 벌인 동지(同志)이며 오랜 세월(歲月) 두터운 우정(友情)을 나눈 절친(切親)한 친구였다.

한자 풀이 ━━━━━━━

① **간 肝 7** - 간 간[月(肉 : 몸 육)과 干(방패 간)이 합해져 신체에서 생명을 유지하는 간을 뜻하는 글자로 방패처럼 몸에서 쓸개즙 같은 독성물질을 만들어 병균의 침투를 막고 해독작용을 하는 기관을 뜻함]·속마음 간·화락(편안한 마음으로 화목하고 평화스럽게 즐기는)할 간·요긴할 간

② **담 膽 17** - 쓸개 담[月(肉 : 몸 육)과 발음요소인 詹(넉넉할 담)이 합해진 글자로 몸속의 간에 붙어 있는 쓸개를 나타냄. 간에서 분비되는 쓴 맛이 나는 소화액으로 쓸개즙을 일시 저장하는 주머니, 즉 담낭]·담클(두려워하지 않는 용감스러운 기운을 뜻하는 담력이 매우 큰) 담

③ **상 相 9** – 서로 상[본래 杖(지팡이 장)이 생략된 木(나무 목)과 살펴본다는 뜻의 目(눈 목)이 합해진 글자로 장님이 지팡이로 세상을 본다는 장님과 지팡이 관계에서 '서로'의 뜻을 나타냄]·볼 상·도울 상

④ **조 照 13** – 비칠 조[灬(火 : 불 화)와 발음요소와 햇빛이 밝게 비친다는 뜻의 昭(밝을 소)가 합해진 글자로 태양과 전등이 빛을 내며 세상이나 주변을 환하게 하는. 광선을 이용하여 어느 부분을 밝게 하는]·비출(어떤 물체나 지정 장소를 밝게 하는) 조·대조(對照 : 마주대고 비교하는)할 조

용어 풀이 ——————

- 유종원(柳宗元) : 중국 당(唐)나라 관리이자 시인(詩人), 신비주의를 배격한 자유·합리주의자.
- 자사(刺史) : 옛날 지방행정구역인 주(州)의 으뜸 벼슬을 뜻함.
- 좌천(左遷) : 낮은 관직(官職)이나 지위로 떨어지거나 지방으로 근무지를 옮기는.
- 궁벽(窮僻) : 산길이나 물가가 매우 깊게 들어가 있고 으슥한 곳.
- 변방(邊方) : 변두리나 가장자리가 되는 쪽.
- 문벌(門閥) : 대대로 내려오는 가문의 사회적 지위나 등급.
- 처지(處地) : 현재 처해 있는 사정(事情)이나 형편.
- 간청(懇請) : 지성스럽고 간곡하게 청하는.
- 한유(韓愈) : 크게 내세울 문벌이나 배경 없이 어렵게 관직에 오른 당(唐)나라의 문학가이자 사상가.
- 감복(感服) : 마음에 깊이 느끼어 충심으로 복종하며 따르는.
- 묘지명(墓誌銘) : 무덤 옆에 파묻은 돌에 죽은 이의 성씨와 벼슬, 덕(德)과 공로 등을 새긴 글.
- 절의(節義) : 절개와 의리 즉 신념·신의를 굽히거나 변하지 아니하며 사람으로서 바른 도리를 지키는.
- 고문부흥운동(古文復興運動) : 중국 당(唐)나라 시대에 한유(韓愈) 등에 의해서 제창된 운동으로 고문(古文)에서 기교에 얽매이지 않고 생각한 것을 그대로 표현할 수 있는 문체(文體)를 추구하자는 운동.

직역 서로 간과 쓸개를 내비치며 줄 정도로 의리가 강한 사이를 뜻함.

의역 상호간에 진심을 터놓고 격의 없이 사귀거나 마음이 잘 맞는 절친한 친구를 뜻함.

강안여자
强顔女子

유래 요약 ────────

중국 제(齊)나라 무염읍(無鹽邑) 출신의 종리춘(鍾離春)이라는 여자가 있었다. 그녀의 생김새는 절구 머리에 퀭하니 들어간 눈, 남자 같은 골격, 들창코, 성년 남자처럼 목젖이 나와 있는 두꺼운 목, 숱이 적은 머리털, 허리는 굽고 가슴은 돌출되었으며 피부는 옻칠을 한 것과 같았다. 그녀 나이 서른이 된 어느 날 선왕(宣王)을 한번 만나보기를 원하여 알자(謁者)에게 이렇게 말했다.

"저는 제(齊)나라에서는 팔리지 않는 여자입니다. 군왕(郡王)의 성스러운 덕(德)에 대해 들었습니다. 원컨대 후궁(後宮)으로 들어가 사마문(司馬門) 밖에서 살 수 있도록 해주십시오. 왕께서는 허락하실 것입니다."

알자(謁者)는 그녀의 이 말을 신하(臣下)들과 함께 자리를 하고 있는 선왕에게 보고했고 선왕은 그 자리에서 좌우를 둘러보며, "이 자는 천하(天下)에서 가장 뻔뻔스런 여자이다."라고 말하며 궁(宮)에 들어오려는 이유를 물었다. 그녀는 현 문제를 지적하였는데 선왕은 그녀의 충고대로 나라를 재정비하고, 그녀를 왕후(王后)로 맞아들였다.

이후 견줄 데 없이 못생긴 여자를 무염녀(無鹽女)라고 하였다.

한자 풀이 ────────

① **강 强 11** - 강할 강[弓(활 궁)과 뱀의 머리 모양인 厶(마늘 모·마늘모 모)와 뱀이 몸을 웅크리고 있는 모습인 虫(뱀 훼)가 합해진 글자로 활을 쏘아 꾸불거리며 가는 살모사 머리에 화살을 꽂히게 했다는 데서 '강하다'의 뜻을 나타냄]·억지쓸 강·굳셀 강·나머지 강·힘쓸 강·벼슬할 강·억지로 강·강제할 강

② **안 顔 18** - 얼굴 안[頁(머리 혈)과 발음요소와 얼굴과 머리를 아름답게 꾸민 모습을 뜻하는 彦(선비 언)이 합해진 글자로 예쁘게 화장한 사람 머리의 앞쪽 면을 나타냄. 선한 마음과 지혜를

갖춘 선비 같이 이마가 훤하고 맑은 표정을 한 모습]·빛(얼굴의 색과 표정) 안·색채(色彩) 안

③ **여 女 3** - 여자 여(녀)(두 손을 모으고 무릎을 꿇고 얌전하게 앉아 있는 여성으로 태어난 사람을 나타냄. 본래는 나라의 의식을 맡아보는 제사장이 하느님께 제사를 지내는 모습이었음)·계집 여·너 여

④ **자 子 3** - 아이 자 또는 아들 자(머리와 양쪽으로 벌리고 있는 두 팔과 포대기에 두 발이 싸여진 갓 태어난 아기의 모습을 본뜬 글자로 어린 아이를 나타냄)·자식 자·당신 자·자네 자·씨 자·경칭 자·사람 자·첫째지지 자

　　* 子(자)는 兒女子(아녀자), 菓子(과자), 卓子(탁자), 酒煎子(주전자)처럼 접미사로 쓰임.

용어 풀이 ───────────

- 선왕(宣王) : 발해의 제10대 왕. 발해의 중흥군주로 해동성국의 칭호를 얻었고 학술을 진흥시켰음.

　* 중흥군주(中興君主) : 쇠퇴하던 나라를 다시 일으킨 임금.

　* 해동성국(海東盛國) : 바다의 동쪽에 있으며 왕성하게 번성하여 세력을 떨친 나라.

- 알자(謁者) : 요청을 받아 지체가 높고 귀한 분이나 왕을 찾아뵙도록 주선하는 사람.

- 군왕(郡王) : 옛날 중국에서 황제(皇帝)의 가까운 친족에게 주던 벼슬과 지위인 작위(爵位).

- 덕(德) : 올바르고 너그러운 마음과 공정하고 포용성 있는 품성.

- 후궁(後宮) : 제왕(諸王)의 본 아내가 아닌 첩 또는 애첩(愛妾).

- 사마문(司馬門) : 임금이 거처하는 대궐(大闕)의 바깥문.

- 지적(指摘) : 어떤 사람이나 대상, 사물을 꼭 집어서 가리키거나 허물을 드러내어 폭로하는.

- 충고(忠告) : 남의 결함이나 잘못을 진심으로 타이르는 또는 그런 말.

- 재정비(再整備) : 현재 상태나 문제를 다시 정돈하여 갖추는.

- 왕후(王后) : 임금의 아내 또는 왕의 부인.

직역 얼굴이 특별히 강하게 생긴 여자라는 뜻.
의역 수치심을 모르는 낯가죽이 두꺼운 뻔뻔한 여자라는 뜻.

개과천선
改過遷善

유래 요약 —————

중국 진(晉)나라 때 '주처'라는 사람이 있었는데 그는 10살에 아버지를 여의고 마음
둘 데가 없어 방황(彷徨)하기 시작하였다. 그 후 주처는 성질이 포악(暴惡)해져 아이들과
싸움만 하고 예의(禮義)도 없었다.

그러던 중 주처는 우연히 마을 사람들이 흉보는 소리와 함께 죽은 아버지의 이야기
를 꺼내며 이 마을에서 없어져야 할 골칫거리라는 말을 듣게 된다.

그제야 놀란 주처는 그 말을 듣고 마을을 떠나게 되었고 어느 학자(學者)를 만나 자
기의 처지(處地)를 말하는 기회를 갖게 된다. 그 학자(學者)는 지난날의 잘못을 뉘우치고
새 사람이 되면 언젠가는 자네의 뜻을 알아줄 것이라고 말해주었다. 그 후 주처는 과
거의 허물을 깨닫고 학문(學問)에만 전념(專念)한 끝에 훌륭한 학자(學者)가 되어 높은 벼
슬을 얻게 되었다.

이렇듯 개과천선(改過遷善)은 지난 잘못을 뉘우치고 허물을 고쳐 착하게 되었다는 뜻
으로 주처의 이야기에서 유래(由來)되었다고 한다.

한자 풀이 —————

① 개 改 7 - 고칠 개 또는 바로잡을 개[어린 아이의 형상인 巳(뱀 사)가 변형된 己(몸 기)와 손
에 회초리를 들고 있는 모양인 攴(칠 복)이 변형된 攵(복)이 합해진 글자로 '바로 잡다'의 뜻
을 나타냄. 나쁜 행실을 회초리로 쳐서 바르게 고치거나 잘못된 내용·제도·건물구조 등을
고치어 다시 만드는]

② 과 過 13 - 지날 과[辶(길갈 착)과 발음요소와 한쪽으로 쏠려 있다는 뜻의 咼(입비뚤어질 와)
가 합해진 글자로 '지나다, 도를 넘다'의 뜻을 나타냄. 현재나 어느 시점이 이미 지나간]·지

나칠 과·허물 과·뛰어날 과

③ **천 遷 16** - 옮길 천[辶(길갈 착)과 발음요소와 사람이 새로 거주할 성(城)으로 옮긴다는 뜻의 曑(옮
길 천)이 합해진 글자로 '옮겨가다'의 뜻을 나타냄. 임금이 머무는 도읍이나 직장, 벼슬을 이동하
는]·바꿀(나쁜 버릇을 좋은 버릇으로 고치는) 천·바뀔 천·천도(遷都) 천·귀양(歸鄕)보낼 천

④ **선 善 12** - 착할 선[본래 정의로움을 상징하는 羊(양 양)과 誩(다툴 경)으로 이루어진 譱(선)
의 글자로 두 사람이 제사의 희생물로 좋은 양(羊)을 바치기 위해 서로 의논한다는 뜻을 나
타냄. 옳은 이치를 따르고 양심이 있으며 도덕을 갖춘 인간의 행동을 하는]·잘할 선·좋을
선·사이좋을 선

용어 풀이 ──────

• 주처(周處) : 어릴 때 나쁜 평판을 받았다가 고쳐먹고 학문에 정진하여 충신(忠臣)이 되었으며 후에
어사중승(御史中丞)까지 지낸 인물.

  * 어사중승은 임금의 명령을 받고 지방에 파견된 중승 벼슬을 뜻함.

• 방황(彷徨) : 갈 길을 잃고 거리를 이리저리 돌아다니거나 일정한 목적과 방향 없이 헤매는.

• 포악(暴惡) : 예의도 없고 도의심(道義心)도 없는 야만인(野蠻人)처럼 행동이 사납고 악한.

• 예의(禮義) : 어른에게 겸손(謙遜)한 태도(態度)로 대하는 등 사람이 행하고 지켜야할 도리(道理).

• 학자(學者) : 학문(學問)에 통달(通達)하거나 학문을 연구(硏究)하는 사람.

• 학문(學問) : 어떤 분야를 체계적으로 배워서 익힘. 또는 그런 지식.

• 전념(專念) : 오로지 한 가지 일에만 마음을 쓰는.

• 허물 : 잘못이나 그릇되게 저지른 실수 또는 흉(남에게 비웃음을 살만한 꺼리).

• 유래(由來) : 사물이나 일이 어떤 것에 기인하여 생겨나거나 일어나는, 어떤 일이 지나온 과정.

직역 지난날의 잘못이나 허물을 고치고 착한 사람이 된다는 뜻.
의역 과거의 잘못된 행실에서 벗어나 새로운 선(善)한 삶을 추구한다는 뜻.

거경지신
巨卿之信

유래 요약 ————

자(字)가 거경(巨卿)이고 산양(山陽) 금향(金鄕) 사람인 범식(范式)이는 어려서부터 태학(太學)에서 학문을 하는 유생(儒生)이었다. 그는 그곳에서 여남(汝南) 출신인 장소(張劭)를 만나 친구가 되었다. 장소(張劭)의 자(字)는 원백(元伯)이다.

어느 날 두 사람은 함께 고향(故鄕)으로 돌아가는 이야기를 하게 되었다. 범식이는 장소에게 말했다.

"2년 후에 돌아갈 때는 먼저 자네 양친(兩親)에게 절하고서 자네를 보겠어." 그리고 기일(期日)을 약속(約束)했다. 그 약속한 날이 다가오자 장소(張劭)는 어머니에게 그를 위해 음식을 준비해 줄 것을 부탁했다. 이에 장소의 어머니는 이렇게 말했다. "2년간 천리(千里)나 되는 먼 곳에 떨어져 있는데 어찌 약속을 지킬 수 있겠느냐?" 그러자 장소는 "거경(巨卿)은 신의(信義)가 있는 선비입니다. 반드시 약속을 지킬 것입니다."

어머니는 말했다. "그렇다면 당연히 술을 준비해야지." 거경(巨卿)은 약속 날짜에 도착하여 당(堂)에 올라가 원백(元伯)의 양친에게 절을 하고 나와 함께 술을 마시고 한껏 회포(懷抱)를 푼 후에 헤어졌다.

서로 임지(任地)를 따라가 떨어져 있어도 신의(信義)를 지키기 위해서는 천릿길의 고난(苦難)도 마다하지 않고 가는 것이 선비의 길이다.

한자 풀이 ————

① 거巨 5 - 클 거[목공 같은 장인(匠人)이 사용하는 손잡이가 달린 곱자 모양을 본뜬 글자로 본래는 곱자(曲尺 : 곡척)를 나타내며 '크다'의 뜻은 빌려 쓴 것임. 몸의 크기나 사업·연구 등의 규모·정도가 보통보다 몹시 큰, 문학·예술·과학·기술·정치 등 어떤 분야에서 특히 뛰어난

인물을 뜻함]

② **경 卿[卿]12** - 벼슬 경[두 사람이 마주 보는 모습인 卯(토끼 묘) 사이에 흰밥을 뜻하는 白(흰 백)과 匕(숟가락 비)가 더해진 글자로 본뜻은 두 사람이 음식을 마주보고 앉은 모양이며, 이후 王(왕)의 음식을 시중드는 높은 벼슬을 나타냄]·벼슬이름(영의정·좌의정·우의정·정승) 경

③ **지 之 4** - 갈 지[두 발을 뜻하는 止(발 지)와 출발선을 뜻하는 一(가로획)을 그어 만든 글자로 한 발을 떼고 막 출발하려는 모습을 나타냄]·이를 지·이 지·어조사(~의, ~가, ~이, ~을) 지

④ **신 信 9** - 믿을 신[亻(人 : 사람 인)과 言(말씀 언)이 합해진 글자로 사람의 말은 곧 지켜야할 약속이므로 '믿는다'라는 뜻을 나타냄. 의심이 없고 틀림없다고 생각하는]·펼 신·진실로 신·맡길 신·사신 신

   * 펼 신은 몸을 길게 펴거나 세력을 넓히거나 종교를 널리 전하는, 사신(使臣) 신은 외국에 파견되는 신하.

용어 풀이 ─────────

- 자(字) : 남자가 성인(成人)이 되었을 때 기호나 덕(德)을 고려하여 본 이름 외에 지어 부르는 이름.
- 태학(太學) : 국립학교로 귀족의 자제를 대상으로 또는 인재 양성을 위해 교육하는 최고 학부 기관.
- 유생(儒生) : 공자(孔子)의 가르침을 근본으로 삼는 유학(儒學)을 공부하는 선비.
- 기일(期日) : 작성한 날짜, 정한 날짜, 기한 날짜.
- 신의(信義) : 믿고 의지하는 신뢰와 올바른 도리를 뜻하는 의리를 뜻함.
- 회포(懷抱) : 마음속에 품은 그리워하던 좋은 생각 또는 품고 있는 정(情).
- 임지(任地) : 나라나 직장에서 임무를 받아 근무하는 곳.
- 고난(苦難) : 괴로움과 어려움을 아울러 이르는 말. 극복하기 어려울 정도로 고통스러운.
- 선비 : 학식(學識)과 인품(人品)을 갖춘 사람으로 특히 유교이념을 구현하는 신분계층을 지칭하는. 옛날에 학식은 있으나 벼슬하지 아니한 사람 또는 어질고 순한 사람을 비유하여 이르는 말.

   * 유교이념(儒敎理念) : 공자(孔子)가 주장한 유학(儒學)을 이상적인 것으로 여기는 관념.

직역 거경(巨卿) 즉, 범식(范式) 같은 친구의 신뢰와 의리를 뜻함.
의역 굳은 약속을 지키는 인품이 있는 선비 같은 사람을 뜻함.

건곤일척
乾坤一擲

유래 요약 ─────

"용(龍)은 지치고 범(虎)도 고달파 강(江)과 들을 나누었다. 억만창생(億萬蒼生)의 목숨이 살아남게 되었네. 누가 임금을 권해 말(馬)머리를 돌리게 하여 참으로 한 번 던져 하늘(乾)과 땅(坤)을 걸게 만들었던고……."

위의 문장은 당(唐)나라 때 한유(韓愈)가 홍구(鴻溝)라는 지방을 지나가다가 초(楚)나라와 한(漢)나라가 싸울 때의 옛 일이 생각나 지은 시(詩)이다. 그 당시 진시황(秦始皇)이 죽자, 항우(項羽)와 유방(劉邦)의 두 세력이 나타나 홍구(鴻溝)를 경계선으로 천하(天下)를 동쪽은 항우(項羽)의 초(楚)나라로 서쪽은 유방(劉邦)의 한(漢)나라로 갈라지게 하였다. 이리하여 일단 싸움은 중단되고 억만창생(億萬蒼生)들도 숨을 돌리는가 했는데 유방(劉邦)의 부하(部下)들이 서쪽으로 돌아가는 유방(劉邦)의 말(馬)머리를 돌려 천하(天下)를 걸고 승부(勝負)를 결정짓는 도박(賭博)을 벌이게 되었다.

여기서 건곤(乾坤)은 하늘과 땅이라는 뜻이고 일척(一擲)은 한 번 던진다는 뜻이다. 다시 말해서 이기면 하늘과 땅이 다 내 것이고 지면 하늘과 땅을 다 잃게 되는 도박(賭博)을 한다는 뜻이다. 유방(劉邦)이 걸고 한 것은 사실 글자 그대로 하늘과 땅이었지만 지금 우리들이 쓰고 있는 뜻은 무엇이든 자기의 운명(運命)을 걸고 흥망(興亡) 간에 최후의 모험(冒險)같은 것을 하는 것이 건곤일척(乾坤一擲)이다.

한자 풀이 ─────

① 건 乾 11 - 하늘 건[軋(해돋을 간)과 식물이 자라는 모습의 乙(새 을)이 합해진 글자로 햇빛을 받으며 초목이 자라는 모습을 나타냄. 태양빛이 가득찬 지구 위의 넓은 공간]·임금 건·아비 건·남자 건·남편 건·건성 건·괘이름 건·건괘 건·마를 건(간)

② 곤 坤 8 - 땅 곤[번개의 모습을 그린 申(펼 신)과 土(흙 토)가 합해진 글자로 만물 생성의 근

원지인 땅을 뜻함. 흙이 좌우 사방으로 넓게 펼쳐진 곳]·순할 곤·괘이름(성질이 부드럽고 온

순하며 하늘·왕·남자에 대하여 땅·왕비·여자를 뜻함) 곤

  ＊ 건곤(乾坤)은 태극기(太極旗)의 건괘(乾卦)와 곤괘(坤卦)를 이루며, 감괘(坎卦)와 리괘(離卦)와 함께

    하늘과 땅·달과 해를 상징하며 무량무궁(無量無窮)한 광명(光明)을 나타내며 나아가 우주의 운행과 사

    물의 순환과 인류의 발달이라는 큰 의미를 품음.

③ 일 一 1 - 한 일(한 획으로 가로선을 그어 만든 글자 또는 산가지 한 개를 가로놓아 만든 글자

로 1·2·3·4…로 된 아라비아 숫자에서 1을 가리킴)·하나 일·첫째 일·오로지 일·땅 일

④ **척 擲 18** - 던질 척[扌 (手 : 손 수)와 발음요소와 擿(던질 척)과 통하는 鄭(나라이름 정)이 합해진

글자로 물체를 손으로 집어 멀리 던진다는 뜻을 나타냄. 도박이나 놀이를 할 때 손으로 주사

위나 윷 등을 멀리 던지는. 흥망을 걸고 승부를 겨루기 위하여 돈이나 힘을 다 바치는]

용어 풀이 ————

- 억만창생(億萬蒼生) : 숫자로 억만이나 되는 백성 즉, 그 나라의 모든 백성 또는 세상 모든 사람을 뜻함.
- 한유(韓愈) : 집안에 사회적 지위나 배경이 없이 관직에 오른 당(唐)나라의 정치가·사상가이자 문학가.
- 진시황(秦始皇) : 최초로 중국 대륙을 통일하고 부국강병책(富國强兵策)으로 중앙집권적 국가인 진(秦)

  나라를 세운 황제.

- 항우(項羽) : 중국 진(秦)나라 말기 때 장수이며 초(楚)나라를 세운 황제.
- 유방(劉邦) : 중국 진(秦)나라 말기 때 장수이며 한(漢)나라를 세운 황제.
- 승부(勝負) : 싸움이나 전쟁 또는 도박에서 이김과 짐이나 승리와 패함을 뜻함.
- 도박(賭博) : 주사위나 화투 등 어떤 놀이 기구를 가지고 돈이나 재물을 걸고 서로 따먹기로 다투는 짓.
- 흥망(興亡) : 잘되어 일어남과 못되어 없어지는, 번성하여 잘되어 가거나 잘못하여 망하는.
- 모험(冒險) : 위험을 무릅쓰거나 생사(生死)를 걸고 어떠한 일을 하는.

직역 하늘과 땅을 걸고 한 번 던져 이기고 짐을 가린다는 뜻.

의역 모든 것을 걸고 또는 운명을 걸고 온 힘을 기울여 겨루는 마지막 한판 승부를 뜻함.

    즉, 한 번에 결정적인 영향을 주는 단판걸이 행동을 뜻함.

검려지기
黔驢之技

유래 요약 —————

옛날 중국의 검(黔 : 지금의 귀주성(貴州省))에 사는 호기심(好奇心) 많은 한 사람이 처음으로 당나귀 한 마리를 구해 배로 실어 왔다. 그는 당나귀를 다룰 줄을 몰라서 산 속에 방치(放置)해 두었는데 어느 날 당나귀를 처음 본 호랑이가 신령(神靈)한 짐승이라고 생각하고 무서워 몸을 숨긴 채 당나귀의 동정(動靜)을 살폈다. 그때 당나귀가 갑자기 소리 높여 울었다. 그 소리를 들은 호랑이는 '자기를 잡아먹으려는 것이다'라고 생각하고 황급(遑急)히 도망을 쳤다.

며칠이 지나자 호랑이는 당나귀의 주위를 서성거려 보았으나 당나귀가 아무 반응이 없어 슬쩍 당나귀의 본성(本性)을 시험(試驗)해 보려고 일부러 덤벼들어 보았다. 그러자 당나귀는 화가 나서 호랑이에게 어설픈 뒷발질을 하였다. 이 서투른 동작을 본 호랑이는 "뭐야. 요 정도야!" 하며 당나귀에 덤벼들어 순식간에 잡아먹어 버렸다.

이 글은 기술(技術)·기능(技能)이 졸렬(拙劣)함을 비유하거나 또는 자신의 재주가 보잘 것 없음을 모르고 나서거나 우쭐대다가 창피(猖披)를 당하거나 화(禍)를 자초(自招)함을 비유한 우화(寓話)로 유종원(柳宗元)의 『삼계(三戒)』에 실려 있다.

한자 풀이 —————

① 검 黔 16 - 검을 검[굴뚝의 그을음을 뜻하는 黑(검을 흑)과 발음요소인 今(이제 금)이 합해진 글자로 짐승의 털이나 연기 등의 색깔이 시커멓게 검은. 누런빛을 띤 검은 색을 뜻함]

* 黔(검)은 동사로 '검은 색으로 표시하다'로 씀.

② 려 驢 26 - 나귀 려(여)[馬(말 마)와 발음요소인 盧(검을 로)가 합해진 글자로 말 짐승과 비슷한 나귀를 나타냄. 나귀는 당나귀의 준말로 말(馬)과 비슷하나 몸체가 작고 목에 긴 털이 없는 가축을 뜻함]

③ **지 之 4** - 갈 지[두 발을 뜻하는 止(발 지)와 출발선을 뜻하는 一(가로획)을 그어 만든 글자로 한 발을 떼고 막 출발하려는 모습을 나타냄]·이를 지·이 지·어조사(～의, ～가, ～이, ～을) 지

④ **기 技 7** - 재주 기[扌(手 : 손 수)와 발음요소와 섬세한 일을 뜻하는 支(가를 지)가 합해진 글자로 손에 나뭇가지를 들고 물건도 만들고, 악기도 연주하고 짐승도 부리는 다양한 능력을 나타냄]·재능(才能 : 기계·공작·운동경기·음악·미술 등을 다루는 능력이 뛰어난) 기

용어 풀이 ————————

• 호기심(好奇心) : 새롭고 신기하거나 이상한 것을 좋아하거나 모르는 것을 알고 싶어 하는 마음.

• 방치(放置) : 사물이나 쓰레기 등을 아무 곳에 버려두거나 동물을 자유롭게 그냥 풀어놓는.

• 신령(神靈) : 이상하고 놀라울 정도로 신기하고 묘한 존재 또는 풍습으로 섬기는 모든 신(神).

• 동정(動靜) : 상대방의 움직임과 활동하는 낌새나 사물의 현상이 벌어지는 상태.

• 황급(遑急)히 : 어떤 갑작스런 일로 당황하고 허둥지둥할 정도로 매우 급한.

• 본성(本性) : 반응을 드러내는 사람이나 동물의 타고난 본래의 성질.

• 시험(試驗) : 성질이나 반응 또는 재능이나 실력 등을 실지로 알아보는 일.

• 졸렬(拙劣) : 하는 일이 서투르고 천하며 마음과 생각이 변변치 못한.

• 화(禍) : 홍수·지진·화재·사고 등의 재앙과 모질고 사나운 운수.

• 자초(自招) : 어떤 결과나 현상을 제 스스로 불러 일으키거나 가져오게 하는.

• 우화(寓話) : 동식물에 인간의 감정을 부여하여 사람과 꼭 같이 행동하게 함으로써 그들이 빚은 유머 속에 교훈을 나타내는 이야기.

• 삼계(三戒) : 사람이 삼가야할 세 가지 계명(戒名) - ①청년기의 정욕(情慾) ②장년기의 투쟁(鬪爭) ③노년기의 탐욕(貪慾).

직역 당나귀의 서투른 뒷발질하는 재주라는 뜻.

의역 보잘 것 없는 기량(氣量)을 비웃는다는 뜻. 또는 어설픈 재주로는 화(禍)를 당한다는 뜻.

009

견토지쟁
犬兎之爭

유래 요약

중국 춘추전국시대(春秋戰國時代) 제(齊)나라 왕(王)에게 중용(重用)된 해학(諧謔)과 변론(辯論)에 뛰어난 순우곤(淳于髡)은 제(齊)나라 왕(王)이 위(魏)나라를 치려고 하자 이렇게 진언(進言)했다.

"한자로(韓子盧)라는 매우 날쌘 개가 동곽준(東郭逡)이라는 재빠른 토끼를 뒤쫓았습니다. 수십 리(里) 거리의 산기슭을 세 바퀴나 돌고 가파른 산꼭대기를 다섯 번이나 올라갔다 내려와서 개도 토끼도 모두 지쳐서 죽고 말았습니다. 즉, 제(齊)나라와 위(魏)나라는 오랫동안 대치(對峙)하는 바람에 지금 군사(軍士)도 백성(百姓)도 지쳐서 사기(士氣)가 말이 아닌데 서쪽의 진(秦)나라나 남쪽의 초(楚)나라가 이를 기화(奇禍)로 '전부지공(田夫之功)'을 거두려 하지 않겠습니까?"

이 말을 들은 왕(王)은 위(魏)나라를 칠 생각을 버리고 오로지 부국강병(富國强兵)에만 힘썼다고 한다.

이 글은 양자(兩者)의 다툼에 제삼자가 힘들이지 않고 이(利)를 봄을 비유한 우화(寓話)로 어부지리(漁父之利)·방휼지쟁(蚌鷸之爭)과 비슷한 말이다.

한자 풀이

① 견 犬 4 - 개 견[서 있는 사람을 뜻하는 大(큰 대)와 사람 곁에 늘 붙어 있는 개의 모습인 丶(점 주)가 합해진 글자로 영리하고 냄새를 잘 맡는 집에서도 기르는 짐승을 뜻함]

　* 일반적으로 犬(견)은 길들여져 복종을 잘하는 개를 뜻하며 丶(점)은 짐승의 눈이나 짐승 자체를 뜻하기도 함.

② 토 兎[兔] 7 - 토끼 토[한쪽 귀가 꺾인 토끼의 귀 모양을 본뜬 ⼃와 몸통과 발과 꼬리의 모양인 兇이 합해진 글자로 귀가 크고 뒷다리가 발달하였으며 꼬리가 짧고 작은 짐승으로 집

토끼와 산토끼가 있음]

③ 지 之 4 - 갈 지[두 발을 뜻하는 止(발 지)와 출발선을 뜻하는 一(가로획)을 그어 만든 글자로 한 발을 떼고 막 출발하려는 모습을 나타냄]·이를 지·이 지·어조사(~의, ~가, ~이, ~을) 지

④ 쟁 爭 8 - 다툴 쟁[한 손을 뜻하는 爫(爪 : 손톱 조)와 다른 손을 뜻하는 彐(又 : 손 우)와 중요한 물건을 뜻하는 亅(갈고리 궐)이 합해진 글자로 어떤 사람이 손에 잡고 있는 물건을 다른 사람이 강제로 빼앗는다는 뜻을 나타냄. 운동시합이나 전쟁 등에서 이기려고 싸우는]·간할 쟁 또는 간쟁(諫爭)할 쟁

용어 풀이 ─────

• 중용(重用) : 능력이 탁월한 사람에게 중요한 직무를 맡겨 일을 하게 한다는 뜻.

• 해학(諧謔) : 듣는 사람이 공감이 가도록 어떤 사실을 웃음이 유발되도록 우스꽝스럽게 하는 농담.

• 진언(進言) : 앞으로 다가가서 임금이나 상관에게 자기의 의견을 말하는.

• 사기(士氣) : 기운이 넘치거나 의욕이나 자신감이 충만하여 굽힐 줄 모르는 기세.

• 기화(奇禍) : 뜻밖에 일어나는 재난이나 재앙.

• 전부지공(田夫之功) : 밭에서 농사일을 하던 농부가 다투다 죽은 개와 토끼를 얻어 횡재한다는 뜻. 엉뚱한 제삼자가 힘을 들이지 않고 이득이나 이익을 본다는 뜻.

• 부국강병(富國强兵) : 나라를 경제적으로 부유하게 하고 군사력을 강하게 한다는 뜻.

• 우화(寓話) : 동식물에 인간의 감정을 부여하여 사람과 꼭 같이 행동하게 함으로써 그들이 빚은 유머 속에 교훈을 나타내는 이야기.

• 방휼지쟁(蚌鷸之爭) : 蚌(방합 방)·鷸(도요새 휼). 도요새와 방합의 싸움을 뜻함. 즉 도요새는 민물조개인 방합을 보고 그 살을 먹으려고 하고 방합은 양쪽 껍데기를 오므리면서 도요새의 주둥이를 물고 서로 싸우는.

직역 개와 토끼가 함께 패하는 다툼이라는 뜻.

의역 양자(兩者)의 다툼에 제삼자가 힘들이지 않고 뜻밖에 이득을 보거나 재물을 얻는다는 뜻.

결초보은
結草報恩

유래 요약 ───────

중국 춘추시대(春秋時代) 진(晉)나라에 위무자(魏武子)라는 사람이 있었다. 그가 병들게 되자 아들인 위과(魏顆)에게 자기가 죽거든 네 서모(庶母)를 개가(改家)시키라고 유언(遺言)을 하였다. 그러나 죽음에 임박하자 말을 바꾸어 순장(殉葬)을 시키라고 하였다. 아들 위과(魏顆)는 정신이 보다 맑았을 때의 부탁을 따르는 것이 진정한 효도(孝道)라고 생각하고 순장(殉葬)을 시키지 않고 과감하게 서모(庶母)를 개가(改家)시켜 주었다.

그 후 진(秦)과 진(晉)나라 사이에 전쟁이 일어났고 위과(魏顆)는 적의 장수(將帥) 두회(杜回)에게 쫓겨 위험에 처하게 되었는데 뜻밖에도 달려오는 적군의 장수가 그 서모(庶母)의 아버지가 맺어 놓은 올가미풀에 걸려 넘어지는 바람에 오히려 두회(杜回)를 사로잡을 수 있었다. 이상하게 생각하고 있었는데 이날 밤 꿈에 그 노인(老人)이 나타났다. 그리고는 자기는 당신이 개가(改家)시켜 준 여자의 아버지인데 그 은혜(恩惠)를 갚아준 것이라고 해명(解明)해 주었다.

자기의 딸을 순장(殉葬)시키지 않고 개가시켜 준 은혜를 잊지 않고 죽어서도 갚는다는 것이다. 이때부터 결초보은(結草報恩)이라는 아름다운 말이 생겼다.

한자 풀이 ───────

① 결 結 12 - 맺을 결[묶는 끈을 뜻하는 糸(실 사)와 발음요소와 운(運)과 행복과 아름다움을 뜻하는 吉(길할 길)이 합해진 글자로 줄로 묶거나 엮어 풀리지 않게 한다는 데서 '맺다'의 뜻을 나타냄. 열매를 맺거나 계약·조약 또는 남녀가 혼인관계 등을 맺는]·끝맺을 결·마칠 결·엉길 결

② 초 草 10 - 풀 초[艹(艸 : 풀 초)와 발음요소와 해가 떠오르는 모습의 早(이를 조)가 합해진 글자로 태양의 따뜻한 기운을 받아 땅에서 싹들이 돋아나는 풀을 뜻함]·잡초 초·시작할 초·대강 초

③ 보 報 12 - 갚을 보[차꼬를 본뜬 幸(다행 행)과 무릎을 꿇은 모습인 卩(㔾 : 병부 절)과 又(손 우)

가 합해진 글자로 본뜻은 죄인을 '재판하다'이며 형벌을 면했다는 데서 '갚다'를 나타냄. 은혜

에 효성이나 돈으로 갚는]

＊ 차꼬는 두 개의 토막나무 틈에 구멍을 파서 죄인의 두 발목을 넣고 자물쇠로 채우는 형벌기구.

④ 은 恩 10 - 은혜 은[恩惠(은혜). 心(마음 심)과 발음요소와 원인과 의지를 뜻하는 因(인할 인)이

합해진 글자로 마음에서 우러나 도와준다는 뜻을 나타냄. 남에게 베풀어 주는 혜택]·사랑할

은·보답할 은

＊ 사랑할 은 : 은혜를 베풀어 행복하거나 훌륭한 사람이 되도록 따뜻하게 돌보아주는.

용어 풀이 ————

• 서모(庶母) : 아버지의 첩(妾). 즉, 처음 결혼한 본처 외에 데리고 사는 여자.

• 개가(改家) : 한 번 결혼했던 여자가 다시 다른 집으로 시집을 가는 것.

• 유언(遺言) : 죽음에 임하는 사람이 자기 가족에게 남기는 말.

• 순장(殉葬) : 옛날 임금이나 귀족이 죽었을 때 살아있는 그의 신하나 아내를 함께 장사하여 묻는 일.

• 효도(孝道) : 부모 또는 어버이를 정성껏 섬기는 도리(道理 : 마땅히 지켜야할 바른 길).

• 장수(將帥) : 전쟁할 때 병사(兵士) 또는 군사(軍士)를 거느리는 우두머리.

• 은혜(恩惠) : 고맙게 베풀어 주는 신세나 혜택. 하느님·하나님 또는 부처님의 은총.

• 해명(解明) : 어떤 일이나 문제나 사고 등에 대한 까닭이나 내용을 풀어서 밝히는.

• 결초(結草) : 좁은 들이나 산의 길가에 난 양쪽 풀을 말(馬)이 지나갈 때 발이 걸리도록 매어놓은 것.

직역 발에 걸려 넘어지도록 길가의 양쪽 풀을 묶어 은혜를 갚는다는 뜻.

의역 죽어서도 은혜를 잊지 않고 갚는다는 인간의 깊은 의리(義理)를 뜻함.

경국지색
傾國之色

유래 요약 ────────

『한서(漢書)』「외척전(外戚傳)」에 실려 있는 이야기이다. 한무제(漢武帝)는 50세를 넘어 사랑했던 이부인(李夫人)을 일찍 잃었다. 그녀는 한무제의 협률도위(協律都尉 : 음악을 관장하는 벼슬)로 있던 이연년의 동생으로 절세미인(絶世美人)이었다. 한무제는 너무 큰 충격을 받고 비통(悲痛)한 마음으로 눈물을 흘리며 세월을 보냈다. 그때 한 방사(方士)가 죽은 사람의 혼령(魂靈)을 불러올 수 있다는 말을 듣고 그 술(術)을 시행(施行)케 해서 밤에 등촉(燈燭)을 밝히고 반혼향(返魂香)을 피우고 휘장을 치고 황제(皇帝)를 밖에 있게 했다. 얼마 뒤 이부인(李夫人)과 비슷한 사람은 나타났으나 가까이에서 볼 수 없었다. 그렇게 애타던 한무제는 그 환상(幻相)을 보며 마음을 달랬다고 한다. 이때 이연년이 한무제(漢武帝) 앞에서 다음과 같은 시(詩)를 지어 읊었다.

"北方有佳人(북방유가인 : 북방에 아름다운 사람이 있어) - 有(있을 유)·佳(아름다울 가)

絶世而獨立(절세이독립 : 세상을 벗어나 홀로 서 있네) - 絶(단절할 절)·獨(홀로 독)

一顧傾人城(일고경인성 : 한 번 돌아보니 성(城)이 기울고) - 顧(돌아볼 고)·傾(기울 경)

再顧傾人國(재고경인국 : 다시 돌아보니 나라가 기우는구나) - 再(다시 재)·國(나라 국)

寧不知傾城與傾國(영부지경성여경국 : 어찌 성(城)을 흔들고 나라를 무너뜨림을 알지 못하는가)
                                        - 寧(어찌 영)·知(알 지)

佳人難再得(가인난재득 : 아름다운 사람은 다시 얻기 어렵다네)" - 難(어려울 난)·得(얻을 득)

한자 풀이 ────────

① 경 傾 13 - 기울 경[칼에 맞아 머리가 한쪽으로 쏠린 모양의 頃(기울 경)이 '잠깐'의 뜻으로 쓰이자 亻(人 : 사람 인)을 덧붙여 '기울다'가 된 글자로 사람의 머리나 물체 등이 한쪽으로 쏠리거나 형세가 불리하게 되는]·기울일 경·위태롭게할 경·위태로울(사업이 망하거나 나라가

혼란에 빠지는 등등) 경

② **국 國 11** – 나라 국[백성을 뜻하는 口(입 구)와 영토를 뜻하는 一(땅 일)과 무기를 뜻하는 戈 (창 과)와 국경을 뜻하는 口(에워쌀 위)가 합해진 글자로 나라를 나타냄]·국가(國家 : 일정한 영 토와 통치조직을 가진 집단) 국   * 달나라 별나라 등과 같이 넓은 세계·세상을 나타냄.

③ **지 之 4** – 갈 지[두 발을 뜻하는 止(발 지)와 출발선을 뜻하는 一(가로획)을 그어 만든 글자로 한 발을 떼고 막 출발하려는 모습을 나타냄]·이를 지·이 지·어조사(~의, ~가, ~이, ~을) 지

④ **색 色 6** – 빛 색[丿(人 : 사람 인)과 무릎을 꿇고 엎드린 사람의 모습인 卩(巳 : 병부 절)이 변형 된 巴(뱀 파)가 합해진 글자로 남녀 두 사람이 어우르며 사랑하는 모습을 나타냄]·색 색·얼 굴빛 색·색정 색·여 색   * 여색(女色)은 이성적 욕구 충족을 위하여 여자를 즐겨 상대하는.

용어 풀이 ————

• 한서(漢書) : 중국 후한시대(後漢時代)에 역사가(歷史家) 반고가 저술한 역사책.

• 한무제(漢武帝) : 한나라의 무제라는 뜻으로 한 왕조를 최대의 부흥으로 이룩한 한나라 7대 황제.

• 절세미인(絕世美人) : 세상에 견줄 사람이 없을 정도로 절대적인 아름다운 여인.

 * 미인(美人)은 얼굴의 생김새가 뛰어나게 아름다운 여자나 재주와 덕망을 갖춘 훌륭한 남자를 뜻함.

• 비통(悲痛) : 가족을 잃던가 어떤 불행으로 슬퍼서 마음이 몹시 아픈.

• 방사(方士) : 신선(神仙)의 술법(術法)을 닦는 사람.

 * 신선(神仙) : 신선의 도(道)를 닦아서 신통력(神通力 : 신기한 힘)을 얻은 사람.

• 혼령(魂靈) : 죽은 사람의 넋, 즉 영혼.

• 등촉(燈燭) : 등불과 촛불.

• 반혼향(返魂香) : 죽은 사람의 혼을 불러 다시 살아나게 할 수 있다는 향.

• 환상(幻相) : 실제로 물체나 사람이 없는 허망한 형상.

> **직역** 나라를 기울여 망하게 할 정도로 으뜸가는 미인을 뜻함.
>
> **의역** 임금을 혹하게 하여 나라를 나라를 위태롭게 할 정도로 뛰어난 미녀를 뜻함.
>
> * 혹(惑) : 마음에 들어 홀딱 반하거나 빠져서 정신을 못 차리는.

계구우후
鷄口牛後

* 계구우미(鷄口牛尾)·우미계구(牛尾鷄口)라고도 씀.

유래 요약 —————

중국 춘추전국시대(春秋戰國時代) 제(齊)나라 귀곡(鬼谷) 선생의 제자인 소진(蘇秦)은 제국(諸國)이 합종(合從)하여 진(秦)나라에 대항(對抗)하자고 유세(遊說)를 하고 다른 제자인 장의(張儀)는 반대로 열국(列國)이 진(秦)나라를 섬겨야 한다고 주장했다. 계구우후(鷄口牛後)는 제자인 소진이 한(韓)나라로 가서 선혜왕(宣惠王)을 만나 한 말이다.

"한(韓)나라는 토지는 비옥(肥沃)하고 성곽(城郭)은 견고(堅固)하며 군인들은 용맹(勇猛)하고 좋은 무기(武器)를 가지고 있습니다. 거기다 대왕(大王)은 현명(賢明)하신데 이러한 유리(有利)한 조건(條件)을 갖춘 한(韓)나라가 진(秦)나라를 섬긴다는 것은 천하(天下)의 웃음거리가 됩니다. 올해 진(秦)나라가 요구(要求)하는 땅을 주면 내년에는 더 많은 땅을 요구할 것이며 거절(拒絶)하면 바로 침략(侵略)할 것입니다. 속담에 '닭의 머리가 될지언정 소(牛)의 꼬리는 되지 말라'고 했습니다. 지금 진나라를 섬기고 있는 것은 소(牛)의 꼬리 짓을 하는 부끄러운 일입니다."

결국 소진(蘇秦)은 초(楚)·연(燕)·제(齊)·한(漢)·위(魏)·조(趙)나라를 유세(遊說)하며 합치게 하였으며 그 합종(合從)한 동맹군대의 재상(宰相)을 겸하게 되었다.

한자 풀이 —————

① 계 鷄 21 - 닭 계[鳥(새 조)에 爫(爪 : 손톱 조)와 糸(실 사)와 大(큰 대)로 이루어진 奚(종 해)가 더해진 글자로 새를 잡아서 끈으로 매어 놓고 노예처럼 길러 날지 못하며 주로 꽁지가 긴 수탉을 나타냄]

* 닭은 꿩과에 속하는 새로서 머리에는 붉은 볏이 있고 날개가 짧아서 잘 날지 못하는 날짐승임.

② 구 口 3 - 입 구(혀를 움직여 말하는 입의 본래 모양인 ⏝을 편하게 쓰도록 口와 같이 바뀐 글자로 소리를 내어 말하거나 음식을 먹는 기관을 뜻함)·말할 구·주먹 구·어귀 구·사람

구·인구 구

* 계구(鷄口) : 닭의 주둥이·닭의 머리·작은 단체의 우두머리.

③ **우 牛 4** - 소 우(소의 머리와 어깨·몸의 정면 모습을 본뜬 十에다 뿔을 뜻하는 /이 더해져 牛가 된 글자로 가축인 소를 나타냄·엉금엉금 걸으며 논밭을 갈거나 수레를 끄는 집에서 기르는 가축)·일(소를 부리어 밭을 갈고 농사를 짓는) 우·희생[犧牲 : 신(神)에게 바치는 제물] 우

④ **후 後 9** - 뒤 후[종종걸음으로 걷는다는 뜻인 彳(조금걸을 척)과 끈을 뜻하는 糸(실 사)가 생략된 幺(작을 요)와 夂(뒤져올 치)가 합해진 글자로 끈에 발이 묶인 죄인(罪人)이 걸을 때 뒤로 처져 늦게 온다는 뜻을 나타냄. 앞쪽 방향과 반대가 되는 뒤쪽, 머리와 반대되는 꼬리나 순서의 나중을 뜻함]

* 우후(牛後) : 소의 꼬리·소의 궁둥이·큰 단체의 말단.

용어 풀이 ─────────

• 제국(諸國) : 동맹이나 관계를 맺고 있는 여러 나라.

• 합종(合從) : 합종설의 준말로 제(齊)나라의 소진(蘇秦)이 내세운 6국이 동맹하여 진(秦)나라에 대항하자는 주장.

• 대항(對抗) : 싸우기 위하여 국가나 군대가 서로 무력으로 맞서 버티어 겨루는.

• 유세(遊說) : 자기 의견 또는 자기 소속 정당의 주장을 밝히며 돌아다니는.

• 열국(列國) : 가깝게 이어져 있는 여러 나라.

• 비옥(肥沃) : 밭의 흙이나 거름에 식물의 생장을 돕는 수분과 양분이 풍부한.

• 침략(侵略) : 남의 나라를 무력으로 침범하여 영토나 땅을 빼앗는.

• 재상(宰相) : 임금을 돕고 모든 관원(官員)을 지휘 감독하는 정2품 이상의 벼슬.

직역 닭의 머리(주둥이)는 될지언정 소(牛)의 꼬리는 되지 말라는 뜻.

의역 큰 조직단체의 말단보다는 작은 조직단체의 우두머리가 되는 것이 낫다는 뜻.

계명구도
鷄鳴狗盜

유래 요약 —————

중국 진(秦)나라 소양왕(昭襄王)은 제(齊)나라 맹상군(孟嘗君)을 진나라 재상(宰相)에 임명(任命)하려 했으나 반대 여론(輿論) 때문에 약속을 지키지 못했고 이를 앙갚음할까봐 신하(臣下)들과 암살(暗殺)계획을 세웠다. 이 사실을 눈치챈 맹상군은 왕(王)의 애첩(愛妾)에게 사람을 보내어 도움을 청했다. 애첩이 "호백구(狐白裘)를 주면 힘써 보겠소"라고 하자, 이미 소양왕에게 예물(禮物)로 바쳤던 호백구를 도둑을 시켜 다시 훔쳐오게 해서 애첩에게 바쳤다. 애첩은 소양왕을 졸라 맹상군의 귀국을 허락케 하였다.

맹상군이 함곡관(函谷關)에 이르렀을 때 소양왕은 후회(後悔)하고 그 일행을 죽이도록 군사(軍士)를 보냈다. 첫 닭이 울어야만 관문(關門)이 열리고 통과할 수 있는데 닭이 울지 않아 맹상군 일행은 몹시 초조해 있었다. 그때 한 식객(食客)이 닭 우는 소리를 흉내내자 모든 닭들이 따라 울기 시작했다. 관문을 지키던 병사(兵士)들은 좀 이르지만 잠이 덜 깬 채 일어나 관문을 열었다. 이윽고 관문이 열리고 맹상군(孟嘗君) 일행은 무사(無事)히 빠져나가 어둠 속으로 사라졌고, 얼마 후 추격부대(追擊部隊)가 도착했으나 군사(軍士)들은 닭 쫓던 개가 되어 지붕만 쳐다보는 꼴이 되었다.

한자 풀이 —————

① 계 鷄 21 - 닭 계[鳥(새 조)에 爫(爪 : 손톱 조)와 糸(실 사)와 大(큰 대)로 이루어진 奚(종 해)가 더해진 글자로 새를 잡아서 끈으로 매어 놓고 노예처럼 길러 날지 못하며 주로 꽁지가 긴 수탉을 나타냄]

  * 닭은 꿩과에 속하는 새로서 머리에는 붉은 볏이 있고 날개가 짧아서 잘 날지 못하는 날짐승임.

② 명 鳴 14 - 울 명[口(입 구)와 수탉의 형상을 본뜬 鳥(새 조)가 합해진 글자로 수탉의 울음소리를 나타냄. 새가 지저귀며 울거나 새의 울음소리가 응용되어 마음에서 우러나는 충심을

뜻하는. 사람이 큰 소리로 울거나 입으로 불어서 소리를 나게 하는]·새울 명·울릴 명

③ **구 狗 8** - 개 구[길짐승을 뜻하는 犭(犬 : 개 견)과 발음요소와 몸을 오그리고 있는 모습의 句(글귀 구)가 합해진 글자로 강아지를 나타냄] ·범의새끼 수 ·곰의새끼 구

  * 강아지 : 개의 새끼나 다 자라지 못한 어린 개.

④ **도 盜 12** - 도둑 도 또는 도적 도[盜賊(도적). 입안의 침을 뜻하는 氵(水 : 물 수)와 입을 크게 벌린 모습인 欠(하품 흠)과 皿(그릇 명)이 합해진 글자로 사람이나 짐승이 그릇에 담긴 고기나 음식을 보고 훔쳐 먹으려고 입을 벌리며 침을 흘리는 모습을 나타냄. 돈·물건을 훔치거나 빼앗아 달아나는]

용어 풀이 ─────────

• 맹상군(孟嘗君) : 중국 전국시대(戰國時代) 말기의 정치인. 제(齊)의 왕족으로서 진(秦)·제(齊)·위(魏)의 재상을 역임했음.

• 재상(宰相) : 임금을 돕고 모든 관원(官員)을 지휘·감독하는 정2품의 벼슬.

• 임명(任命) : 국가 기관이나 조직 단체·회사에서 일정한 직무를 맡기는.

• 여론(輿論) : 사회 대중이나 일반 국민의 공통된 의견 또는 부르짖는 의논.

• 암살(暗殺) : 정치사상이나 이해관계로 특정한 사람을 몰래 죽이는.

• 애첩(愛妾) : 사랑하고 아끼는 본처 이외의 여자.

• 호백구(狐白裘) : 여우 겨드랑이의 흰 털이 있는 부분의 가죽으로 만든 갖옷(털가죽으로 안을 댄 옷).

• 함곡관(函谷關) : 지금의 하남성(河南省) 신안현(新安縣) 동쪽에 있는 관문.

  * 관문(關門) - 국경이나 적군을 막는 방어시설인 요새의 성(城)의 문.

• 식객(食客) : 높은 벼슬의 세력가 집에 얹혀서 밥만 얻어먹고 문 앞에서 지내는 사람.

• 추격부대(追擊部隊) : 적군을 뒤쫓아가며 공격하는 부대(部隊 : 군대 조직 단위의 하나).

직역 닭의 울음소리를 잘 내는 사람과 개의 흉내를 잘 내는 좀도둑을 뜻함.

의역 야비(野卑)하고 비굴한 꾀로 남을 해치는 천박한 사람을 비유하여 나타냄을 뜻함.

014

계찰괘검
季札掛劍

유래 요약 ─────────

중국 춘추시대(春秋時代) 오(吳)나라에 계찰(季札)이라는 사람이 있었다. 그는 오나라의 왕(王) 수몽(壽夢)의 막내아들이었다. 그가 처음으로 사신(使臣)이 되어 여행하던 중 서(徐)나라를 들르게 되었고 그때 서나라의 왕(王)은 계찰의 검(劍)을 가지고 싶었으나 차마 말을 못했다. 계찰도 이를 짐작했지만 검을 줄 수가 없었다. 그 후 일을 마치고 돌아오는 길에 서(徐)나라에 당도(當到)하고 보니 그 왕(王)은 이미 세상을 뜬 후였다. 그래서 계찰은 소지했던 검(劍)을 왕(王)의 무덤 옆에 있는 나무에 걸어 놓고 떠났다.

수행원이 이상히 여겨 물었다. "서(徐)나라의 왕(王)은 이미 세상을 떠났습니다. 그런데 무슨 연유(緣由)로 검(劍)을 저렇게 걸어두는 것입니까?"

그러자 계찰은 "나는 그 검(劍)을 그 왕(王)에게 주려고 마음을 정해 두었는데 상대가 세상을 떠났다고 해서 자신의 마음을 거스를 수가 있겠는가? 한번 마음먹은 것은 반드시 지켜야 되는 것이다."라고 말했다.

전한시대(前漢時代)의 역사가인 사마천(司馬遷)인 태사공(太史公)은 계찰(季札)의 인물(人物)됨을 평가하여 그의 어질고 덕성(德性)스런 마음과 도의(道義)의 끝없는 추구(追求)를 앙모(仰慕)한다. 조그마한 흔적을 보면 곧 사물의 깨끗함과 혼탁(混濁)함을 알 수 있을 것이다.

"어찌 그를 견문(見聞)이 넓고 학식(學識)이 풍부한 군자(君子)가 아니라고 하겠는가!"

한자 풀이 ─────────

① 계 季 8 - 끝 계[禾(벼 화)와 子(아이 자)가 합해진 글자로 벼 중에서 가장 어리거나 가장 늦게 나오는 이삭을 나타냄. 시대나 계절·월·세월 또는 형제 등의 시간적인 순서가 마지막이 되

는]·계절 계·막내[맏아들인 첫째를 伯(백), 둘째를 仲(중), 셋째·넷째 … 叔(숙), 막내인 끝을 季(계)] 계

② **찰 札 5** – 패 찰[木(나무 목)과 조각(彫刻)하는 칼의 모양을 본뜬 乙(새 을)의 변형인 乚이 합해진 글자로 글을 써서 가슴에 매달거나 책상 위에 놓는 작은 표찰을 뜻함]·편지 찰

③ **괘 掛 11** – 걸 괘[扌(手 : 손 수)와 발음요소와 점괘를 뜻하는 卦(괘 괘)가 합해진 글자로 점괘 내용이나 학습 내용 등을 누구나 잘 볼 수 있도록 높은 곳에 거는]·걸릴 괘 또는 걸어놓을 괘·달(물건을 벽이나 천정 또는 기둥에 끈으로 달아매는) 괘

④ **검 劍 15** – 칼 검[刂(刀 : 칼 도)와 발음요소인 僉(다 첨)이 합해진 글자로 날이 양쪽에 다 있는 칼을 나타냄. 전쟁에서 싸우는 무사나 병사들이 허리에 차는 칼]

용어 풀이 ─────────

• 계찰(季札) : 중국 오(吳)나라의 성인(聖人)이며 왕(王)인 아버지 수몽(壽夢)의 인정을 받아 후계자로 지명될 정도로 현명한 정치인이었음.

　* **성인(聖人) : 덕과 지혜가 뛰어나고 스승이 될 만한 사람.**

• 사신(使臣) : 임금의 명령을 받고 외국에 파견되는 신하(臣下 : 임금을 섬기어 벼슬한 사람).

• 검(劍) : 양쪽에 칼날이 있고 무기로 쓰는 크고 긴 칼.

• 당도(當到) : 어떤 곳이나 목적지·목표·수준 또는 일에 다다르는.

• 연유(緣由) : 까닭·이유 또는 유래의 뜻.

• 추구(追求) : 어떤 꿈이나 행복이나 이상적인 삶 등을 어디까지나 뒤쫓아 구하는.

• 앙모(仰慕) : 어떤 인물(人物)을 높이 우러러 애틋하게 생각하고 그리워하는.

• 혼탁(混濁) : 흙탕물 등 여러 가지 불순물이 섞여 맑지 아니하고 흐린.

• 견문(見聞) : 사물이나 상황, 지식 등을 보거나 듣거나 하여 깨달아 얻은 지식.

　직역 계찰이 자기의 검(劍)을 약속한 왕(王)의 무덤 옆에 걸어놓았다는 뜻.
　의역 한번 작정한 약속을 끝까지 지키는 신의(信義)를 중히 여긴다는 뜻.

고어지사
枯魚之肆

유래 요약 ————

중국 고대(古代) 송(宋)나라의 사상가(思想家)인 장자(莊子)는 어느 날 쌀이 떨어져 감하후(監河侯)라는 사람에게 쌀을 꾸러 갔다. 감하후는 "알았습니다. 그러나 지금 저의 형편(形便) 역시 어렵습니다. 조세(租稅)를 거둬들인 후에 은자(銀子) 300냥을 빌려드리겠습니다."라고 말했다. 당장 먹을 것이 없는 장자(莊子)는 그의 말에 화를 내면서 이야기를 다음과 같이 들려주었다.

"어제 나는 길을 가다가 수레바퀴 자국이 난 길 위에 붕어 한 마리가 있는 것을 보았습니다. 그 붕어는 나를 보고 '물 한 통만 가져다주어 구해주십시오'라고 했습니다. 그래서 나는 고개를 끄덕이며 '지금 왕(王)을 만나러 남쪽에 가는 길이니 올 때 물을 가져와 너를 구해 주겠다'라고 했습니다. 그러자 그 물고기는 화를 내며 '그때는 저는 이곳에 없고 시장의 어물전(魚物廛)에나 가야 찾을 수 있을 것입니다'라고 말했습니다."

즉, 물이 없어 죽어가는 물고기에게는 훗날의 바다 속으로 돌아가는 것보다 한 동이의 물이 필요하다는 것이다. 비슷한 뜻의 고사성어(故事成語)에 철부지급(轍鮒之急 : 수레바퀴 자국에 괸 물에 있는 위급한 상태의 붕어)·학철부어(涸轍鮒魚)로 몹시 곤궁(困窮)하거나 위급(危急)한 처지(處地)에 있는 사람을 비유(比喩)해 이르는 말이다.

한자 풀이 ————

① 고 枯 9 - 마를 고[木(나무 목)과 발음요소인 古(오랠 고)가 합해진 글자로 '마르다'의 뜻을 나타냄. 연못이나 강물처럼 고여 있거나 흐르던 물이 바닥을 드러낼 정도로 한 방울도 없는]·마른나무(나무가 누렇게 변하는) 고·죽을(나무가 말라 죽거나 국가·종족·사업 등이 멸망하는) 고

② 어 魚 11 - 물고기 어[물고기의 머리인 ⺈와 몸통과 비늘을 뜻하는 田와 지느러미와 꼬리

를 뜻하는 灬가 합해진 글자로 물속에서 헤엄치며 살아가는 물고기를 나타냄]·잉어 어·생

선(生鮮 : 잡은 그대로의 물고기) 어

* 魚夫(어부) : 고기잡이를 직업으로 하는 사람, 魚父(어부) : 그냥 고기를 잡고 있는 어른을 뜻함.

③ **지 之 4** - 갈 지[두 발을 뜻하는 止(발 지)와 출발선을 뜻하는 一(가로획)을 그어 만든 글자로 한

발을 떼고 막 출발하려는 모습을 나타냄]·이를 지·이 지·어조사(~의, ~가, ~이, ~을) 지

④ **사 肆 13** - 방사할 사 또는 방자할 사[放肆(방사), 放恣(방자). 붓을 손에 잡은 모양인 聿(붓

율)과 늘어놓는다는 뜻인 镸(長 : 길 장)이 합해진 글자로 흰 종이에 붓을 마구 쓰듯이 제멋

대로 행동하는]·베풀 사 또는 벌여놓을(상품이나 작품을 여러 사람에게 보이기 위하여 쭉 벌려 놓

은) 사 ·가게 사 ·저자 사

* 저자 : 물건을 파는 시장을 예스럽게 이르는 말. 작은 규모의 시장.

용어 풀이 ———————

• 고어(枯魚) : 소금에 절여 말린 물고기.

  * 절이다 : 생선에 간을 들게 하거나 채소가 소금기에 젖어서 풀이 죽는.

• 장자(莊子) : 중국 고대(古代) 소국(小國)의 송(宋)나라 왕족(王族)의 후손(後孫)이며 도가(道家)의 사상가(思

  想家).

• 형편(形便) : 살림살이의 경제적인 사정이나 일이 되어가는 모양.

• 조세(租稅) : 국가나 지방 공공 단체가 필요한 경비를 위하여 국민으로부터 강제로 거두어들이는 수입.

• 은자(銀子) : 은돈 또는 은화(銀貨)라고도 하며 은(銀)으로 만든 옛날 돈을 뜻함.

• 냥(兩) : 돈이나 무게의 단위로 나타내는 말. 1냥=10돈, 1돈=10푼=3.75g. 〈예〉300냥=3,000돈.

• 어물전(魚物廛) : 각종 생선·김·미역 또는 생선을 가공하여 말린 어물을 전문으로 파는 가게.

• 곤궁(困窮) : 살아갈 방도나 형편인 생계(生計)가 어려운, 가난하고 구차(苟且)한.

• 처지(處地) : 현재 처하여 있는 사정이나 형편, 서로 사귀어 지내는 관계.

직역 소금에 절인 물고기의 어물전(魚物廛) 신세(身世)라는 뜻.

의역 생명이 위태로울 정도로 매우 어려운 처지를 뜻함.

고육지계
苦肉之計

*고대(古代) 중국의 병법(兵法)에 나오는 고육계(苦肉計)로서 고육지책(苦肉之策)이라고도 함.

유래 요약 ───────

중국 오(吳)나라 손권(孫權)과 유비(劉備)가 연합하여 위(魏)나라 조조(曹操)에 대항할 무렵 조조(曹操)의 백만 대군을 접한 연합군 총사령관 주유(周瑜)는 자신의 부하인 황개(黃蓋)를 이용하여 계책을 꾸미었다. 그런데 황개가 항복하는 편이 낫다고 항소(抗訴)하자 주유는 그를 잡아 곤장형(棍杖刑)에 처하고 옥에 가두었다. 이때 주유(周瑜)의 전선에서 암약(暗躍)하고 있던 조조(曹操)의 첩자(諜者)들이 이 소식을 조조에게 전하고 황개(黃蓋) 또한 부하를 시켜 항복 문서를 조조에게 전한다. 두 소식을 접한 조조가 황개의 항복을 받아들이자 황개는 자기가 탄 배에 기름을 가득 싣고 조조 군사 진영으로 들어가 기름에 불을 붙여 조조가 이끄는 해군을 혼란케 하였으며 그 틈을 이용해 공격하므로 주유(周瑜)가 이끄는 연합군이 크게 승리하게 되었다.

고육지책(苦肉之策)과 고육지계(苦肉之計)도 같은 뜻으로 쓰이며, 역시 일반적(一般的)으로 어려운 상태(狀態)를 벗어나기 위한 수단(手段)으로 어쩔 수 없이 하는 계책(計策)을 말한다.

한자 풀이 ───────

① 고 苦 9 - 쓸 고[艹(艸 : 풀 초)와 시간이 오래 지났다는 뜻의 古(옛 고)가 합해진 글자로 쓴맛을 낸다는 뜻에서 '괴롭다'를 또는 줄기와 잎에 쓴맛이 나는 흰 즙이 있는 씀바귀풀을 나타냄]·괴로울 고·모질 고·간절할 고·아플(병이나 상처로 몸이 아프거나 어떤 일로 마음이 고통스러운) 고

② 육 肉 6 - 고기 육[칼로 크게 썬 짐승의 고깃덩어리의 단면을 뜻하는 冂(멀 경)과 仌의 무늬 결이 합해진 글자로 소·돼지 같은 짐승이나 새·물고기의 살을 나타냄]·살 육·몸 육

③ 지 之 4 - 갈 지[두 발을 뜻하는 止(발 지)와 출발선을 뜻하는 一(가로획)을 그어 만든 글자로 한

발을 떼고 막 출발하려는 모습을 나타냄]·이를 지·이 지·어조사(~의, ~가, ~이, ~을) 지

④ **計計 9** – 셀 계[言(말씀언)과 수(數)를 뜻하는 十(十 : 열 십)이 합해진 글자로 입으로 말을 하

면서 하나에서 열까지 수를 센다는 뜻을 나타냄]

* 十(열 십)은 많은 수(數)를 뜻하는 경우가 있음.

* 計(계)를 동사로는 '의논하다'로 풀이 함.

용어 풀이 ─────────

- 고육(苦肉) : 적(敵)이나 상대방을 속이는 수단으로 마지못하여 자기 몸을 괴롭히는.
- 손권(孫權) : 중국 삼국시대(三國時代) 오(吳)나라의 초대(初代) 황제(皇帝).
- 유비(劉備) : 중국 삼국시대(三國時代) 한나라의 정통을 계승한 촉한(蜀漢)의 초대 황제.
- 조조(曹操) : 중국 삼국시대(三國時代)에 북방과 서역을 포괄하는 광대한 영토를 차지했던 가장 강력한
  위(魏)나라의 초대 황제.
- 주유(周瑜) : 중국 오(吳)나라의 장수(將帥 : 군사를 거느리는 우두머리).
- 황개(黃蓋) : 중국 후한(後漢) 말기 손견(孫堅) 장군의 통솔 아래 있던 장수(將帥).
- 항소(抗訴) : 소송에서 판결에 대하여 굴복하지 아니하고 상급 법원에 재심을 요구하는 일.
- 곤장형(棍杖刑) : 옛날 버드나무로 넓적하고 길게 만든 몽둥이로 죄인의 볼기를 치는 형벌.
- 암약(暗躍) : 보이지 않는 곳에서 몰래 맹렬히 정보활동을 하는.
- 첩자(諜者) : 적군의 상황을 몰래 살피거나 비밀을 수집하여 보고하는 사람.

직역 제 몸을 고통스럽게 괴롭혀 가면서까지 꾸미는 계책(計策)을 뜻함.

의역 어려운 사태를 벗어나기 위해서는 자기 몸도 희생할 각오를 해야 한다는 뜻.

곡기읍련
哭岐泣練

* 曲岐泣練(곡기읍련)도 같은 뜻으로 씀.

유래 요약 ─────

곡기읍련(哭岐泣練)은 양자(楊子)가 산(山)길을 가다가 남(南)과 북(北) 양쪽으로 갈라진 것을 보고 그 자리에서 소리 내어 슬피 울었다는 뜻인 양자읍기(楊子泣岐)와 묵자(墨子)가 황색(黃色)과 흑색(黑色) 어느 것으로나 염색(染色)될 수 있는 흰 실을 보고 그 자리에서 흐느끼며 슬피 울었다는 묵자비염(墨子悲染)이 합해져 생긴 고사성어이다. 즉, 양자(楊子)와 묵자(墨子)는 근본(根本)이 같은 갖가지가 선택과 판단에 따라 또는 환경과 습관에 따라 선악(善惡)으로 갈라지는 것을 깨닫고 탄식(歎息)했다는 것이다.

이 말은 회남자(淮南子)의 "楊子見岐路而哭之(양자견기로이곡지) 爲其可以南可以北(위기가이남가이북) 墨子見練而泣之(묵자견련이읍지) 爲其可以黃可以黑(위기가이황가이흑)" 즉, "양자(楊子)가 갈림길에서 우니 가히 써 남(南)으로 갈 수 있고, 가히 써 북(北)으로도 갈 수 있음이요, (* 써 : '그것을 가지고', '그것으로 인하여'의 뜻) 묵자(墨子)가 흰 실이 물들어짐을 보고 우니 이는 실이 누른색(黃)으로도, 또는 검은색(黑)으로도 물들 수 있음이라."

양자(楊子)는 이기설(利己說)의 주창자(主唱者)요, 묵자(墨子)는 이타설(利他說)의 주창자인데 각기 사람의 본성(本性)이 성향(性向)에 따라 선악(善惡)을 자유롭게 선택할 수 있지만 분별없이 악(惡)을 택함을 보고 슬퍼하고 한탄(恨歎)함을 비유한 말이다.

한자 풀이 ─────

① 곡 哭 10 - 울 곡[吅(부르짖을 훤)과 犬(개 견)이 합해진 글자로 옛날 제사를 지낼 때 개를 희생물로 바치고 사람들이 눈물을 흘리며 큰 소리로 운다는 뜻을 나타냄. 땅을 치며 소리 높여 슬피 우는]·곡할(사람이 죽었을 때 죽음을 슬퍼하며 또는 제사를 지낼 때 '애고 애고' 하며 소리 내어 우는) 곡

② 기 岐 7 - 갈림길 기 또는 산갈림길 기[山(뫼 산)과 발음요소와 갈라진다는 뜻의 支(갈릴 지·가지 지)가 합해진 글자로 방향을 찾기 어려운 큰 산에 난 두 갈래, 세 갈래로 갈라진 길을 나

타냄]·가닥나뉠(실이나 물, 빛이 여러 개의 줄기로 갈라지는) 기·높을(지혜가 있고 뜻이 높으며 인격이 깨끗한) 기

③ **읍 泣 8** - 울 읍[氵(水 : 물 수)와 발음요소와 사람이 서 있는 모습인 立(설 입)이 합해진 글자로 사람이 눈물을 흘리며 서 있는 모습을 나타냄. 소리 없이 눈물을 흘리거나 슬피 우는]·울음 읍·눈물 읍

④ **련 練 15** - 익힐 련(연)[糸(실 사)와 발음요소인 柬(가릴 간)이 합해진 글자로 모시나 명주실로 짠 옷감을 부드럽게 하기 위하여 잿물로 삶아 익힌다는 뜻을 나타냄. 학문·춤·노래·기술·운동·문장 등을 갈고 다듬어 익숙하게 하는]·상복 련(연)·가릴 련(연)·흰실 련(연)

용어 풀이 ————

- 곡기(曲岐) : 동·서·남·북 어느 곳으로도 갈 수 있는 기로(岐路:여러 갈래 길)와 같은 뜻으로 씀.
- 양자(楊子) : 양자는 양주(楊朱)의 존칭임. 중국 전국시대(戰國時代)의 사상가(思想家)이며 극단의 이기주의(利己主義)와 개인주의(個人主義)를 맨 처음으로 주장하였음.
- 묵자(墨子) : 중국 전국시대(戰國時代) 초기에 활약한 사상가(思想家)로 그의 정치사상은 천하(天下)에 이익이 되는 이(利)를 북돋우고 나쁘게 되는 해(害)를 없애는 것을 원칙으로 삼았음.
- 염색(染色) : 옷감이나 머리 등을 물감이나 염색약품으로 화학 반응시켜 원하는 색깔로 물을 들이는.
- 근본(根本) : 초목의 뿌리, 사물의 본바탕을 말하며 시간과 공간이 창조되기 이전의 상태를 의미함.
- 선악(善惡) : 올바른 것과 그릇된 것을 뜻하며 종교나 철학에서는 인간의 양심에 관해 선천적으로 나타나는 착함과 악함을 뜻함.
- 탄식(歎息·嘆息) : 분하고 억울하거나 잘못을 뉘우칠 때 길게 내쉬는 한숨.
- 이기설(利己說) : 자기(自己)의 이익과 쾌락을 중심으로 하는 학설.
- 주창자(主唱者) : 어떤 사상(思想), 견해(見解), 학설(學說) 따위를 앞장서서 부르짖는 사람.
- 이타설(利他說) : 자기를 희생함으로써 타인(他人)의 행복과 복리를 중심으로 삼는 학설.
- 한탄(恨歎) : 원통한 일이나 한스러운 일이 있을 때에 한숨을 짓는 탄식.

직역 산의 갈림길과 흰 실의 염색에서 갈라지는 것을 보고 슬퍼하며 운다는 뜻.
의역 사람은 환경과 성향에 따라서 선(善)하기도 악(惡)하기도 한다는 뜻.

018

곡돌사신
曲突徙薪

유래 요약 ──────

길 가던 한 나그네가 어느 집을 찾아들어 하룻밤 신세를 지게 되었다. 나그네는 그 집에서 곧은 굴뚝에서는 불길이 새어 나오고 굴뚝 옆에는 땔나무가 쌓여 있는 것을 보고 주인에게 충고(忠告)해 주었다.

"큰일 나겠소이다. 얼른 굴뚝을 구부리고 땔나무도 옮겨 놓으시오. 그렇지 않으면 큰 불이 날지도 모르오."

그러나 주인은 이 말을 귀담아 듣지 않았다. 며칠 뒤 그 집에 불이 났고 동네 사람들이 불을 끄고 주인을 구해냈다. 주인은 자신의 생명(生命)을 구해준 이웃 사람들의 노고(勞苦)에 대한 보답(報答)으로 잔치를 베풀었다. 그러나 그 자리에는 충고해준 나그네는 없었다. 이때 어떤 사람이 다음과 같이 시(詩) 한 수를 썼다.

"곡돌사신무은댁(曲突徙薪無恩宅 : 굴뚝을 구부리고 땔나무를 옮기라고 권고한 은혜는 모르고) 초두난액시상빈(焦頭爛額是上賓 : 불에 덴 사람만 귀빈 대접을 받는구나)"

곡돌사신(曲突徙薪)은 화근(禍根)에 대비(對備)하여 미연(未然)에 방지(防止)한다는 본래의 뜻 외에 화재(火災)의 예방책(豫防策)을 얘기한 사람은 상을 받지 못하고, 불난 뒤 불을 끈 사람이 상(賞)을 받는다는 의미로도 쓰인다.

* 恩(은혜 은)·宅(댁 댁)·焦(탈 초)·頭(사람 두)·爛(불에델 난·란)·額(한도 액)·是(이 시·옳을 시·바르게할 시)·賓(손 빈)

한자 풀이 ──────

① 곡 曲 6 - 굽을 곡[曰(가로왈)에 ||와 같은 두 개의 막대를 세로로 꽂아 놓은 모양의 글자로 대나무나 싸리를 굽혀서 만든 누에를 기르는 채반인 잠박을 나타냄]·굽이 곡·자세할 곡·곡조 곡

* 잠박(蠶 : 누에 잠, 箔 : 박 박) : 누에를 치는 데 쓰는 가는 대나무 조각으로 결어서 만든 둥글넓적한 그릇.

② **돌 突 9** - 갑자기 돌 또는 별안간 돌穴[(穴 : 굴 혈)과 犬(개 견)이 합해진 글자로 개가 구멍에 숨었다가 튀어나온다는 데서 '갑자기'의 뜻을 나타냄. 순식간에. 생각할 사이도 없이]·우뚝할 돌·내밀(한쪽 끝이 길쭉하게 나오는) 돌·굴뚝 돌

③ **사 徙 11** - 옮길 사彳(人 : 사람 인)이 겹친 彳(두인 변)과 멈추어 있다는 뜻의 止(발 지)와 걷는다는 뜻의 疋(발 족)이 합해진 글자로 여러 사람이 멈추었다가 발자국을 옮기며 이동하는. 짐을 다른 곳으로 옮기는]·갈 사 또는 귀양(죄로 인하여 먼 시골이나 섬으로 가서 사는)갈 사

④ **신 薪 17** - 섶 신 또는 땔나무 신[艹(艸 : 풀 초)와 木(나무 목)과 斤(도끼 근)과 발음요소인 辛(매울 신)이 합해진 글자로 장작 같은 땔감을 나타냄. 불을 때는 데 쓰는 잎나무, 억새나 참나무를 말린 풋나무, 거친 장작을 뜻함]·나무섶 신·풀(땔감으로 쓰는 잡풀) 신

용어 풀이 ────

- 충고(忠告) : 어떤 위험이나 남의 허물을 좋은 뜻으로 미리 말해주는.
- 생명(生命) : 일명 목숨이라고 말하며 사람이나 동물의 생명체가 살아서 숨을 쉬고 활동하게 하는 힘.
- 노고(勞苦) : 수고스럽고 힘들게 애를 쓰는, 또는 힘들여 어떤 일을 하려고 애쓰는.
- 보답(報答) : 남의 친절한 호의(好意)나 베풀어준 은혜(恩惠)를 갚는.
- 권고(勸告) : 좋은 뜻으로 말로 타일러 어떤 행동이나 실천을 하도록 부추기는.
- 은혜(恩惠) : 어려움에 처했거나 도움이 필요할 때 고맙게 베풀어 주는 신세나 혜택.
- 귀빈(貴賓) : 환영하고 대접해야 하는, 또는 사회적인 지위가 높은 귀한 손님.
- 화근(禍根) : 홍수·태풍·지진 등 천지자연의 변동과 괴변으로 불행한 사고를 일으키는 근원.
- 미연(未然) : 아직 그렇게 되지 아니한.
- 예방책(豫防策) : 재해(災害)·질병 따위가 생기기 전에 미리 막는 대책.

직역 안전을 위하여 굴뚝을 꼬불꼬불하게 만들고 아궁이 옆에 있는 땔나무를 다른 곳으로 옮긴다는 뜻.

의역 화재·홍수·태풍·붕괴 등의 재앙(災殃)을 미리 방지해야 한다는 뜻.

곡학아세
曲學阿世

*아세곡학(阿世曲學)이라고도 함.

유래 요약

중국 고대(古代) 한(漢)나라 6대 황제인 경제(景帝)는 널리 어진 선비를 찾다가 산동(山東)에 사는 원고생(轅固生)이라는 유명한 시인(詩人)을 등용(登用·登庸)키로 했다. 90세인 그는 대쪽 같은 선비였다. 그래서 사이비 학자들은 원고생을 중상비방(中傷誹謗)하는 상소(上疏)를 올려 그의 등용을 막으려고 했으나 경제(景帝) 황제는 끝내 듣지 않았다. 당시 원고생과 함께 등용된 젊은 학자인 공손홍(公孫弘)은 원고생(轅固生)을 늙은이라고 업신여겼지만 원고생은 전혀 개의치 않고 공손홍에게 이렇게 말했다.

"지금 학문의 정도(正道)가 어지러워져서 속설(俗說)이 유행(流行)하고 있네. 이대로 버려두면 유서(由緒)깊은 학문의 전통(傳統)은 결국 사설(邪說)로 인해 그 본연(本然)의 모습을 잃고 말 것일세. 자네는 다행히 젊은데다가 학문을 좋아하는 선비란 말을 들었네. 그러니 부디 올바른 학문을 닦아서 세상(世上)에 널리 알리기 바라네. 결코 자신이 믿는 학설을 굽혀 세상 속물들에게 아첨하면 안 되네."

이 말을 들은 공손홍(公孫弘)은 절조(節操)를 굽히지 않는 고매(高邁)한 인격과 높은 학식을 겸비한 원고생(轅固生) 같은 이를 알아보지 못한 자신이 부끄러워 즉시 무례(無禮)를 사과하고 원고생의 제자가 되었다.

한자 풀이

① **곡 曲 6** - 굽을 곡[曰(가로왈)에 ‖와 같은 두 개의 막대를 세로로 꽂아 놓은 모양의 글자로 대나무나 싸리를 굽혀서 만든 누에를 기르는 채반인 잠박을 나타냄]·굽이 곡·자세할 곡·곡조 곡

　*잠박(蠶 : 누에 잠, 箔 : 박 박) : 누에를 치는 데 쓰는 가는 대나무 조각으로 걸어서 만든 둥글넓적한 그릇.

② **학 學 16** - 배울 학[회초리를 뜻하는 爻(爻 : 점괘 효)와 두 손으로 책을 잡은 臼(깍지낄 각·국)과 几(책상 궤)가 변형된 冖(덮을 멱)과 子(아이 자)가 합해진 글자로 아이가 책상에서 공부하

는 모습을 나타냄]·공부할 학·학문 학·학자 학

　*　학문(學問)은 철학·과학 등 어떤 분야를 체계적으로 배워서 익히거나 연구하는 또는 그런 지식을 말하며, 학문(學文)은 주역·서경·시경·춘추·예·악을 뜻함.

③ 아 阿 8 – 언덕 아[阝(阜 : 언덕 부)와 발음요소와 굽어진 뜻의 可(옳을 가)가 합해진 글자로 언덕의 굽어 들어간 곳을 나타냄. 작은 산처럼 좀 높고 비탈진 곳]·아첨(阿諂 : 몸을 굽혀 알랑거리는, 비위를 맞춰 말하는)할 아·아름다울 아

④ 세 世 5 – 세대 세[본래는 十(열 십)이 3개로 된 卅(서른 삽)이며 30년을 한 세대(世代)로 이루면서 세상이 돌아간다는 뜻을 나타냄. 같은 시대에 살면서 공통적인 사고방식이나 감각을 가진 사람들]·시대(時代) 세·세상(世上) 세·누리 세·평생 세·인간 세

　*　누리 : 세상(世上)을 예스럽게 이르는 말 – 온누리 : 사람들이 생활하고 있는 세상.

용어 풀이 ─────────

• 곡학(曲學) : 진리(眞理)에 어그러지거나 바른 길로 들어서지 못한 학문(學問).

• 선비 : 옛날에 벼슬은 하지 않고 학문만을 닦는 인품을 갖춘 사람, 유교이념을 구현하는 신분계층의 사람.

• 등용(登庸.登用) : 학식과 능력이 뛰어난 인재(人材)를 뽑아서 쓰는.

• 중상비방(中傷誹謗) : 근거가 없는 말로 남을 비웃고 헐뜯어 말하며 명예에 손상을 입히는.

• 상소(上疏) : 공자(孔子)의 유학(儒學)을 공부하는 선비들이 임금이나 황제에게 글을 올리는.

• 정도(正道) : 올바른 길 또는 도리(道理), 즉 사람이 어떤 입장에서 마땅히 행하여야 할 바른 길.

• 속설(俗說) : 세상 사람들 사이에서 널리 전하여 내려오는 말이나 견해(見解).

• 유서(由緒) : 예로부터 전해 오는 존재 이유나 까닭 또는 지내온 경로.

• 사설(邪說) : 그릇되고 간사하며 악한 말, 올바르지 않은 논설(論說 : 사물의 이치를 들어 의견을 말하는).

• 절조(節操) : 옳다고 믿는 주의나 주장을 굳게 지켜 바꾸지 아니하는 일.

• 고매(高邁) : 타고난 인품(人品)이나 학식·재질(才質) 등이 일반 사람들보다 높고 뛰어난.

직역 선비가 학문(學問)을 굽혀 세상 풍속(風俗)에 아첨한다는 뜻.

의역 학문을 닦는 사람은 어떤 경우라도 본연의 모습을 지켜나가야 한다는 뜻.

골육상쟁
骨肉相爭

*골육상잔(骨肉相殘)과 같이 씀.

유래 요약 ──────────

    중국 삼국시대(三國時代) 위(魏)나라 초대(初代) 황제(皇帝)였던 조조(曹操)는 무관(武官)으로서의 장수(將帥)이자 제자로 시인(詩人)들이 몰려올 만큼 뛰어난 문학(文學) 애호가(愛好家)였으며, 그에게는 문학적인 재능이 뛰어난 큰아들 조비(曹丕)와 둘째 아들 조식(曹植)이 있었다. 조조가 조식을 편애(偏愛)하므로 형 조비의 눈에는 동생이 눈엣가시처럼 보였다. 후에 조조가 죽고 조비가 위(魏)나라를 세운 뒤 하루는 동생 조식을 해칠 생각으로 말했다.

    "내가 일곱 걸음을 걷는 동안에 시(詩) 한 수(首)를 지어라. 그렇지 않으면 너에게 엄벌(嚴罰)을 내리겠다."

    조식(曹植)은 골육상쟁(骨肉相爭)을 안타깝게 생각하며 즉석에서 칠보시(七步詩)를 다음과 같이 지었다.

    "콩을 삶는 데에 콩깍지를 태우니 콩은 가마솥에서 울고 있네. 본디 같은 뿌리에서 나왔거늘 왜 이다지도 다급하게 삶아 대는고."

    이 시(詩)를 들은 형 조비는 마침내 자신의 잘못을 뉘우치게 되었다. 뼈와 살은 서로 없어서는 안 될 가까운 사이다. 동족(同族)보다 더 가까운 사이가 골육(骨肉)인데 둘이 싸우면 당연히 함께 멸망(滅亡)하는 거다. 그러니 동포(同胞)끼리 평화(平和)롭게 산다면 어떨까?

한자 풀이 ──────────

① 골 骨 10 - 뼈 골[옛날에 점칠 때 쓰던 소 어깨뼈 모양을 본뜬 冎(살발라낼 과)와 月(肉 : 살 육)이 합해진 글자로 본래는 살 또는 몸속의 알맹이인 쇠뼈를 나타내며, 이후 사람과 동물의 뼈를 뜻함]·뼈대 골·요긴한 골

* 골동품(骨董品) : 오래되고 예술적·역사적으로 가치가 있으며 드물고 귀한 물품.

② **육 肉 6** - 고기 육[칼로 크게 썬 짐승의 고깃덩어리의 단면을 뜻하는 冂(멀 경)과 仌의 무늬 결이 합해진 글자로 소·돼지 같은 짐승이나 새·물고기의 살을 나타냄]·살 육·몸 육

③ **상 相 9** - 서로 상[본래 杖(지팡이 장)이 생략된 木(나무 목)과 살펴본다는 뜻의 目(눈 목)이 합해진 글자로 장님이 지팡이로 세상을 본다는 장님과 지팡이 관계에서 '서로'의 뜻을 나타냄]·볼 상·도울 상

④ **쟁 爭 8** - 다툴 쟁[한 손을 뜻하는 爫(爪 : 손톱 조)와 다른 손을 뜻하는 彐(又 : 손 우)와 중요한 물건을 뜻하는 亅(갈고리 궐)이 합해진 글자로 어떤 사람이 손에 잡고 있는 물건을 다른 사람이 강제로 빼앗는다는 뜻을 나타냄. 다투거나 경쟁하는]·간할 쟁 또는 간쟁(諫爭 : 싸우듯이 말하는)할 쟁

용어 풀이 ────

- **무관(武官)** : 군(軍)에 적을 두고 군사 일을 맡아보는 관리 또는 전투에서 전술 능력을 갖춘 군인.
- **장수(將帥)** : 전투 병사를 지휘하며 거느리는 군대의 우두머리.
- **문학(文學)** : 글에 대한 학문, 즉 인간의 사상(思想)과 감정을 언어와 문자로 표현한 예술.
- **애호가(愛好家)** : 어떤 일이나 활동·부분에 관심이 높아 사랑하고 즐기는 사람.
- **편애(偏愛)** : 공정하지 않고 어느 한 사람이나 한쪽만을 치우치게 사랑하는.
- **수(首)** : 시(詩)나 노래를 세는 단위 또는 시문(詩文)의 편수를 나타내는 말.
- **엄벌(嚴罰)** : 죄인(罪人)이나 잘못한 사람에게 냉정하고 심하게 벌을 주는.
- **칠보시(七步詩)** : 일곱 걸음을 걷는 동안에 재주를 발휘하여 빨리 짓는 시(詩)를 뜻함.
- **동족(同族)** : 조상(祖上)과 혈통(血統)과 언어(言語)가 같은 겨레.
- **멸망(滅亡)** : 적군에 의해서나 자체의 분쟁 등으로 인하여 나라나 조직단체가 망하여 없어지는.

직역 뼈와 살의 관계와 같은 부자(父子)와 형제(兄弟)가 서로 싸운다는 뜻.

의역 형제나 같은 민족끼리는 전쟁을 피하고 평화롭게 지내야 한다는 뜻.

공자천주
孔子穿珠

유래 요약 ──────────

공자천주(孔子穿珠)는 『조정사원(祖庭事苑)』에 나오는 고사성어(故事成語)로 공자(孔子)가 진(晉)나라를 지나갈 때 어떤 사람에게 진귀(珍貴)한 구슬을 얻었는데, 그 구멍이 아홉 구비나 되었다. 공자는 이것을 실로 꿰려고 여러 가지 방법(方法)을 다 동원(動員)했지만 성공(成功)할 수 없었다. 문득 바느질을 하는 아낙네에게 그 방법을 물었다. 그 아낙네는 이렇게 대답했다. "깊이 생각해 보세요." 공자는 그 말대로 조용히 생각을 해보았다. 잠시 후 공자는 그녀의 말의 의미(意味)를 깨닫고 무릎을 탁 쳤다. 공자는 나무 아래로 가서 개미 한 마리를 붙잡아 허리에 실을 매고 한쪽 구멍으로 밀어 넣고 반대편 구멍에는 달콤한 꿀을 발라 놓았다. 그 개미는 꿀 냄새를 맡고 이쪽 구멍에서 저쪽 구멍으로 나왔다. 이리하여 구슬에 실을 꿸 수 있게 되었다.

공자(孔子)는 배움에 있어서는 나이의 많고 적음이나 신분의 높고 낮음에 관계하지 않았다. 이 글에서의 교훈(敎訓)은 방법(方法)을 모르거나 물음이 있을 때는 나이나 신분(身分)에 관계없이 도움을 받는 것이 좋은 자세이며, 모르고 그냥 넘어가는 것보다 묻더라도 알고 넘어가는 것이 진정(眞正)한 배움의 자세(姿勢)라는 것을 말한다.

한자 풀이 ──────────

① **공 孔 4** - 구멍 공[子(아이 자)와 유방에서 젖이 나오는 구멍을 뜻하는 乚(숨을 은)이 합해진 글자로 눈에 보이는 穴(구멍 혈)에 비해 잘 보이지 않는 작은 구멍을 나타냄. 어린 아이 머리의 숫구멍, 털구멍, 단추 구멍 등]·성[이름의 성씨(姓氏)를 뜻함] 공

② **자 子 3** - 아이 자 또는 아들 자(머리와 양쪽으로 벌리고 있는 두 팔과 포대기에 두 발이 싸여진 갓 태어난 아기의 모습을 본뜬 글자로 어린아이를 나타냄)·자식 자·당신 자·자네 자·씨 자·경칭 자·사람 자·첫째지지 자

* 子(자)는 兒女子(아녀자), 菓子(과자), 卓子(탁자), 酒煎子(주전자)처럼 접미사로 쓰임.

③ **천 穿 9** - 뚫을 천[穴(穴 : 구멍 혈)과 앞으로 쭉 삐져나온 코끼리의 큰 이빨을 뜻하는 牙(엄니 아·송곳니 아)가 합해진 글자로 송곳니로 땅에 굴을 뚫는다는 뜻을 나타냄]·꿰뚫(통할 수 있게 뚫는, 학문을 파고드는) 천

④ **주 珠 10** - 구슬 주[王(玉 : 구슬 옥)과 발음요소와 붉은 빛깔을 띤다는 뜻인 朱(붉을 주)가 합해진 글자로 붉은색의 옥(玉)으로 유리알처럼 둥글게 만든 딱딱한 덩어리 또는 물건을 뜻함]·진주(珍珠·眞珠 : 대합 같은 조개에서 생기는 광택이 있는 구슬) 주·눈동자 주

용어 풀이 ━━━━━━━━

- 공자(孔子) : 공자는 기원전 551년 노(魯)나라에서 태어났고 중국 고대(古代) 사상가(思想家)였으며 인(仁)을 정치와 윤리의 이상(理想)으로 하는 도덕주의를 널리 밝혔음.

- 조정사원(祖庭事苑) : 송(宋)나라 선향(善鄕)이 엮은 책으로 운문문언(雲門文偃) 등의 여러 어록(語錄)에서 어려운 낱말 2,400개를 뽑아 풀이하고 그 낱말의 출처를 밝힌 책.

- 진귀(珍貴) : 보배롭고 보기 드물게 귀하고 소중한.

- 구비 : '구븨 또는 굽이'를 뜻함 - 구멍이나 산(山), 시냇물 등이 휘어서 굽은 곳이나 구부러진 곳.

- 동원(動員) : 어떤 목적을 달성하기 위하여 사람이나 물건·방법을 집중시키는.

- 아낙네 : 남의 집의 부인(婦人)과 여자를 널리 통하는 일반적인 풍속으로 이르는 말.

- 학문(學問) : 자연과학(自然科學)과 인문과학(人文科學)에 대한 체계적인 지식(知識)을 연구하는.

- 어록(語錄) : 유학자가 설명한 교의(敎義)나 승려가 설명한 교리(敎理)를 제자가 기록한 책.

  * 유학자(儒學者)는 공자(孔子)의 사상인 인(仁)을 실천하는 유학에 조예(造詣)가 깊은 사람을 말함.

- 교훈(敎訓) : 앞으로의 행동이나 생활에 지침이 될 만한 것을 가르치거나 타이르는.

직역 공자(孔子)가 자기보다 못한 사람에게 배워서 구슬을 꿸다는 뜻.

의역 학문과 덕망이 높은 어진 사람도 남에게 배울 점(點)이 있다는 뜻.

　　즉, 묻고 배우는 것은 지위와 관계없고 부끄러운 일이 아니라는 뜻.

022

과유불급
過猶不及

유래 요약 ——————

　공자(孔子)의 제자인 자공(子貢)이 어느 날 공자에게 "다른 제자인 자장(子張)과 자하(子夏) 중 누가 더 어진 사람입니까?"라고 묻자, 공자(孔子)는 "기상(氣像)이 활달하고 진보적(進步的)인 자장(子張)은 매사에 좀 지나치게 조심하며 모든 일을 현실적으로 생각하는 자하(子夏)는 좀 미치지 못한다."라고 대답했다. 이에 "그럼 자장(子張)이 더 낫습니까?"라고 반문하자, 공자는 "과유불급이다."라고 하였다.

　공자(孔子)가 말한 과유불급(過猶不及)은 굳이 두 사람에 국한(局限)된 것이 아니고 일반적인 원칙(原則)을 말한 것으로 '지나치다' 또는 '미치지 못한다'라는 기준을 중용(中庸)에 두고 한 말이다. 속담(俗談)에 "박색(薄色) 소박(疏薄 : 아내나 여자를 푸대접하는)은 없어도 일색(一色) 소박(疏薄)은 있다."고 하니 얼굴이 너무 예쁜 것보다는 못난 것이 좋다는 결론이 된다.

한자 풀이 ——————

② **과 過 13** - 지날 과[辶_(길갈 착)과 발음요소와 한쪽으로 쏠려 있다는 뜻의 咼(입비뚤어질 와)가 합해진 글자로 '지나다, 도를 넘다'의 뜻을 나타냄. 현재나 어느 시점을 기준으로 이미 지나간]·지나칠 과·허물 과·뛰어날 과·건널 과·지낼(직업을 갖고 일을 하거나 취미활동을 하며 살아가는) 과

② **유 猶 12** - 오히려 유[犭(개 견)과 발음요소인 酋(두목 추)가 합해진 글자로 본뜻은 '원숭이·망설이다'이고, 이후에 '오히려'의 뜻이 생겼음. 실제로나 생각과는 달리, 반대로·도리어 등을 나타냄]·같을 유·한가지 유·머뭇거릴 유·망설일(이리저리 생각만 하고 정하지 못하는) 유·원숭이 유

③ **불 不 4** - 아니 불 또는 아닐 불(식물의 꽃대와 꽃받침과 꽃의 암술로 된 씨방 모양을 본뜬

글자로 씨방이 자라서 열매를 맺을지 모른다는 뜻에서 '아니'라고 나타냄)·못할 불·없을 불·않을 불

④ **급 及 4** - 미칠 급[⌒(人 : 사람 인)과 又(손 우)가 합해진 글자로 손을 뻗쳐 사람을 뒤에서 잡으려는 모습을 나타냄. 어떤 말이나 영향. 법의 적용이 어느 대상에 끼치는]·이를 급·및 급·와 급·더불 급

용어 풀이 ─────────────

- 공자(孔子) : 공자는 기원전 551년 노(魯)나라에서 태어났고 중국 고대(古代) 사상가(思想家)였으며 인(仁)을 정치와 윤리의 이상(理想)으로 하는 도덕주의를 널리 밝혔음.
- 자공(子貢) : 공자의 10명 제자[孔門十哲(공문십철)] 중 한 사람이며 중국 위(衛)나라 학자였음.
- 자하(子夏) : 공자의 10명 제자[孔門十哲(공문십철)] 중 한 사람이며 중국 위(魏)나라 학자였음.
- 어진 : '어질다'의 형용사로 사람을 대하는 마음이 따뜻하고 행실이 너그러운.
- 기상(氣像) : 어떤 어려움에도 떨거나 꺾이지 아니하는 강한 정신과 행동.
- 진보적(進步的) : 사회의 모순을 점진적으로 개선하려는 사상(思想)을 가졌거나 성격을 띠는.
- 국한(局限) : 범위를 일정한 부분에 제한하여 정하는.
- 원칙(原則) : 행동이나 이론에 있어서 일관되게 지켜야 할 규범(規範)이나 규칙(規則).
- 중용(中庸) : 치우침이나 과부족(過不足)이 없이 떳떳하며 언제나 변함이 없는 상태나 정도.
- 속담(俗談) : 오래전부터 온 민족의 마음속 깊이 같은 느낌을 얻은 공통된 격언(格言). 즉, 교훈과 경계가 되는 짧은 말.
- 박색(薄色) : 아주 못생긴 여자의 얼굴 또는 그러한 여자.
- 일색(一色) : 아주 뛰어나게 잘생긴 여자의 얼굴, 즉 미인.

직역 지나친 것은 오히려 미치지 못한 것과 같다는 뜻.

의역 모든 사물(事物)에는 치우침이나 과부족(過不足)이 없이 정도가 알맞아야 한다는 뜻.

023

관포지교
管鮑之交

유래 요약 ─────────

　중국 춘추시대(春秋時代) 제(齊)나라에 절친한 관중(管仲)과 포숙아(鮑叔牙)라는 두 관리(官吏)가 있었다. 관중은 공자(公子) 규(糾)를, 포숙아는 규(糾)의 동생 소백(小白)을 섬기게 되었다. 제(齊)나라 임금 양공(襄公)이 사촌동생 공손무지(公孫無知)에게 죽음을 당하자 두 사람은 각각 모시고 있던 공자(公子)를 따라 이웃 노(魯)나라와 거(莒)나라로 몸을 피했다.

　이듬해 공손무지가 살해되자 두 공자(公子)는 혼란에 빠진 본국으로 돌아와 왕위(王位)를 노리며 서로 대립관계가 되었고 결국 소백이 왕위에 올라 환공(桓公)이 된다. 이때 환공이 압송된 관중(管仲)을 죽이려 하자 포숙아(鮑叔牙)는 환공에게 "천하(天下)의 패자(覇者)가 되시려면 관중을 뽑아 써야 합니다."라고 간청하였다. 환공은 그 말을 받아들여 관중을 재상(宰相)으로 삼고 나라 일을 맡겼다. 그 결과 포숙아의 변함없는 우정(友情)으로 관중(管仲)은 살고 환공(桓公)은 천하를 통일한 패자(覇者)가 되었다. 관중(管仲)은 훗날 포숙아(鮑叔牙)에 대한 마음을 이렇게 술회(述懷)했다.

　"젊어서 포숙아와 장사를 할 때는 늘 이익금을 내가 더 많이 가졌으나 나를 욕심쟁이라고 하지 않았다. 내가 가난하다는 걸 알고 있었기 때문이다. 또 그를 위해 한 사업(事業)이 실패(失敗)하여 그를 궁지(窮地)에 빠뜨렸었지만 나를 용렬(庸劣)하다고 여기지 않았다. …… 나를 낳아준 사람은 부모(父母)지만, 나를 알아준 사람은 포숙아이다.(生我者父母 知我者鮑叔牙 : 생아자부모 지아자포숙아)"

한자 풀이 ─────────

① 관 管 14 - 대롱 관[⺮(竹 : 대 죽)과 발음요소와 貫(꿸 관)과 통하는 官(벼슬 관)이 합해진 글자로 대나무 붓대처럼 속이 비어 있는 나무껍질이나 벼·보리 줄기나 플라스틱으로 된 가늘고 짧은 도막을 뜻함]·관 관·대통 관·붓대 관·관리(管理)할 관·주관(主管)할 관

② 포 鮑 16 - 절인어물 포 또는 절인고기 포[魚(물고기 어)와 발음요소인 包(쌀 포)가 합해진 글자로 고등어자반이나 새우젓 같이 소금을 뿌려 담아 두어서 짜게 만든 물고기를 뜻함]·전복(全鰒 : 몸은 크고 긴 둥근 모양이며 껍데기에 푸른빛과 자줏빛을 띠는 조개 종류) 포

③ 지 之 4 - 갈 지[두 발을 뜻하는 止(발 지)와 출발선을 뜻하는 一(가로획)을 그어 만든 글자로 한 발을 떼고 막 출발하려는 모습을 나타냄]·이를 지·이 지·어조사(~의, ~가, ~이, ~을) 지

④ 교 爻 6 - 사귈 교[사람을 뜻하는 亠(돼지머리 두)와 아랫다리인 정강이가 교차해 있는 모양을 본뜬 爻(사귈 효)가 합해진 글자로 여럿이 옆 사람과 서로 손을 잡고 두 발이 꼬이면서 원을 그리며 걷는 모습을 나타냄]·벗 교·바뀔 교

　* 朋(벗 붕)은 같은 스승으로부터 가르침을 받는 반 친구를, 友(벗 우)는 손을 잡고 다닐 정도로 가까운 친구를 뜻함.

용어 풀이 ────────

• 관중(管仲) : 중국 춘추시대(春秋時代) 제(齊)나라 정치가, 재상으로 환공(桓公)을 도와 패자(覇者)가 되게 하였음.

• 포숙아(鮑叔牙) : 중국 춘추시대(春秋時代) 제(齊)나라 정치가, 현신(賢臣)으로 환공의 정치를 도왔음.

• 공자(公子) : 사회적 지위(地位)가 높은 집안의 젊은 아들.

• 공손무지(公孫無知) : 공손(公孫)은 '공작(公爵)의 손자'를 말하며 무지(無知)는 이름을 뜻함.

• 환공(桓公) : 중국 춘추시대(春秋時代) 제(齊)나라의 군주(君主)로 관중과 천하를 통일한 최고 권력자.

• 패자(覇者) : 봉건시대에 영토 내의 백성을 다스리는 제후(諸侯)의 우두머리, 또는 무력으로 천하를 다스리는 사람. 어느 일정한 부문(部門)에서 패권(으뜸 자리)을 차지한 사람.

• 재상(宰相) : 임금을 돕고 모든 관원(官員)을 지휘·감독하는 옛날 정2품 이상의 벼슬자리.

• 술회(述懷) : 마음속에 오랫동안 서려 있는 생각을 말하는.

　* 서려→서리다 : 어떤 생각이 마음속 깊이 자리 잡아 간직되는.

• 용렬(庸劣) : 사람이 못생기어 어리석고 변변하지 못한.

직역 관중(管仲)과 포숙아(鮑叔牙) 같은 절친한 우정을 뜻함.
의역 시세(時勢)를 떠나 영원히 변함없는 돈독(敦篤)한 친구를 뜻함.

024

괄목상대
刮目相對

유래 요약 ────────

중국 삼국시대(三國時代) 초기(初期) 오(吳)나라 손권(孫權)의 부하 중에 여몽(呂蒙) 장수(將帥)가 있었다. 그는 무식했으나 전공(戰功)을 쌓아 장군(將軍)이 된 사람이었다. 어느 날 그는 왕(王)으로부터 공부하라는 충고를 받았다. 그래서 전쟁터에서도 손에서 책을 놓지 않고 수불석권(手不釋卷) 학문에 정진(精進)했다. 그 후 손권의 신하 가운데 가장 유식한 재상(宰相)인 노숙(魯肅)이 전방을 시찰하는 길에 오랜 친구인 여몽(呂蒙)을 만났다. 그런데 노숙은 오랜만에 만난 친구와 대화를 나누다가 여몽이 너무나 박식(博識)해진 데에 그만 놀라고 말았다. 얼마 후 재상(宰相)인 노숙(魯肅)이 병(病)들어 죽자 박식해진 여몽(呂蒙)은 그 뒤를 이어 오(吳)나라의 손권(孫權)을 보필(輔弼)하며 국세(國勢)를 강하게 넓히는데 힘썼다.

노숙(魯肅)과 여몽(呂蒙)의 대화 기록에는 이런 말이 있다. 노숙이 "아니 언제 그렇게 공부(工夫)했나? 과거 오(吳)나라에 있을 때의 여몽이 아닐세."라고 묻자 여몽이 대답하였다.

"선비라면 헤어진 지 사흘이 지나면 눈을 비비고 다시 대해야 할 정도로 달라져 있어야 하는 법이라네.(괄목상대:刮目相對)"

한자 풀이 ────────

① 괄 刮 8 - 긁을 괄[베거나 자른다는 뜻의 刂(刀 : 칼 도)와 발음요소인 舌(혀 설)이 합해진 글자로 손톱이나 칼날이 있는 기구로 거죽을 벗겨지게 문지르는]·(눈을)비빌 괄

② 목 目 5 - 눈 목(사람 눈의 겉모습에 눈동자를 그린 ◁◎▷ → ⫿⫿⫿를 세로로 세워서 나타낸 글자로 사물을 볼 수 있는 사람이나 동물의 감각기관을 뜻함)·볼 목·조목(條目) 목·목 목·제목(題目) 목

③ 상 相 9 - 서로 상[본래 杖(지팡이 장)이 생략된 木(나무 목)과 살펴본다는 뜻의 目(눈 목)이 합

해진 글자로 장님이 지팡이로 세상을 본다는 장님과 지팡이 관계에서 '서로'의 뜻을 나타냄]·볼 상·도울 상

  * 相(상)은 작은 모임을 뜻하며, 會(모일 회)는 큰 모임을 뜻함. <예> 相議(상의), 會同(회동)

④ 대 對 14 - 대할 대[둥근 북과 양쪽을 고정시킨 모습의 **业**와 받침대를 뜻하는 丵와 寸(손촌)이 합해진 글자로 사람이 북을 받침대에 올리고 내리고 칠 때 마주 대한다는 뜻을 나타냄]·대답(對答)할 대·마주볼 대·마주 대·짝 대·대(2 : 1의 비율 등등) 대·상대(相對:서로 마주 보고 있는, 서로 대립이 되는) 대

용어 풀이 ——————

• 괄목(刮目) : 눈을 비비고 다시 본다는 뜻으로 생각보다 발전이 너무 빨라 믿기 어렵다는 뜻.

• 전공(戰功) : 전쟁에서 세운 공로(功勞)나 공적(功績).

• 수불석권(手不釋卷) : 手(손 수)·不(아니 불)·釋(내려놓을 석)·卷(책 권)이므로 손에서 책을 놓지 아니하고 늘 글을 읽는다는 뜻.

• 정진(精進) : 온갖 힘을 쏟아 열심히 앞으로 나아간다는 뜻.

• 재상(宰相) : 임금을 돕고 모든 관원(官員)을 지휘·감독하는 옛날 정2품 이상의 벼슬자리.

• 박식(博識) : 배워서 터득한 지식 또는 체계적인 지식(知識)과 사물(事物)에 대한 견문(見聞)이 넓은.

• 보필(輔弼) : 임금이나 상관을 도와 일을 처리하는.

• 국세(國勢) : 영토·인구·산업·자원 등의 면에서 본 종합적인 국력(國力).

직역 잘못 본 줄 알고 눈을 비비고 다시 상대방을 마주 본다는 뜻.

의역 놀랄 정도로 상대방의 학식이나 재주가 전에 비하여 크게 진보(進步)하였다는 뜻.

025

교언영색
巧言令色

유래 요약 —————

공자(孔子)는 『논어(論語)』 「학이편(學而篇)」에서 말을 그럴듯하게 잘 꾸며 대거나 남의 비위(脾胃)에 맞추거나 웃으며 눈에 잘 보이려고 말하는 그런 사람은 인(仁)이 거의 없다고 말했다. 인(仁)은 '어질다'는 뜻이며 '어질다'라는 말은 거짓이 없고 참되며 남을 해칠 생각이 없는 고마운 마음씨를 의미한다.

말을 잘 한다는 것과 교묘(巧妙)하게 한다는 것과는 차이가 있고, 좋은 얼굴과 좋게 보이려는 얼굴과는 비슷하면서도 거리가 멀다. 말과 마음이 일치되어야만 진실이 있으며 인격(人格)과 수양(修養)과 마음씨에서 나타나는 얼굴이 자연(自然) 그대로의 표정(表情)이다. 결국 교언(巧言)과 영색(令色)은 꾸민 말과 꾸민 얼굴을 말한 것이 되며 꾸미기를 좋아하는 사람의 마음이 참되고 어질 수는 없는 것이다. 말재주가 교묘(巧妙)하고 표정(表情)을 보기 좋게 꾸미는 사람 중에 어진 사람은 거의 없다는 뜻이다.

이 말을 뒤집어 또 공자(孔子)는 「자로편(子路篇)」에서 이렇게 말했다. "강직(剛直) 의연(毅然)하고 질박(質樸) 어눌한 사람은 인(仁)에 가깝다." 그러나 이러한 사람이라도 인(仁) 그 자체는 아니라고 공자(孔子)는 「옹야편(雍也篇)」에서 이렇게 말했다. "文質彬彬然後君子(문질빈빈연후군자 : 문질 빈빈한 연후에야 군자라 할 수 있다.)" 문(文), 즉 형식(形式)과 질(質), 즉 실체(實體)가 잘 어울려 조화(調和)를 이루어야 군자(君子)라는 뜻이다.

　＊彬(빛날 빈, 훌륭할 빈) - 彬彬(문체와 바탕이 모두 갖추어져 훌륭한).

한자 풀이 —————

① 교 巧 5 - 공교 교 또는 공교할 교[나무에 구멍을 뚫는 연장인 工(장인 공)과 깎거나 파내는 연장인 丂(공교할 교)가 합해진 글자로 연장을 다루며 물건이나 조각 등을 만드는 솜씨나 재주, 재치가 뛰어난]·거짓말꾸밀 교·교묘할 교·공교로울 교·예쁠 교

② **언 言 7** – 말씀 언[口(입 구)와 혀로 말할 때 말소리가 퍼져 나오는 현상을 그림 ≡이 합해진

글자로 위·아래의 입술과 혀를 움직이며 소리로 의견을 교환하고 내용을 전달하는 수단]·

말할 언

③ **영 令 5** – 명령 영 또는 명령할 영(령)[命令(명령). 여럿을 뜻하는 亼(모일 집)과 무릎을 꿇고

있는 모습인 卩(卩 : 병부 절)이 합해진 글자로 지붕 아래에 꿇어앉은 사람에게 명령을 내린

다는 뜻]·남을높이는말 영(령)

④ **색 色 6** – 빛 색[⺈(人 : 사람 인)과 무릎을 꿇고 엎드린 사람의 모습인 卩(巴 : 병부 절)이 변형

된 巴(뱀 파)가 합해진 글자로 남녀 두 사람이 어우르며 사랑하는 모습을 나타냄]·색 색·얼

굴빛 색·색정 색·여 색 * **여색**(女色)은 이성적 욕구 충족을 위하여 여자를 즐겨 상대하는.

용어 풀이 ─────────

• **교언**(巧言) : 눈치 빠른 재주와 생각으로 꾸며 내는 말. 실상이 없이 교묘하게 꾸며 대는 말.

• **영색**(令色) : 남에게 비위를 맞추기 위하여 아첨하는 얼굴의 빛.

• **공자**(孔子) : 공자는 기원전 551년 노(魯)나라에서 태어났고 중국 고대(古代) 사상가(思想家)였으며 인

(仁)을 정치와 윤리의 이상(理想)으로 하는 도덕주의를 널리 밝혔음.

• **논어**(論語) : 공자(孔子)의 유학(儒學)에 관한 교리(敎理)를 연구한 성전(聖典)이라고 할 수 있는 유교(儒

敎)의 근본 문헌으로 공자와 제자들의 언행(言行)을 기록한 책임.

• **인**(仁) : 남에게 베푸는 인자(仁慈)한 성품과 너그러운 행실.

• **수양**(修養) : 쇠붙이를 달구고 두드려 강하게 하듯이 몸과 마음을 단련하여 품성(品性)·지혜(智慧)·도

덕(道德)을 닦는.

• **강직**(剛直) : 정신이나 성격·체질이 꿋꿋하고 곧은.

• **의연**(毅然) : 의지가 군세어서 끄떡없거나 태도가 엄하고 군센.

• **질박**(質樸·質朴) : 겉으로 별스럽게 꾸민 데가 없이 수수한.

직역 실체나 근거 없이 듣기 좋은 교묘한 말과 웃는 얼굴로 아첨한다는 뜻.

의역 진실(眞實)과 인(仁)이 없는 간사한 사람의 모습이나 태도를 뜻함.

026

교자채신
敎子採薪

유래 요약 ─────────

중국 춘추시대(春秋時代) 노(魯)나라의 어떤 아버지가 아들에게 하루는 땔나무를 해 오라고 하면서 한마디 물어보았다. "너는 여기서 백 보(步) 떨어진 곳에 가서 나무를 해 오겠느냐? 아니면 힘이 들더라도 백 리(里) 떨어진 곳에 가서 나무를 해 오겠느냐?" 말할 것도 없이 자식은 백 보(步) 떨어진 곳으로 가겠다고 대답했다. 다시 아버지는 말했다.

"네가 가까운 곳으로 가서 나무를 해오겠다는 것은 이해(理解)가 되지만, 그곳은 언제든지 해 올 수 있다. 하지만 백 리(里) 떨어진 곳에 있는 나무는 누가 가져갈지도 모르니, 그곳의 땔감부터 가져와야 우리집 근처(近處)의 땔감은 남아 있지 않겠니?"

아들은 아버지의 깊은 생각을 이해하고 먼 곳으로 땔나무를 하러 떠났다. 눈앞의 이익(利益)을 쫓기보다는 원대(遠大)한 계획(計劃)에 입각(立脚)한 치밀(緻密)한 준비가 필요하다. 고로 이 성어(成語)는 자식(子息)이 장기적(長期的)인 안목(眼目)을 가지고 인생(人生)을 설계(設計)할 수 있도록 가르치는 부모(父母)의 지혜(智慧)로운 교육방법(敎育方法)을 보여주는 것이다.

한자 풀이 ─────────

① 교 敎 11 - 가르칠 교[회초리를 뜻하는 爻(점괘 효)와 다독거린다는 뜻의 攵(칠 복)과 子(아이 자)가 합해진 글자로 회초리와 애정으로 훈계하며 효자가 되도록 가르치는. 학문과 예술에 대한 지식과 인격을 길러주는]·본받을 교·가르침 교

② 자 子 3 - 아이 자 또는 아들 자(머리와 양쪽으로 벌리고 있는 두 팔과 포대기에 두 발이 싸여진 갓 태어난 아기의 모습을 본뜬 글자로 어린아이를 나타냄)·자식 자·당신 자·자네 자·씨 자·경칭 자·사람 자·첫째지지 자

* 子(자)는 兒女子(아녀자), 菓子(과자), 卓子(탁자), 酒煎子(주전자)처럼 접미사로 쓰임.

③ **채 採 11** – 캘 채[본래 采(캘 채)가 다른 뜻으로 쓰이자 본뜻을 살리기 위하여 扌(手 : 손 수)가 덧붙여진 글자로 손으로 캐거나 딴다는 뜻을 나타냄. 손과 기구로 땅에서 나물·뿌리·광물·석탄 등을 파내는]·딸(열매를 손으로 잡아떼거나 벌집에서 꿀을 빼내는) 채·가릴 채 또는 가려낼(골라 뽑는) 채

④ **신 薪 17** – 섶 신 또는 땔나무 신[艹(艸 : 풀 초)와 木(나무 목)과 斤(도끼 근)과 발음요소와 辛(매울 신)이 합해진 글자로 장작 같은 땔감을 나타냄. 불을 때는 데 쓰는 잎나무·억새나 참나무를 말린 풋나무·거친 장작을 뜻함]·나무섶 신·풀(땔감으로 쓰는 잡풀) 신

용어 풀이 ——————

• 보(步) : 거리의 단위로 1보는 한 걸음 정도의 거리 또는 주척(周尺)으로 6자 되는 거리임.

  * **주척**(周尺) : **주척**(周尺)**은 중국 주**(周)**나라 시대에 사용했던 도량형의 기본 단위를 뜻함.**

• 리(里) : 거리의 단위로 1리는 약 0.4km에 해당됨. 10리≒4km, 100리≒40km.

• 이해(理解) : 지식의 내용이나 어떤 말씀이나 원리 등을 깨달아 아는, 사물의 이치를 분별하여 해석하는.

• 원대(遠大) : 공간의 규모나 꿈·구상·포부·생각 따위가 아주 큰.

• 계획(計劃) : 보다 효율적인 결과를 위하여 앞으로 할 일의 방법이나 차례·규모·예산 따위를 미리 정하는.

• 입각(立脚) : 어떤 일을 결정하거나 추진할 때 확실한 근거를 두어 그 입장에 서는.

• 치밀(緻密) : 하나도 빠짐이 없이 세심하고 꼼꼼한, 빽빽하게 밀집되어 단단한 물체의 상태를 뜻하는.

• 안목(眼目) : 사물을 보고 바르게 생각하고 판단하는 견문(見聞)이나 학식(學識).

• 지혜(智慧) : 슬기와 같은 말로서 사물의 이치를 빨리 깨달아 밝히고 옳고 그름과 선과 악을 정확하게 가려내는 능력.

직역 자식에게 땔나무를 캐 오는 법을 가르친다는 뜻.
의역 일을 할 때는 장기적인 안목(眼目)을 갖고 근본적인 처방에 힘쓰라는 뜻.

027

구맹주산
狗猛酒酸

유래 요약 ──────

중국 전국시대(戰國時代) 말기 한(韓)나라의 한비자(韓非子)는 군주(君主)가 위협(威脅)을 당하며 어질고 정치를 잘 하는 선비가 기용(起用)되지 못하는 이유에 대해 한 가지 비유를 들어 설명하였다.

송(宋)나라에 술을 파는 한 사람이 있었다. 그는 술을 만드는 재주가 뛰어나고 손님들에게도 공손히 대접했으며 항상 양(量)도 속이지 않고 정직(正直)하게 팔았다. 그럼에도 불구하고 술이 잘 팔리지 않았다. 이상하게 생각한 그는 마을 어른인 양천에게 물어 보았다. 그랬더니 그 어른이 되묻기를 "자네 집 개가 사나운가?" "그렇습니다만, 개가 사납다고 술이 안 팔린다니 무슨 이유(理由)에서입니까?" "그거야 사람들이 두려워하기 때문이지. 즉, 어린 자식을 시켜 술을 받아 오라고 했을 때 사나운 개가 덤벼들어 아이를 물면 어쩌겠소. 그래서 술은 안 팔리고 술맛은 점점 시큼해지는거요."

이 뜻은 곧 어진 신하(臣下)가 아무리 옳은 정책(政策)을 군주(君主)께 아뢰고자 해도 조정(朝廷) 안에 사나운 간신배(奸臣輩)가 떡 버티고 있으면 불가능(不可能)함을 강조한 말이다. 어떤 크고 작은 조직(組織)을 운영(運營)할 때 지도자(指導者)는 대의(大義)를 품고 선(善)한 의도(意圖)로 이끌어나가야 한다는 고상(高尙)한 철학(哲學)과 원대(遠大)한 이상(理想)을 가져야 한다는 것이다.

한자 풀이 ──────

① **구 狗 8** - 개 구[길짐승을 뜻하는 犭(犬 : 개 견)과 발음요소와 몸을 오그리고 있는 모습의 句(글귀 구)가 합해진 글자로 강아지를 나타냄]

　＊ 강아지 : 개의 새끼나 다 자라지 못한 어린 개.

② **맹 猛 11** - 사나울 맹[犭(犬 : 개 견)과 발음요소와 우두머리를 뜻하는 孟(사나울 맹)이 합해진

글자로 가장 사나운 짐승을 나타냄. 사자나 호랑이 같이 힘이 세고 성질이 억세며 생김새가 무섭게 험한]·날랠(공중을 나는 듯이 빠른 속도로 뛰는) 맹·용감(勇敢)할 맹·엄(嚴)할 맹

③ **주 酒 10** – 술 주[본래는 술을 빚는 그릇인 酉(술독 유)가 술의 뜻이었으나 酉(닭 유)로 쓰이면서 액체를 뜻하는 氵(水 : 물 수)를 덧붙여 酒(술 주)가 된 글자로, 쌀 같은 곡류를 누룩으로 발효시켜 만든 막걸리 같이 알코올 성분이 들어 있어 마시면 취하는 음료를 뜻함]·잔치(축하할 만한 일이 있을 때 여럿이 술을 마시며 즐기는) 주

④ **산 酸 14** – 실 산[酉(술동이 유)와 항아리 안의 술을 나무로 눌러 놓고 냄새가 날아가지 않도록 뚜껑을 덮은 모양인 夋(갈 준)이 합해진 글자로 술이 오래간다는 데서 '시다'의 뜻을 나타내며 신맛이 나는 '초'의 뜻으로 쓰임]·신맛 산·초산(醋酸) 산·산소(酸素) 산·아플 산·슬플 산

　* 酸(실 산)에서 '실'은 맛이 시거나 시큼하다는 뜻임.

용어 풀이 ———————

• 한비자(韓非子) : 중국 한(韓)나라의 공자(公子)로 순자(荀子)에게 배운 법치주의를 주창한 사상가.

• 군주(君主) : 국가 최고 권력을 갖고 단독으로 나라를 지배하고 백성을 다스리는 임금 또는 군장(君長).

• 위협(威脅) : 어떤 목적을 위하여 떨치는 권세와 강한 힘으로 으르고 겁을 주는.

• 선비 : 옛날에 벼슬은 하지 않고 학문만을 닦는 인품을 갖춘 사람. 유교이념을 구현하는 신분계층의 사람.

• 기용(起用) : 능력과 재주와 인품이 있는 사람을 높은 자리에 뽑아 쓰는.

• 조정(朝廷) : 임금이 나라의 정치를 신하들과 의논하고 집행하는 곳.

• 간신배(奸臣輩) : 성질이 간교하고 행실이 바르지 못한 신하(臣下)의 무리.

• 대의(大義) : 사람으로서 마땅히 행하거나 지켜야 할 큰 의리(義理).

• 철학(哲學) : 인생이나 세계의 근본 원리를 추구하는 학문, 일정한 세계관이나 신조(信條).

• 이상(理想) : 생각할 수 있는 가장 바람직하고 현실적이며 완전한 상태.

직역 개(狗)가 사나우면 술(酒)이 안 팔려서 시큼하게 시어진다는 뜻.

의역 조정에 사나운 개 같은 간신배(奸臣輩)가 있으면 어진 신하가 모이지 않는다는 뜻.

028

구사일생
九死一生

유래 요약 ─────

중국 전국시대(戰國時代) 초(楚)나라 시인(詩人)이며 정치가인 굴원(屈原)은 박식(博識)하고 변론(辯論)에 뛰어났기 때문에 많은 활약을 하였으나 묘략을 받아 두 번째 쫓겨나서는 멱나수 강(江)에 빠져 죽었다. 굴원(屈原)의 사부(師傅)와 그의 문하생(門下生) 및 후대(後代) 사람들의 작품을 모은 책인 『초사(楚辭)』에 수록된 작품 「이소(離騷)」에는 다음과 같은 구절이 있다.

"길게 한숨 쉬며 눈물을 닦으며 인생의 어려움 많음을 슬퍼한다. …… 그러나 자기 마음에 선하다고 믿고 있기 때문에 비록 아홉 번 죽을 지라도 오히려 후회하는 일은 하지 않으리라."

즉, 구사일생(九死一生)은 아홉 번 죽어서 한 번을 살아나지 못한다 할지라도 아직 후회하고 원한을 품기에는 족하지 못하다는 뜻이다.

굴원(屈原)의 작품(作品)은 거의 모두가 몽환적(夢幻的)인 세계(世界)를 묘사(描寫)하여 고대(古代) 문학(文學) 가운데 드물게 서정성(抒情性)을 띠고 있으며 당시 조정(朝廷) 간신(奸臣)들의 발호(跋扈), 임금에 대한 헌신(獻身)을 알아보지 못하는 것을 원망(怨望)하는 내용이 들어있다.

한자 풀이 ─────

① **구 九 2** - 아홉 구[꾸불꾸불하게 땅을 파는 모양인 乙(새 을)과 샘물이 솟는 모습인 丿(삐침 별)이 합해진 글자로 물이 나오는 순간이 마지막이라는 뜻에서 숫자 중에서 가장 큰 수(數)나 끝수인 아홉(9)을 나타냄]

② **사 死 6** - 죽을 사[흐트러진 뼈를 뜻하는 歹(뼈앙상할 알)과 죽은 사람을 뜻하는 匕(비수 비)가 합해진 글자로 질병·사고 등으로 생명을 잃는 상태를 뜻함]·다할 사·죽일 살·생기없을 사

* 옛날 중국에서는 사람이 죽으면 살이 다 썩어 없어진 뒤에 뼈만 모아 장례를 치렀음.

③ **일 → 1** - 한 일(한 획으로 가로선을 그어 만든 글자 또는 산가지 한 개를 가로놓아 만든 글자로 1·2·3·4…로 된 아라비아 숫자에서 1을 가리킴)·하나 일·첫째 일·오로지 일·땅 일

　　* 一(한 일)은 우주(宇宙)와 천지(天地)가 생기는 맨 처음인 태초(太初)의 존재를 나타냄.

④ **생 生 5** - 날 생[어린 싹인 떡잎을 뜻하는 屮(싹날 철)과 土(흙 토)가 합해진 글자로 초목의 새싹이 땅 위로 돋아나는 모습을 나타냄]·낳을 생·생길 생·살 생·자랄 생

　　* 生(생)은 다른 한자의 끝에 붙어서 학생이나 학문하는 사람을 나타냄. 下宿生(하숙생), 先生(선생)

용어 풀이 —————

• 구사(九死) : '아홉 번 죽음'의 뜻으로 사람이 죽는 것을 강하게 표현한 말임.

• 박식(博識) : 배워서 터득한 지식 또는 체계적인 지식(知識)과 사물(事物)에 대한 견문(見聞)이 넓은.

• 변론(辯論) : 어떤 안건이나 문제에 대하여 옳고 그름을 따지거나 법정에서 유리하게 진술하여 주장하는.

• 사부(師傅) : 師(스승 사), 傅(스승 부)로 자기를 가르쳐 올바르게 이끌어 주는 선생.

• 문하생(門下生) : 스승의 집에서 가르침을 받는 제자 또는 학문의 가르침을 받는 스승의 아래.

　* 문하(門下)는 권세가 있는 집, 스승의 집, 학문의 가르침을 받는, 스승의 아래의 뜻임.

• 초사(楚辭) : 중국 초(楚)나라의 굴원(屈原)과 낮은 계급의 시가(詩歌)와 산문(散文)을 모은 책.

　* 시가 : 시(詩)와 노래, 산문(散文) : 글자의 수나 운율에 제한 없이 자유롭게 쓰는 문장.

• 이소(離騷) : 굴원(屈原)의 장편 서사시로 근심을 만난다는 뜻이며 회왕(懷王)과 충돌하여 물러나야 했던 실망과 근심스러운 나라에 대한 애정을 노래한 것임.

　* 여기서 離(떠날 이, 만날 이)는 만남·걸림을 뜻하며, 騷(떠들 소, 근심할 소)는 깊은 시름을 뜻함.

• 몽환적(夢幻的) : 현실이 아닌 꿈이나 헛된 생각을 뜻하는 환상(幻想)같은 상태.

• 발호(跋扈) : 권세나 세력을 휘둘러 함부로 날뛰는.

직역 아홉 번 죽을 뻔하다가 한 번 살아난다는 뜻.

의역 죽을 경우를 여러 차례 겪고 겨우 살아났다는 뜻.

029

구우일모
九牛一毛

유래 요약 ─────────

중국 한(漢)나라 7대 황제(皇帝)인 무제(武帝) 때 이릉(李陵) 장군이 5,000명의 보병을 이끌고 흉노(匈奴)를 정벌(征伐)하러 나갔다. 그러나 10배가 넘는 적과 싸우다가 중과부적(衆寡不敵)으로 패했다. 그리고 이듬해 전사(戰死)한 줄 알았던 이릉(李陵)이 흉노에게 투항(投降)하여 후하게 대접을 받고 있음이 밝혀졌다.

이 사실을 알게 된 무제는 이릉의 가족을 참형(斬刑)에 처하라고 명령하였다. 이때 이를 본 사마천(司馬遷)은 이릉(李陵)의 변호에 나섰으며 이에 몹시 분노한 무제는 사마천을 궁형(宮刑)에 처했다. 치욕(恥辱)을 당한 사마천은 착잡(錯雜)한 심정을 이렇게 말했다.

"내가 사형(死刑)을 받는다고 해도 그것은 아홉 마리의 소(牛)에서 터럭 하나 없어지는 것과 같을 뿐이다."

이 말은 괴로움에 충만(充滿)된 자조적(自嘲的)인 독백(獨白)이다. 그러나 자신(自身)을 구우일모(九牛一毛)와 같이 하찮은 존재(存在)로 비하(卑下)했던 그가 훗날 환골탈태(換骨奪胎)되어 역사상 불후(不朽)의 명작(名作)인 『사기(史記)』를 썼다.

한자 풀이 ─────────

① **구 九 2** - 아홉 구[꾸불꾸불하게 땅을 파는 모양인 乙(새 을)과 샘물이 솟는 모습인 ╱(삐침 별)이 합해진 글자로 물이 나오는 순간이 마지막이라는 뜻에서 숫자 중에서 가장 큰 수(數)나 끝수인 아홉(9)을 나타냄]

② **우 牛 4** - 소 우(소의 머리와 어깨·몸의 정면 모습을 본뜬 半에다 뿔을 뜻하는 ╱이 더해져 牛가 된 글자로 가축인 '소'를 나타냄. 엉금엉금 걸으며 논밭을 갈거나 수레를 끄는 집에서 기르는 가축)·일(소를 부리어 밭을 갈고 농사를 짓는) 우·희생(犧牲:제사에 바치는 제물이 되는) 우

③ **일 一 1** - 한 일(한 획으로 가로선을 그어 만든 글자 또는 산가지 한 개를 가로놓아 만든 글자

로 1·2·3·4…로 된 아라비아 숫자에서 1을 가리킴)·하나 일·첫째 일·오로지 일·땅 일

* 一(한 일)은 우주(宇宙)와 천지(天地)가 생기는 맨 처음인 태초(太初)의 존재를 나타냄.

④ **모 毛 4** - 터럭 모[사람의 긴 머리털이나 길짐승의 몸에 난 길고 굵은 털의 모양을 뜻하는 글자로 옛날에 노인들이 늘어뜨린 긴 머리털이나 말(馬)·사자 등과 같은 길짐승의 목덜미에 난 길고 굵은 털]·털 모·풀 모·가늘 모·작을 모·가벼울(바람이 살짝 불어도 날아가는 작은 털같이 가벼운) 모

용어 풀이 ─────────

• 이릉(李陵) : 흉노에게 존경과 두려움의 대상이었던 이광(李廣) 장군의 손자임.

• 흉노(匈奴) : 옛날 몽고 지방에서 활약하던 유목기마민족(遊牧騎馬民族).

• 정벌(征伐) : 군사를 이끌고 무력으로 적군이나 죄인의 무리를 모조리 쳐서 없애는.

• 중과부적(衆寡不敵) : 적은 수효로는 많은 수효에 맞서거나 대적하지 못한다는 뜻.

• 투항(投降) : 전쟁 중에 무기를 버리고 손을 들며 적에게 항복하는.

• 참형(斬刑) : 칼로 사람의 목을 베어 죽이는 형벌.

• 사마천(司馬遷) : 중국 전한시대의 최고 역사가로 무제의 태사령(太史令 : 높은 벼슬의 관직)이 되어 사기(史記)를 집필하였음.

  * **여기서 사기(史記)는 중국 한(漢)나라 황제(皇帝)로부터 무제(武帝)까지의 역대 왕조(王朝)의 역사적 중대한 사건이나 자취를 인물의 전기(傳記) 형식으로 적은 역사책을 뜻함.**

• 궁형(宮刑) : 옛날 중국에서 비롯된 다섯 가지 형(刑)의 하나로 남자의 생식기를 잘라 없애는 형벌임.

• 자조적(自嘲的) : 스스로 자기를 비웃는 또는 비웃는 것.

• 불후(不朽) : 썩어 없어지지 않는. 훌륭하여 그 가치가 오래 존재하는.

• 환골탈태(換骨奪胎) : 뼈대를 바꿔 끼고 태(胎 : 태아 태)를 벗는다는 뜻으로 용모가 전혀 딴사람처럼 좋게 달라짐을 뜻함.

직역 아홉 마리 소(牛)의 털 중에서 뽑은 한 가닥의 털에 불과하다는 뜻.

의역 많은 수효와 비교할 때 거의 무시될 수 있는 수효나 존재를 뜻함.

030

구인득인
求仁得仁

유래 요약 ────────

 중국 은(殷)나라의 고죽군(孤竹君)은 세상을 떠나면서 왕위(王位)를 지도력이 더 있다고 생각되는 둘째 아들에게 물려준다고 하였다. 그렇지만 동생 숙제(叔齊)는 장남인 형이 왕위를 계승해야 된다며 사양(辭讓)하였고 형 백이(伯夷)는 부왕(父王)의 유언(遺言)을 따르는 것이 자식된 도리라며 궁궐(宮闕)을 나왔다. 결국 두 형제는 그 나라를 떠났다.

 두 형제는 우연히 덕(德)이 많은 주(周)나라의 문왕(文王)을 찾아갔으나 이미 죽고 그의 아들 무왕(武王)이 그 뒤를 잇고 있었다. 무왕은 선왕의 유언에 따라 은(殷)나라 주왕(紂王)을 토벌(討伐)하려고 했다. 이 소식을 들은 두 형제는 부왕 장례에 대한 아들된 도리와 황제 토벌에 대한 신하의 도리가 아니라며 그 앞을 가로막았다. 무왕은 화를 내며 이들 형제를 죽이려고 하였다. 그때 마침 강태공(姜太公)이 나서 변호(辯護)를 하여 모두 석방(釋放)되었다. 무왕은 출정(出征)하여 승리(勝利)를 하였고 천하(天下)를 통일(統一)하여 호경(鎬京)에 도읍(都邑)을 세웠다. 백성들은 포악(暴惡)한 정치로부터 해방(解放)되어 기뻐하였다. 그렇지만 백이(伯夷)와 숙제(叔齊)는 무왕의 행위를 비판(批判)하며 수양산(首陽山)으로 들어가 고사리를 캐먹고 살다가 굶어 죽었다.

 공자(孔子)는 이들의 행동을 두고 "백이와 숙제는 자신들이 인(仁)을 구하려고 하여 인(仁)을 얻었으니[救仁得仁] 무슨 원한(怨恨)이 있겠는가?" 하고 평가(評價)했다.

한자 풀이 ────────

① **구 求 7** - 구할 구(짐승을 잡아서 살과 뼈를 빼고 살가죽만 쭉 펼쳐 놓은 모양을 본뜬 글자로 짐승을 잡거나 옷을 만들고자 통째로 말린 털가죽을 구한다는 뜻을 나타냄. 사람이 일할 직장을 또는 회사가 필요한 사람을 찾는. 해법을 찾는. 진리를 찾는)·구걸할 구·빌 구

또는 바랄 구

② **인 仁 4** – 어질 인[亻(人 : 사람 인)과 二(두 이)가 합해져 엄마와 배 안에 있는 태아를 뜻하는 글자로 엄마와 태아 두 사람이 서로 헤아리는 마음이 같다는 뜻]·사랑할 인·열매의씨 인

   * 공자(孔子)의 인(仁)에 대한 덕목 : 恭(공손할 공), 寬(너그러울 관), 信(믿을 신), 敏(민첩할 민), 惠(은혜 혜).

③ **득 得 11** – 얻을 득[본래 行(다닐 행)의 생략형인 彳(자축거릴 척)과 발음요소인 튁(취할 득)이 합해진 글자로 걸어가다가 땅에 떨어진 돈을 손으로 줍는다는 뜻을 나타냄. 어떤 이치를 스스로 깨닫거나 권리를 누리는]·취할 득·깨달을 득·만족(滿足)할 득·득볼 득·감사할 득

용어 풀이 ────────

- 사양(辭讓) : 겸손하여 대접이나 특혜 등에 응하지 아니하거나 받지 아니하는.
- 유언(遺言) : 죽음에 임하여 남기는 말, 죽은 뒤에 발생되는 법률관계를 정하려는 생전의 마지막 의사 표시.
- 덕(德) : 올바르고 너그러운 마음과 공정하고 포용성 있는 품성.
- 토벌(討伐) : 무장공비 등 적의 무리를 무력으로 쳐서 없애버리는.
- 강태공(姜太公) : 중국 주(周)나라의 정치가, 무왕을 도와 은(殷)나라를 멸망시켜 천하를 평정하였으며 제(齊)나라 시조가 되었음.
- 공자(孔子) : 공자는 기원전 551년 노(魯)나라에서 태어났고 중국 고대(古代) 사상가(思想家)였으며 인(仁)을 정치와 윤리의 이상(理想)으로 하는 도덕주의를 널리 밝혔음.
- 출정(出征) : 군(軍)에 입대하여 병사(兵士)로서 무기를 들고 싸움터에 나가는.
- 포악(暴惡) : 사납고 악한.
- 비판(批判) : 옳고 그름을 가리어 공정하게 판단하는.
- 평가(評價) : 어떤 문제나 내용·결과 등에 대한 가치나 수준 따위를 결정하고 미래 방향을 설명해 주는.

> **직역** 인(仁)을 구하려고 노력하다가 드디어 인(仁)을 얻었다는 뜻.
> **의역** 자신이 원하거나 갈망하던 것을 끝내 얻었다는 뜻.

031

구화지문
口禍之門

유래 요약 ────────

당(唐)나라 말기에 태어나 진나라, 거란, 한나라 왕조(王朝)에서 벼슬을 한 시인(詩人) 풍도(馮道)는 다음과 같은 설시(舌詩)를 지었다.

"口是禍之門(구시화지문 : 입은 재앙의 문이요) - 是(이 시·옳을 시·이에 시)

舌是斬身刀(설시참신도 : 혀는 곧 몸을 자르는 칼이다) - 舌(혀 설)·斬(벨 참)·刀(칼 도)

閉口深藏舌(폐구심장설 : 입을 닫고 혀를 깊이 감추면) - 閉(닫을 폐)·深(깊을 심)·藏(감출 장)

安身處處牢(안신처처뢰 : 가는 곳마다 몸이 편하다)"- 安(편안할 안)·處(곳 처)·牢(조용할 뢰)

조선왕조(朝鮮王朝) 당쟁사(黨爭史)에서는 말 한마디 잘못으로 멸문지화(滅門之禍)를 당한 경우가 허다하며 모든 중생(衆生)은 화(禍)가 입 때문에 생긴다고 했다. 부부싸움의 반은 입을 잘못 놀린 데서 오며 직장에서의 불화(不和)도 남을 칭찬하기보다는 비방(誹謗)하는 데서 온다. 결국 구화지문(口禍之門)은 '입이 재앙(災殃)을 불러들이는 문(門)이 된다'라는 뜻이다.

인간(人間)은 지혜(智慧)가 병들면 곧 어리석음이 되는 것이며, 상대의 처지(處地)와 감정(感情)·입장(入場) 등을 전혀 고려(考慮)하지 못하게 되고 욕심(慾心)과 욕망(欲望)이 점점 커져만 가고 자제력(自制力)을 잃게 되면 때와 장소(場所)를 가리지 않고 화(火=嗔 : 성낼 진)를 내게 되며 이 화는 결국 자기 자신을 갉아먹게 된다.

한자 풀이 ────────

② **구 口 3** - 입 구(혀를 움직여 말하는 입의 본래 모양인 ⌣을 편하게 쓰도록 口와 같이 바뀐 글자로 소리를 내어 말하거나 음식을 먹는 기관을 뜻함)·말할 구·구멍 구·어귀 구·사람 구·인구 구

* 어귀는 사람들이 동네나 항구 등을 드나드는 입구 또는 통로의 좁은 부분인 목의 첫머리를 말함.

② 화 禍[禍] 14 - 재앙 화[災殃(재앙). 신(神)을 뜻하는 示(귀신 기)와 발음요소와 벌(罰)을 뜻하는 咼(입비뚤어질 와)가 합해진 글자로 신(神)의 노여움을 받아 입이 비뚤어졌다는 데서 재앙의 뜻을 나타냄. 홍수·화재·지진·화산 등 하늘과 땅의 변화로 생긴 뜻밖의 불행한 일]

③ 지 之 4 - 갈 지[두 발을 뜻하는 止(발 지)와 출발선을 뜻하는 一(가로획)을 그어 만든 글자로 한 발을 떼고 막 출발하려는 모습을 나타냄]·이를 지·이 지·어조사(~의, ~가, ~이, ~을) 지

④ 문 門 8 - 문 문(좌우 양쪽에 마주 선 기둥에 한 짝씩 달려 있는 두 문짝을 닫아놓은 큰 문의 모습을 본뜬 글자로 사람이 드나들며 닫았다 열었다하는 큰 집의 대문을 뜻함)·집안[성(姓)과 본관(本貫)이 같은 부모자식 같은 가족이나 가까운 일가] 문·가문(家門 : 대대로 내려오는 그 집안의 사회적 지위) 문

용어 풀이 ─────────

• 왕조(王朝) : 그 왕가(王家)가 다스리는 시대나 같은 왕가에 속하는 통치자의 계열.

• 설시(舌詩) : 사람의 혀(말)에 관한 시(詩).

• 당쟁사(黨爭史) : 여러 왕조나 시대에 걸쳐 일어났던 당파 싸움에 관한 역사.

• 멸문지화(滅門之禍) : 한 가문이 사라지는 재난, 즉 한 집안이 모두 죽음을 당하는 끔찍한 재앙과 근심.

• 중생(衆生) : 부처의 구제 대상이 되는 일반 사람들이나 생명이 있는 모든 존재.

• 불화(不和) : 서로 사이가 좋지 못하거나 집안이 평온하지 못한.

• 비방(誹謗) : 좋지 못한 감정이나 원한으로 상대방을 비웃고 헐뜯어 말하는.

• 재앙(災殃) : 천지(天地) 자연의 변동과 괴상한 사고로 말미암아 생긴 불행한 사고.

• 지혜(智慧) : 슬기와 같은 말로서 사물의 이치를 빨리 깨달아 밝히고 옳고 그름과 선과 악을 정확하게 가려내는 능력.

• 욕망(欲望) : 명예·권력·벼슬·재물 등 무엇을 가지거나 누리고자 탐내는.

• 자제력(自制力) : 욕망 등 무엇인가 하고자 하는 것을 스스로 억제하는 힘.

직역 입이 재앙(災殃)의 문(門)이라는 뜻. 또는 입은 재앙을 불러들이는 문이라는 뜻.
의역 싸움·폭력·살인 등과 같은 재앙이 말로부터 오므로 입을 조심해야 한다는 뜻.

032

군계일학
群鷄一鶴

*鷄群一鶴(계군일학)이라고도 씀.

유래 요약 ─────

　중국 진(晉)나라 초기에 죽림칠현(竹林七賢)이라는 무리가 있었다. 그중 한 사람인 혜강(嵆康)은 억울한 누명(陋名)을 쓰고 죽고 말았다. 혜강에게는 죽림칠현의 한 사람인 아들 혜소(嵆紹)가 있었다. 혜소는 슬기나 지혜가 뛰어나지만 아버지가 죄인(罪人)이라 벼슬에 나갈 수가 없었다. 이런 사정을 안 혜강의 친구인 산도(山濤)가 황제(皇帝)에게 혜소를 관직(官職)에 등용(登用)할 것을 간청했으며 황제는 이를 받아들여 그에게 비서승(秘書丞)이라는 벼슬을 주었다. 혜소(嵆紹)가 황제(皇帝)를 만나러 궁궐(宮闕)에 들어서자 한 사람이 그를 보고 감탄(感歎)하며 "혜소는 닭의 무리 속에 있는 한 마리의 학(鶴)과 같구나!"라고 말했다. 혜소는 이후 임금을 모셔 충신(忠臣)으로 이름이 높았다.

한자 풀이 ─────

① **군 群 13** - 무리 군[羊(양 양)과 발음요소와 다스린다는 뜻의 君(군자 군)이 합해진 글자로 양처럼 아무런 감정 없이 모여드는 집단을 나타냄. 같은 식물이 떼를 지어 자라고 있거나 시골 마을에 여러 집이 모여 사는]·떼 군·떼질 군·많을 군·벗 군

② **계 鷄 21** - 닭 계[鳥(새 조)에 爫(爪 : 손톱 조)와 糸(실 사)와 大(큰 대)로 이루어진 奚(종 해)가 더해진 글자로 새를 잡아서 끈으로 매어 놓고 노예처럼 길러 날지 못하며 주로 꽁지가 긴 수탉을 나타냄]

　*닭은 꿩과에 속하는 새로서 머리에는 붉은 볏이 있고 날개가 짧아서 잘 날지 못하는 날짐승임.

③ **일 一 1** - 한 일(한 획으로 가로선을 그어 만든 글자 또는 산가지 한 개를 가로놓아 만든 글자로 1·2·3·4…로 된 아라비아 숫자에서 1을 가리킴)·하나 일·첫째 일·오로지 일·땅 일

④ **학 鶴 21** - 학 학 또는 두루미 학[鳥(새 조)와 발음요소와 높이 나는 새를 뜻하는 隺(고상할 각)

이 합해진 글자로 몸이 크고 온 몸의 털이 희며 목·다리·주둥이가 매우 긴 겨울새를 뜻함. 천연기념물로서 특별히 보호하는 새]·새(두루미 같이 양쪽 긴 날개를 치며 우아한 모습으로 하늘을 나는 날짐승) 학

*학(鶴)은 일명 '두루미'라고 하며 철새의 한 가지로 겨울새임. 날개 길이 62~66cm, 부리 15~17cm이고, 몸빛은 거의 새하얗고 대가리 위에 붉게 살이 드러난 곳이 있는데 이것을 단정(丹頂)이라고 함. 이마와 눈앞은 흑색, 목에서 목덜미에 걸쳐 검은색의 넓은 띠가 길게 있음. 목·다리·부리는 매우 긺. 꽁지는 짧고 백색인데 앉으면 날개의 흑색 부분에 덮여서 검게 보임.

용어 풀이 ─────────

• 죽림칠현(竹林七賢) : 대나무 숲의 일곱 현인(賢人)이라는 뜻으로 유교(儒敎)의 형식주의를 무시하고 노자(老子)와 장자(莊子)의 무위사상(無爲思想 : 자연법칙에 따른 행위 추구 사상)을 숭상하는 7명의 선비를 뜻함.

• 누명(陋名) : 사실이 아닌 일로 나쁜 평판을 받아 더럽혀진 이름.

• 관직(官職) : 국가 기관에서 공무원이 일정한 직무와 책임을 가지고 차지하는 지위 또는 벼슬자리.

• 등용(登用) : 유능하고 적합한 인물(人物)을 뽑아서 국가 지위인 관직(官職)에 앉히어 임무를 맡기는.

• 간청(懇請) : 무엇을 해달라고 또는 이루어지도록 간절히 부탁하는.

• 감탄(感歎) : 훌륭하거나 뛰어난 것을 보고 크게 감동하며 높이 칭찬하는.

• 충신(忠臣) : 마음속에서 우러나는 정성을 바치는 신하(臣下).

직역 닭의 무리 속에 섞여 있는 한 마리의 학(鶴)이라는 뜻.

의역 평범한 여러 사람 가운데서 특별히 뛰어난 한 사람을 가리킨다는 뜻.

033

권선징악
勸善懲惡

유래 요약 ————————

권선징악(勸善懲惡)은 공자(孔子)가 노(魯)나라 12대때 편찬한 역사서인 『춘추(春秋)』의 대표적인 주석서(註釋書) 중 하나인 『춘추좌씨전(春秋左氏傳)』에 나오는 이야기이다. 『한서(漢書)』의 「가이전」에는 "경축하고 상을 줌으로써 선(善)을 권하고 형벌로써 악(惡)을 징계(懲戒)한다."고 했고, 『한서(漢書)』의 「한연수전」에는 "상(賞)과 벌(罰)을 가지고 선(善)을 권하고 악(惡)을 금하는 것이 정치의 근본이다."라고 했다. 중국 역대(歷代) 왕(王)들은 공자(孔子)나 맹자(孟子)의 왕도정치(王道政治)를 이상(理想)으로 알았고 도덕적(道德的) 권선징악을 해야 한다고 하면서 실행면에서는 한비자(韓非子)의 법가식(法家式) 권선징악을 더 따랐던 것을 볼 수 있다. 권선징악(勸善懲惡)은 아래 『춘추(春秋)』 기록(記錄)의 문장에서 유래(由來)한 것이다.

"微而顯(미이현 : 문장은 간략해 보이지만 뜻이 다 담겨있고)-微(작을 미)·顯(나타날 현)

志而晦(지이회 : 사실을 서술하였지만 뜻이 깊고)-志(뜻 지)·晦(감출 회)

婉而成章(완이성장 : 완곡하지만 도리를 갖추었고)-婉(순할 완)·章(글 장)

盡而不汙(진이불오 : 사실을 다 기록하되 왜곡하지 않고)-盡(다할 진)·汙(더러울 오)

懲惡而勸善(징악이권선 : 악을 징계하고 선을 권장하는 것이니)-而(말이을 이·그리고, 그러나)

非聖人 誰能修之(비성인 수능수지 : 공자 같은 성인이 아니면 누가 이렇게 지을 수 있겠는가?)"

　　　　　　　　　　　　　　　　-聖(성스러울 성)·誰(누구 수)·能(능할 능)·修(꾸밀 수)

한자 풀이 ————————

① 권 勸 20 - 권할 권[힘써 일한다는 뜻의 力(힘 력)과 발음요소와 雚(황새 관)이 합해진 글자로 황새와 같이 고상하고 아름다운 사람이 되라고 말하거나 힘을 들여 하기를 바라는. 어떤 행동을 하도록 부추기거나 타이르는]·도울 권·힘쓸 권 또는 힘껏할 권

② 선 善 12 - 착할 선[본래 정의로움을 상징하는 羊(양 양)과 誩(다툴 경)으로 이루어진 譱(선)

의 글자로 두 사람이 제사의 희생물로 좋은 양(羊)을 바치기 위해 서로 의논한다는 뜻을 나타냄. 옳은 이치를 따르고 양심이 있으며 도덕을 갖춘 인간의 행동을 하는]·잘할 선·좋을 선·사이좋을 선

③ **징 懲 19** – 징계할 징[懲戒(징계). 心(마음 심)과 발음요소인 徵(부를 징)이 합해진 글자로 잘못을 뉘우치고 스스로 징계한다는 뜻을 나타냄. 법을 위반하거나 부당한 행위를 한 사람에게 벌을 주는]·혼낼 징

④ **악 惡 12** – 나쁠 악[心(마음 심)과 발음요소와 옛날 왕과 왕비의 시체를 넣은 관(棺)을 놓는 묘터의 평면도를 그린 亞(버금 아)가 합해진 글자로 묘 안에 들어가기가 두렵고 꺼린다는 데서 비롯되어 '나쁘다'의 뜻을 나타냄. 마음이 흉하여 선(善)과 정의(正義)에 벗어나는]·악할 악·모질 악·추악할 악·싫어할 오

용어 풀이 ─────────

- **주석서**(註釋書) : 기준이 되는 본디의 문헌인 원전(原典)이 되는 책의 낱말이나 문장의 뜻을 쉽게 풀이한 내용을 담은 책.

- **춘추좌씨전**(春秋左氏傳) : 고대(古代) 중국인의 생각·생활양식 등을 사화(史話) 이야기로 담아낸 『춘추(春秋)』의 주석서로 뛰어난 구성력과 탁월한 묘사력을 가진 문학작품.

- **한서**(漢書) : 중국 후한시대(後漢時代)의 역사가 반고가 저술한 기전체의 역사서.

   * **기전체**(紀傳體) : **역사 사실을 서술할 때 본기**(本紀)·**열전**(列傳)·**지**(志)·**연표**(연대표 : 年代表) **등으로 구성하는 역사서술.**

- **왕도정치**(王道政治) : 유교(儒敎)를 주장하는 이상적 정치인 인덕(仁德)을 근본으로 천하를 다스리는 정치.

- **한비자**(韓非子) : 중국 전국시대 말기 법치주의를 주장하며 법가(法家)의 사상을 집대성한 한(韓)나라의 정치 사상가.

- **법가식**(法家式) : 중국 전국시대에 전쟁으로 인한 혼란을 막기 위하여 법(法)을 숭상하고 형벌을 엄하게 하는 것이 나라를 다스리는 기본이라고 주장한 관자(管子)·한비자(韓非子)등의 학파식을 뜻함.

> **직역** 선(善)은 권하고 악(惡)은 징계한다는 뜻.
>
> **의역** 착하고 선한 행위는 장려하고 못되고 악한 행위는 벌을 주어 바로잡아야 한다는 뜻.

034

권토중래
捲土重來

*본래는 捲土重來未可知(권토중래미가지)임.

유래 요약

중국 당(唐)나라의 시인(詩人) 두목(杜牧)은 유방(劉邦)에게 패한 항우(項羽)가 훗날을 기약하지 않고 자결(自決)한 것을 안타까워하며 권토중래(捲土重來)에 관한 제오강정(題烏江亭)의 시(詩)를 남겼다.

"勝敗兵家不可期(승패병가불가기 : 승패는 병가도 기약할 수 없으니)-勝(이길 승)·敗(패할 패)

包羞忍恥是男兒(포수인치시남아 : 수치를 싸고 부끄럼을 참음이 남아로다)

-羞(부끄러울 수)·恥(부끄러울 치)

江東子弟俊才多(강동자제준재다 : 강동의 자제 중에는 준재가 많으니)-俊(뛰어날 준)·才(재주 재)

捲土重來未可知(권토중래미가지 : '권토중래'는 아직 알 수 없네)"-未(아닐 미)·知(알 지)

항우(項羽)는 진(秦)나라가 멸망하자 초(楚)의 패왕(霸王)을 자처하며 한(漢)의 유방(劉邦)과 천하(天下)의 패권(覇權)을 다툰 인물이다. 항우는 스스로 "힘은 산(山)을 뽑을 수 있고 기상(氣像)은 세상을 덮을 만하다."라고 했을 정도로 영웅호걸(英雄豪傑)이었다. 하지만 한(漢)나라와 싸우다 패배하자 고향 사람들을 볼 면목(面目)이 없다는 이유로 자살(自殺)하였다.

한자 풀이

① 권 捲 11 - 말 권[扌(手 : 손 수)와 대나무 조각과 끈으로 만든 두루마리 책을 뜻하는 卷(책 권)이 합해진 글자로 종이·책·피륙·이불·멍석 등 얇고 넓적한 물건을 돌돌 감아 접는]·걷을(손으로 가려진 것을 치우거나 어려운 형편을 스스로 극복하는) 권·주먹부르쥘 권

② 토 土 3 - 흙 토[흙무더기나 초목(草木)의 싹이 흙덩이를 뚫고 땅 위로 돋아나는 모양을 그린 글자로 논밭이나 땅을 이루는 바위·돌의 부스러기를 나타냄]·뿌리 토·나라 토·토성 토

* 권토(捲土) : 말을 타고 달릴 때 말굽에서 말아 올리는 짙은 흙먼지를 뜻함.

* 흙먼지는 장수(將帥)와 병사(兵士)들이 탄 말(馬)이 달릴 때 땅바닥에서 뿌옇게 일어나는 것을 말함.

③ **중 重 9** - 무거울 중[양쪽 바퀴와 가운데 짐을 실은 모양인 車(수레 거)에 짐이 무거워서 다시 바퀴를 하나씩 덧붙인 重가 변형된 글자로, 무게가 많이 나간다는 뜻을 나타냄. 사건이 중대하거나 죄가 큰]·거듭 중 또는 거듭할 중·두터울 중·위급(危急)할 중·심할 중·중요할 중·겹칠 중·또다시 중

④ **래 來 8** - 올 래(내)[줄기와 꼿꼿한 이삭을 뜻하는 木(나무 목)과 양쪽으로 꺾여 있는 잎의 모양인 ㅆ가 합해진 글자로 겨울에 얼어서 뿌리가 들뜬 보리를 밟아주고 집으로 돌아온다는 뜻을 나타냄. 사람이 어느 곳을 향하여 오는. 과거 어느 때부터 지금까지 전해내려 오는]·앞으로 래(내)·다가올 래(내)

용어 풀이 ――――――――

• 유방(劉邦) : 중국 진(秦)나라 말기 때 장수이며 한(漢)나라를 세운 황제.

• 항우(項羽) : 중국 진(秦)나라 말기 때 장수이며 초(楚)나라를 세운 황제.

• 자결(自決) : 불의(不義)에 대한 분노를 참지 못하거나 신념을 지키기 위해 스스로 목숨을 끊는.

• 제오강정(題烏江亭) : 題(제목 제), 亭(정자 정)으로서 '제목 – 오강(烏江)의 정자에서'라는 뜻.

• 패왕(霸王) : 제후(諸侯)의 우두머리 즉, 중국 춘추전국시대에 제후를 거느리며 천하를 다스리던 사람.

• 패권(霸權) : 어떤 분야에서나 다툼에서 으뜸의 자리를 차지하는 권력.

• 병가(兵家) : 병술(兵術) 등 군사 학문에 관한 전문가.

• 영웅호걸(英雄豪傑) : 재능·지혜·용기가 뛰어나고 강한 정신과 용모를 갖춘 뛰어난 사람.

직역 말을 타고 흙먼지를 말아 일으키며 다시 쳐들어온다는 뜻.

의역 어떤 일에 실패한 뒤 힘을 길러 다시 도전(挑戰)한다는 뜻.

035

귀이천목
貴耳賤目

*본래는 세인다폐 귀이천목(世人多蔽 貴耳賤目)임.

유래 요약 ─────────

귀이천목(貴耳賤目)은 과거로 되돌아가려는 복고주의적(復古主義的) 성향(性向)이 강한 중국인들에게 널리 알려진 것으로 『환자신론(桓子新論)』에 나오는 다음 내용과 함께 천금(千金)과 같은 말로 쓰인다.

"세상(世上) 사람들은 옛것을 귀하게 여기고 지금 것을 비천(卑賤)하게 여긴다. 또 먼 곳의 소문(所聞)은 귀하게 여기고 가까운 데서 제 눈으로 본 것을 천한 것으로 여긴다."

『진서(晉書)』「장형(張衡) 동경부(東京賦)」편에 아래와 같은 글귀가 있다.(張衡 : 중국 후한의 문인·과학자, 東京賦 : 작품명)

"所謂末學膚受 貴耳而 賤目者也(소위말학부수 귀이이 천목자야)"

- 所(바 소)·謂(이를 위)·末(끝 말)·學(배울 학)·膚(살갗 부)·受(받을 수)·而(말이을 이)·者(사람 자)·也(어조사 야, ~구나!)

즉, "세상(世上)에서 말하기를 후학(後學)이 속뜻을 모르고 겉만 이어 받아 전하며 들은 것은 귀히 여기고 눈으로 본 것은 천하게 여긴다." 이것은 분별 있는 사고(思考)에 의해 올바른 것을 파악(把握)하기보다는 현재를 부정(否定)하고 옛것만 쫓는 세태(世態)를 의도적(意圖的)으로 말하는 것이다.

한자 풀이 ─────────

① **귀 貴 12** - 귀할 귀[돈과 재물을 뜻하는 貝(조개 패)와 양손으로 끌어올리는 모습인 臾(삼태기 궤)의 변형인 𠀉가 합해진 글자로 보물 같은 물건이나 사회적으로 신분이나 지위가 높은 사람을 뜻함]

② **이 耳 6** - 귀 이[目(눈 목)에 귀가 눈 아래에 위치하고 있다는 ㅣ의 표시를 덧붙여 사람의 귀 모양을 본뜬 글자로 얼굴의 양쪽에 붙어 있어 귓바퀴와 고막의 울림으로 말이나 소리를 들을 수 있는 기관을 뜻함]·뿐('이것뿐, 사람들뿐'처럼 명사나 대명사의 뒤에 붙어서 그것만이고

더는 없다는 뜻을 나타냄) 이

③ **천 賤 15** - 천할 천[돈과 재물을 뜻하는 貝(조개 패)와 작게 쪼개고 쪼갠다는 戔(창 과) 2개가 합쳐진 글자로 재산이 점점 줄어들어 거의 없는 상태를 나타냄. 돈도 없고 신분도 낮아 사람들로부터 업신여김을 당하는. 물건이 너무 흔하여 가치가 전혀 없는]·업신여길(사람을 낮추어 보거나 멸시하는) 천·밟을 천

④ **목 目 5** - 눈 목(사람 눈의 겉모습에 눈동자를 그린 ◁◎▷ → ◫를 세로로 세워서 나타낸 글자로 사물을 볼 수 있는 사람이나 동물의 감각기관을 뜻함)·볼 목·눈여겨볼 목·조목(條目 : 자료를 구별하기 위하여 조나 항으로 나타내는) 목·제목 목

⑤ **폐 蔽 16** - 가릴 폐[艹(艸 : 풀 초)와 발음요소인 敝(가릴 폐)가 합해진 글자로 풀이나 볏짚으로 덮어 가린다는 뜻을 나타냄. 앞을 가로막는]·울타리 폐·덮을 폐

용어 풀이 ────

- **복고주의**(復古主義) : 과거의 체제(體制)나 전통(傳統)으로 되돌아가려는 태도(態度). 새것이 안겨주는 불편함을 거부(拒否)하고 옛것에 안주(安住)하여 편안함을 추구(追求)하려는 무의식적(無意識的)인 마음의 상태를 뜻함.
- **성향**(性向) : 성질상의 경향이나 기질로 태어날 때부터 잠재적(潛在的) 형태로 존재하고 있는 성질.
- **천금**(千金) : 놋쇠로 만든 옛날의 돈인 엽전(葉錢) 1,000냥(兩)이며 많은 돈을 뜻함.
- **비천**(卑賤) : 사회적 신분이 낮고 보잘 것 없는 흔한 존재를 뜻함.
- **진서**(晉書) : 진(晉)나라 시대의 정확한 사실의 역사인 정사(正史).
- **후학**(後學) : 학자가 자기를 낮추어 이르는 말, 앞날에 도움이 될 만한 학문이나 지식.
- **사고**(思考) : 생각하고 궁리하는. 심상이나 지식을 사용하는 마음의 작용.
- **세태**(世態) : 세상의 형편, 사람들의 일상생활·풍습 따위에서 보이는 세상의 상태.

> **직역** 귀(耳)는 귀하게 여기고 눈(目)은 천하게 여긴다는 뜻.
> **의역** 먼 곳의 소문은 귀하게 여기고 가까운 데서 흔하게 보는 것은 천하게 여긴다는 뜻. 즉, 옛것에 얽매이는 것보다 현재를 직시하는 태도가 중요하다는 뜻임.

036

극기복례
克己復禮

* 본래는 克己復禮爲人(극기복례위인)임.

유래 요약

공자(孔子)의 제자인 안연(顔淵)이 인(仁)에 대하여 묻자, 인(仁)을 근본사상(根本思想)으로 삼고 있는 공자(孔子)는 다음과 같이 대답하였다. "인(仁)은 자기(自己)의 사욕(私慾)을 이겨 예(禮)로 돌아가는 것이다." 즉, 자기의 욕망(欲望)을 예의(禮儀)로써 나날이 극복(克服)하는 것이다. 중국 춘추시대(春秋時代)의 사상가(思想家) 공자(孔子)와 그 제자(弟子)들의 언행(言行)을 기록한 유교경전(儒敎經典)인 『논어(論語)』 「안연편(顔淵篇)」에 나오는 글귀 일부를 소개(紹介)하면 아래와 같다.

"子曰[자왈 : 공자(孔子)께서 말씀하시기를] 克己復禮爲仁[극기복례위인 : 자기 자신을 극복하고 예(禮)로 돌아감이 곧 인(仁)이니 자신의 과도(過度)한 욕망(慾望)을 억제(抑制)하고 예절(禮節)을 좇는 것이 곧 인덕(仁德)과 박애(博愛)이니] 一日克己復禮[일일극기복례 : 하루라도 자기 자신을 극복하고 예(禮)로 돌아가면] 天下歸仁焉[천하귀인언 : 온 세상이 모두 인(仁)으로 돌아가게 마련이다] 爲仁由己 而由仁乎哉[위인유기 이유인호재 : 인(仁)을 이룸은 자기 자신으로부터 시작되는 것이니 어찌 남에게 탓을 할 수 있겠는가!] 顔淵曰(안연왈 : 안연이 말씀드리기를) 請問其目[청문기목 : 청하여 여쭈옵건대 그 세부 실천항목(實踐項目)은 무엇입니까?] 子曰[자왈 : 공자(孔子)께서 말씀하시기를] 非禮勿視 非禮勿聽(비례물시 비례물청 : 예가 아니면 보지를 말고 예가 아니면 듣지도 말며) 非禮勿言 非禮勿動(비례물언 비례물동 : 예가 아니면 말하지 말고 예가 아니면 행동하지 말아야 할 것이다)."

안연이 말씀드리기를 "제가 비록 불민(不敏 : 어리석고 미련한)하오나 스승님의 말씀을 실행하도록 힘쓰겠습니다."라고 하였다.

한자 풀이

① **극 克 7** - 이길 극[쇠로 만든 전투모자인 투구를 본뜬 古(예 고·옛 고)와 일어나는 모습인 儿(어진사람 인)이 합해진 글자로 전쟁을 하기 위하여 무거운 투구를 쓰고 갑옷을 입고 일어

나는. 고통을 강한 의지로 이겨내는] * 극기(克己) : 욕망 따위를 의지의 힘으로 눌러 이기는.

② **기 己 3** - 몸 기[사람 몸의 척추의 뼈마디 모양을 본뜬 呂(려) 이것이 己로 변한 글자로 자기 자신을 가리키는 개인적인 개체로서의 활동하는 몸을 나타냄]·자기('나'를 낮추어 '저·제'를 말하는, 사람·사물에 대한 자기의 소유를 나타냄) 기

③ **복 復 12** - 돌아올 복['걸어가다'의 뜻인 彳(조금걸을 척)과 발음요소와 复(돌아올 복)이 합해진 글자로 가던 길을 되돌려 다시 온다는 뜻을 나타냄. 떠났던 곳이나 갔던 길로 도로 오는]·돌아갈 복·회복(回復)할 복·돌이킬 복·대답할 복·갚을 복·되풀이할 복·다시 복·아뢸 복

④ **례 禮 18** - 예도 례(예)[禮度(예도). 示(제사 시)와 豆(제기 두)와 그릇에 식혜가 가득 담겨져 있는 모습인 豐의 생략형인 曲(곡)이 합해진 글자로 신(神)에게 비는 의식의 뜻인 예의와 법도(法度)를 나타냄]·예절 례(예)·예법 례(예)·절 례(예)·인사 례(예)

용어 풀이 ──────

• 공자(孔子) : 공자는 기원전 551년 노(魯)나라에서 태어났고 중국 고대(古代) 사상가(思想家)였으며 인(仁)을 정치와 윤리의 이상(理想)으로 하는 도덕주의를 널리 밝혔음.

• 인(仁) : 인(仁)은 중국의 유학(儒學) 전통(傳統)에서 가장 중요한 덕목(德目)이다. 즉, 공자(孔子)가 주장한 유교(儒敎)의 도덕이념·정치이념·오상(五常)의 하나로 모든 덕(德)의 기초로서 공자는 이것을 극기복례(克己復禮)라고 설명하고 일반적으로 사랑 또는 박애(博愛)가 그 내용으로 됨.

  * 오상(五常) : 오륜(五倫)이라고도 하며 ①인(仁) ②의(義) ③예(禮) ④지(智) ⑤신(信)을 말함.

• 사욕(私慾) : 함께 하는 이익보다는 자기 한 개인의 이익만을 추구하는 욕심.

• 욕망(欲望) : 무엇을 갖거나 하거나 이루고자 하는 마음이 간절한.

• 예의(禮儀) : 인간 상호간의 관계에 있어서 존경의 뜻을 표하고 겸손한 언행과 몸가짐으로 대하는.

• 인덕(人德) : 인정이 두텁고 공정하며 포용성이 있는 마음이나 품성.

• 박애(博愛) : 서로서로 또는 모든 사람에게 평등하게 널리 사랑하는.

직역 지나치게 이기적인 욕망을 누르고 예의(禮義)를 좇는다는 뜻.

의역 욕망을 극복하며 인(仁)을 좇아 예의에 어그러지지 않도록 한다는 뜻.

037

금상첨화
錦上添花

* 본래는 麗唱仍添錦上花(여창잉첨금상화)임.

유래 요약 ─────

"강은 남원을 흘러 언덕 서쪽으로 기우는데

바람엔 맑은 빛이 있고 이슬에는 꽃의 화려함이 있네.

문 앞의 버들은 옛사람 도잠(陶潛)의 집이요

우물가의 오동은 전날 총지(總持)의 집이라.

좋은 모임에서 술잔을 거듭 비우려 하는데

고운 노래는 비단 위에 꽃을 더한 듯

문득 무릉의 술과 안주를 즐기는

내 근원엔 응당 붉은 노을이 적지 않네."

위 시(詩)는 중국 당송(唐宋) 때 8명의 뛰어난 문장가(文章家) 중 한 사람인 왕안석(王安石)이 쓴 7언율시(七言律詩)에 나오는 글이다. 왕안석은 만년(晩年)에 정계(政界)를 떠나 남경(南京)의 한적(閑寂)한 곳에서 은거(隱居)하면서 이 시를 짓게 된 것으로 알려져 있다.

　* 麗 : 고울 여(려)·아름다울 여(려), 唱 : 노래부를 창·노래 창, 仍 : 인할 잉·따를 잉

　* 버들 : 버드나무의 준말. 오동 : 오동나무의 준말.

한자 풀이 ─────

① 금 錦 16 - 비단 금[緋緞(비단). 명주실로 무늬 없이 짠 피륙인 帛(비단백)과 오색(五色) 광택을 뜻하는 金(쇠 금)이 합해진 글자로 화려한 색깔을 넣어서 짠 비단을 나타냄]·비단옷[옛날 왕(王)이나 직위가 높은 관리들이 입는 화려하게 수놓은 비단으로 만든 옷] 금

② 상 上 3 - 위 상 또는 윗 상[땅의 기준을 뜻하는 一(한 일·땅 일) 위로 그은 ㅣ(수직선)에 임의의 지점을 뜻하는 -(짧은 가로획)을 표시한 글자로 위·아래의 구조나 수직선상에서 지구 중심인 위쪽과 위치·계급·능력 등이 높은 위쪽을 나타냄]·윗사람 상·첫째 상

* 上(상)이 동사로 쓰일 때는 '~로 올라가다'로 풀이함.

③ **첨 添 11** - 더할 첨[氵(水 : 물 수)와 발음요소인 忝(욕될 첨)이 합해진 글자로 물이 점점 증가한다는 뜻을 나타냄. 마음에 상처를 준 데다 괴로움까지 주는]·덧붙일(다른 것을 추가로 더 붙이는) 첨·보탤(더 채우는) 첨

④ **화 花 8** - 꽃 화[초목을 뜻하는 ⺾(艸 : 풀 초)와 발음요소인 化(될 화)가 합해진 글자로 씨를 맺어 새로운 생명으로 변화시키는 꽃이 피는 모습을 나타냄. 싹눈이 변해서 봉오리가 되었다가 꽃이 되며 다시 열매를 맺어 씨를 만드는 번식기관]·아름다울(꽃처럼 모양과 색깔이 다양하게 예쁜) 화

용어 풀이 ─────────

• 화려(華麗) : 환하게 빛나며 곱고 아름다운.

• 도잠(陶潛) : 시인(詩人) 도연명(陶淵明)의 본명.

• 총지(總持) : 진(陳)나라의 시인(詩人) 강총(江總)의 자(字)

• 노을(놀) : 해가 뜨거나 질 무렵에 대기 중에 있는 수증기에 의해 하늘이 햇빛에 물들어 벌겋게 보이는 현상.

• 문장가(文章家) : 예술성 상상력이 풍부하며 글을 뛰어나게 잘 짓는 사람.

• 왕안석(王安石) : 중국 왕조(王朝)의 하나인 북송(北宋) 때 문필가이자 정치인으로 북송의 6대 황제인 신종에게 발탁되며 파탄된 송나라의 경제 재건을 위해 신법의 개혁 정책을 실시하였음.

• 7언율시(七言律詩) : 7구(句)로 된 중국 한시(漢詩)의 형식.

• 만년(晩年) : 晩(해가저물 만)의 뜻으로 사람의 평생(平生)에서의 끝 무렵이나 시기(時機)를 뜻함.

• 정계(政界) : 정치의 세계, 즉 정치에 관여하는 사람들의 사회적인 분야.

• 한적(閑寂) : 도시나 속세와 떨어져 한가하고 고요한.

• 은거(隱居) : 사회활동이 꺼려지고 싫어서 피하여 조용히 숨어 사는.

직역 아름답고 윤이 나는 비단에다 꽃을 덧붙여 더욱 아름답다는 뜻.
의역 좋은 일에 또 하나의 좋은 일이 더해져 아주 훌륭하다는 뜻.

038

금성탕지
金城湯池

유래 요약 ────────

중국 진시황(秦始皇)의 죽음으로 진(秦)나라는 혼란(混亂)에 빠졌고 뒤를 이은 2세(二世) 황제 호해(胡亥)는 나이가 어렸다. 이 틈을 타서 진나라에 패(敗)한 강국(強國)들이 사방에서 들고 일어났다. 그때 조나라의 무신(武臣)은 스스로 무신군(武臣君)이라고 외치며 무섭게 세력(勢力)을 넓혀갔다.

곧 공격(攻擊)을 받게 될 산동성(山東省) 범양현(范陽縣)의 현령(縣令) 서공(徐公)은 걱정이 태산(泰山) 같았다. 서공은 이때 범양에 있던 웅변가(雄辯家)로 괴통(蒯通)을 초청(招請)하여 호소(呼訴)를 하였다. "제가 무신군을 찾아가 헛수고임을 깨닫게 혀를 놀리면 무사(無事)하게 될 것입니다."라고 괴통이 말하자, 서공은 이를 따르기로 했다. 괴통은 무신을 찾아가 "공이 범양을 쳐 푸대접한다면 다른 성들은 이를 보고 모두 '금성탕지(金城湯池)'가 되어 굳게 지킬 것입니다. 그러니 범양 현령을 극진히 대하면 이것이 본보기가 되어 주변의 성들은 스스로 항복하게 될 것입니다."라고 말하며 그를 설득(說得)했다.

옛날 성(城)을 보면 그 앞에 연못을 파 놓는다. 적(敵)이 성벽(城壁)을 오르지 못하도록 만들어 놓은 시설(施設)로 이를 해자(垓字)라고 하는데, 위 표현(表現)에 나오는 탕지(湯池)는 끓는 물이 흐르는 연못으로 바로 이 해자(垓字)를 의미한다.

한자 풀이 ────────

① 금 金 8 - 쇠 금[본래 土(흙 토)와 광물을 뜻하는 ∶∶이 합해진 ≡와 발음요소인 含(머금을 함)이 생략된 今(이제 금)이 합해진 글자로 땅 속에 박혀 있는 광물을 나타냄. 또는 쇳물이 뚝뚝 떨어지는 거푸집 모양을 나타내며 금·은·동·아연·철의 쇠붙이를 말함]·성씨 김

② 성 城 10 - 성 성[흙무더기를 뜻하는 土(흙 토)와 발음요소인 成(이룰 성)이 합해진 글자로 흙

덩이로 둘러쌓은 곳인 성(城)을 나타냄. 적군이 쳐들어오는 것을 막기 위하여 전략상 중요한 지점에 흙과 돌로 높이 쌓은 큰 담]·성쌓을 성·성곽(城郭) 성·재 성·도읍 성

③ **탕 湯 12** - 끓을 탕 또는 물끓을 탕[氵(水 : 물 수)와 뜨거운 태양볕을 뜻하는 昜(볕 양)이 합해진 글자로 햇볕을 받아 물이 더워진다는 뜻을 나타냄. 물이 열을 받아 기체(수증기)로 변하면서 기포가 부글부글 솟아오르는]·끓는물 탕·씻을(더운 물에 몸을 담그며 때를 닦아 깨끗하게 하는) 탕

④ **지 池 6** - 못 지[氵(水 : 물 수)와 물을 한 곳으로 모이게 한다는 뜻의 也(또 야)가 합해진 글자로 주로 인위적으로 물길을 막아 만든 못을 나타냄. 물을 담을 수 있도록 오목하게 파인 곳, 웅덩이]·연지(硯池 : 붓으로 글씨를 쓸 때 먹을 가는 벼루 앞쪽의 물을 담는 오목한 곳) 지

용어 풀이 ———————

- 진시황(秦始皇) : 중국 최초의 중앙 집권적 통일제국(統一帝國)인 진나라를 세운 시황제(始皇帝).
- 무신(武臣) : 진(秦)나라 말기의 인물로 진승(陳勝)의 휘하에 있다가 독립하여 스스로 조왕(趙王)이라 칭함.
- 현령(縣令) : 큰 현(縣)인 지역 행정의 우두머리, 종5품의 지방 문관(文官).
- 태산(泰山) : 매우 썩 높고 큰 산 - 크거나 많다는 뜻.
- 웅변가(雄辯家) : 주로 청중이나 집단 앞에서 어떤 주제에 대해 유창하고 조리 있게 말을 잘하는 사람.
- 괴통(蒯通) : 중국 한(漢)나라의 제1대 황제인 고조(高祖) 때 한신(韓信)의 변사(辯士 : 연설, 강연 등을 잘하는 사람).
- 호소(呼訴) : 다급한 문제나 억울하고 원통한 사정을 관청이나 남에게 하소연하는.
- 무사(無事) : 걱정할 만한 일이나 아무 사고나 탈이 없는, 또는 편안한.
- 해자(垓字) : 적이 성벽을 오르지 못하도록 성(城) 둘레에 만들어 놓은 연못.
- 포기(抛棄) : 하던 일이나 계획 따위를 도중에 그만두게 하는, 권리·자격·물건 따위를 내던져 버리는.
- 설득(說得) : 어떤 주제나 내용 따위를 알아들을 수 있도록 여러 가지로 깨우쳐 말하는.

직역 쇠처럼 견고하게 만든 성(城)과 그 둘레를 끓는 물로 채운 연못을 뜻함.
의역 적(敵)의 공격이 불가능하도록 방어를 철저히 한다는 뜻.

039

금의환향
錦衣還鄉

유래 요약 ──────

사마천(司馬遷)의 『사기(史記)』에 나오는 이야기이다. 항우(項羽)와 유방(劉邦)이 천하(天下)를 두고 다투기 시작할 무렵 항우는 진나라의 서울인 함양에 들어가서 왕(王)을 죽이고 궁궐(宮闕)을 불태웠으며 그 불길을 보며 술을 마셨다. 많은 재물도 빼앗은 항우는 오랜 전쟁(戰爭)이 끝나고 고향(故鄉)이 그리워 돌아가려고 할 때 부하(部下) 한 명이 그에게 간청(懇請)하였다.

"이곳을 서울로 정하고 천하를 휘어잡을 계획을 세우십시오."

그러나 항우(項羽)는 폐허(廢墟)가 되어 버린 그곳이 마음에 들지 않고 고향에 돌아가 자기의 성공(成功)을 자랑하고 싶었다. 그래서 그는 금의야행(錦衣夜行)보다는 금의환향(錦衣還鄉)을 선택했으며 고향인 초(楚)나라에 갔다가 결국 유방(劉邦)에게 패했으며 천하를 잃게 되었다.

금의(錦衣)는 화려(華麗)하게 수놓은 비단(緋緞)옷이라는 뜻이다. 옛날에는 왕(王)이나 고관(高官)들이 입던 옷으로 출세(出世)의 상징(象徵)이었다. 반면 평민(平民)들은 흰색의 베옷을 입었는데, 이것은 포의(布衣)라 하였다. 즉, 비단옷을 입고 고향(故鄉)에 돌아간다는 뜻으로 출세하여 고향을 찾는 것을 뜻한다.

한자 풀이 ──────

① 금 錦 16 - 비단 금[緋緞(비단). 명주실로 무늬 없이 짠 피륙인 帛(비단 백)과 오색(五色)광택을 뜻하는 金(쇠 금)이 합해진 글자로 화려한 색깔을 넣어서 짠 비단을 나타냄]·비단옷[옛날 왕(王)이나 직위가 높은 관리들이 입는 화려하게 수놓은 비단으로 만든 옷] 금

② 의 衣 6 - 옷 의[人(사람 인)이 겹친 모양인 乂와 몸을 감싸 덮는다는 뜻의 亠(머리 두)가 합해진 글자로 목에 둘러대는 깃과 소매가 있는 위에 입는 옷을 나타냄. 저고리 : 한복(韓服)의 일종

인 웃원]

③ **환 還 17** - 돌아올 환[멀리 간다는 뜻의 辶(辵 : 쉬엄쉬엄갈 착)과 둥글다는 뜻이 環(고리 환)이 생략된 睘(경)이 합해진 글자로 원을 그리듯 되돌아온다는 뜻을 나타냄. 멀리 떠났다가 그 길을 돌아서서 떠났던 곳으로 다시 오는]·돌아갈 환·돌 환·돌릴 환·다시 환·갚을(빌린 돈을 돌려주거나 은혜를 갚는) 환

④ **향 鄕 13** - 시골 향[양쪽 두 사람을 뜻하는 ⻏·⻏ 와 흰밥을 뜻하는 白(흰 백)과 匕(순가락 비)가 합해진 글자로 음식상을 가운데 두고 마주앉은 두 사람의 모습을 나타냄. 도시와 떨어져 산으로 둘러싸이고 이웃과 함께 밥을 나누어 먹을 정도로 작은 마을]·고향[故鄕 : 태어나서 자라며 정(情)이 들고 조상이 오래 누리어 살던 곳] 향

용어 풀이 ─────────

• 사마천(司馬遷) : 중국 전한시대의 최고 역사가로 무제의 태사령(太史令 : 높은 벼슬의 관직)이 되어 사기 (史記)를 집필하였음.

• 사기(史記) : 역사적인 사실을 적어 놓은 책이며 여기서는 중국 전한(前漢)의 사마천이 지은 역사책을 뜻함.

• 항우(項羽) : 중국 진(秦)나라 말기 때 장수이며 초(楚)나라를 세운 황제.

• 유방(劉邦) : 중국 진(秦)나라 말기 때 장수이며 한(漢)나라를 세운 황제.

• 간청(懇請) : 무엇을 해달라고 또는 이루어지도록 간절히 부탁하는.

• 폐허(廢墟) : 주택·건물·성(城)·시가(市街) 따위가 다 파괴되어 황폐하게 된 터.

• 금의야행(錦衣夜行) : 비단옷을 입고 밤길을 간다는 뜻으로 여기서는 입신출세(立身出世)하여도 사람 들에게 알릴 수 없어 고향에 돌아가지 않는다는 뜻.

• 상징(象徵) : 비둘기가 평화의 상징이듯 사물을 전달하는 매개적 작용을 하는 것을 통틀어 이르는 말.

직역 출세를 상징하는 비단옷을 입고 고향에 돌아가거나 돌아온다는 뜻.

의역 타향에서 벼슬을 하거나 성공하여 자랑스럽게 고향에 돌아간다는 뜻.

040

기사회생
起死回生

유래 요약 ────────

　중국 춘추시대(春秋時代) 월(越)나라가 오왕(吳王) 합려(闔閭)에게 부상을 입혀 죽였음에도 불구하고 합려의 아들 부차(夫差)가 이것을 용서(容恕)하고 자기가 승리(勝利)했을 때 은혜(恩惠)를 베풀자 월왕(越王) 구천(勾踐)은 다음과 같이 말했다.

　"군왕(君王)이 월(越)나라에 있어서는 이 죽은 사람을 되살려 백골(白骨)에 살을 붙인 것과 같다. 과인(寡人)은 감히 하늘의 재앙(災殃)과 군왕의 은혜를 잊을 수 없다."

　오왕(吳王) 부차(夫差)는 월나라에 대하여 기사회생(起死回生)과 같은 큰 은혜를 베푼 것이다. 또 『여씨춘추』 「별류편」에 보면, 노(魯)나라 사람 공손작(公孫綽)이 다음과 같이 말했다.

　"나는 반신불수(半身不隨)를 고치는 약(藥)을 배로 늘리면 그것으로 죽은 사람을 살릴 수 있다."

　『죄(罪)와 벌(罰)』을 쓴 러시아 소설가(小說家) 도스토예프스키는 28세 때 혁명운동(革命運動)에 뛰어들었다가 사형(死刑)을 선고(宣告)받고 처형장(處刑場)으로 끌려가면서 사형수(死刑囚)들과 눈물로 작별(作別)인사를 한 뒤 마지막으로 지금까지 살아온 삶을 되돌아보았다. 도스토예프스키가 겸허(謙虛)히 죽음을 받아들이려고 하는 순간 사형(死刑)을 멈추라는 황제(皇帝)의 명령(命令)이 전해졌다. 그는 그야말로 기사회생(起死回生)되었으며 그 후 글을 써서 훌륭한 문학(文學) 작품을 남겼다.

한자 풀이 ────────

① 기 起 10 - 일어날 기[걷는 모습을 뜻하는 走(달릴 주)와 아이의 모습을 뜻하는 己(몸 기)가 합해진 글자로 아이가 첫걸음을 떼려고 몸을 일으켜 세운다는 뜻을 나타냄. 저항하거나 홍수·지진·화산

이 일어나는]·일으킬 기·설 기·시작할(독립운동, 데모 등 어떤 일이나 행동을 처음으로 일으키는) 기

② **사 死 6** - 죽을 사[흐트러진 뼈를 뜻하는 歹(뼈앙상할 알)과 죽은 사람을 뜻하는 匕(비수 비)가 합해진 글자로 질병·사고 등으로 생명을 잃는 상태를 뜻함]·다할 사·죽일 사·생기없을 사

  * 옛날 중국에서는 사람이 죽으면 살이 다 썩어 없어진 뒤에 뼈만 모아 장례를 치렀음.

③ **회 回 6** - 돌 회[물이 일정한 곳을 중심으로 빙빙 도는 모양을 본뜬 글자로 물이 소용돌이 치듯 또는 선풍기의 날개처럼 원의 둘레나 시간의 주기(週期)를 따라 빙빙 돈다는 뜻을 나타냄]·돌아올 회·돌이킬 회   * 회생(回生) : 거의 죽어 가다가 다시 살아나는.

④ **생 生 5** - 날 생[어린 싹인 떡잎을 뜻하는 屮(싹날 철)과 土(흙 토)가 합해진 글자로 초목의 새싹이 땅 위로 돋아나는 모습을 나타냄]·낳을 생·생길 생·살 생·자랄 생

  * 生(생)은 다른 한자의 끝에 붙어서 학생이나 학문하는 사람을 나타냄. 下宿生(하숙생), 先生(선생)

용어 풀이 ──────────

- 승리(勝利) : 운동경기나 오락·싸움이나 전쟁에서 상대와 겨루어서 이기는.
- 은혜(恩惠) : 어려움에 처했거나 도움이 필요할 때 고맙게 베풀어주는 신세나 혜택.
- 군왕(君王) : 국가의 주권이 군주(君主)에게 있는 나라를 다스리는 우두머리.
- 백골(白骨) : 사람이 죽은 몸뚱이인 시체(屍體)의 살이 다 썩고 남은 뼈.
- 과인(寡人) : 덕(德)이 적은 사람이라는 뜻으로 임금이 자기를 낮추어 이르던 일인칭 대명사.
- 재앙(災殃) : 천지(天地) 자연의 변동과 괴상한 사고로 말미암아 생긴 불행한 사고.
- 공손작(公孫綽) : "나는 죽은 사람을 살릴 수 있다."라고 큰 소리로 외친 노(魯)나라 사람.
- 반신불수(半身不隨) : 뇌 장애 등으로 몸의 어느 반쪽이 감각을 잃어 잘 움직이지 못하는 상태.
- 혁명(革命) : 비합법적인 수단으로 나라의 정권을 빼앗아 국가 정체(政體)를 변혁하는 일.
- 선고(宣告) : 선언하여 널리 알리는, 재판의 판결을 공표하는 일.

직역 중병(重病)으로 거의 죽을 뻔하다가 다시 살아난다는 뜻.
의역 위기에 처한 상황에서 구하여 사태를 호전(好轉)시킨다는 뜻.

041

기인지우
杞人之憂

* '기인지우'를 줄여서 기우(杞憂)라고도 씀.

유래 요약 ────────

중국 주왕조(周王朝) 시대 기(杞)나라에 쓸데없는 군걱정을 하는 사람이 있었다. 그는 "만약 하늘이 무너지거나 땅이 꺼진다면 몸을 둘 곳이 없지 않는가?" 이런 걱정을 하느라 밤에 잠도 못 이루고 음식(飮食)도 제대로 먹지 못했다. 그러자 한 친구(親舊)가 말했다.

"하늘은 공기(空氣)가 쌓였을 뿐이야. 그래서 기(氣)가 없는 곳이 없지. 우리가 몸을 굴신(屈伸)하고 호흡(呼吸)을 하는 것도 늘 하늘 안에서 하고 있다네. 그런데 왜 하늘이 무너져 내린단 말인가?"

"하늘이 과연 기(氣)가 쌓인 것이라면 일월성신(日月星辰)이 떨어져 내릴 게 아닌가?"

"일월성신이란 것도 역시 쌓인 기(氣) 속에서 빛나고 있는 것일 뿐이야. 설령 떨어져 내린다 해도 다칠 염려는 없다네."

"그럼, 땅이 꺼지는 일은 없을까?"

"땅은 흙이 쌓였을 뿐이야. 그래서 사방에 흙이 없는 곳이 없지. 그런데 왜 땅이 꺼진단 말인가? 그러니 이젠 쓸데없는 군걱정은 하지 말게나."

이 말을 듣고서야 그는 비로소 마음을 놓았다고 한다.

한자 풀이 ────────

① 기 杞 7 - 구기자나무 기[구기자(枸杞子). 木(나무 목)과 발음요소인 己(몸 기)가 합해진 글자로 줄기가 가늘고 가시가 있으며 빨갛고 고추와 비슷한 열매가 달리는 나무]·나라이름[중국 周代(주대)의 禹王(우왕) 후손이 다스리던 杞(기)나라] 기

② 인 人 2 - 사람 인[벼슬아치가 증표인 홀(笏)을 잡은 두 손을 앞으로 내밀며 서 있는 옆모습을 본뜬 글자로 두 발 똑바로 서서 걸으며 생각과 말을 할 줄 아는 만물의 우두머리를 뜻

함]·인격 인·남(상대방) 인

　　* 사람의 훌륭한 정도 : 善人(선인)→信人(신인)→美人(미인)→大人(대인)→聖人(성인).

　　여기서 미인(美人)은 재주와 덕망(德望)이 뛰어난 훌륭한 사람을 뜻함.

③ **지 之 4** - 갈 지[두 발을 뜻하는 止(발 지)와 출발선을 뜻하는 一(가로획)을 그어 만든 글자로 한 발을 떼고 막 출발하려는 모습을 나타냄]·이를 지·이 지·어조사(~의, ~가, ~이, ~을) 지

④ **우 憂 15** - 근심할 우[頁(머리 혈)과 心(마음 심)과 夊(뒤져올 치)가 합해진 글자로 머리의 근심 걱정을 마음에 품고 고개를 숙인 채 천천히 걸어가는 모습을 나타냄. 걱정으로 마음이 괴로운]·상제(喪制 : 부모나 조상이 돌아가셔서 장례를 지내며 상복을 입은 사람)할 우

용어 풀이 ————————

• 군걱정 : 앞일에 대해 필요한 정도를 넘는 또는 쓸데없는 걱정을 하는.

• 하늘 : 지평선 위 까마득하게 높고 멀며 눈에 보이는 반구형(半球形)인 무한대의 공간.

　　* 하늘이 푸르게 보이는 것은 빛 중에서 푸른색의 파장이 공기 분자에 부딪혀 퍼지는 산란현상 때문임.

• 땅 : 강·바다·호수 등을 제외한 흙과 돌로 된 지구의 겉면.

• 공기(空氣) : 지구를 둘러싸고 주로 하늘의 하층 부분을 구성하는 투명한 혼합기체(산소·질소·수증기·이산화탄소·기타).

• 굴신(屈伸) : 몸을 낮게 구부러지게 하거나 몸을 위로 내뻗으며 쭉 펴는.

• 일월성신(日月星辰) : 하늘에서 자전과 공전하는 해와 달과 우주 공간에 퍼져 있는 수많은 별들.

• 호흡(呼吸) : 생물체가 생명을 유지하기 위하여 숨을 내쉬고 들이쉬는 것. 산소를 흡수하고 이산화탄소를 몸 밖으로 내보내는 현상임.

　　* 기(氣)는 호흡하는 공기를 나타내며 활동에 근본이 되는 원기(元氣)·정기(精氣)·생기(生氣)와 우주 만물을 생성하고 소멸시키는 물질적인 기운을 뜻함.

직역 중국 기(杞)나라 어느 사람의 헛걱정이라는 뜻.

의역 쓸데없는 걱정이나 무익(無益)한 근심으로 인생을 낭비한다는 뜻.

042

기호지세
騎虎之勢

*본래는 騎虎之勢 必不得下勉之(기호지세 필부득하면지)임.

유래 요약 ————

이 말은 중국 수(隋)나라 문제(文帝) 양견(楊堅)의 황후(皇后) 독고(獨孤)씨가 남편을 격려(激勵)하는 말 가운데 나와 있다. 독고씨는 북주(北周)의 대사마(大司馬) 하내공(何內公) 신(信)의 일곱째 딸로 아버지 신이 양견을 크게 될 사람으로 보고 사위로 삼았는데 그녀의 나이 겨우 열네 살이었다. 그녀는 굉장히 영리(怜悧)한 여자로 당시 사람들은 조정(朝廷)에 두 천자(天子) 즉, 두 성인(聖人)이 있다고 했다.

북주(北周)의 선제(宣帝)가 죽고 양견(楊堅)이 나이 어린 정제(靜帝)를 업고 모든 일을 혼자 처리(處理)하고 있을 때 독고(獨孤)씨는 환관(宦官)을 시켜 남편 양견에게 이렇게 전하게 했다.

"대사(大事)가 이미 벌어졌는데, 이는 기호지세(騎虎之勢)가 되고 말았소. 이제는 중도(中途)에 내릴 수 없으며 만일 중도에 내린다면 잡아먹히고 말 것입니다. 그러니 끝까지 힘쓰십시오."

이리하여 천하(天下)를 회복(回復)하겠다는 양견은 결국 수(隋)나라의 황제(皇帝)가 되었다.

한자 풀이 ————

① **기 騎 18** - 말탈 기[馬(말 마)와 발음요소와 올라탄다는 뜻의 奇(기이할 기)가 합해진 글자로 사람이 말을 올라타고 성큼성큼 걸어가거나 채찍질하며 달리는]

② **호 虎 8** - 범 호 또는 호랑이 호[범을 뜻하는 虍(호피무늬 호)와 범이 걸어간 발자국을 뜻하는 儿(걷는사람 인)이 합해진 글자로 짐승인 범의 형상을 나타냄. 몸의 털 색깔이 황갈색 바탕에 검은 줄무늬가 있고 사슴 같은 짐승을 잡아먹는 몹시 사납고 무서운 야생동물(野生動物)을 뜻함]

③ **지 之 4** - 갈 지[두 발을 뜻하는 止(발 지)와 출발선을 뜻하는 一(가로획)을 그어 만든 글자로

한 발을 떼고 막 출발하려는 모습을 나타냄]·이를 지·이 지·어조사(~의, ~가, ~이, ~을) 지

④ **세 勢 13** - 세력 세[**勢力**(세력). 力(힘 력)과 발음요소와 마구 휘두른다는 뜻의 執(권세 세)가 합해진 글자로 성대한 기운이나 세력을 나타냄. 국가나 사회활동에서 지배하는 힘이나 영향력]·기세(氣勢) 세·권세(權勢) 세·형세(形勢) 세

용어 풀이 ————————

- 문제(文帝) : 중국 수(隋)나라 제1대 황제(皇帝).
- 황후(皇后) : 황제(皇帝)의 본 아내인 정실(正室).
- 대사마(大司馬) : 중국 관직(官職)의 하나로 주로 군사(軍士) 관련 업무를 맡았으며 오늘날 국방부장관에 해당됨.
- 조정(朝廷) : 임금이 나라의 정치를 신하들과 의논하고 집행하는 곳.
- 천자(天子) : 하늘의 자식이라는 자격으로 천하를 지배하는 최고 통치자로 중국 은(殷)·주(周)나라의 왕(王)을 천자라 하였음.
- 성인(聖人) : 덕(德)과 지혜(智慧)가 뛰어나 길이 우러러 받들고 모든 사람의 스승이 될 만한 사람.
- 정제(靜帝) : 앞으로 제위(帝位 : 황제나 국왕의 자리)에 오를 벼슬 지위나 통치를 맡은 자리.
- 환관(宦官) : 궁정(宮廷)에서 사역(使役)하는 내관(內官)으로 거세(去勢 : 생식기능을 없애는)된 남자.
- 중도(中途) : 일이 되어 가는 동안, 오고 가고 있는 길의 중간.
- 회복(回復) : 이전이나 원래의 상태로 돌이키는, 원래의 상태를 되찾는.

  * 騎虎之勢 必不得下勉之는 범을 타고 달리는 사람이 중간에 내릴 수 없는 것처럼 도중에 그만두거나 물러설 수 없는 형세를 뜻함. 즉, 최선을 다하라는 뜻임.

직역 범(虎)을 타고 달리는 형세(形勢)라는 뜻.

의역 시작한 일을 중도에서 그만둘 수 없는 형세나 사정을 뜻함.

043

낙정하석
落穽下石

* 落井下石(낙정하석), 下穽投石(하정투석)이라고도 씀.

유래 요약 ──────

이 글은 당(唐)나라 사람인 한유(韓愈)가 친구 유종원(柳宗元)의 죽음을 애도(哀悼)하며 지은 묘비명(墓碑銘) 가운데 나오는 말이다.

"아! 선비는 자신이 어려움에 처했을 때 비로소 그 지조(志操)를 알게 된다. 지금 어떤 사람은 서로 사랑하고 술과 음식을 나누어 먹고 놀면서 즐겁게 웃으며, 자기의 심장이라도 꺼내 줄 것처럼 친구라고 칭하며, 하늘과 땅을 가리키며 죽음과 삶을 함께 할 거라고 아주 간절하게 말한다. 그러나 이익(利益)이라도 있는 문제가 발생하면 서로 눈을 부릅뜨고 사람을 구분할 줄 모른다. 당신이 만일 다른 사람에 의해 함정(陷穽)에 빠지게 되었다면, 당신을 구해주지 않을 뿐 아니라 오히려 돌을 들어 당신에게 던지는 그런 사람이 매우 많다. 이처럼 개화(開化)되지 않아 금수(禽獸)와 같은 사람들은 어째서 직접 가서 일을 하지 않으면서 자기들의 행동이 옳다고 생각하는가?" 한유(韓愈)는 유종원이 소인배(小人輩)들의 모함(謀陷)으로 저승으로 간 것을 애도하며 이 글을 지었다.

한자 풀이 ──────

① 낙 落 13 - 떨어질 낙(락)[⁺⁺(艸 : 풀 초)와 발음요소인 洛(강이름 낙)이 합해진 글자로 초목의 잎이 땅에 떨어진다는 뜻을 나타냄. 물체가 떨어지는. 시험에 떨어지는. 해와 달이 지는]·이룰 낙(락)·몰락할 낙(락)·함락할 낙(락)·마을 낙(락)·비로소 낙(락)·쓸쓸할 낙(락)

② 정 穽 9 - 함정 정[陷穽(함정). 宂(穴 : 구멍 혈)과 발음요소인 井(우물 정)이 합해진 글자로 짐승을 잡기 위하여 굴이나 우물처럼 깊게 파 놓은 구덩이나 위를 나무로 덮어 가린 구덩이를 나타냄]

③ 정 井 4 - 우물 정(정사각형의 난간 모양으로 만든 우물의 틀을 본뜬 글자로 물을 얻기 위하여 땅을 파고 4각형으로 나무 막대를 설치하여 물이 괴게 만든 시설. 샘)·밭이랑(갈아 놓은 밭의 한 두

둑과 한 고랑을 합하여 이르는 말) 정·정자꼴[물체나 건물·지형 등의 형태와 구조가 井자(字) 모양으로 생긴] 정

④ **하 下 3** - 아래 하[땅의 기준을 뜻하는 一(한 일·땅 일)과 그 아래로 그은 丨(수직선)에 임의의 지점을 뜻하는 -(짧은 가로획)을 표시한 글자로 위·아래의 구조나 수직선상에서 지구 중심인 아래쪽과 위치·계급·능력 등이 낮은 아래쪽을 나타냄]·낮을 하·임금거처 하·내릴 하·낮출 하·겸손할 하   ＊ 동사로 쓰는 경우 '떨어지다', '떨어뜨리다'.

＊ 下(하)는 높은 지위나 존칭으로 씀. <예> 각하(閣下), 전하(殿下), 귀하(貴下).

⑤ **석 石 5** - 돌 석[바위를 뜻하는 厂(언덕 엄)과 작은 돌덩이를 뜻하는 口(입 구)가 합해진 글자로 언덕 아래로 굴러 떨어진 작은 돌을 나타냄]·저울(옛날에는 긴 막대에 눈금을 표시하고 돌을 매달아 무게를 재던 기구) 석·굳을(돌처럼 단단해지는) 석·섬(볏짚으로 엮어 만든 가마니에 10말을 담은 곡식의 용량) 석

용어 풀이

• 한유(韓愈) : 중국 당(唐)나라 정치가·사상가·문학가·시인(詩人).

• 유종원(柳宗元) : 당(唐)나라의 자유·합리주의를 추구했던 관리자이자 문학가.

• 애도(哀悼) : 사람의 죽음을 슬퍼하는.

• 묘비명(墓碑銘) : 죽은 사람을 땅에 묻은 무덤 앞에 세운 묘비에 새긴 글.

• 선비 : 옛날에 벼슬은 하지 않고 학문만을 닦는 인품을 갖춘 사람. 유교이념을 구현하는 신분계층의 사람.

• 지조(志操) : 옳은 원칙과 신념을 지키어 끝까지 굽히지 아니하는 꼿꼿한 의지.

• 함정(陷穽) : 지나가는 짐승을 잡기 위하여 구덩이를 파고 그 위를 살짝 덮어 가린 시설.

• 개화(開化) : 사람의 지혜가 열리고 의식과 사상이 보다 진보하는.

• 금수(禽獸) : 날개로 나는 날짐승과 네 발로 걷는 길짐승. 즉, 모든 짐승을 말함.

• 소인배(小人輩) : 간사하고 도량(度量 : 너그러운 마음과 깊은 생각)이 좁은 사람들의 무리.

• 모함(謀陷) : 어떤 속임수나 계책을 써서 남을 어려움에 빠뜨리는.

직역 함정(우물) 아래로 돌을 집어 떨어뜨린다는 뜻.

의역 어려운 처지에 있는 사람에게 더 큰 불행이 닥치도록 한다는 뜻.

044

남가일몽
南柯一夢

*南柯之夢(남가지몽)과 같은 뜻임.

유래 요약 ──────────

중국 당(唐)나라 시대 광릉(廣陵) 땅에 순우분(淳于棼)이라는 사람이 있었다. 어느 날 순우분이 술에 취해 그의 집 남쪽에 있는 큰 홰나무 밑에서 잠을 자는데, 꿈에 두 명의 사자(使者)가 나타나 그에게 말하기를 "저희들은 괴안국왕(槐安國王)의 명령을 받고 대인(大人)을 모시러 온 사신(使臣)입니다." 하였다.

순우분이 사신을 따라 홰나무 구멍 속으로 들어가자, 국왕(國王)이 성문(城門)앞에서 반가이 맞이했다. 순우분은 그곳에서 부마(駙馬)가 되어 누리다가 남가태수(南柯太守)를 제수(除授)받아 부임(赴任)했고 치적(治績)을 인정받아 재상(宰相)이 되었다. 그러나 전쟁에 패(敗)하고 아내가 병(病)으로 죽자 관직(官職)을 버리고 상경(上京)했다. 얼마 후 국왕(國王)은 천도(遷都)해야 할 조짐이 보인다며 순우분을 고향으로 돌려보냈다. 잠에서 깨어난 순우분(淳于棼)은 홰나무 구멍에 있는 수많은 개미의 무리를 보며, 20여 년 동안 부귀영화(富貴榮華)를 누리며 살았던 것이 한바탕의 꿈에 불과했다는 사실을 알게 되었다.

한자 풀이 ──────────

① 남 南 9 - 남녘 남[악기의 관을 본뜬 冂와 악기의 줄을 본뜬 ¥이 합해진 글자로 고대(古代) 악기의 모양을 본뜬 것이며 이 악기는 궁궐 의식에서 연주할 때 남쪽에 놓였다는 관례에서 남녘을 가리킴]

② 가 柯 9 - 가지 가 또는 나뭇가지 가[木(나무 목)과 발음요소인 可(옳을 가)가 합해진 글자로 나무나 풀의 원줄기에서 갈라져 뻗어나간 줄기]·줄기 가 또는 나무줄기 가·자루(쇠붙이로 된 연장이나 기구를 손으로 잡을 수 있도록 나무로 만든 손잡이) 가·줄기 가 * 여기서는 홰나무를 뜻함.

③ 일 一 1 - 한 일(한 획으로 가로선을 그어 만든 글자 또는 산가지 한 개를 가로놓아 만든 글

자로 1·2·3·4…로 된 아라비아 숫자에서 1을 가리킴)·하나 일·첫째 일·오로지 일·땅 일

    * 一(한 일)은 우주(宇宙)와 천지(天地)가 생기는 맨 처음인 태초(太初)의 존재를 나타냄.

④ **몽 夢** 14 – 꿈 몽[눈썹을 뜻하는 艹(屮 : 풀 초)와 皿(目 : 눈 목)과 人(사람 인)의 변형인 冖(덮을
멱)과 어두움을 뜻하는 夕(저녁 석)이 합해진 글자로 잠자는 동안 꾸는 꿈을 나타냄. 인생에서
실현시키고 싶은 희망이나 이상(理想)]·꿈꿀 몽·희미(稀微 : 기억이 분명하지 못하는)할 몽

용어 풀이 ————————

- 사자(使者) : 임금의 명령을 받고 심부름하는 사람, 죽은 혼을 저승으로 잡아간다는 저승귀신.
- 사신(使臣) : 임금이나 국가의 명령을 받고 대표로 사명을 띠고 외국에 가는 신하.
- 부마(駙馬) : 부마는 부마도위(駙馬都尉)의 준말로 임금의 사위 또는 공주의 남편에게 부여되는 칭호임.
- 태수(太守) : 옛날 고을의 으뜸 벼슬이나 군(郡) 단위의 지방관(地方官).
- 제수(除授) : 옛날에 인물을 천거 받지 아니하고 임금이 직접 관리를 임명하던 일.
- 부임(赴任) : 회장·전무·부장 등 일정한 직무를 맡기는 임명(任命)을 받아 근무할 곳으로 가는.
- 치적(治績) : 공공단체나 집단을 잘 다스린 공적이나 업적.
- 재상(宰相) : 임금을 돕고 모든 관원(官員)을 지휘·감독하는 정2품의 벼슬.
- 천도(遷都) : 한 국가의 수도 서울인 도읍을 옮기는.
- 부귀영화(富貴榮華) : 재산이 많고 지위가 높으며 귀한 몸이 되어서 세상에 드러나고 이름이 빛나는.

    * 유래에서 말하는 괴안국왕(槐安國王)은 순우분(淳于棼)이 꿈을 꾸었을 때 나타났던 것으로 화나무 뿌리 밑의 수많은 개

    미의 무리와 왕개미가 살고 있는 넓은 공간을 '괴안국'이라고 하며 왕개미를 '괴안국왕'이라고 표현한 것임.

    槐(회화나무 괴=홰나무 괴)·**安**(편안할 안)·**國**(나라 국)·**王**(임금 왕)

직역 집 남쪽에 있는 홰나무 아래에서의 꿈이라는 뜻.

의역 덧없는 꿈이나 한 때의 허황된 부귀(富貴)와 영화(榮華)를 뜻함.

045

낭중지추
囊中之錐

유래 요약 ─────────

　중국 춘추전국시대(春秋戰國時代) 말엽 진(秦)나라의 공격(攻擊)을 받은 조(趙)나라의 혜문왕(惠文王)은 동생이자 재상(宰相)인 평원군(平原君 : 趙勝)을 초(楚)나라에 보내어 원군(援軍)을 청하기로 했다. 20명의 수행원(隨行員)이 필요한 평원군은 그의 3,000여 식객(食客) 중에서 19명은 쉽게 뽑았으나 나머지 한 명을 뽑지 못해 고심(苦心)하고 있었다. 이때 모수(毛遂)라는 식객이 자천(自薦)하고 나섰다.

　"나리, 저를 데려가 주십시오."

　평원군은 어이없다는 얼굴로 이렇게 물었다.

　"그대는 내 집에 온지 얼마나 되었소?"

　"이제 3년이 됩니다."

　"그래요! 재능이 뛰어난 사람은 숨어 있어도 마치 주머니 속의 송곳(囊中之錐) 끝이 밖으로 나오듯이 남의 눈에 드러나는 법이오. 그런데 3년이 되어도 한 번도 드러난 적이 없지 않소?"

　"그건 나리께서 저를 단 한 번도 주머니 속에 넣어주시지 않았기 때문이죠. 넣어주시면 자루까지 보이겠습니다."

　이 재치 있는 답변에 만족(滿足)한 평원군은 모수(毛遂)를 수행원으로 뽑았고 결정적인 도움을 입어 초(楚)나라 왕(王)을 설득(說得)하는데 성공(成功)하였다.

한자 풀이 ─────────

① 낭 囊 22 - 주머니 낭[본래 衣(옷 의)와 주머니를 뜻하는 口(입 구)와 발음요소인 襄(도울 양)이 합해진 글자로 옛날 한복에 달린 주머니나 작은 물건·돈을 넣고 아가리를 졸라매어 허

리에 차거나 들고 다니는 주머니]·자루(헝겊으로 만든 길쭉하고 큰 주머니, 여행이나 야유회 갈 때

등에 지는 자루 모양의 가방) 낭

② 중 中 4 - 가운데 중(깃발을 가운데 꽂아 사람들을 모이게 하거나 부락·군부대·집단의 가

운데에 깃발을 꽂은 모양의 글자로 일정한 공간·위치·사물·나이·순서 등의 중심부분이나

어느 쪽으로든지 치우치지 않은 한복판)·바를 중·진행 중·안 중 또는 안쪽 중·속 중·중용

중·사이 중·알맞을 중·중독될 중·범위 중·맞힐 중

③ 지 之 4 - 갈 지[두 발을 뜻하는 止(발 지)와 출발선을 뜻하는 一(가로획)을 그어 만든 글자로

한 발을 떼고 막 출발하려는 모습을 나타냄]·이를 지·이 지·어조사(~의, ~가, ~이, ~을) 지

④ 추 錐 16 - 송곳 추[金(쇠 금)과 발음요소와 새의 부리처럼 끝이 날카롭다는 뜻의 隹(새 추)가 합해

진 글자로 작은 구멍을 뚫는 새의 깃뿌리와 같이 끝이 뾰족한 연장을 뜻함. 회전 장치에 연결하여

땅이나 바위를 뚫는 나사형 연장]·바늘(실을 꿰어 옷을 짓거나 꿰매는 데 쓰는 가늘고 뾰족한 쇠) 추

용어 풀이 ————

• 재상(宰相) : 임금을 돕고 모든 관원(官員)을 지휘·감독하는 정2품의 벼슬.

• 원군(援軍) : 전투에서 자기편을 도와주는 군대(軍隊).

• 수행원(隨行員) : 높은 지위에 있는 사람을 따라다니며 그를 돕거나 신변을 보호하는 사람.

• 식객(食客) : 높은 벼슬의 세력가 집에 얹혀서 밥만 얻어먹고 문 앞에서 지내는 사람.

• 고심(苦心) : 어떤 일을 해결하지 못하거나 결정하지 못해 마음을 태우며 애쓰는.

• 자천(自薦) : 자기를 인재로 어떤 자리에 써달라고 스스로 추천하는.

• 나리 : 옛날에 아랫사람이 왕자(王子)나 지체가 높은 사람이나 관리(정3품~9품)인 당하관(堂下官)을 높

이어 부르던 호칭.

• 설득(說得) : 어떤 주제나 내용 따위를 알아들을 수 있도록 여러 가지로 깨우쳐 말하는.

직역 천으로 된 주머니 속의 뾰족한 송곳이라는 뜻.

의역 재능이 뛰어난 사람은 숨어 있어도 저절로 남의 눈에 드러난다는 뜻.

046

내우외환
內憂外患

유래 요약

중국 춘추시대(春秋時代) 중엽에 진(晉)나라의 대부(大夫)인 낙서(樂書)는 진나라에 항거(抗拒)한 정(鄭)나라를 치기 위하여 동원령(動員令)을 내리고 스스로 중군(中軍)의 장군(將軍)이 되고 상군(上軍)의 보좌(補佐)인 범문자(范文子)는 부장군(副將軍)이 되었지만, 진나라와 초나라의 두 군대가 출동(出動)하자 낙서는 초나라와 싸울 것을 주장(主張)했다.

범문자는 이에 반대하여 "제후(諸侯)로 있는 사람이 반란(叛亂)하면 이것을 토벌(討伐)하고 공격(攻擊)을 당하면 이를 구원(救援)하여 나라는 이로써 혼란(混亂)해진다. 제후는 어려움의 근본(根本)이다."라고 지적(指摘)하여 다음과 같이 말했다.

"성인(聖人)이라면 안으로부터의 근심도 밖으로부터의 재난(災難)도 지니지 않고 견디지만 우리에게는 밖으로부터의 재난이 없으면 반드시 안으로부터 일어나는 근심이 있다. 초나라와 정나라는 잠시 놓아두고서 밖으로부터의 근심을 내버려두지 않겠는가?"

여기서 내우외환(內憂外患)이라는 말이 생겨났다. 『명심보감(明心寶鑑)』은 원려(遠慮)가 없으면 근우(近憂)가 있다고 했으며 불가(佛家)에서는 해탈(解脫)이 없는 한 인간(人間)의 삶은 근심뿐이라고 하여 인간의 삶을 고해(苦海)라고 규정(規定)하고 있다.

한자 풀이

① 내 內 4 - 안 내[본래 흙으로만 쌓은 토담에 지붕만 덮은 옛날 집을 본뜬 冂(멀 경)과 入(들 입)이 합해진 글자로 집이나 건물의 문 안쪽으로 사람이 허리를 구부리고 들어간다는 뜻을 나타냄. 과일의 안쪽, 옷의 안쪽]·속 내·방 내·처 내·비밀 내·마음 내·여관(女官) 나·들일 납

② 우 憂 15 - 근심할 우[頁(머리 혈)과 心(마음 심)과 夊(뒤져올 치)가 합해진 글자로 머리의 근심 걱정을 마음에 품고 고개를 숙인 채 천천히 걸어가는 모습을 나타냄. 걱정으로 마음이 괴로운]·상제(喪制 : 부모나 조상이 돌아가셔서 장례를 지내며 상복을 입은 사람)할 우·상당할 우

③ **외 外 5** - 밖 외 또는 바깥 외[의미요소와 발음요소를 뜻하는 夕(저녁 석)과 점(占)을 친다는 뜻의 卜(점 복)이 합해진 글자로 저녁에 밖으로 앞날의 운수와 길흉을 미리 판단해주는 점을 치러 간다는 뜻에서 '밖'을 나타냄. 일정한 테두리를 벗어난]·외국 외·멀리할 외

④ **환 患 11** - 근심 환[心(마음 심)과 발음요소와 지나치게 마음속 깊이 생각한다는 뜻의 串(꿸 관)이 합해진 글자로 조개나 구슬을 줄로 꿰듯 마음에 걱정거리가 가득차 괴로워한다는 뜻을 나타냄]·근심할 환·병(病 : 신체의 내부나 외부에 생리적인 이상이 생겨 고통을 느끼는) 환

  * **遠慮(원려)와 近憂(근우)는 앞으로 올 걱정과 바로 닥쳐올 근심을 뜻함.**

용어 풀이 ─────────

- 대부(大夫) : 벼슬의 지위나 벼슬의 품계(品階 : 正一品·正二品…從一品·從二品… 등)에 붙이는 칭호.
- 항거(抗拒) : 다른 나라나 임금·적군 등에게 순종하지 아니하고 맞서서 반항하는.
- 동원령(動員令) : 군대를 전쟁이나 비상사태에 대처할 수 있도록 소집하는 명령.
- 중군(中軍)·상군(上軍) : 군부대를 지휘·감독하는 대장군(大將軍).
- 부장군(副將軍) : 대장군을 보좌하는 장군.
- 제후(諸侯) : 중국 주(周)나라의 통치조직인 봉건제도(封建制度)에서 일정한 영토를 맡아 다스리던 사람.
- 반란(叛亂) : 나라와 겨레를 배반하여 난리를 일으키는.
- 토벌(討伐) : 적의 무리를 무력으로 공격하여 물리쳐 없애는.
- 성인(聖人) : 덕(德)과 지혜(智慧)가 뛰어나 길이 우러러 받들고 모든 사람의 스승이 될 만한 사람.
- 재난(災難) : 폭우·태풍·홍수·지진·화재 따위 같이 생명이나 재산에 피해를 주는 뜻밖의 불행한 일.
- 명심보감(明心寶鑑) : 중국 고전(古典)에 나온 어질고 사리에 밝은 사람인 선현(先賢)들의 금언(金言)·명구(名句)를 편집하여 어린이들 교양도서로 만든 책.
- 해탈(解脫) : 굴레에서 또는 속세의 속박이나 번뇌에서 벗어나 근심이 없는 편안한 심경에 이르는.
- 고해(苦海) : 괴로움과 근심이 바다같이 깊고 많다는 것으로 고통이 많은 인간 세상을 뜻함.

  직역 안(內)으로의 근심과 밖(外)으로부터의 걱정을 뜻함.
  의역 안팎으로 밀려오는 근심과 재난을 뜻함. 또는 나라 안의 정치적 사회적 혼란과 나라 밖의 외교적 위기를 뜻함.

047

노마지지
老馬之智

유래 요약 ────────

중국 춘추전국시대(春秋戰國時代) 때 제(齊)나라 관중(管仲)과 함께 봄에 고죽국(孤竹國)을 정벌(征伐)하러 나섰다가 추운 겨울에 돌아오는 도중 길을 잃고 전 군대(軍隊)가 진퇴양난(進退兩難)에 빠져 있었다. 이때 재상(宰相)인 관중(管仲)이 늙은 말 한 마리를 풀어 놓았고 그 말(馬)을 따라간 군대는 그 말(馬)의 안내로 무사히 제(齊)나라로 돌아오게 되었다. 즉, 관중(管仲)의 총명(聰明)과 지혜(智慧)로도 못하는 것을 늙은 말(馬)이 해결(解決)하였으므로 관중(管仲)은 부끄러움을 무릅쓰고 그 노마(老馬)를 스승으로 삼아 배웠다는 것이다. 또 한 번은 산길을 행군(行軍)하다가 식수(食水)가 떨어져 모든 군사(軍士)들이 갈증(渴症)에 시달렸다. 그러자 이번에는 함께 동행한 대부(大夫)인 습붕(隰朋)이 말하였다.

"개미란 원래 여름엔 산 북쪽에 집을 짓지만 겨울엔 산(山) 남쪽 양지(陽地)바른 곳에 집을 짓고 산다. 흙이 한 치(寸)쯤 쌓인 개미집이 있으면 그 땅속 일곱 자쯤 되는 곳에 물이 있는 법이다."

군사들이 산을 뒤져 개미집을 찾은 다음 그곳을 파 내려가자 정말 샘물이 솟아났다. 그런데 오늘날 사람들은 자신이 어리석음에도 성현(聖賢)의 지혜(智慧)를 스승으로 삼아 배우려 하지 않는다.

한자 풀이 ────────

① 노 老 6 - 늙을 노(로)[머리털이 길고 지팡이를 짚은 사람의 모습인 耂(늙을 노)에 허리가 굽은 모습의 匕(비수 비)가 합해진 글자로 '늙은이'를 나타냄. * 옛날에는 머리털을 자르지 않고 길렀음]·어른 노(로)·익숙할(어떤 일에 솜씨가 능숙한) 노(로)·노련(老鍊)할 노(로)·덕(德)높을 노(로)

② **마 馬 10** - 말 마(말의 머리·긴 목과 갈기·몸통·꼬리의 모양인 馬와 네 개의 말굽을 뜻하는 灬이 합해진 글자로 달리는 말의 옆모습을 나타냄)·산가지 마·벼슬이름 마·아지랑이 마

  * 말은 잘 달리므로 군사·농경·운반·달리기 대회 등에 이용되며 목에 갈기털이 있는 것이 특징임.

③ **지 之 4** - 갈 지[두 발을 뜻하는 止(발 지)와 출발선을 뜻하는 一(가로획)을 그어 만든 글자로 한 발을 떼고 막 출발하려는 모습을 나타냄]·이를 지·이 지·어조사(~의, ~가, ~이, ~을) 지

④ **지 智 12** - 지혜 지 또는 슬기 지[智慧(지혜). 知(알 지)와 말로 알려준다는 뜻인 曰(가로 왈)이 변한 日(해 일)이 합해진 글자로 사람에게 세상을 밝히는 지식을 말해준다는 뜻을 나타냄. 배운 지식이 여러 경험을 통하여 체득되는 사물의 이치에 대한 깨달음이나 처리하는 방도를 생각해내는 재능]·재능 지·모략 지·총명한사람 지

용어 풀이 ————

- 관중(管仲) : 중국 제(齊)나라 정치가(政治家)·법률학자(法律學者).
- 고죽국(孤竹國) : 중국 고대(古代) 상(商)과 주(周)나라 시대 때 요서 지역에 위치했던 제후국(諸侯國).

  * 제후(諸侯): 봉건시대에 일정한 영토를 가지고 그 영내의 백성을 다스리던 사람을 뜻함.
- 정벌(征伐) : 적(敵)의 군대나 불복종하는 세력(勢力)·죄(罪) 있는 무리를 무력(武力)으로 치는.
- 진퇴양난(進退兩難) : 앞으로 나갈 수도 없고 뒤로 물러설 수도 없는 힘들고 어려운 상황(狀況)을 뜻함.
- 재상(宰相) : 임금을 돕고 모든 관원(官員 : 관리·벼슬아치)을 지휘(指揮) 감독(監督)하는 벼슬.
- 총명(聰明) : 영리(怜悧)하고 기억력(記憶力)이 좋으며 사리(事理)에 밝은.
- 지혜(智慧) : 사물(事物)의 이치(理致)를 빨리 깨닫고 정확하게 처리할 방도를 생각해 내는 재능.
- 갈증(渴症) : 목이 말라 물을 몹시 마시고 싶은 느낌.
- 성현(聖賢) : 덕(德)과 지혜가 뛰어나 길이 우러러 보는 성인(聖人)과 어질고 총명한 현인(賢人)을 아울러 이르는.

직역 늙은 말(馬)의 지혜(智慧)라는 뜻.

의역 늙은 사람이나 하찮은 존재라도 저마다의 재주와 장점을 지니고 있다는 뜻.

048

노이무공
勞而無功

유래 요약 ————

중국 고대(古代) 사상가(思想家)인 공자(孔子)가 노(魯)나라에서 위(衛)나라로 떠날 때 제자(弟子)인 안연(顏淵)이 벼슬 자리에 있는 사금(師金)에게 물었다. "우리 선생님의 이번 여행길은 어떻겠습니까?"

사금은 이랬다. "안타까운 일이지만 당신 선생은 아마 이번에 욕(辱)을 보실 겁니다."

"어째서 그렇습니까?" 다그쳐 묻는 안연에게 사금은 이렇게 말했다.

"당신 선생은 송(宋)나라에서는 나무 그늘 밑에서 강론(講論)을 하다가 베어진 나무에 깔릴 뻔했고, 진(陳)나라와 채(蔡)나라 사이의 들에서는 거의 굶어 죽을 지경에 이르기도 했습니다." 다시 말을 꺼냈다.

"물길을 가기 위해서는 배를 이용하는 것이, 육지를 가기 위해서는 수레를 쓰는 것이 좋은 방법입니다. 이제 주나라의 옛날 도(道)를 오늘의 노나라에서 행하려고 하는 것은 마치 배를 육지(陸地)에서 미는 것과 같아서 애는 쓰나 공(功)은 없고 또 그 몸에도 반드시 화(禍)가 미칠 것입니다."

옳지 못한 것에 편들지 말고, 능하지 못한 것을 강제(强制)하지 말며, 알지 못하는 사람에게 이르지 말라. 이 같은 것을 가리켜 수고롭기만 하고 공(功)이 없다는 것이다.

한자 풀이 ————

① 노 勞 12 – 일할 노(로)[힘써 일한다는 뜻의 力(힘 력)과 발음요소와 횃불을 밝힌다는 뜻의 熒(불꽃 형)이 생략된 ⺍이 합해진 글자로 횃불을 밝히며 밤늦게까지 작업한다는 뜻을 나타냄]·힘쓸 노(로)·공 노(로)·위로할 노(로)·수고로울 노(로)·지칠 노(로)·고달플 노(로)

② 이 而 6 – 말이을 이(콧수염과 턱수염의 모습을 나타낸 글자로 그 사이에 있는 위·아래 입술을

움직여 말이 나온다는 뜻을 나타냄. 앞뒤의 한자의 뜻이 이어져서 설명하는)·어조사(그리고·그러나·하지만·~되면·또는) 이

③ **무 無 12** – 없을 무[舞(춤출 무)에서 舛(어그러질 천) 대신 4개의 발바닥 모양인 灬이 합해진 글자로 깃털 장식을 잡고 흔들며 춤추는 모습을 나타냄. 본뜻은 춤이며 '없다'는 뜻은 亡(없을 망)에서 가져온 것임]·아닐(부정하는) 무·말(금지를 뜻하는) 무·빌(텅 비어 있는) 무

  * 동사로 쓰일 때는 '~하지 못하다'로 씀.

④ **공 功 5** – 공 공 또는 공로 공[功勞(공로). 力(힘 력)과 발음요소와 힘써 이룬다는 뜻의 工(장인 공)이 합해진 글자로 상을 받을 만한 착한 일. 소속 단체나 국가나 인류를 위하여 가치 있는 목표를 달성한 업적을 뜻함]·이바지(~에 몸 바쳐 애쓰는)할 공·상복(喪服 : 장례를 지낼 때 입는 옷)입을 공

용어 풀이 ────────

• **사상가(思想家)** : 사회나 인생에 대한 생각·판단을 체계화하고 원리적으로 통일된 견해를 갖고 활동하는 사람.

• **공자(孔子)** : 공자는 기원전 551년 노(魯)나라에서 태어났고 중국 고대(古代) 사상가(思想家)였으며 인(仁)을 정치와 윤리의 이상(理想)으로 하는 도덕주의를 널리 밝혔음.

• **욕(辱)** : 부끄럽고 명예스럽지 못한, 즉 치욕적(恥辱的)이고 굴욕적(屈辱的)이고 모욕적(侮辱的)인.

• **강론(講論)** : 학술이나 도의(道義)나 종교의 교리(敎理)의 뜻을 풀이하여 설명하고 토론하는.

• **도(道)** : 사람으로서 마땅히 지켜야 할 도리(道理)나 종교상의 근본을 깊이 깨우친 이치(理致).

• **공(功)** : 국가나 공동체를 위하여 힘들여 이룬 결과 또는 목적을 이루는데 들인 노력과 수고.

• **화(禍)** : 고통이나 사고·질병·화재·홍수 등 뜻밖에 닥친 불행과 재앙(災殃).

• **강제(強制)** : 권력이나 위력으로 남의 자유의사(自由意思)를 억누르는.

• **공(功)** : 공로(功勞)와 같은 뜻으로 어떤 의미 있는 목적을 이루는 데에 대한 힘쓴 노력과 결과.

> **직역** 노력을 하였으나 공적(功績)이나 결과가 없다는 뜻.
> **의역** 온갖 애(마음과 힘)를 썼으나 아무런 보람도 없이 헛일로 끝났다는 뜻.

049

누란지위
累卵之危

* 累卵之勢(누란지세)와 같은 뜻임.

유래 요약

중국 춘추전국시대(春秋戰國時代) 위(魏)나라의 한 가난한 집 아들로 태어난 범수[范雎 또는 범저(范雎)]는 말솜씨가 능하여 종횡가(縱橫家)에 뜻을 둔 사람이었다. 그래서 우선 제(齊)나라에 사신(使臣)으로 가는 중대부(中大夫) 수고(須賈)의 종자(從者)가 되어 그를 수행(隨行)했다. 그런데 제나라에서 수고보다 범수의 인기(人氣)가 더 좋았다. 그래서 기분이 몹시 상한 수고는 귀국(歸國) 즉시 재상(宰相)에게 "범수는 제(齊)나라와 내통(內通)하고 있다."고 참언(讒言)했다.

범수(范雎)는 모진 고문(拷問)을 당한 끝에 거적에 말려서 변소(便所)에 버려졌다. 그러나 범수는 모사(謀士)답게 옥졸(獄卒)을 설득(說得)하고 탈옥(脫獄)한 뒤 후원자인 정안평(鄭安平)의 집에 은거(隱居)하며 이름을 장록(張祿)이라고 바꾸었다. 그리고 정안평은 때마침 진(秦)나라에서 온 사신 왕계(王稽)를 찾아가 망명(亡命)을 요청(要請)했다. 왕계는 장록을 소양왕(昭襄王)에게 이렇게 소개했다.

"전하(殿下), 장록 선생은 천하(天下)의 외교가(外交家)이며 진나라의 정치를 평(評)하여 '알을 쌓아 놓은 것처럼 위태롭다[累卵之危]'라고 …… 하며 선생을 쓰면 국태민안(國泰民安)할 것입니다."

소양왕은 이를 받아들였고 그 후 범수(장록)는 원교근공책(遠交近攻策)을 펼쳤다.

한자 풀이

① **누 累 11** - 포갤 누(루)[끈을 뜻하는 糸(실 사)와 발음요소와 물건을 쌓거나 포갠 모양을 뜻하는 畾(밭갈피 뢰)가 생략된 田(밭 전)이 합해진 글자로 물건을 포개어 끈으로 묶었다는 뜻을 나타냄]·거듭할 누(루)·여러 누(루)·폐(불편을 끼치는) 누(루)·누(물질적 손해·정신적 피해) 누(루)

② **란 卵 7** - 알 란(난)[물풀인 수초(水草)의 줄기에 붙은 두 개의 물고기 알의 모양을 본뜬 글자

로 卵와 卩을 나타냄. 닭의 알 같이 새끼가 될 액체 물질이 단단한 껍질에 싸인 것을 뜻함]·

기를(닭이나 새들이 알을 품듯이 어린 생명체를 품에 안아 보살피며 자라게 하는) 란(난)

③ **지 之 4** - 갈 지[두 발을 뜻하는 止(발 지)와 출발선을 뜻하는 一(가로획)을 그어 만든 글자로

한 발을 떼고 막 출발하려는 모습을 나타냄]·이를 지·이 지·어조사(~의, ~가, ~이, ~을) 지

④ **위 危 6** - 위태 위 또는 위태할 위[勹(人 : 사람 인)과 厂(바위 엄)과 밑에서 밀어 버리려고 쭈그

리고 있는 모습의 卩(卩 : 병부 절)이 합해진 글자로 사람이 벼랑 끝에 쭈그리고 뒤로 앉아 있

어서 떨어져 죽을 수 있다는 뜻을 나타냄. 매우 위험한 상황에 처해 있는]·두려워할 위·높을

(산이나 건물이 높은) 위-危閣(위각) : 높은 누각.

용어 풀이 ──────

• 종횡가(縱橫家) : 중국 전국시대 제후들의 사이를 오가며 여러 나라를 합쳐서 조직적으로 일을 계획하

는 모사(謀士). 縱(세로 종)·橫(가로 횡).

• 사신(使臣) : 국가나 임금의 명령을 받고 외국에 사절로 가는 신하.

• 중대부(中大夫) : 종4품(從四品) 하(下)의 문관(文官) 벼슬.

• 종자(從者) : 남에게 딸리어 충실하게 따라다니는 사람.

• 참언(讒言) : 거짓을 꾸며서 헐뜯고 없는 죄를 있는 것처럼 꾸며서 고해바치는.

• 모사(謀士) : 꾀를 내어 일이 잘 이루어지게 하는 사람.

• 옥졸(獄卒) : 옥에 갇힌 사람을 맡아 지키던 하인.

• 은거(隱居) : 사회적 활동을 피하고 숨어서 사는.

• 국태민안(國泰民安) : 나라가 안정되어 아무 걱정이 없고 백성이 편안하게 산다는 뜻.

• 원교근공책(遠交近攻策) : 진(秦)나라가 패권을 둘러싸고 치열한 외교전을 벌일 때 시행했던 정책으로

먼 나라와는 외교를 강화하고 가까운 나라는 공격한다는 뜻.

• 전하(殿下) : 왕(王)을 높여 이르거나 부르던 말. *閣下(각하) : 대통령 같은 고급 관료에 대한 높임말.

> **직역** 알(계란)을 수직으로 쌓아 놓은 것처럼 위험하다는 뜻.
>
> **의역** 몹시 위태로운 형편이나 사태를 뜻함.

050

눌언민행
訥言敏行

유래 요약 ─────

"군자(君子)는 말은 둔해도 행동(行動)은 민첩(敏捷)해야 한다."

이 글은 공자(孔子)가 제자(弟子)들에게 한 말이다. 본래 유가(儒家)에서는 배우는 사람의 자세(姿勢)로서 눌언민행(訥言敏行)해야만 스스로 가르침을 제대로 따를 수 있다는 것이다. 공자(孔子)는 자신(自身)의 수제자(首弟子)로 칭송(稱頌)하던 안회(顔回)를 "어기지 않는 것이 못난이 같다." 하여 그의 실천(實踐) 정신(精神)을 높이 평가했다. 요즈음이야 간혹(間或) 그런 경우가 있지만 배우는 사람은 스승과 논쟁(論爭)하거나 자신의 주장(主張)을 내세워 스승의 가르침과 대립(對立)해서는 안 된다는 것이 과거 성현(聖賢)들의 가르침이었다. 즉, 공자(孔子)의 눌언민행(訥言敏行)은 다음과 같다.

"君子欲訥於言而敏於行(군자욕눌어언이민어행)" -君(어진이 군)·欲(하고자할 욕)

"군자는 입이 무거워서 말은 무디고 느리게 하지만 몸은 가벼워서 실행(實行)에 옮겨 행동(行動)하는 것은 빠르고 영민(英敏)하게 하려 한다."는 뜻이다.

한자 풀이 ─────

① **눌 訥 11** - 어눌한 눌 또는 말더듬을 눌[言(말씀 언)과 발음요소인 呐(말더듬을 눌)이 생략된 内(들일 납)이 합해진 글자로 이야기나 연설할 때 말이 술술 나오지 않고 입 안에서 우물쭈물하면서 자주 막히는]

② **언 言 7** - 말씀 언[口(입 구)와 혀로 말할 때 말소리가 퍼져 나오는 현상을 그린 ⼘이 합해진 글자로 위·아래의 입술과 혀를 움직이며 소리로 의견을 교환하고 내용을 전달하는 수단]·말할 언·견해 언·의견 언·언론 언

* 言(언)을 형벌 도구인 辛(매울 신)과 맹세한다는 뜻인 口(입 구)가 합해진 言의 변형으로도 풀이함.

③ **민 敏 11** - 민첩할 민[敏捷(민첩). 晦(어두울 회)가 생략된 머리에 비녀를 꽂은 여자를 뜻하는 每(매양 매)와 攵(攴 : 칠 복)이 합해진 글자로 날이 어두울 때 여자를 재빠르게 낚아챈다는 뜻을 나타냄. 날쌔고 속도·반응이 빠른]·재빠를 민·예민(銳敏)할 민·통달(通達)할 민·총명(聰明)할 민

④ **행 行 6** - 다닐 행[들어 올린 왼발 모양인 彳(조금걸을 척)과 바닥에 닿는 오른발 모양인 亍(자축거릴 촉)이 합해진 글자로 가다가 멈췄다가 하면서 천천히 걸어간다는 뜻을 나타냄]·행할 (어떤 활동에 뜻을 갖고 행동하거나 일을 계획대로 실천하는) 행·갈 행·여행 행·항오 항

용어 풀이 ────────

- 군자(君子) : 성인(聖人) 다음으로 덕(德)과 학식이 높고 행실이 어진 사람, 높은 벼슬자리에 있는 사람.
- 민첩(敏捷) : 활동에서 재빠르고 날쌔거나 익숙하고 솜씨가 있는.
- 공자(孔子) : 공자는 기원전 551년 노(魯)나라에서 태어났고 중국 고대(古代) 사상가(思想家)였으며 인 (仁)을 정치와 윤리의 이상(理想)으로 하는 도덕주의를 널리 밝혔음.
- 유가(儒家) : 공자(孔子)의 학문상의 주장과 경향을 옳다고 믿으며 연구하는 학자 또는 학파.
- 수제자(首弟子) : 선생으로부터 가르침을 받는 여러 제자 중에서 배움이 가장 뛰어난 제자.
- 칭송(稱頌) : 좋은 점이나 훌륭한 일을 높이 평가하며 말로 격려해 주는.
- 안회(顔回) : 중국 춘추시대 노(魯)나라의 현인(賢人)으로 공자가 가장 신임하였던 제자임.
- 성현(聖賢) : 덕(德)과 지혜가 뛰어난 성인(聖人)과 어질고 총명한 현인(賢人)을 아울러 이르는 말.
- 실행(實行) : 어떤 일을 실제로 행동에 옮기는, 법률 등을 지키는.
- 영민(英敏) : 남달리 뛰어나고 재빠르며 날쌘.
- 능란(能爛)하다 : 서투른 데가 없이 익숙하거나 솜씨가 있어 아주 쉽게 잘하다.

직역 더듬거리는 말과 재빠른 행동이라는 뜻.
의역 군자(君子)는 입이 무거워야 하고 행동은 빠르고 능란해야 한다는 뜻.
　　　즉, 말만 앞세우고 실천이 없는 사람은 군자(君子)가 될 수 없다는 뜻임.

051

다기망양
多岐亡羊

유래 요약 ──────────

중국 춘추전국시대(春秋戰國時代) 사상가(思想家)인 양자(楊子)와 관계되는 이야기다. 어느 날 양자의 이웃 사람이 양(羊) 한 마리를 잃어버렸다. 그 집에서는 자기 집 사람은 물론 양자의 집 하인(下人)들까지 청해서 양을 찾아 나섰다. 하도 소란스러워서 양자(楊子)는 물었다. "양(羊) 한 마리 찾는데 그리 많은 사람이 나섰느냐?" 양자의 하인이 대답했다. "예, 양(羊)이 달아난 그 쪽에는 갈림길이 많기 때문입니다."

얼마 후 모두들 지쳐서 돌아왔다. "그래, 양은 찾았느냐?" "갈림길이 하도 많아서 그냥 되돌아오고 말았습니다." "그러면 양을 못 찾았단 말이냐?" "예, 갈림길이 있어 통알 길이 없습니다." 이 말을 들은 양자(楊子)는 하루 종일 아무 말도 하지 않고 우울(憂鬱)해 있었다. 어느 날에 한 현명(賢明)한 제자가 선배를 찾아가 사실을 말하고 스승인 양자가 침묵(沈默)하는 까닭을 물었다. 그 선배는 이렇게 대답했다.

"선생님은 큰길에는 갈림길이 많기 때문에 양(羊)을 잃어버리고 학자(學者)는 다방면으로 배우기 때문에 본성(本性)을 잃는다. 그렇지 못한 현실(現實)을 안타까워하시는 것이라네."

다기망양(多岐亡羊)은 갈림길이 많아서 양(羊)을 찾지 못하고 말았다는 이야기에서 나온 말로서 학문(學問)이나 어떤 재주를 배우는데 있어서도 배우는 방법(方法)이 여러 가지가 있어서 얻으려는 것을 얻지 못하는 경우(境遇)를 비유(比喻)해서 쓰는 말이다.

한자 풀이 ──────────

① 다 多 6 - 많을 다[月(肉 : 고기 육)이 변형된 夕(저녁 석) 두 개가 위로 겹쳐 있는 모습의 글자로 사냥으로 잡은 짐승고기를 한 곳에 겹겹으로 포개어 쌓아 놓거나 신(神)에게 제사를 올릴 때

고기를 많이 쌓아 놓고 지낸다는 뜻을 나타냄]·넓을 다·과시할 다·뛰어날 다·다만 다

② 기 岐 7 – 갈림길 기 또는 산갈림길 기[山(뫼 산)과 발음요소와 갈라진다는 뜻의 支(갈릴 지·가지 지)가 합해진 글자로 방향을 찾기 어려운 큰 산에 난 두 갈래 세 갈래로 갈라진 길을 나타냄]·가 닥나뉠(실이나 물, 빛이 여러 개의 줄기로 갈라지는) 기·높을(지혜가 있고 뜻이 높으며 인격이 깨끗한) 기

③ 망 亡 3 – 망할 망[본래 사람을 뜻하는 亠(人 : 사람 인 또는 大 : 큰 대)와 무엇으로 가리거나 시체를 넣는 관(棺)을 뜻하는 乚이 합해진 글자로 사람이 숨어 들어있거나 죽은 사람을 나타냄. 끝장이 나거나 실패하거나 무너지는]·달아날 망·도망 망·잃을 망·죽일 망

④ 양 羊 6 – 양 양(길쭉한 얼굴과 턱에 난 수염과 머리 위의 두 개의 뿔이 양쪽으로 굽어 있는 모양을 본뜬 글자로 몸은 회백색의 털로 싸여 있고 두 개의 뿔과 네 발과 꼬리가 있는 성질이 온순한 가축을 뜻함)·노닐(양떼들이 풀밭에서 놀듯이 사람이나 짐승이 한가하게 왔다갔다하며 노는) 양

용어 풀이 ————

• 사상가(思想家) : 사회나 인생에 대한 생각·판단을 체계화하고 원리적으로 통일된 견해를 갖고 활동하는 사람.

• 우울(憂鬱) : 근심 걱정으로 마음이 답답하거나 기분이 개운하지 않아 표정이 어두운.

• 현명(賢明) : 어질고 영리하여 사물의 이치에 밝은, 사물을 올바르게 비판하고 인식할 줄 아는 슬기가 있는.

• 침묵(沈默) : 아무 말 없이 조용하게 가만히 있는.

• 학자(學者) : 자연과학과 인문과학에 관한 체계적인 지식을 배우고 연구하여 익히는 사람.

• 본성(本性) : 사람이 본래부터 타고난 성질, 사물이나 자연현상의 고유한 특성.

• 현실(現實) : 현재 실제로 존재하는 사실, 철학적으로 생각의 대상인 객관적이고 구체적인 존재.

• 학문(學問) : 자연과학(自然科學)과 인문과학(人文科學)에 대한 체계적인 지식(知識)을 연구하는.

• 경우(境遇) : 부닥친 형편이나 사정, 어떤 조건에 대한 상황.

직역 달아난 양(羊)이 여러 갈래길에 이르러서 찾기가 어렵다는 뜻.
의역 학문이 다방면(多方面)에 미치면 어느 하나의 진리(眞理)도 얻기가 어렵다는 뜻.

052

단기지교
斷機之敎

* 斷機之戒(단기지계), 斷織之敎(단직지교)와 같은 뜻임.

유래 요약 ──────

중국 한(漢)나라 유향(劉向)이 편찬(編纂)한 『열녀전(列女傳)』에 나오는 이야기로 '단직교자(斷織敎子)'라고도 한다. 맹자(孟子)는 집을 떠나 유학(遊學)을 하게 되었다. 그런데 얼마 안 되어 맹자가 집을 찾아왔다. 베틀에 앉아 베를 짜고 있었던 어머니는 반가워하지 않고 이렇게 물었다.

"공부는 어떻게 끝을 마쳤느냐?"

"끝을 마치다니요? 어머님이 보고 싶어 잠시 왔습니다."

어머니는 아무 말 없이 옆에 있는 칼을 집어 짜고 있던 베를 마구 잘라 버렸다. 베틀의 북이며 바디기구며 잉앗대가 와르르 바닥으로 흘러내렸다. 맹자(孟子)가 깜짝 놀라 "어떻게 된 일입니까?" 하고 묻자 어머니는 태연히 말을 꺼냈다. "네가 공부를 도중에 그만둔 것은 내가 짜던 베를 다 마치지 못하고 끊어 버리는 것과 같다." 하고 사람이 학문(學問)을 닦지 않으면 도둑이나 심부름꾼밖에 될 것이 없다는 것을 타일렀다. 맹자는 충격적(衝擊的)인 광경(光景)과 어머니의 교훈(敎訓)을 깊이 깨닫고 다시 배움의 길을 떠나 공자와 자사(子思) 학자의 문에 들어가 학문(學問)에 전념(專念)한 나머지 공자(孔子) 다음가는 성인(聖人)이 되었다.

원문(原文)은 단직(斷織)으로 되어 있는데 뒤에 단기(斷機)로 쓰게 되었다. 짜던 베를 끊었다는 것보다 베틀을 끊었다는 것이 더 힘있게 들리기 때문인지 모른다.

한자 풀이 ──────

① 단 斷 18 - 끊을 단[칼을 뜻하는 斤(도끼 근)과 실이 섞여 있는 모양인 繼(이을 계)가 생략된 𢇍(절)이 합해진 글자로 베틀로 천을 짤 때 섞여 있는 실을 칼로 자른다는 뜻을 나타냄]·결단(決斷 : 어떤 일을 처리할 때 옳고 그름을 따져 결정적인 판단을 내리는)할 단

② **기 機 16** - 베틀 기[木(나무 목)과 피륙을 짜는 기계 장치를 뜻하는 幾(기틀 기)가 합해진 글자로 나무로 만든 베를 짜는 베틀을 나타냄. 옛날에 손과 발을 움직이며 옷감을 짜는 틀]·기틀 기·틀 기·때 기·기계 기·기관 기·실마리 기·기회 기·고동 기·기미 기·덫 기

③ **지 之 4** - 갈 지[두 발을 뜻하는 止(발 지)와 출발선을 뜻하는 一(가로획)을 그어 만든 글자로 한 발을 떼고 막 출발하려는 모습을 나타냄]·이를 지·이 지·어조사(~의, ~가, ~이, ~을) 지

④ **교 教 11** - 가르칠 교[회초리를 뜻하는 爻(점괘 효)와 다독거린다는 뜻의 攵(칠 복)과 子(아이 자)가 합해진 글자로 회초리와 애정으로 훈계하며 효자가 되도록 가르치는. 학문과 예술에 대한 지식과 인격을 길러주는]·이끌다(남을 인도하는) 교·종교(宗教) 교·본받을 교·하여금(~로 ~를 시키어, ~하게 하는) 교

   * 織(짤 직) : 나무로 만든 베틀로 삼베·무명·명주 같은 천이나 옷감을 짜는

용어 풀이

• 유향(劉向) : 100여 명이 넘는 여인들의 열녀 내용을 모아 7개 항목으로 나누어 부인들에게 본이 되도록 책으로 집필하였음.

  * **열녀**(烈女) : 고난을 무릅쓰고 절개를 지키어 남의 본보기로 될 만한 여자, 나라에 충성을 다하는 여자.

  * **7개 항목** - ①모의(母儀) ②현명(賢明) ③인지(仁智) ④정순(貞順) ⑤절의(節義) ⑥변통(變通) ⑦얼폐(孽嬖)

• 편찬(編纂) : 여러 자료를 수집하고 체계적으로 정리하여 책으로 엮어 만드는.

• 열녀전(列女傳) : 신념과 신의를 굽히지 아니하는 절개가 굳은 열녀에 대한 생애와 활동을 적은 기록.

• 유학(遊學) : 집을 떠나 먼 타향(他鄉)에서 공부하는.　* 유학(留學) : **외국에 머물러 있으면서 공부하는.**

• 학문(學問) : 자연과학(自然科學)과 인문과학(人文科學)에 대한 체계적인 지식(知識)을 연구하는.

• 광경(光景) : 어떤 일이나 어떤 형태의 상황이 벌어진 상태와 모양.

• 교훈(教訓) : 앞으로의 올바른 행동이나 생활지침이 될 만한 것을 가르치고 타이르는.

• 전념(專念) : 공부나 어떤 일 등 오로지 한 가지 일에만 마음을 쓰는.

• 성인(聖人) : 공자(孔子)나 예수같이 지혜와 덕(德)이 뛰어나 길이 우러러 본받을 만한 사람.

> **직역** 베를 짜던 베틀의 실을 칼로 끊으면서까지 자식을 교육시켰다는 뜻.
>
> **의역** 생계수단인 베 짜는 일보다 자식의 학업을 중요시한 어머니의 교훈을 뜻함.

053

당랑거철
螳螂拒轍

* 본래는 螳螂當車轍(당랑당거철)로 풀이함.

유래 요약 ──────

중국 춘추시대(春秋時代) 제(齊)나라의 군주(君主)인 장공(莊公)이 활을 들고 짐승을 잡으려고 사냥을 나갔다가 벌레 한 마리가 다리를 들고 장공이 타고 가는 수레바퀴로 달려드는 광경(光景)을 보고 말(馬)을 모는 사람에게 물었다.

"저게 무슨 벌레인가?"

"저놈이 이른바 당랑(螳螂 : 버마재비 또는 사마귀)이란 놈입니다. 저놈은 원래(元來) 앞으로 나아갈 줄만 알고 뒤로 물러날 줄을 모르며 제 힘도 헤아리지 않고 상대(相對)를 업신여기는 놈입니다."

"그래, 그놈이 만일(萬一) 사람이라면 반드시 천하(天下)의 용사(勇士)가 될 것이다."

하고는 그 용기(勇氣)에 감탄(感歎)하여 장공은 수레를 돌려 당랑을 피해 갔다는 이야기이다. 여기에 당랑의 도끼는 나오지 않으나 발을 들어 수레바퀴를 치려 했으니 도끼의 구실로 본 것이다. 무모(無謀)한 그 사마귀는 약자(弱者)에게 이해(理解)와 배려(配慮)를 보내준 장공(莊公) 덕분(德分)에 살아남았다.

비록 어리석기도 하지만 그 사마귀의 도전(挑戰) 정신(精神)은 곧 자기 목숨을 구할 수도 있을 것이다.

한자 풀이 ──────

① 당 螳 17 - 사마귀 당 또는 버마재비 당[곤충을 뜻하는 虫(벌레 훼)와 발음요소와 강한 용기와 태도를 뜻하는 堂(당당할 당)이 합해진 글자로 용감한 곤충인 사마귀를 나타냄. 몸이 길고 녹색이나 황갈색을 띠며 앞다리가 칼날처럼 넓적하고 구부러져 죽음을 피할 줄 모름]

② 랑 螂 16 - 사마귀 랑 또는 버마재비 랑(낭)[虫(벌레 훼)와 발음요소와 굳세다는 뜻의 郎(사내 랑)이 합해진 글자로 몸집이 큰 동물이 앞을 가로막더라도 뒤로 물러서지 아니하고 사나이

답게 앞으로 나가는 곤충을 나타냄]·말똥구리(일명 쇠똥구리 또는 쇠똥벌레) 랑(낭)

③ **거 拒 8** – 막을 거[扌(手 : 손 수)와 발음요소와 막거나 저항한다는 뜻의 巨(클 거)가 합해진 글자로 나쁜 일이 일어나지 못하게 손으로 막는. 적의 공격이나 저항을 못하게 하는]·맞설 거·물리칠 거

④ **철 轍 19** – 수레바퀴자국 철[車(수레 거)와 발음요소인 徹(통할 철)이 생략된 㪀이 합해진 글자로 수레가 지나간 자국을 나타냄. 굴러간 바퀴의 흔적이나 뒷사람의 길잡이가 되는 발자국]·수레바퀴(수레가 굴러가도록 축을 중심으로 만든 둥근 바퀴) 철·행적(行跡) 철

⑤ **당 當 13** – 마땅 당[田(밭 전)과 생각보다 잘 어울린다는 뜻의 尙(오히려 상)이 합해진 글자로 이 밭과 저 밭이 포개어 맞추듯이 두말할 나위도 없이 옳다는 뜻을 나타냄. 정당하고 당연한]·대적할 당·당연할 당

용어 풀이 ───────

• 군주(君主) : 국가 최고 권력을 갖고 단독으로 나라를 지배하고 백성을 다스리는 임금 또는 군장.
• 광경(光景) : 눈앞에 벌어진 일의 형편과 모양.
• 당랑(螳螂) : 버마재비 일명 사마귀로 몸이 70~80mm로 길고 몸빛은 녹색·황갈색이며 앞다리의 정강이 마디 앞 끝의 돌기가 낫처럼 또는 칼날처럼 되어 있는 곤충.
• 용사(勇士) : 용감한 병사(兵士)와 같이 용맹스러운 사람.
• 용기(勇氣) : 강한 상대나 어떤 사물을 겁내지 않는 씩씩하고 굳센 기운.
• 감탄(感歎) : 마음에 깊이 느끼어 놀라울 정도로 높이 칭찬하는.
• 구실 : 어떤 일에서 일정한 성과를 거둘 수 있는 역할이나 영향을 끼치는 활동.
• 무모(無謀) : 앞뒤를 헤아려 생각하는 신중성이나 분별력이 없는.
• 배려(配慮) : 관심을 가지고 도와주거나 보살펴 주는.
• 도전(挑戰) : 어떤 목표를 위해 용기를 내어 정면으로 맞서 싸우는.

직역 버마재비가 도끼날 같은 앞다리를 들고 굴러오는 수레바퀴에 달려든다는 뜻.
의역 미약한 제 분수도 모르고 앞뒤도 헤아리지 않으며 덤벼든다는 무모한 짓을 뜻함.

054

대기만성
大器晚成

* 본래는 大方無隅 大器晚成(대방무우 대기만성)에서 유래한 것임.

유래 요약 ────────

중국 고대(古代) 삼국시대(三國時代) 위(魏)나라에 최염(崔琰)이라는 조조(曹操)의 신임(信任)이 두터운 능력(能力)있는 장군(將軍)이 있었다. 그러나 그의 사촌(四寸) 동생인 최림(崔林)은 외모(外貌)가 시원치 않아서인지 출세(出世)를 못하고 일가친척들한테서도 멸시(蔑視)를 당했다. 하지만 최염(崔琰)은 최림의 인물(人物)됨을 꿰뚫어 보고 이렇게 말했다.

"큰 종(鐘)이나 솥은 그렇게 쉽사리 만들어지는 게 아니네, 그와 마찬가지로 큰 인물도 대성(大成)하기까지는 오랜 시간(時間)이 걸리지. 자네도 그처럼 '대기만성(大器晚成)'하는 그런 형(型)이야. 두고 보세 틀림없이 큰 인물이 될테니……."

과연 그 말대로 최림(崔林)은 마침내 천자(天子)를 보좌(補佐)하는 삼공(三公) 중의 한 사람이 되었다.

옛 중국의 후한(後漢)을 세운 광무제(光武帝) 때 마원(馬援)이라는 명장(名將)도 변방(邊方)의 관리로 출발하여 복파장군(伏波將軍)까지 된 인물이다.

만성(晚成)이란 본래 아직 이루어지지 않았다는 말로 거의 이루어질 수 없다는 뜻으로도 풀이된다.

* 대방무우(大方無隅) : 모서리가 없는 둥근 큰 가마솥(隅 모퉁이 우·모서리 우).

한자 풀이 ────────

① 대 大 3 - 큰 대(양쪽 두 팔과 두 다리를 벌리고 서 있는 사람의 정면 모습을 본뜬 글자로 키가 큰 어른이라는 데서 '크다'는 뜻을 나타냄. 나라·땅·바다·마음 등이 넓고 큰)·어른 대·위대(偉大) 대·지날 대·길(길다란) 대·대강 대·극할 다·심할 다·클 태

② 기 器 16 - 그릇 기[신(神)에게 바치는 희생물인 개를 뜻하는 犬(개 견)과 제사에 쓰이는 그

릇 모양인 4개의 口(입 구)가 합해진 글자로 컵·사발·항아리·병 등과 같이 여러 가지 모양의 음식을 담는 물건]·도량(度量) 기·재능(才能) 기·쓰일 기

* 생물체의 간·심장.관다발 따위의 기관을 뜻함.

* 대기(大器)는 큰 그릇 또는 큰일을 할 만한 뛰어난 넓은 기량을 뜻함.

③ **만 晚 11** - 늦을 만[日(해 일)과 발음요소와 해가 사라진다는 뜻의 免(면할 면)이 합해진 글자로 본래 해질녘을 뜻하는 '저물다'이며 '저녁·늦다'는 새로 생긴 것임]·저물(해가 져서 어두워지는) 만

④ **성 成 7** - 이룰 성[戌(도끼 월) 또는 창을 뜻하는 戊(다섯째천간 무)와 발음요소인 丁(못 정)이 합해진 글자로 도끼나 창을 갈아서 못이나 바늘을 만든다는 뜻을 나타냄. 어떤 목적에 도달하는]·화목할 성·마칠 성

* 망한다는 뜻인 敗(패)에 반대되는 뜻으로 어떤 일이 잘 되거나 성공하여 부자가 된다는 뜻임.

용어 풀이 ————

• 조조(曹操) : 중국 후한(後漢) 말기 정치인으로 위(魏)나라 건국의 기초를 닦았으며 고대 병법가(兵法家)의 저술을 연구하여 『위무주손자(魏武註孫子)』 등을 저술하였음..

• 신임(信任) : 사람의 인품과 능력을 믿고 중요한 업무를 맡기는.

• 멸시(蔑視) : 사람을 업신여기거나 낮추어 보는.

• 인물(人物) : 사람의 생김새나 됨됨이가 훌륭한, 또는 일정한 상황에서 중요한 역할을 하는 사람.

• 보좌(補佐·輔佐) : 상관을 도와 일을 처리하는 역할 또는 직책.

• 삼공(三公) : 천자(天子)를 보좌하는 최고의 벼슬자리인 태위(太尉)·사도(司徒)·사공(司空).

• 명장(名將) : 이름난, 즉 뛰어나고 훌륭한 장수(將帥 : 군사를 거느리는 우두머리).

• 변방(邊方) : 영토나 지역이나 어떤 위치가 중심으로부터 가장자리가 되는.

• 복파장군(伏波將軍) : 중국 후한(後漢)의 마원(馬援)으로 애써 싸우다 자기 몸을 먼저 죽게 한다는 장군(將軍)을 뜻함.

직역 종(鐘)이나 가마솥 같은 큰 그릇은 늦게 이루어진다는 뜻.
의역 크게 성공할 사람은 많은 노력과 시간이 필요하다는 뜻.

055

도원결의
桃園結義

유래 요약 ─────────

중국 후한(後漢) 말기에 국정(國政)의 문란(紊亂)과 흉년(凶年)으로 굶주림을 못 이겨 무려 50만이나 되는 황건적(黃巾賊)이 봉기(蜂起)하였다. 이때 이를 걱정하고 있던 촉(蜀)나라의 장수(將帥)인 유비(劉備)와 관우(關羽)·장비(張飛)는 만나서 의기(意氣)를 투합(投合)하여 나라를 위해 함께 일하기로 결심(結心)했다. 장비의 청으로 그들은 그의 집 후원(後園) 복숭아밭에서 의형제(義兄弟)를 맺고 천하(天下)를 위해 일하기로 맹세(盟誓)했다.

세 사람은 300명의 젊은이들을 이끌고 황건적(黃巾賊) 토벌(討伐)에 가담(加擔)하게 되었고 제갈량(諸葛亮·諸葛孔明)을 군사(軍師)로 맞아들여 유현덕(劉玄德=유비:劉備)은 촉(蜀)나라를 세워 조조(曹操)·손권(孫權)과 함께 삼국시대를 이루었다. 이후 도원결의(桃園結義)는 의형제(義兄弟)를 맺거나 뜻이 맞는 사람들이 사욕(私慾)을 버리고 목적(目的)을 이루기 위해 합심(合心)할 것을 결의(結義)하는 일을 나타내는 말로 널리 쓰이게 되었다.

본래 유비(劉備)는 중국 한(漢)나라 경제(景帝)의 후손(後孫)이며 어려서 부친(父親)을 여의고 모친(母親)을 지성(至誠)으로 섬겼는데 집이 가난해서 미투리를 삼고 자리를 손으로 엮어 만드는 것을 업으로 생계(生計)를 삼았다.

* '미투리'는 삼의 껍질로 짚신처럼 엮어 만든 신(신발)을 뜻하며 '삼다'는 짚신이나 미투리 같은 것을 만든다는 뜻임. 삼은 줄기의 껍질에 볏짚보다 질기고 단단한 섬유질이 많은 한해살이풀임.

한자 풀이 ─────────

① **도 桃 10** - 복숭아 도[木(나무 목)과 발음요소인 兆(조짐 조)가 합해진 글자로 수분이 많고 단맛이 나는 복숭아나무의 열매를 뜻함]·복숭아나무 도·앵두(앵두나무의 열매로서 익으면 붉은색을 띠는 작고 둥글게 생긴 과일) 도

② **원 園 13** - 동산 원[울타리를 뜻하는 囗(에워쌀 위)와 발음요소와 치렁치렁한 긴 옷을 뜻하

는 袁(옷길 원)이 합해진 글자로 숲이나 언덕을 에워서 만든 동산을 나타냄]·공원 원·뜰 원·능 원·관찰 원·유치원 원

③ **결 結 12** – 맺을 결[묶는 끈을 뜻하는 糸(실 사)와 발음요소와 운(運)·행복·아름다움을 뜻하는 吉(길할 길)이 합해진 글자로 줄로 묶거나 엮어 풀리지 않게 한다는 데서 '맺다'의 뜻을 나타냄. 열매를 맺거나 계약·조약 또는 남녀가 혼인관계를 맺는]·끝맺을 결·마칠 결·엉길 결

④ **의 義 13** – 옳을 의[희생물을 뜻하는 羋(羊 : 양 양)과 돌로 된 톱니칼을 손에 잡고 있는 모양인 我(나 아)가 합해진 글자로 제사를 지낸 양(羊)의 머리·다리·꼬리 등을 제사장(祭司長)이 하는 대로 자르는 것이 '옳다'는 뜻을 나타냄. 생각과 행실이 인간으로서 해야 할 도리나 규범에 맞는]·바를(정직하고 마음과 정신이 올바른) 의·뜻 의·정의(正義) 의·맺을 의·의리 의·가짜 의

용어 풀이 ─────────

• 국정(國政) : 나라의 정치, 나라를 다스리는 정사(政事), 나라의 기본적인 정책.

• 문란(紊亂) : 도덕·질서·규칙 따위가 뒤죽박죽이 되어 어지러운.

• 봉기(蜂起) : 어떤 일에 반발하여 벌떼처럼 떼 지어 세차게 일어나는.

• 후원(後園) : 집 뒤에 있는 정원이나 작은 동산.

• 황건적(黃巾賊) : 중국 후한(後漢) 말기에 태평도(太平道)의 교주(敎主) 장각(張角)의 종교 정치 폭동에 가담한 누런 수건을 머리에 두른 반란군 또는 도적 떼.

• 의기(意氣) : 뜻한 바가 이루어져 만족해하며 기운이 넘치는.

• 투합(投合) : 뜻이나 성질이 서로 잘 맞는, 어떤 사상이나 주의에 따르는.

• 제갈량(諸葛亮) : 중국 삼국시대(三國時代) 촉한(蜀漢)의 재상(宰相)이며 전략가로 명성이 높아 와룡선생(臥龍先生 : 누워 있는 용, 즉 때를 기다리는 호걸)이라고 일컬음.

• 군사(軍師) : 사령관 밑에서 군기(軍機)를 장악하고 군대를 운용하며 군사 작전을 짜는 사람.

• 자리 : 왕골이나 부들·갈대 따위로 짜서 바닥에 깔고 앉거나 눕도록 된 물건.

> **직역** 복숭아 동산에서 맺은 의로운 약속을 뜻함.
> **의역** 하나의 목적을 위하여 행동을 같이 할 것을 맹세(盟誓)한다는 뜻.

056

독서망양
讀書亡羊

유래 요약 ────────

중국 전국시대(戰國時代) 사상가(思想家)인 장자(莊子)의 「변무편(騈拇篇)」을 보면 다음과 같은 내용이 있다.

장이라는 사내종과 곡이라는 계집종이 함께 양(羊)을 지키고 있었는데 다같이 양을 놓치고 말았다. 그래서 남자 종에게 어찌된 일이냐고 물었더니 "죽간(竹簡) 책에 쓰여진 글을 읽고 있었다."고 말했다. 여자 종에게 또 물었더니 "상륙(象陸) 놀이를 하고 있었다."고 했다. 두 사람이 한 일은 같지 않지만 양(羊)을 놓쳐 잃어버렸다는 결과(結果)는 똑같다.

학문(學問)을 중시(重視)하는 동양적(東洋的) 사고방식(思考方式)에서 본다면 책을 읽다가 양(羊)을 잃은 것은 대수롭지 않은 일이다. 그러나 윗글의 경우는 다르다. 종은 양(羊)을 돌보는 일이 바로 그의 본분(本分)이다. 그런데 가당치 않게 독서(讀書)를 하다가 양(羊)을 잃었다. 여기서 독서망양(讀書亡羊)이 한눈을 팔다가 자기 본분을 잊는다는 뜻이 되는 것이다. 아직도 독서망양은 큰일을 하다가 다른 일을 잊는다는 뜻으로도 쓰이고 있다.

한자 풀이 ────────

① **독 讀 22** - 읽을 독[言(말씀 언)과 발음요소와 돌아다니며 소리 내어 장사하는 賣(행상할 육)이 합해진 글자로 글을 소리 내어 읽는다는 뜻을 나타냄. 어떤 내용을 들려주거나 공부하기 위하여 글이나 책을 소리 내어 읽는]·귀절 또는 구절(句節 : 대화나 문장에서 한 토막의 말이나 글) 두

② **서 書 10** - 글 서[손에 붓을 잡고 있는 모양인 聿(붓 율)과 먹물이 담긴 그릇을 뜻하는 曰(가로 왈)이 합해진 글자로 붓으로 먹물을 묻혀 남의 말이나 자기의 생각을 쓰는 기록을 뜻

함]·책 서·문서 서·편지 서

 * 종이가 없던 옛날에는 책을 대나무 조각을 일정한 크기로 잘라 여러 개를 끈으로 엮어 붓으로 썼음.

③ 망 亡 3 – 망할 망[본래 사람을 뜻하는 亠(人 : 사람 인 또는 大 : 큰 대)와 무엇으로 가리거나 시체를 넣는 관(棺)을 뜻하는 乚이 합해진 글자로 사람이 숨어 들어있거나 죽은 사람을 나타냄. 끝장이 나거나 실패하거나 무너지는]·달아날 망·도망 망·잃을 망·죽일 망

④ 양 羊 6 – 양 양(길쭉한 얼굴과 턱에 난 수염과 머리 위의 두 개의 뿔이 양쪽으로 굽어 있는 모양을 본뜬 글자로 몸은 회백색의 털로 싸여 있고 두 개의 뿔과 네 발과 꼬리가 있는 성질이 온순한 가축을 뜻함)·노닐(양떼들이 풀밭에서 놀듯이 사람이나 짐승이 한가하게 왔다갔다하며 노는) 양

용어 풀이 ─────────

• 사상가(思想家) : 사회나 인생에 대한 생각·판단을 체계화하고 원리적으로 통일된 견해를 갖고 활동하는 사람.

• 장자(莊子) : 중국 전국시대 말기 송(宋)나라 사상가, 속(俗)된 사람들의 세상을 벗어나고자 한 철학자.

• 변무편(騈拇篇) : 공자(孔子)의 학설인 유가(儒家)사상의 핵심인 '사람은 인(仁)과 의(義)를 가지고 태어난다'는 데에 대하여 인간의 자연스러운 본성을 주장하는 장자(莊子)의 사상을 기록한 책.

• 죽간(竹簡) : 2세기 초엽에 종이가 발명되기 전까지 사용된 재료로 글을 쓸 수 있도록 대나무를 일정한 크기로 길쭉하게 잘라 겉면을 깎고 여러 개를 옆으로 끈으로 꿰어 맨 물건. 일명 죽책(竹冊)임.

• 상륙(象陸) : 쌍륙(雙六)의 원말로 오락물(娛樂物)의 한 가지이며 편을 갈라서 차례로 주사위 돌을 던져 나오는 사위대로 판을 써서 먼저 궁에 들여보내는 내기.

• 학문(學問) : 자연과학(自然科學)과 인문과학(人文科學)에 대한 체계적인 지식(知識)을 연구하는.

• 사고방식(思考方式) : 어떤 일이나 목적에 대하여 생각하고 궁리하는 방법이나 태도.

직역 책을 읽다가 지키고 있던 양(羊)을 잃어버렸다는 뜻.
의역 다른 일에 정신을 팔지 말고 본래의 일에 열중하거나 충실해야 한다는 뜻.

057

동병상련
同病相憐

유래 요약

중국 춘추전국시대(春秋戰國時代) 오(吳)나라 공자(公子) 광(光)은 관상(觀相)을 보는 피리(被離)라는 사람의 추천(推薦)을 받아 아버지와 형이 역적(逆賊)의 누명(陋名)을 쓰고 죽은 후 초(楚)나라를 도망(逃亡)쳐 오(吳)나라로 망명(亡命)해 온 오자서(伍子胥)를 중용(重用)했다.

훗날 오자서가 오(吳)나라의 실권자(實權者)가 되었을 때 초나라의 백비(伯嚭)라는 자가 망명차 오자서에게 몸을 의탁(依託)하러 왔는데, 그의 아버지 역시 억울한 죽음을 당하였다. 오자서는 원수(怨讎)를 같이 한다는 것 하나로 그를 동정(同情)하여 왕(王)에게 천거(薦擧)해서 대부(大夫) 벼슬을 시킨다. 이미 대부의 위치에 있던 피리가 "당신은 어째서 백비를 한 번 보고 그토록 믿는 것이오?" 하고 묻자 오자서는, "그것은 나와 같은 원한(怨恨)을 품고 있기 때문이오." 하고 다음과 같이 하상가(河上歌)의 한 구절을 읊었다.

"同病相憐 同憂相救[동병상련 동우상구 : 같은 병을 서로 불쌍히 여기고 같은 근심은 서로 구원(救援)한다]" - 憂(근심 우·걱정 우)·救(구원할 구 ; 곤란을 겪고 있는 것을 도와주는)

그러므로 나와 같은 처지(處地)에 있는 백비(伯嚭)를 돕는 것은 인지상정(人之常情)이다.

한자 풀이

① 동 同 6 - 같을 동[위로 거듭 포개 덮는다는 뜻인 冂(겹쳐덮을 모)에 밥·반찬 그릇을 뜻하는 口(입 구)가 가운데 더해진 글자로 크기와 모양이 똑같은 그릇이 여러 층으로 된 찬합(饌盒)을 나타냄]·한가지(텅 비어 있는) 동·함께 동·모을 동·빌 동

② 병 病 10 - 병 병[침상에 누워 있는 중환자를 뜻하는 疒(병들어기댈 녁)과 발음요소와 목이 긴 술병을 뜻하는 丙(병 병)이 합해진 글자로 앓고 있는 환자의 모습이나 질병을 나타냄]·병들 병·해로울 병·피곤할 병·앓을 병·병나을 병·해칠 병·괴로울 병·부족할 병·근심할 병

③ **상 相 9** – 서로 상[본래 杖(지팡이 장)이 생략된 木(나무 목)과 살펴본다는 뜻의 目(눈 목)이 합해진 글자로 장님이 지팡이로 세상을 본다는 장님과 지팡이 관계에서 '서로'의 뜻을 나타냄]·볼 상·도울 상

④ **련 憐 15** – 불쌍히여길 련(연) 또는 가엾이여길 련(연)[忄(心 : 마음 심)과 발음요소와 隣(이웃 린)이 생략된 㷠(도깨비불 인)이 합해진 글자로 이웃 사람끼리 품은 따뜻한 마음을 나타냄]·불쌍할 련(연)·사랑할(따뜻한 마음으로 대하는) 련(연)·어여삐여길 련(연)·동정(同情)할 련(연)

용어 풀이 ────────

- 공자(公子) : 사회적 지위가 높거나 높은 벼슬 집안의 젊은 아들.
- 관상(觀相) : 사람의 타고난 생김새를 보고 그의 운명·수명·성격 등을 판단하는 일.
- 역적(逆賊) : 자기 나라나 임금에게 배반하는 자.
- 누명(陋名) : 불명예스럽거나 이름을 더럽힐 만한 억울한 평판.
- 망명(亡命) : 정치적 또는 사상적 문제 등으로 남의 나라로 몸을 피하여 옮기는.
- 중용(重用) : 어떤 인재에 중요한 직무를 맡기고 근무하게 하는.
- 의탁(依託) : 어려운 일을 남에게 의뢰하고 부탁하는.
- 원수(怨讐) : 자기 또는 자기 집이나 나라에게 해를 입혀 원한이 맺히게 한 대상.
- 동정(同情) : 남의 딱한 사정에 대하여 정신적 물질적으로 도움을 베푸는.
- 천거(薦擧) : 능력 있고 훌륭한 인재를 어떤 자리에 쓰도록 추천하는.
- 구원(救援) : 어려움이나 위험에 빠진 사람을 구하여 주는.
- 인지상정(人之常情) : 사람이면 누구나 본능적으로 보통 가질 수 있는 인정(人情).
  * 인정(人情) : 사람이 본디 가지고 있는 온갖 감정이나 심정, 약한 사람을 도와주는 따뜻하고 갸륵한 마음.

직역 같은 병을 앓는 사람끼리 서로 가엾게 여긴다는 뜻.
의역 어려운 처지에 있는 사람끼리 서로 동정하고 돕는다는 뜻.

058

득어망전
得魚忘筌

*본래는 筌者所以在魚(전자소이재어) 得魚而忘筌(득어이망전)임.

유래 요약 ————

중국 전국시대(戰國時代) 사상가(思想家)인 장자(莊子)의 『외물편(外物篇)』에 나오는 말이다.

"통발은 물고기를 잡는 도구인데 물고기를 잡고 나면 통발을 잊어버리고 만다. 이처럼 말이란 마음속에 가진 뜻을 상대편(相對便)에게 전달(傳達)하는 수단(手段)이므로 뜻을 얻으면 말은 잊어버리고 만다. 뜻을 얻고 말을 잊어버린 사람과 말하고 싶구나!"

위의 글에서 통발을 잊어버린다는 뜻의 망전(忘筌)과 덫을 잊어버린다는 뜻의 망제(忘蹄)와 말을 잊어버린다는 뜻의 망언(忘言)은 모두 시비(是非)·선악(善惡)을 초월(超越)한 절대 경지(境地)를 말하는 것이다. 인간이라면 누구나 자기에게 도움 준 사람에게 평생 은혜(恩惠)를 잊지 않을 것처럼 하다가 목적을 달성(達成)하고 나면 은혜를 잊어버린다. 따라서 득어망전이란, '진리(眞理)에 도달하면 사용한 모든 수단을 버린다'는 의미(意味)이다.

실제로 득어망전(得魚忘筌)은 중국 고대(古代) 요(堯)임금이 허유(許由)에게 천하(天下)를 물려주려 했으나 허유는 달아나 받지 않았다. 은(殷)나라 탕왕(湯王)은 무광(務光)에게 나라를 주려고 했지만 무광은 화를 냈다. 기타(紀他)는 이 소식(消息)을 듣자 나라가 자기에게 돌아올까 겁이 나서 제자를 거느리고 관수가에 은거(隱居)하고 말았다. 이 구절에 뒤이어 나온 말이다.

"筌者所以在魚(전자소이재어) 得魚而忘筌(득어이망전)"

* "통발은 물고기를 잡는 것인데 물고기를 잡고 나면 통발은 잊어버린다."

* 筌(통발 전)은 물고기를 잡는 도구, 所以(소이)는 수단, 在(있을재)는 載(실을 재)와 통하여 '잡다'의 뜻임.

한자 풀이 ————

① 득 得 11 - 얻을 득[본래 行(다닐 행)의 생략형인 彳(자축거릴 척)과 발음요소인 튱(취할 득)이 합해진 글자로 걸어가다가 땅에 떨어진 돈을 손으로 줍는. 새로운 지식이나 기술을 배우거나

어떤 이치를 깨닫는]·취할 득·깨달을 득·만족(滿足 : 마음에 드는)할 득·득볼 득·감사할 득

② **어 魚 11** – 물고기 어[물고기의 머리인 ⺈와 몸통과 바늘을 뜻하는 田와 지느러미와 꼬리를 뜻하는 灬가 합해진 글자로 물속에서 헤엄치며 살아가는 물고기를 나타냄]·잉어 어·생선(生鮮 : 잡은 그대로의 물고기) 어

　* 魚夫(어부) : 고기잡이를 직업으로 하는 사람, 魚父(어부) : 그냥 고기를 잡고 있는 어른을 뜻함.

③ **망 忘 7** – 잊을 망[心(마음 심)과 발음요소인 잃거나 없어진다는 뜻의 亡(없을 망)이 합해진 글자로 주의하는 마음이 없어서 기억하지 못한다는 뜻을 나타냄. 마음에 없어 기억하고 있던 과거의 사실이나 내용을 잊고 있는)·건망증(健忘症) 망·없앨 망

④ **전 筌 12** – 통발 전[⺮(竹 : 대나무 죽)과 발음요소인 全(온전할 전)이 합해진 글자로 가는 댓조각이나 싸리로 엮어서 크고 긴 통같이 만든 물고기잡이 도구를 뜻함]

　* 아가리에 작은 발을 달아 날카로운 끝이 가운데로 몰리게 하여 한번 들어간 물고기는 거슬러 나오지 못하게 하고 뒤쪽 끝은 묶고 풀게 되어 있음.

용어 풀이 ━━━━━━

• 장자(莊子) : 중국 전국시대 말기 송(宋)나라 사상가, 속(俗)된 사람들의 세상을 벗어나고자 한 철학자.

• 사상가(思想家) : 사회나 인생에 대한 생각·판단을 체계화하고 원리적으로 통일된 견해를 갖고 활동하는 사람.

• 통발(筒~) : 가는 대나무 조각이나 싸리나무를 엮어서 통같이 만든 물고기잡이 도구.

• 시비(是非) : 도덕적 판단이나 논쟁에서 옳고 그름이나 잘잘못을 밝히는.

• 선악(善惡) : 인간적인 도덕과 양심에 의한 착한 것과 악한 것.

• 초월(超越) : 일정한 영역이나 한계·수준을 뛰어넘는.

• 경지(境地) : 일정한 경계 안의 땅, 학문이나 예술 따위에서 일정한 체계로 이루어진 영역이나 분야.

• 진리(眞理) : 변하지 않는 참된 이치, 명제가 사실에 들어맞거나 논리의 법칙에 모순되지 아니하는 바른 판단.

• 은거(隱居) : 세상이나 사회적 활동을 피하여 숨어 사는.

> **직역** 물고기를 잡고 나면 물고기를 잡던 통발을 잊는다는 뜻.
> **의역** 바라던 뜻을 이루고 나면 사용했던 사물이나 도움 받았던 은혜를 잊는다는 뜻.

059

등하불명
燈下不明

유래 요약 ─────────

옛날에 한 농부(農夫)의 아내가 밤에 호롱불 아래서 남편의 옷을 꿰매고 있었다. 몹시 몸이 피곤한 아내는 바느질을 하면서 졸기를 반복(反復)하다가 바늘이 손에서 떨어진 것을 모르고 졸기 시작했다. 마침 그때 농부가 잠을 자려고 방에 들어와 그 모습을 보았다. 낮에는 밭에서 일을 거들고 밤에는 늦게까지 바느질을 하고 있으니 얼마나 피곤할까 하고 생각하면서 아내에게 말했다.

"여보 이제 그만 잡시다." 남편의 말에 정신(精神)을 번쩍 차린 아내가 놀라서 물었다.

"근데 바늘이 어디로 갔죠?" 농부와 아내는 한참 찾아도 바늘은 보이지 않았다. 한참 있다가 남편이 보니 아내의 옷에 바늘 같은 것이 달려 있었다. 그래서 아내에게 말했다.

"아니, 당신 옷에 달려 있는 게 혹시 바늘 아니오?"

정말 찾고 있는 바늘이었다. 그런 줄도 모르고 두 사람은 방바닥만 찾아 헤매고 있었던 것이다.

바로 이런 경우를 두고 등하불명(燈下不明)이라고 한다.

한자 풀이 ─────────

① 등 燈 16 - 등불 등[火(불 화)와 발음요소인 登(오를 등)이 합해진 글자로 제사를 지내기 위해 제단에 올라갈 때 불을 밝힌다는 뜻을 나타냄]·등잔(석유나 기름을 넣고 심지를 연결하여 불을 켜는 사기로 만든 작은 그릇) 등·등 등·촛불 등·불도(佛道 : 절에서 켜는 등불) 등

  * 등잔(燈盞) : 주로 옛날에 기름을 담아 등불을 켜는 사기로 된 작은 그릇을 뜻함.

② 하 下 3 - 아래 하[땅의 기준을 뜻하는 一(한 일·땅 일)과 그 아래로 그은 ｜(수직선)에 임의의 지점을 뜻하는 -(짧은 가로획)을 표시한 글자로 위·아래의 구조나 수직선상에서 지구 중심

인 아래쪽과 위치·계급·능력 등이 낮은 아래쪽을 나타냄]·낮을 하·임금거처 하·내릴 하·낮출 하·겸손할 하

* 下(하)는 높은 지위나 존칭으로 씀. <예> 각하(閣下), 전하(殿下), 성하(聖下), 귀하(貴下).

③ **불 不 4** - 아니 불 또는 아닐 불(식물의 꽃대와 꽃받침과 꽃의 암술로 된 씨방 모양을 본뜬 글자로 씨방이 자라서 열매를 맺을지 모른다는 뜻에서 '아니'라고 나타냄)·못할 불·없을 불·않을 불

④ **명 明 8** - 밝을 명[본래 冏(창문 경)이 변형된 日(날 일)과 月(달 월)이 합해진 글자로 밤에 창문으로 달빛이 밝게 비친다는 뜻을 나타냄. 기억력과 사물의 이치를 인식하고 판단하는 능력이 뛰어난]·맑을 명·깨달을 명·총명할 명·날샐 명 또는 날이샐 명·밝힐 명·이승(사람이 태어나 현재 살고 있는 이 세상) 명

용어 풀이 ─────────────

- 농부(農夫) : 채소나 벼 같은 곡식을 재배하며 논밭에서 농사를 짓는 사람 또는 그 일을 직업으로 하는 사람.
- 호롱불 : 사기나 유리·양철로 작은 병처럼 만든 그릇에 석유를 붓고 심지를 담근 호롱에 켠 불.
- 반복(反復) : 같은 말이나 행동·운동 또는 일을 여러 번 되풀이하는.
- 모습 : 사람이나 동물·식물 등의 생김새나 행동 또는 사물과 자연의 겉 모양.
- 정신(精神) : 사람의 영혼과 마음이며 사물을 느끼고 생각하는 능력이나 그러한 작용.
- 등하(燈下) : 심지에 기름을 부어 불을 켜는 등잔(燈盞) 아래 또는 등잔 밑의 어두운 부분.
- 불명(不明) : 사물이나 의도가 분명하지 아니하다는 뜻인 불분명의 준말임.

직역 등잔(호롱불) 밑이 어둡다는 뜻.

의역 가까이에서 생긴 일을 오히려 잘 모른다는 뜻. 또는 가까운 데 두고 못 찾는다는 뜻.

060

마이동풍
馬耳東風

유래 요약 ————————

　중국의 한 왕조(王朝)인 당(唐)나라의 시인(詩人) 이백(李白)이 당시의 정치(政治) 현실(現實)에 대하여 심각한 비판(批判)을 제시하며 자신을 불우(不遇)하게 생각하는 벗 왕십이(王十二)로부터 다음과 같은 시(詩) 한 수를 받았다.

　"寒夜獨酌有懷(한야독작유회 : 추운 밤에 홀로 술잔을 기울이며 느낀 바 있어서…)"

　－ 寒(찰 한)·夜(밤 야)·獨(홀로 독)·酌(술부을 작)·有(있을 유)·懷(품을 회)

　이 시(詩)를 읽은 이백(李白)은 왕십이에게 술을 마시고 만고(萬古)의 쓸쓸함을 씻어버리라는 뜻을 담아 아래와 같이 답(答)하였다.

　"答王十二寒夜獨酌有懷(답왕십이한야독작유회)"

　－ 答(대답 답·답할 답)·王十二(왕십이 : 이백의 벗)

　마이동풍(馬耳東風)은 이 시(詩)의 마지막 구절에 나온다.

　장시(長詩)인 이 시에서 이백(李白)은 "우리 시인들이 아무리 좋은 시를 지어도 세상 속물(俗物)들은 그것을 알아주지 않는다."며 울분(鬱憤)을 터뜨리고 다음과 같이 맺고 있다.

　"世人聞此皆掉頭(세인문차개도두 : 세인들은 이 말을 듣고 모두 머리를 흔드네)"

　－ 世(세상 세)·人(사람 인)·聞(들을 문)·此(이 차)·皆(다 개)·掉(흔들 도)·頭(머리 두)

　"有如東風射馬耳(유여동풍사마이 : 마치 동풍에 쏘인 말의 귀처럼)"

　－ 有(있을 유)·如(같은 여)·射(쏠 사)

　여기서 마이(馬耳)는 말의 커다란 귀를 뜻하여 동풍(東風)은 동쪽에서 5월에 불어오는 가냘픈 봄바람을 뜻하며 그 바람이 말(馬)의 귀에 스쳐봤자 별로 자극이 되지 않는다는 뜻이다. 비유하여 세상 사람들이 시인(詩人)의 말이나 걸작(傑作)에 기울이는 관심도(關心度)가 그 정도로 낮으며 이백(李白)은 그 무관심(無關心)을 비분(悲憤)하고 있는 것이다.

한자 풀이 ——————

① **마 馬 10** – 말 마(말의 머리·긴 목과 갈기·몸통·꼬리의 모양인 馬와 네 개의 말굽을 뜻하는 灬이 합해진 글자로 달리는 말의 옆모습을 나타냄)·산가지 마·벼슬이름 마·아지랑이 마

② **이 耳 6** – 귀 이[눈 목)에 귀가 눈 아래에 위치하고 있다는 丨의 표시를 덧붙여 사람의 귀 모양을 본뜬 글자로 얼굴의 양쪽에 붙어 있어 귓바퀴와 고막의 울림으로 말이나 소리를 들을 수 있는 기관을 뜻함]·뿐(이것뿐) 이

③ **동 東 8** – 동녘 동[글자로는 木(나무 목)과 日(해 일)이 합해진 글자이지만 본래는 자루에 쌀 같은 알곡을 가득 담고 양 끝을 끈으로 묶은 다음 앞뒤에서 메고 갈 수 있도록 긴 막대를 가로 지른 모습임. 동녘은 빌려 쓴 것임]·봄(해가 떠오르면 만물이 따뜻한 기운을 받아 움직이기 시작하는 봄을 뜻함) 동 * **동풍**(東風)=**춘풍**(春風) : **따뜻하고 가냘픈 봄바람.**

④ **풍 風 9** – 바람 풍[배의 돛 모양을 본뜬 帆(돛 범)이 생략된 凡(무릇 범)과 虫(뱀 훼)가 합해진 글자로 돛이 바람에 의해 뱀이 움직이는 모양처럼 흔들린다는 뜻을 나타냄]·모양 풍·풍속 풍·경치 풍]

용어 풀이 ——————

• **왕조**(王朝) : 한 왕가(王家)가 다스리는 시대나 같은 왕가에 속하는 통치자의 계열.

• **현실**(現實) : 현재 실제로 존재하는 사실이나 상태, 생각하는 대상인 객관적이고 구체적인 존재.

• **비판**(批判) : 옳고 그름을 가려 판단하거나 어떤 문제나 대상에 대하여 가치·능력 등을 평가·검토하는.

• **불우**(不遇) : 포부나 재능이 있어도 좋은 때나 시대를 만나지 못해 성공을 하지 못하고 불행한.

• **만고**(萬古) : 아주 먼 옛날부터 지금에 이르기까지의 오랜 세월.

• **속물**(俗物) : 교양이 없거나 학식과 견문이 좁고 세속의 잡다한 일에만 마음이 이끌리는 사람.

• **울분**(鬱憤) : 억울하거나 섭섭한 일로 인하여 분한 마음이 가슴에 가득히 쌓여 있는.

• **걸작**(傑作) : 문장이나 그림·조각 등 뛰어난 예술적 작품.

• **비분**(悲憤) : 슬프고 분한.

> **직역** 가냘픈 봄바람이 말(馬)의 큰 귀에 불어도 아무런 반응이 없다는 뜻.
>
> **의역** 남의 말을 귀담아 듣지 않고 지나쳐 흘려버린다는 뜻.
>
> * 여기서는 시인(詩人)이나 문인(文人)들의 말을 관심 없이 듣는다는 뜻임.

061

마혁과시
馬革裏屍

*馬革裏尸라고도 씀.

유래 요약 ──────

중국 5대 때의 넷째 왕조(王朝)인 후한(後漢)의 초대 황제(皇帝)인 광무제(光武帝) 때의
명장(名將) 마원(馬援)이 교지(交趾)와 남부지방 일대를 평정(平定)하고 수도(首都)로 귀환
(歸還)하자 많은 사람들이 그를 맞이했다.

그 중 지모(智謀)가 뛰어나기로 유명한 맹익(孟翼)이 판에 박은 듯한 인사말을 하자
마원은 맹익에게 이렇게 말했다.

"옛날 노박덕(路博德) 장군이 남월(南越)을 평정하여 큰 공(功)을 세우고도 작은 영토
(領土)를 받는데 불과했는데 나는 큰 공(功)을 세우지도 못했는데도 상(賞)이 너무 커 이
영광(榮光)이 오래 지속(持續)될 수 있을지 두렵다. 지금 흉노(匈奴)와 오환(烏桓)이 북방
을 위협(威脅)하고 있으니 이들을 정벌(征伐)해야 한다. 사나이는 마땅히 전장(戰場)에서
죽어야 하고 말가죽으로 시체(屍體)를 싸서 장사(葬事)지낼 뿐이다. 즉 馬革裏屍."

여기서 마혁과시(馬革裏屍)는 군인(軍人)은 군인답게 살아야 한다는 말로 어느 곳에
있든지 자기 직무(職務)에 충실(忠實)해야지 작은 공(功)에 만족하여 일상에 안주(安住)해
서는 안 된다는 말이다.

한자 풀이 ──────

① **마 馬 10** - 말 마(말의 머리·긴 목과 갈기·몸통·꼬리의 모양인 馬와 네 개의 말굽을 뜻하는
川이 합해진 글자로 달리는 말의 옆모습을 나타냄)·산가지 마·벼슬이름 마·아지랑이 마

* 말은 잘 달리므로 군사·농경·운반·달리기 대회 등에 이용되며 목에 갈기털이 있는 것이 특징임.

② **혁 革 9** - 가죽 혁(두 손으로 짐승의 가죽을 벗기고 털을 뽑는 모습을 그린 글자로 사용할
수 있게 만든 짐승의 가죽을 나타냄. 소나 양 같은 짐승의 날가죽에서 털을 뽑고 기름을 빼
며 건조·염색을 하여 부드럽게 만든 손질된 가죽)·다룸가죽 혁·고칠 혁·병급할 극

③ **과 裹 14** - 쌀 과[衣(옷 의)의 가운데에 발음요소인 果(과실 과)가 합해진 글자로 둘둘 말아 싸거나 얽어맨 짐꾸러미를 나타냄. 식량·쌀·돈·재물 등을 허리에 차거나 어깨에 메고 갈 수 있도록 보자기나 옷으로 감싸는]·꾸러미 과

④ **시 屍 9** - 주검 시[곧게 죽은 사람의 모습인 尸(주검 시)와 死(죽을 사)가 합해진 글자로 주검을 나타냄. 병이나 사고로 숨이 끊어져 죽은 사람의 시체나 송장 또는 시체를 예스럽게 일컫는 말]

⑤ **시 尸 3** - 주검 시 또는 시체 시[본래 한자가 尸로 죽은 사람이 꼬꾸라져 누워 있는 모습을 본뜬 글자로 죽은 사람이 엉덩이를 관(棺) 속 바닥에 까는 얇은 널조각인 칠성판에 대고 누워 있는 모습을 나타냄]·신주 시·시동 시

용어 풀이 ————

- **왕조**(王朝) : 그 왕가(王家)가 다스리는 시대나 같은 왕가에 속하는 통치자의 계열.
- **평정**(平定) : 난리나 반란 따위를 평온하게 진정시키는.
- **귀환**(歸還) : 멀리 떠나갔다가 본디 있던 제자리로 다시 돌아오거나 돌아가는.
- **지모**(智謀) : 전쟁의 전술에서 필요한 슬기로운 꾀나 계략.
- **흉노**(匈奴) : 몽고족 또는 터키족의 일파로 몽고 지방에서 활약하던 유목 민족.
- **오환**(烏桓) : 흉노에 멸망한 후 오환산 근방에서 자리잡은 동호의 일부를 말함.
- **위협**(威脅) : 떨치는 힘으로 으르고 협박하는.
- **정벌**(征伐) : 군사로써 적군이나 죄 있는 무리를 치는.
- **전장**(戰場) : 주로 적군을 상대로 하여 무력으로 투쟁을 벌이는 터나 곳.
- **장사**(葬事) : 사람이 죽은 시체를 의식의 절차에 따라 땅에 묻거나 화장하는 일.
- **직무**(職務) : 책임을 지고 담당하여 맡아보는 사무, 법령에 의한 직업상의 사무.
- **안주**(安住) : 자리를 잡고 편안하게 사는, 현실에 만족하여 더 이상 노력하지 않는.

직역 말가죽으로 장군의 죽은 시체를 둘둘 말아 싼다는 뜻.

의역 전쟁에 나가 죽어서 돌아오겠다는 용맹스러운 장군의 각오를 뜻함.

* 옛날 중국에서는 장수(將帥)가 전사하면 시체를 말가죽으로 싸았으며 본국으로 돌아오지 못하였음.

062

막역지우
莫逆之友

유래 요약 ────────

중국 고대(古代) 노(魯)나라의 자사(子思)·자여(子輿)·자리·자래 네 사람이 만나 이렇게 말했다. "누가 능히 무(無)로써 머리를 삼고 삶(生)으로써 등을 삼고 죽음(死)으로써 궁둥이를 삼겠는가? 누가 죽고 살고 있고 없는 것이 하나라는 것을 알겠는가? 내가 그와 더불어 친구가 되리라."

그리고 나서 네 사람은 마음에 거스름이 없어 서로 친구가 되었다. 또 노(魯)나라 장수(將帥)인 자상호(子桑戶)·맹자반(孟子反)·자금장(子琴張) 세 사람이 만나 이렇게 말했다.

"누가 능히 서로 사귀지 않는 속에서 사귀고 서로 하는 일이 없는 가운데 행함이 있겠는가? 누가 능히 하늘에 올라 안개 속에 놀고 무한(無限)한 우주(宇宙) 속을 돌아다니며 삶을 잊고 무한을 즐길 수 있겠는가?"

그리고 나서 세 사람은 마음에 거슬림이 없이 서로 친구가 되었다. 결국 막역(莫逆)은 서로 거슬림이 없고 흉허물이 없는 한마음 한뜻이라는 이야기다. 친구 중에는 언제나 다정다감(多情多感)한 친구, 떨어질 수 없는 친구, 도움을 많이 주는 친구, 어떤 일이 발생했을 때 제일 먼저 생각나는 친구 등등이 있다. 그러나 가장 소중(所重)한 친구는 평생(平生) 함께 해 주는 막역(莫逆)한 친구이다.

* 무(無)는 有(있을 유)를 부정하는 개념으로 아무것도 가진 것이 없다는 뜻, 또는 일정한 형체나 실체가 없는, 어떠한 재물이나 명예·도(道)나 지식(知識)도 없다는 뜻.

* 생(生)과 사(死)는 삶과 죽음, 즉 생명체가 활동하며 살아있는 현상(現象)과 생명이 없어지는 현상(現象)을 뜻함.

한자 풀이 ────────

① 막 莫 11 - 없을 막[艹(艸 : 풀 초)와 艹(艸 : 풀 초)가 변형된 大(큰 대)의 가운데 日(해 일)이 합해

진 글자로 숲속 사이로 해가 없어지는 모습을 나타냄]·말(해가 져서 하던 일을 멈추는)·막·덮을
막·클 막·아닐 막·엷을 막·꾀할 막·무성(茂盛)할 막·저물 모·나물 모·푸성귀 모

② 역 逆 10 - 거스를 역[辶_(辶 : 쉬엄쉬엄갈 착)과 발음요소와 배가 가는 방향의 반대쪽을 뜻하
는 屰(거스를 역)이 합해진 글자로 배가 거꾸로 가듯이 사물의 옳은 이치에 어긋나게 행동
한다는 뜻을 나타냄. 남의 뜻이나 형세에 따르지 않고 반대 방향을 취하는]·헤아릴 역·맞
을 역 또는 맞이할 역·거역(拒逆)할 역·허물 역·배반할 역

③ 지 之 4 - 갈 지[두 발을 뜻하는 止(발 지)와 출발선을 뜻하는 一(가로획)을 그어 만든 글자로
한 발을 떼고 막 출발하려는 모습을 나타냄]·이를 지·이 지·어조사(~의, ~가, ~이, ~을) 지

④ 우 友 4 - 벗 우[𠂇(왼손 좌)와 又(오른손 우)가 합해진 글자로 서로 손을 잡고 어울리는 친구를
나타냄]·벗할 우·짝(한 쌍을 이루는 친구나 같이 앉아서 공부하는 친구) 우·친할 우

  * 朋(벗 붕) : 같은 스승 아래에서 가르침을 받는 친구, 交(벗 교) : 정(情)과 의리(義理)가 두터운 친구.

용어 풀이 ————————

- 자사(子思) : 중국 고대(古代) 노(魯)나라의 학자이며 공자(孔子)의 손자가 되는 사람의 자(字 : 본이름 외에
  부르는 이름).

- 자여(子輿) : 유가(儒家)의 사상가이자 교육자인 맹자(孟子)의 자(字 : 본이름 외에 부르는 이름).

- 무한(無限) : 시간·크기·넓이·공간·정도 따위가 정하여진 한계가 없는.

- 우주(宇宙) : 만물과 천체를 포함하는 하늘과 땅의 무한대의 공간.

- 흉허물 : 상대방을 나쁘게 비웃거나 잘못한 실수를 뜻하는 결점.

- 다정다감(多情多感) : 따뜻한 정이 많고 느낌이 많고 감동을 잘하는.

- 소중(所重) : 소중하다·매우 귀중하다.

- 막역(莫逆) : 서로 허물도 없고 체면도 돌보지 아니하는 썩 친한 친구.

직역 서로 흉허물이 없는 가까운 친구라는 뜻.
의역 한 마음으로 생사(生死)를 같이 할 수 있는 친밀한 벗이라는 뜻.

063

만전지책
萬全之策

*萬全之計(만전지계)와 같은 뜻임.

유래 요약 ─────

중국 후한(後漢) 말기 조조(曹操)와 북방의 무인(武人)인 원소(袁紹) 간에 천하(天下)의 패권(霸權)을 걸고 결전(決戰)이 벌어졌다. 조조는 병력(兵力)은 3만이지만 전투력이 막강(莫强)하므로 10만의 군사를 거느리고도 섣불리 공격(攻擊)을 하지 못하던 원소는 형주(荊州) 목사였던 유표(劉表)에게 원조(援助)를 청했다. 유표는 원조를 하겠다고 승낙(承諾)을 하면서도 아무 움직임도 없이 관망(觀望)하면서 양쪽에 아무 도움도 주지 않고 있었다.

이것을 본 원소의 부하(部下) 한승과 유선이 유표에게 "조조는 반드시 원소를 격파(擊破)한 다음 우리를 공격해 올 것입니다. 우리가 관망만 하고 있으면 양쪽의 원한(怨恨)을 받게 될 것입니다. 그러므로 강한 조조를 따르는 것이 현명(賢明)한 만전지책(萬全之策)이 될 것입니다."라고 하며 조조를 따를 것을 설득(說得)했지만 의심(疑心)이 많은 유표(劉表)는 결정(決定)하지 못한 채 망설이다가 뒤에 화근(禍根)을 당하게 되었다.

한자 풀이 ─────

① 만 萬 13 - 일만 만[절지동물의 일종인 전갈이 알을 많이 낳아 품고 있는 모습을 나타낸 글자로 본래 전갈을 뜻하였으나 이후 수(數)를 나타내는 만(万)으로 쓰이게 되었음]·많을 만·만약 만

* 전갈(全蠍) : 몸은 가재와 비슷하고 꼬리 끝에 독침이 있고 사막지대에 많으며 작은 벌레를 잡아먹음.

② 전 全 6 - 온전할 전[穩全(온전). 외부의 침입으로부터 물건을 보호하는 집을 뜻하는 入(들입)과 王(玉 : 구슬 옥)이 합해진 글자로 귀하게 여기는 옥 같은 보물을 집에 두어 온전하다는 뜻을 나타냄]·완전할 전·전부 전·온통 전

* 만전(萬全) : 허술한 틈이 조금도 없이 아주 안전한.

③ **지 之 4** – 갈 지[두 발을 뜻하는 止(발 지)와 출발선을 뜻하는 一(가로획)을 그어 만든 글자로 한 발을 떼고 막 출발하려는 모습을 나타냄]·이를 지·이 지·어조사(~의, ~가, ~이, ~을) 지

④ **책 策 12** – 꾀 책[竹(竹 : 대 죽)과 발음요소인 束(가시 자)가 합해진 글자로 본뜻은 '채찍'이며 이후 '꾀·대쪽'의 뜻이 생겨났음. 일을 교묘하게 잘 꾸미는 생각이나 수단]·계책 또는 계략(計策 또는 計略 : 어떤 일을 위하여 교묘하게 짜낸 꾀나 수단 방법) 책

용어 풀이 ━━━━━━━━━

- 조조(曹操) : 중국 후한(後漢) 말기 정치인으로 위(魏)나라를 건국하고 초대 황제(皇帝)가 되었음.
- 무인(武人) : 군(軍)에 적을 두고 전투에 참여하거나 군사일을 맡아보는 관리직에 있는 사람.
- 원소(袁紹) : 중국 후한(後漢) 말기 정권을 잡고 정치가인 동탁(董卓)에 대한 토벌군을 일으킨 무인(武人).
- 패권(霸權) : 전쟁이나 경기대회나 정치, 경제 등 어떤 분야에서 으뜸의 자리를 차지하는 권력.
- 관망(觀望) : 직접 참여하거나 행동하지 않고 한발 물러나 형세를 지켜보는.
- 격파(擊破) : 상대의 세력이나 군사력을 쳐서 무찌르거나 벽돌·기왓장을 맨손으로 깨뜨리는.
- 원한(怨恨) : 억울하거나 원통하거나 원망스러운 일이 맺힌 마음 또는 생각.
- 현명(賢明) : 사람이 슬기롭고 너그러우며 사물의 이치에 밝은, 마음이 어질고 판별이 정확한.
- 설득(說得) : 어떤 일이나 내용을 알아듣거나 해결될 수 있도록 여러 가지로 깨우치게 말하는.
- 의심(疑心) : 어떤 사실이나 내용에 대해 확실히 알지 못하거나 믿지 못하여 이상하게 생각하는, 또는 그런 마음을 뜻함.
- 결정(決定) : 어떤 일이나 문제에 대하여 행동이나 태도를 일정한 방향으로 결단하여 정하는.
- 화근(禍根) : 화재·홍수·전쟁 등 불행한 사고를 일으키는 재앙의 근원이 되는.
- 계책(計策) : 어떤 일을 실현하기 위하여 짜낸 묘한 생각과 수단이 되는 꾀.

직역 완전한 준비를 위한 계책(計策)이라는 뜻.

의역 한 치의 빈틈도 없는 완전한 해결 방법을 뜻함. 즉, 실패할 위험성이 없는 계책을 말함.

064

만절필동
萬折必東

유래 요약 ─────────

만절필동(萬折必東)은 『순자(荀子)』의 「유좌편(宥坐篇)」에 실린 공자(孔子)의 말이다. 공자의 제자인 자공(子貢)은 중국 북부를 서쪽에서 동쪽으로 흐르는 황하(黃河)를 바라보고 있는 공자에게 강물이 동쪽으로 흐르는 까닭을 물었다. 이에 공자(孔子)는 물의 특성상 덕(德)·의(義)·도(道)·용(勇)·법(法)·정(正)·찰(察)·선(善)에 비유하고 "거대한 강물이 일만 번 꺾여 흐르지만 결국은 반드시 동쪽으로 흘러가니 의지(意志)가 있는 것과 같다.(化基萬折必東, 似志 : 화기만절필동, 사지)"라고 설명하면서 군자(君子)가 큰물을 볼 때 반드시 살펴야 할 점이라고 일렀다.

황하(黃河)의 줄기는 굴곡(屈曲)이 심하지만 서고동저(西高東低)인 중국 지형(地形)의 특성상 반드시 동쪽으로 흘러가는 것을 군자(君子)의 의지와 절개(節槪)로 풀이한 것이다. 여기서 유래(由來)하여 만절필동(萬折必東)은 어떤 일이 곡절(曲折)을 겪게 되더라도 결국은 원래의 뜻대로 됨을 비유(比喩)하거나 충신(忠臣)의 절개를 꺾을 수 없음을 나타낸 것이다.

한자 풀이 ─────────

① 만 萬 13 - 일만 만[절지동물의 일종인 전갈이 알을 많이 낳아 품고 있는 모습을 나타낸 글자로 본래는 전갈을 뜻하였으나 이후 수(數)를 나타내는 만(万)으로 쓰이게 되었음]·많을 만·만약 만

* 전갈(全蠍) : 몸은 가재와 비슷하고 꼬리 끝에 독침이 있고 사막지대에 많으며 작은 벌레를 잡아먹음.

② 절 折 7 - 꺾을 절[본래 초목을 본뜬 屮의 변형인 扌(手 : 손 수)와 자르거나 꺾는다는 뜻의 斤(도끼 근)이 합해진 글자로 도끼로 나무를 찍어 넘어뜨리거나 막대를 손으로 휘어 부러뜨린다는 뜻을 나타냄]·끊을 절·꺾일 절·굽힐 절·휠 절·타협(妥協)할 절·결단(決斷)할 절·일찍죽을 절

③ 필 必 5 - 반드시 필(옛날에 높은 벼슬을 하면 긴 칼의 손잡이에 무늬가 있는 장식을 실로 반드시 맨다는 뜻의 글자로 어떤 원인에 대한 결과가 틀림없이 일어나는)·오로지 필·필연

코(반드시 그렇게 되는) 필 * 옛날에는 사회적 신분상 휴대품의 손잡이에 장식을 달았음.

④ **동 東 8** – 동녘 동[글자로는 木(나무 목)과 日(해 일)이 합해진 글자이지만 본래는 자루에 쌀같은 알곡을 가득 담고 양 끝을 끈으로 묶은 다음 앞뒤에서 메고 갈 수 있도록 긴 막대를 가로 지른 모습의 글자이며 이후 해가 뜨는 동쪽을 의미하는 발음이 같으므로 '동녘'을 빌려 쓴 것임]·봄 동

용어 풀이 ────────

• 순자(荀子) : 중국 주(周)나라 말기 공자(孔子)의 학설을 따르는 전국시대의 유가(儒家)로 맹자의 성선설 (性善說)에 대하여 성악설(性惡說)을 주장한 사람.

• 유좌(宥坐) :『순자(荀子)』「유좌편(宥坐篇)」에서 비롯된 것으로 자리의 오른쪽에 두어 권력이나 부귀를 경계하는 기구를 말함. * **이 기구는 권력이나 부귀가 알맞게 차면 바르게 되고 가득 차면 엎어짐.**

• 자공(子貢) : 공자(孔子) 10명 제자(孔門十哲 : 공문십철) 중 한 사람이며 중국 위(衛)나라 학자.

• 절개(節槪) : 결정한 마음이나 신의 따위를 쉽게 굽히거나 변하지 아니하려는 꿋꿋한 태도.

• 군자(君子) : 덕(德)과 학식이 높은 사람. 높은 벼슬자리에 있는 사람, 또는 훌륭한 임금이나 황제.

• 곡절(曲折) : 구불구불 꺾이어 있는 상태로 순조롭지 아니하게 얽힌 이런저런 복잡한 사정이나 까닭.

• 덕(德) : 공정하고 포용성 있는 마음, 도덕적 윤리적 이상을 실현하는 인격적 능력.

의(義) : 사람으로서 지켜야 할 떳떳하고 정당한 도리(道理).

도(道) : 인간으로서 마땅히 지켜야 할 도리, 종교적 철학적 이치를 깊이 깨닫는.

용(勇) : 정신적 신체적으로 강직하며 씩씩하고 용감한 기운.

법(法) : 사회질서나 안정된 생활을 위하여 국가가 제정하는 법률·명령·규칙·조례.

정(正) : 정직하고 정당하며 옳고 바른.

찰(察) : 조심하여 자세히 보며 상세히 검토하는, 깨끗하고 결백한.

선(善) : 착하고 어질며 인간으로서 가져야 할 도리.

직역 황하(黃河)의 강물은 아무리 굽이가 많아도 반드시 동쪽으로 흘러간다는 뜻.

의역 본래 일이 수많은 곡절을 겪어도 결국은 이치대로 이루어진다는 뜻.

* 즉, 충신(忠臣)의 절개(節介)는 꺾을 수 없다는것을 가리키는 말임.

065

망매해갈
望梅解渴

* 망매지갈(望梅止渴)과 같은 뜻임.

유래 요약 ——————

중국 전국시대(戰國時代) 위(魏)나라의 조조(曹操) 군대가 한 여름에 행군(行軍)을 하고 있어서 장병(將兵)들이 몹시 지쳐 있었다. 게다가 물까지 떨어져 한 발짝도 나아가지 못할 만큼 모든 군사가 지치고 목말라했다. 조조는 당황(唐惶)하지 않을 수 없었다. 그러나 그는 지모(智謨)에 뛰어난 난세(亂世)의 간웅(奸雄)이 아니던가. 선두(先頭)에 섰던 조조(曹操)는 문득 절묘(絶妙)한 계책(計策)을 생각해내고는 큰 소리로 외쳤다.

"모두들 힘을 내라. 조금만 더 참아라. 여기서 가까운 곳에 매화(梅花)나무 숲이 있다. 거기엔 나뭇가지가 휘도록 매실(梅實)이 주렁주렁 달려 있다고 한다. 거기 가서 우리 모두 갈증(渴症)을 풀어보자."

매실이란 말을 듣자마자 모든 장병들의 입안은 침으로 흥건했으며, 이렇게 하여 기운을 되찾은 장병들은 무더위 땀을 뻘뻘 흘리면서도 질서정연(秩序整然)하게 진군(進軍)을 할 수 있었다.

조조(曹操)는 이런 술수(術數)를 써서 난세에 큰 자리를 차지할 수 있었던 것이다.

한자 풀이 ——————

① 망 望 11 - 바랄 망[보름달을 뜻하는 月(달 월)과 높이 쌓인 흙 위에서 멀리 바라보는 모습의 壬(마룻대 정)과 발음요소인 亡(없을 망)이 합해진 글자로 둥근 보름달이 안 보일 때까지 바라보며 뜻이 이루어지기를 바란다는 뜻을 나타냄]·바라볼 망·우러러볼 망·보름(둥근달) 망·원망할 망·그리워할 망·기대할 망

② 매 梅 11 - 매화 매 또는 매화나무 매[梅花(매화). 木(나무 목)과 여자가 아침마다 머리를 올린다는 뜻의 每(매양 매)가 합해진 글자로 옛날에는 매화나무를 잡고 기도하며 빌었다고 함]·매실(梅實)나무 매·매실 매

③ **해 解 13** - 풀 해[牛(소 우)와 刀(칼 도)와 角(뿔 각)이 합해진 글자로 본뜻은 칼로 소의 뿔을 '자르다·뽑다'이며 '풀다·해결하다·분해하다'는 새로 생긴 것임. 소를 잡을 때 먼저 칼로 뿔을 제거하고 살과 뼈를 조각을 내면서 하나하나 풀어헤치는]·풀어질 해·해부할 해·벗길 해·풀이할 해

④ **갈 渴 12** - 목마를 갈[氵(水 : 물 수)와 소리 높여 무엇을 요구한다는 뜻의 曷(어찌 갈)이 합해진 글자로 소리를 외치거나 말을 많이 해서 목에 침이 말라붙어 물을 마시고 싶은 뜻을 나타냄. 무엇을 이루거나 하고자 하는 일을 지극한 정성으로 또는 애타게 바라는]·서두를 갈

⑤ **지 止 4** - 그칠 지(땅 위에 서 있는 두 발의 모습을 본뜬 글자로 본뜻은 움직임을 멈춘 상태의 발이며 이후 '그치다'·'머물다'의 뜻이 생겼음. 계속 하던 행동이나 작용을 멈추는)·발 지·막을 지

용어 풀이

• 조조(曹操) : 중국 후한(後漢) 말기 정치인으로 위(魏)나라를 건국하고 초대 황제(皇帝)가 되었음.

• 당황(唐惶·唐慌) : 뜻밖에 어떤 일이 닥쳐 놀라거나 몹시 급하여 어찌할 바를 모르는.

• 지모(智謀) : 전쟁의 전술에서 필요한 슬기로운 꾀나 계략.

• 난세(亂世) : 전쟁이나 정치적 혼란 따위로 나라가 혼란에 빠지거나 이로 인한 어지러운 세상.

• 간웅(奸雄) : 묘한 꾀로 비위를 잘 맞추는 간사하고 지혜가 뛰어난 영웅.

• 절묘(絶妙) : 솜씨나 재주·생각하는 능력·자연 등이 더할 수 없이 교묘한.

• 계책(計策) : 어떤 일을 해결하거나 실현하기 위하여 짜낸 꾀나 방법.

• 매실(梅實) : 매화나무의 열매로 맛이 달고 새콤하며 특히 신맛으로 입에 침을 생기게 함.

• 갈증(渴症) : 입 안이나 목이 말라 물을 몹시 마시고 싶은 느낌을 느끼는.

• 흥건하다 : 푹 잠기거나 괼 만큼 물이나 침·땀 따위가 많다.

• 질서정연(秩序整然) : 군대의 행렬이나 사물의 차례·순서 등이 가지런하게 정돈되어 있는.

• 술수(術數) : 길(吉)함과 흉(凶)함을 점치는 방법이나 남을 속이는 온갖 꾀.

직역 신맛 나는 매실의 상상으로 침이 돌아 목마른 갈증을 해결한다는 뜻.

의역 절묘한 생각이나 순발력있는 계책으로 어려움을 극복한다는 뜻.

066

매처학자
梅妻鶴子

유래 요약 ——————

중국 춘추시대(春秋時代) 학자(學者)인 화정(和靖) 임포(林逋)라는 사람이 살았다. 그는 부패(腐敗)한 정치에 불만을 품고 속세(俗世)를 떠나 장가도 들지 않고 평생(平生)동안 조용히 고달픈 삶을 살아간 시인(詩人)이다.

그는 영리(營利)를 구하지 않는 성격을 흠모(欽慕)하여 그의 시(詩) 또한 청고(淸高)하면서 유정(有情)한 풍모(風貌)를 드러내고 있다. 그는 시(詩)를 지어 얻는 명예(名譽)로 평가(評價)되는 것을 꺼려서 지은 시를 많이 버렸고 자신의 시가 후세에 전해질 것을 두려워한 나머지 기록(記錄)하지도 않았다.

임포는 항주(杭州) 서호(西湖) 근처의 고산(孤山)에서 은둔(隱遁)생활을 했는데, 자주 호수에 조각배를 띄워 근처 절에 가서 노닐었으며, 학(鶴)이 나는 것을 보고 객이 온다는 것을 알았다고 한다. 그는 많은 매화나무를 심어 아내로 삼고 학을 길러 아들을 삼으며 즐겁게 살았다.

이 이후로 후세(後世) 사람들은 '매처학자(梅妻鶴子)'라는 말로써 풍류(風流)적인 생활을 하는 것을 비유하게 되었다.

한자 풀이 ——————

① 매 梅 11 - 매화 매 또는 매화나무 매[梅花(매화). 木(나무목)과 여자가 아침마다 머리를 올린다는 뜻의 每(매양 매)가 합해진 글자로 옛날에는 늘 매화나무를 잡고 기도하며 빌었다고 함. 초록색 작은 열매인 매실을 맺는 나무]

② 처 妻 8 - 아내 처[본래 비녀를 뜻하는 屮(싹날 철)과 ㅋ(又 : 손 우)와 女(여자 여)가 합해진 글자로 결혼한 여인이 손으로 매만진 머리에 비녀를 꽂는 모습을 나타냄. * 비녀 : 여자의 쪽

진 머리가 풀어지지 않도록 가로질러 꽂는 장신구]·시집보낼(여자를 결혼시켜 남자의 집으로 가서 함께 사는) 처

③ **학 鶴 21** - 학 학 또는 두루미 학[鳥(새 조)와 발음요소와 높이 나는 새를 뜻하는 崔(고상할 각)이 합해진 글자로 몸이 크고 온몸의 털이 희며 목, 다리, 주둥이가 매우 긴 겨울새. 천연 기념물로서 특별히 보호하는 새임]·새(두루미 같이 양쪽 긴 날개를 치며 우아한 모습으로 하늘을 나는 날짐승) 학

④ **자 子 3** - 아이 자 또는 아들 자(머리와 양쪽으로 벌리고 있는 두 팔과 포대기에 두 발이 싸여진 갓 태어난 아기의 모습을 본뜬 글자로 어린 아이를 나타냄)·자식 자·당신 자·자네 자·씨 자·경칭 자·사람 자·첫째지지 자

> * 子(자)는 兒女子(아녀자), 菓子(과자), 卓子(탁자), 酒煎子(주전자)처럼 접미사로 쓰임.

용어 풀이 ———————

- **부패(腐敗)** : 나라의 법규나 제도 등이 뒤죽박죽되어 바르지 못한. 단백질이 부패균에 의해 분해되는.
- **속세(俗世)** : 고상하지 못하고 말과 행동이 천한 속인(俗人)들이 사는 세상.
- **영리(營利)** : 돈과 재물, 재산의 이익을 위하여 대책과 방법을 세우는.
- **흠모(欽慕)** : 어떤 사람의 인격이나 사상, 철학 등을 공경하며 그리워하는.
- **청고(淸高)** : 사람됨이 깨끗하고 고상하며 뜻이 높은.
- **유정(有情)** : 인정이 있고 마음이 따뜻한.
- **풍모(風貌)** : 드러내 보이는 사람의 겉모양과 단정한 얼굴 모습.
- **은둔(隱遁)** : 세상을 등지고 숨어서 생활하는.
- **풍류(風流)** : 복잡하고 평범한 속된 일을 떠나서 자연과 더불어 멋지게 노는 일.

직역 매화(梅花) 아내와 학(鶴) 아들이라는 뜻. 또는 매화를 아내로 삼고 학을 자식으로 삼는다는 뜻.

의역 선비가 속세를 떠나 한가롭고 멋스럽게 인생을 보낸다는 뜻.

067
맥수지탄
麥秀之嘆

유래 요약

중국 고대(古代) 왕조(王朝)인 은(殷)나라의 마지막 임금인 주왕(紂王)은 폭정(暴政)으로 나라를 망친 상징적(象徵的)인 인물(人物)이다.

주왕에게는 어질고 훌륭한 미자(微子)·기자(箕子)·비간(比干) 세 명의 신하(臣下)가 있었다. 그러나 주왕은 그들의 간절(懇切)한 충언(忠言)을 듣지 않았다. 미자는 주왕의 이복(異腹) 형으로 아무리 간(諫)해도 주왕이 듣지 않자 망명(亡命)하였고, 기자는 주왕에게 간곡(懇曲)한 충고(忠告)를 하였으나 들어주지 않자 남의 집의 종으로 숨어 살았고, 비간은 극간(極諫)을 하다가 능지처참(陵遲處斬)을 당하고 죽었다. 결국 은(殷)나라는 망하고 주(周)나라가 세워지게 되었다.

세월이 상당히 흐른 후 기자는 옛 은나라의 도읍(都邑)을 지나게 되었다. 번화(繁華)하던 도읍은 흔적(痕迹)도 없어지고 황폐(荒廢)해진 궁궐(宮闕) 자리엔 보리와 잡초(雜草)만이 무성하게 자란 것을 보고 지난날의 감회(感懷)에 젖어 맥수(麥秀)의 시를 읊었다.

"麥秀漸漸兮(맥수점점혜 : 보리 이삭 무럭무럭 자라고)

禾黍油油兮(화서유유혜 : 벼와 기장도 윤기가 흐르는구나)

彼狡童兮[피교동혜 : 교활한 저 철부지(주왕)가]

不與我好兮(불여아호혜 : 내 말을 듣지 않았음이 슬프구나)"

여기서 망한 나라를 탄식(歎息)하는 맥수지탄(麥秀之嘆)이라는 말이 유래되었다.

한자 풀이

① 맥 麥 11 - 보리 맥[본래 보리의 모양을 본뜬 來(보리 래)와 발로 밟는다는 뜻인 夊(뒤져올 치)가 합해진 글자로 보리가 잘 자라도록 겨울에 추위로 들뜬 뿌리를 밟아 준다는 뜻을 나타냄]·밀(가루로 빻아 빵을 만드는 곡식) 맥

② **수 秀 7** - 빼어날 수[禾(벼 화)에 애기를 가져 배가 부른 모습을 뜻하는 孕(아이밸 잉)이 합해진 글자로 알맹이가 꽉 차게 가장 먼저 잘 익은 벼이삭이 고개를 숙이고 있는 모양을 나타냄. 재주, 학문, 인물 등이 몹시 뛰어나고 훌륭한]·이삭나올 수 또는 이삭(열매를 맺은 곡식) 팰 수·무성할 수·높이솟을 수

③ **지 之 4** - 갈 지[두 발을 뜻하는 止(발 지)와 출발선을 뜻하는 一(가로획)을 그어 만든 글자로 한 발을 떼고 막 출발하려는 모습을 나타냄]·이를 지·이 지·어조사(~의, ~가, ~이, ~을) 지

④ **탄 嘆[歎] 14** - 탄식할 탄[歎息·嘆息(탄식). 입을 벌리고 있는 모습인 欠(하품 흠)과 발음요소와 근심을 뜻하는 黃(堇 : 진흙 근)이 합해진 글자로 근심과 슬픈 일로 한숨을 쉰다는 뜻을 나타냄]·한숨쉴(근심이나 설움이 마음에 가득 차 숨을 몰아서 길게 내쉬는) 탄·칭찬할 탄·감탄할 탄

용어 풀이 ─────────

• 왕조(王朝) : 그 왕가(王家)가 다스리는 시대나 같은 왕가에 속하는 통치자의 계열.

• 폭정(暴政) : 짐승처럼 사납고 악(惡)한 정치.

• 간절(懇切)한 : 진심에서 나오는 요구가 지성스럽고 절실한.

• 충언(忠言) : 임금이나 상관에 대한 충성스럽고 바른 말.

• 망명(亡命) : 정치나 사상으로 인하여 합법적으로 남의 나라로 몸을 피하여 옮기는.

• 간곡(懇曲) : 충성을 위하여 정성스러운 마음과 있는 성의를 다하는.

• 극간(極諫) : 임금의 잘못된 일이나 행동을 고치도록 힘을 다하여 말하는.

• 능지처참(陵遲處斬) : 옛날에 임금과 나라에 큰 죄를 범할 때 머리, 몸, 팔, 다리를 토막 쳐서 죽이는 형벌.

  * 陵(언덕 능)·遲(천천히할 지)·處(처리할 처)·斬(벨 참)으로 언덕을 천천히 오르내리듯 고통을 천천히 최대한 느끼게 하면서 칼로 잘라 죽이는 잔혹한 사형을 뜻함.

• 감회(感懷) : 마음속에 품고 있는 생각과 느낌.

직역 보리만 무성한 고국의 멸망을 탄식한다는 뜻.

의역 신하(臣下)로서 나라를 잃은 것에 대한 원망과 슬픔을 뜻함.

068

맹모삼천
孟母三遷

*본래는 맹모삼천지교(孟母三遷之敎)임.

유래 요약 ————————

중국 춘추전국시대(春秋戰國時代) 유학(儒學)의 중심인물로서 성인(聖人) 공자(孔子)에 버금가는 아성(亞聖)으로 불리는 맹자(孟子)는 어렸을 때 아버지를 여의고 홀어머니 손에 자랐다. 맹자의 어머니는 처음에 묘지(墓地) 근처에서 살았는데, 어린 맹자는 상여(喪輿)와 곡성(哭聲) 흉내만 내며 놀았다. 그래서 교육상 좋지 않다고 생각한 맹자의 어머니는 저자 근처로 이사(移徙)했다. 그런데 이번에는 맹자가 물건을 팔고 사는 장사꾼 흉내만 내는 것이었다. 이곳 역시 안 되겠다고 생각한 맹자의 어머니는 서당(書堂) 근처로 이사했다. 그러자 맹자는 늘 글을 읽거나 제구(祭具)를 늘어놓고 제사(祭祀)를 지내는 흉내를 냈다. 서당에서는 유교(儒敎)에서 가장 중히 여기는 예절(禮節)을 가르치고 있었기 때문이다.

맹자(孟子)의 어머니는 이런 곳이야말로 교육(敎育)에 좋은 곳이라며 평안(平安)히 살았다.

한자 풀이 ————————

① 맹 孟 8 - 맏 맹[子(아이 자)와 발음요소와 처음 돋아난 초목의 어린 싹을 뜻하는 萌(움 맹)과 통하는 皿(그릇 명)이 합해진 글자로 형제 중 첫째 아들을 뜻함. 임금 자리에 오르는 장남(長男)]·성[같은 조상과 혈통을 나타내는 성씨(姓氏)] 맹

 * 맹자(孟子) : 공자의 인(仁)을 발전시킨 사상가.

② 모 母 5 - 어머니 모[여자가 두 팔로 애기를 안은 모습인 毋와 젖을 뜻하는 두 개의 丶(점 주)가 합해진 글자로 자기를 낳아 길러 주시는 쪽진 머리에 비녀를 꽂은 여자를 나타냄]·모체 모·근본 모·암컷 모

 * 母黨(모당)은 慈堂(자당)이나 大夫人(대부인)과 같이 남의 어머니를 높여 이르는 말임.

③ **삼 三 3** - 석 삼[본래 세 줄의 가로획을 나란히 그은 글자로 숫자의 '삼'을 나타내며 천(天)·
지(地)·인(人)을 가리키기도 함]·셋(1, 2, 3, 4의 아라비아 숫자에서 3을 뜻함) 삼·자주 삼·거듭 삼

④ **천 遷 15** - 옮길 천[辶(길갈 착)과 발음요소와 사람이 새로 거주할 성(城)으로 옮긴다는 뜻의
䙴(옮길 천)이 합해진 글자로 '옮겨가다'의 뜻을 나타냄. 임금이 머무는 도읍(都邑)이나 직장,
벼슬을 이동하는]·천도(遷都 : 수도 서울인 도읍을 다른 곳으로 옮기는) 천·귀양(歸鄕 : 귀향→귀
양)보낼 천

용어 풀이 ───────

- 유학(儒學) : 공자(孔子)의 가르침을 근본으로 삼는 학문, 즉 실천적 도의교육으로 사서오경(四書五經)
  을 받드는 학문.
- 성인(聖人) : 덕(德)과 지혜(智慧)가 뛰어나 길이 우러러 받들고 모든 사람의 스승이 될 만한 사람.
- 아성(亞聖) : 유학(儒學)에서 성인(聖人) 다음가는 현인(賢人)이라는 뜻으로 맹자를 뜻함.
- 상여(喪輿) : 장례식을 지내고 묘지까지 시체를 실어 나르는 제구(祭具).
- 곡성(哭聲) : 사람이 죽었을 때 의식에 따라 소리를 내어 우는 소리.
- 저자 : 옛날 사람이 많이 모이는 거리에서 아침저녁으로 물건이나 반찬거리를 팔고 사는 장터 또는
  시장.
- 서당(書堂) : 일명 글방이라고도 하며 예로부터 내려오는 사설(私設) 교육기관으로 유교를 바탕으로
  한문을 가르치던 곳.
- 제구(祭具) : 죽은 사람의 넋에게 음식을 바치어 정성을 표하는 예절인 제사에 쓰는 여러 가지 기구.
- 유교(儒敎) : 인(仁)을 근본으로 한 공자(孔子)의 가르침을 받드는 교. 사서삼경(四書三經)을 경전
  으로 함.
  * **사서(四書) : 논어(論語)·맹자(孟子)·중용(中庸)·대학(大學).**
  * **삼경(三經) : 시경(詩經)·서경(書經)·주역(周易).**
  * **경전(經典) : 성인(聖人), 현인(賢人)이 지은 책이나 유교의 교리(敎理)를 적은 책.**

직역 맹자의 어머니가 맹자의 교육을 위해 세 번 이사를 했다는 뜻.
의역 자녀 교육에는 주위 환경이 중요하다는 어머니의 가르침을 뜻함.

069

명경고현
明鏡高懸

유래 요약 ─────────

중국 고대(古代) 한(漢)나라 때의 괴담(怪談)이나 전설(傳說), 일화(逸話) 등을 수록(收錄)한 『서경잡기(西京雜記)』 3권에는 진(秦)나라 때의 신기(神奇)한 거울 이야기가 실려 있다.

진나라의 함양(咸陽)궁에 소장(所藏)된 진귀(珍貴)한 보물들 가운데 너비가 4척, 높이가 5척 9촌으로 앞뒷면이 모두 밝게 빛나는 거울이 하나 있었다. 사람이 그 앞에 서면 거울에는 거꾸로 선 모습이 나타나고 가슴을 어루만지며 비춰보면 그 사람의 오장(五臟)이 나타났다. 몸에 병(病)이 있는 사람을 비추면 환부(患部)가 나타났으며 사람의 나쁜 마음까지도 비춰보였다.

이 때문에 진시황(秦始皇)은 이 거울을 이용하여 궁궐(宮闕) 안의 모든 사람들의 충성심을 비춰보았다. 심장이나 쓸개가 급히 뛰는 사람을 발견하면 진시황은 즉각 그를 체포하여 심문(審問)하고 처벌하였다. 그러나 이 거울은 진나라 말기 유방(劉邦)이 함양을 공격(攻擊)하던 혼란 속에서 그만 없어지고 말았다고 한다.

한자 풀이 ─────────

① **명 明 8** - 밝을 명[본래 囧(창문 경)이 변형된 日(날 일)과 月(달 월)이 합해진 글자로 밤에 창문으로 달빛이 밝게 비친다는 뜻을 나타냄]·맑을 명·깨달을 명·총명할 명·날샐 명·밝힐 명·이승(현재 살고 있는 이 세상) 명

② **경 鏡 19** - 거울 경[본래 鑑(거울 감)에서 監(볼 감) 대신 竟(다할 경)을 쓴 글자로 청동(靑銅)의 표면을 광채 나게 닦아 만든 거울을 뜻함]·비춰볼 경·거울삼을(남의 훌륭한 일이나 지나간 경험을 삶의 지혜로 삼는) 경

③ **고 高 10** - 높을 고[冂(멀 경)의 옛날 한자인 冋(성곽 경)과 그 위에 높이 치솟은 망루의 모양인 高이 합해진 글자로 높은 지대 위에 층층으로 지은 누각이나 높은 건물을 나타냄]·비쌀 고·뛰어날 고

④ **현 懸 20** - 매달 현[心(마음 심)과 발음요소와 잘 보이도록 높은 곳에 걸어놓는다는 뜻의 縣(매달 현)이 합해진 글자로 교수형(絞首刑)에 처할 죄인의 머리를 끈으로 잡아매어 높이 매달아 놓는다는 뜻을 나타냄. 心(마음 심)은 縣(현)이 행정구역의 단위로 쓰이자 구별하기 위하여 덧붙여진 것임]·매달릴 현·걸 현

용어 풀이 ————————

- 괴담(怪談) : 보통과 다르게 묘하고 괴상하며 이상야릇한 이야기.
- 전설(傳說) : 실제적인 주인공은 밝혀지지 않고 예로부터 전하여 내려오는 말이나 이야기.
- 일화(逸話) : 세상에 널리 알려지지 아니한 흥미 있는 이야기.
- 서경잡기(西京雜記) : 한(漢)나라 유흠(劉歆)이 짓고 진(晉)나라 갈홍(葛洪)이 유명 인사들의 일들을 모아 기록한 책.
- 소장(所藏) : 물건을 자기 것으로 간직하거나 예술작품을 일정한 장소에 보관하는.
- 진귀(珍貴)한 : 보기 드물게 보배롭고 아주 소중한.
- 오장(五臟) : 사람의 몸 안에 있는 다섯 가지 내장 – 간장, 심장, 폐장, 신장, 비장.
- 환부(患部) : 아픈 부위, 즉 병 또는 상처가 난 자리.
- 심문(審問) : 범행이나 죄의 유무를 밝히기 위하여 수사기관이나 법률 기관에서 자세히 따져서 묻는.

직역 만인의 속을 비쳐주는 맑은 거울이 높게 매달려 있다는 뜻.

의역 사리를 밝히고 옳고 그름을 따져 판단하는 공정함을 뜻함.

070

명경지수
明鏡止水

유래 요약 —————

중국 전국시대(戰國時代) 송(宋)나라 사상가(思想家)인 장자(莊子)『덕충부편(德充符篇)』에 다음과 같은 글이 실려 있다.

노(魯)나라에 학덕(學德)이 높은 선비인 왕태(王駘)라는 사람이 있었는데 그는 죄(罪)를 지어 올자(兀者)인데도 그를 따라 배우는 사람이 공자(孔子)의 제자(弟子) 수와 같았다. 공자의 제자 상계(常季)가 그에게 사람들이 모여드는 까닭을 묻자 공자는 다음과 같이 대답했다.

"사람은 흘러가는 물에는 비춰 볼 수가 없고 멈춰 있는 고요한 물에 비춰 보아야 한다. 오직 고요한 것만이 고요하기를 바라는 모든 것을 고요하게 할 수 있다."

또 신도가(申徒嘉)는 형벌(刑罰)을 받아 다리가 잘린 사람으로 정(鄭)나라 재상(宰相)인 정자산(鄭子産)과 함께 같은 스승을 모시고 있었다. 하루는 자산(子産)과 신도가(申徒嘉)가 묻고 답하기를, "그대는 재상(宰相)인 나를 보고도 어려워하는 기색(氣色)이 없는데 그대는 자신(自身)을 재상과 같다고 생각하는가?" "당신은 자신이 재상(宰相)이라는 것을 자랑하여 남을 업신여기고 있는 거요. 거울이 밝으면 먼지가 앉지 못하고 먼지가 앉으면 거울은 밝지 못한다는 말을 나는 듣고 있소! 지금 당신은 큰 도(道)를 배우면서 이 같은 세속적(世俗的)인 말을 하니 잘못되지 않았소?" 하였다.

한자 풀이 —————

① **명 明 8** - 밝을 명[본래 囧(창문 경)이 변형된 日(날 일)과 月(달 월)이 합해진 글자로 밤에 창문으로 달빛이 밝게 비친다는 뜻을 나타냄. 기억력과 사물의 이치를 인식하고 판단하는 능력이 뛰어난]·맑을 명·깨달을 명·총명할 명·날샐 명·밝힐 명·나타날 명·이승(현재 살고 있는 이 세상) 명

② **경 鏡 19** - 거울 경[본래 鑑(거울 감)에서 監(볼 감) 대신 竟(다할 경)을 쓴 글자로 청동(靑銅)의 표면을 광채 나게 닦아 만든 거울을 뜻함]·비춰볼 경·거울삼을(남의 훌륭한 일이나 지나간 경험을 삶의 지혜로 삼는) 경

③ **지 止 4** - 그칠 지(땅 위에 서 있는 두 발의 모습을 본뜬 글자로 본뜻은 움직임을 멈춘 상태의 발이며 이후 '그치다, 머물다'의 뜻을 나타냄)·발 지·막을 지·금지할 지·머무를 지·거동 지·다만 지

④ **수 水 4** - 물 수[본래 川(내 천)에서 비롯된 글자로 흐르는 물줄기가 합쳤다가 갈라지는 모습을 나타냄. 샘물, 시냇물, 강물, 바닷물 등 자연에 존재하는 기본 물질을 뜻함]·별이름(水星 : 수성) 수
  * **水星(수성)은 우주 만물을 이루는 5가지 원소 중 물을 뜻함 – 목성(나무), 화성(불), 토성(흙), 금성(쇠).**

용어 풀이 ————

- 사상가(思想家) : 사회나 인생에 대한 생각과 판단을 체계화하고 원리적으로 통일된 견해를 갖고 활동하는 사람.
- 덕충부편(德充符篇) : 덕(德)이 자기 속에 가득 차 있으면 겉으로 드러난다는 뜻이며 지식에 의한 분별과 대립에서 벗어나야만 도(道)와 하나가 될 수 있음을 역설하였음.
- 학덕(學德) : 학식과 덕행으로 배워서 얻은 사물에 대한 체계적인 지식과 어질고 너그러운 행실.
- 선비 : 옛날에 벼슬은 하지 않고 학문만을 닦는 인품을 갖춘 사람. 유교이념을 구현하는 신분계층의 사람.
- 올자(兀者) : 兀(발뒤꿈치벨 올). 형벌(刑罰)에 의해 발꿈치가 잘려 꼼짝하지 못하는 불구자.
- 재상(宰相) : 임금을 돕고 모든 관원(官員)을 지휘, 감독하는 정2품의 벼슬.
- 기색(氣色) : 마음의 작용으로 기쁘고 슬프거나 반갑고 못마땅한 감정이 나타나는 얼굴 빛.
- 도(道) : 도덕적으로 종교적으로 사람이 마땅히 지켜야할 도리.
- 세속적(世俗的) : 말과 행동, 의식 따위가 예로부터 행하여 내려오는 풍습에 그저 따르는.

> **직역** 맑고 밝은 거울과 고요한 물이라는 뜻.
>
> **의역** 고요하고 맑고 깨끗한 어진 사람의 마음을 뜻함.
>
>   * 불교(佛敎)에서는 '가식·잡념·허욕'이 없이 맑고 깨끗한 마음에 비유함.

071

목불식정
目不識丁

* 일자무식(一字無識)과 같음.

유래 요약 ─────

중국의 황금기(黃金期)를 맞은 당(唐)나라는 변방(邊方)을 지키기 위해 절도사제도(節度使制度)를 두었다. 이때 유주 절도사로 부임(赴任)한 장홍정(張弘靖)이라는 사람이 있었다.

그는 배운 것도 많지 않고 무능(無能)했지만 집안이 대대로 공(功)을 세워 그 덕으로 벼슬길에 나가게 된 인물(人物)이다. 그가 부임하면서부터 병사(兵士)들과 백성(百姓)들을 무식(無識)하다고 마구 대하며 주위 사람들이 간(諫)하기라도 하면 화를 내면서, "네 놈들은 글자도 모르는 목불식정(目不識丁)만도 못해!" 하며 업신여겼다.

참다못한 부하(部下) 관리(官吏)들이 반란(叛亂)을 일으켜 장홍정을 잡아 가두자, 이 소식(消息)을 들은 황제(皇帝)가 장홍정의 직책(職責)을 박탈(剝奪)하고 이렇게 말하였다고 한다.

"그놈이야 말로 목불식정(目不識丁)이라고."

사람은 아는 만큼 보고, 보는 만큼 느낀다고 한다. 아는 것이 없으면 그만큼 세상(世上)을 보는 폭(幅)이 좁아진다는 말이다.

한자 풀이 ─────

① **목 目 5** - 눈 목(사람 눈의 겉모습에 눈동자를 그린 ⬭ → Ⅲ를 세로로 세워서 나타낸 글자로 사물을 볼 수 있는 사람이나 동물의 감각기관을 뜻함)·볼 목·눈여겨볼 목·조목 목·목 목·제목 목·요점 목

② **불 不 4** - 아니 불 또는 아닐 불(식물의 꽃대와 꽃받침과 꽃의 암술로 된 씨방 모양을 본뜬 글자로 씨방이 자라서 열매를 맺을지 모른다는 뜻에서 '아니'라고 나타냄)·못할 불·없을 불·않을 불

* '그렇지 아니하다'라는 부정(否定)이나 반대(反對)의 뜻을 나타냄. 동사는 '~를 하지 마라'.

③ **식 識 19** - 알 식[言(말씀 언)과 발음요소와 끈기가 있는 반죽된 흙을 뜻하는 戠(찰흙 시)가 합해진 글자로 귀로 들은 말을 찰흙에다 창과 같은 뾰족한 도구로 새겨 기록에 남긴다는 뜻을 나타냄. 연구하거나 배워서 학문적으로 이해하는. 진리를 깨닫는]·볼 식·기록할 지·기억할 지·표할 지·깃발 치

④ **정 丁 2** - 고무래 정[본래는 건축에서 쓰는 큰 못의 옆모습을 본뜬 글자로 못과 힘이 세다는 뜻을 나타내며 다시 나무판 조각과 나무자루로 만든 농기구인 고무래와 비슷하다 하여 훈(訓)이 고무래로 된 것임. 흙을 깨면서 고르거나 아궁이의 재를 긁어내는 물건]·장정(壯丁) 정·힘셀 정·못 정·일꾼 정

* **고무래는 곡식, 흙, 재 따위를 그러모았다 펼쳤다 하는 도구이며 모양이 丁(정)자와 비슷함.**

용어 풀이 ────────

• 황금기(黃金期) : 정치와 군사 또는 경제와 문화적으로 절정에 올라 가장 좋은 시기.

• 변방(邊方) : 수도 서울인 도읍을 중심으로부터 가장자리가 되는 쪽이나 영토의 경계지역.

• 절도사(節度使) : 군사를 통솔 지휘하는 무관이나 지방장관(地方長官).

• 부임(赴任) : 국가 정부나 공공단체 기관으로부터 임명을 받아 근무처나 장소로 가는.

• 간(諫) : 임금이나 상관 또는 어른에게 옳지 못하거나 잘못된 일을 고치도록 말하는.

• 관리(官吏) : 국가로부터 위임받은 일정한 범위의 직무를 맡아 일하는 사람. 공무원, 벼슬아치.

• 반란(叛亂) : 나라와 겨레를 배반하여 난리를 일으키는.

• 소식(消息) : 안부 따위에 관한 기별이나 알림. 상황이나 동정을 알리는 보도.

• 박탈(剝奪) : 권리나 자격, 직위, 재물, 자유 따위를 빼앗거나 뺏기는.

• 일자무식(一字無識) : 글자 한 자(字)도 모르는 정도의 무식함을 뜻함.

직역 고무래를 앞에 놓고 보아도 한자의 丁(정)을 알지 못한다는 뜻.

의역 글자뿐만 아니라 어떤 분야에 대해서도 아는 바가 없을 정도로 무식하다는 뜻.

072

무릉도원
武陵桃源

유래 요약 ───────

중국 고대(古代) 진(晉)나라 무릉(武陵) 땅에 어부(漁夫)가 살았다. 하루는 복숭아꽃이 떠내려 오는 시냇물을 따라 올라가다가 홀연(忽然)히 복숭아꽃이 활짝 핀 아름다운 숲을 만났고 더 가다가 굴이 있는 산(山)에 이르게 되었다.

그는 배를 버리고 굴속으로 들어갔다. 좁던 굴이 갈수록 커지면서 마침내 앞이 탁트인 곳에 이르렀다. 그 곳은 평평한 토지(土地)에 집들이 솟아 있었고, 기름진 밭과 맑은 못, 뽕나무와 대나무 등이 있었고 닭과 개의 소리가 들렸으며 노인(老人)과 아이들은 즐겁게 놀며 근심이 없어 보였다. 어부가 가까이 갔을 때 그들이 놀라며 어떻게 여기를 왔느냐고 물어보았다. 그래서 어부가 오게 된 과정을 말했더니 집으로 데려가 술과 닭고기로 대접을 하였다.

그들은 어부에게 말을 걸었다.

"우리는 진나라 때 난리(亂離)를 피해 이곳에 온 후에 바깥세상(世上)에 나가지 않아 이제는 서로 멀어지게 되었소."

그리고는 어부에게 물었다.

"바깥은 지금 어떤 세상이오?"

어부가 진(晉) 이후의 이야기를 그들에게 해주니 모두들 놀라고 탄식(歎息)하였다. 이 글은 도연명(陶淵明)이 쓴 유명한 산문(散文)인 『도화원기(桃花源記)』에서 유래(由來)하였다.

* 본래 무릉도원(武陵桃源)은 아득한 옛날 신선(神仙)이 살았다는 전설적인 중국의 무릉산(武陵山) 기슭 원강(沅江)의 강변으로 행복하게 살 수 있는 작은 마을을 뜻함.

한자 풀이 ───────

① **무 武 8** - 굳셀 무[무기를 뜻하는 戈(창 과)와 멈추게 한다는 뜻인 止(그칠 지)가 합해진 글자로

싸움을 막아낸다는 뜻을 나타냄. 창을 메고 전쟁터에 나가는 병사처럼 용맹스러운. 튼튼하고 정신력이 강한]·군사 무·호반[虎班 : 무사(武事)와 군사(軍事)를 맡아 관리하는 벼슬 이름] 무

② **릉 陵 11** – 언덕 릉(능)[阝(阜 : 언덕 부)와 발음요소인 夌(언덕 릉)이 합해진 글자로 비탈진 언덕을 나타냄]·능(왕이나 왕후의 시체를 묻은 언덕 같은 무덤) 릉(능)·오를 릉(능)·가파를 릉(능)·넘을 릉(능)·짓밟을 릉(능)·범할 릉(능)·업신여길 릉(능)·차츰쇠하여질 릉(능)

③ **도 桃 10** – 복숭아 도[木(나무 목)과 발음요소인 兆(조짐 조)가 합해진 글자로 수분이 많고 단맛이 나는 복숭아나무의 열매를 뜻함]·복숭아나무 도·앵두(앵두나무의 열매로서 익으면 붉은색을 띠는 작고 둥글게 생긴 과일) 도

④ **원 源 13** – 근원 원[根源. 샘물이 나오는 곳을 뜻하는 原(근원 원)이 원래 '기원, 평원'의 뜻으로 확대되자 氵(水 : 물 수)를 덧붙여 물의 근원을 별도로 나타내는 글자로 모든 사물이나 물질, 현상, 문제, 병, 일 따위가 생겨나기 시작한 근본이 되는 바탕을 나타냄]·수원(水源) 원·샘 원

용어 풀이 ─────────

• 홀연(忽然) : 뜻하지 아니하게 갑자기.

• 토지(土地) : 넓은 땅이나 흙, 농사짓는 논밭이나 집터 따위의 총칭.

• 난리(亂離) : 전쟁, 홍수나 화재 같은 재해·사고 등으로 세상이 소란하고 질서가 어지러워진 상태.

• 탄식(歎息) : 분하고 억울하거나 경치에 놀라거나 뉘우침이 있을 때 한숨을 내쉬는.

• 산문(散文) : 글자의 수나 운율(韻律)에 제한을 받지 아니하고 자유롭게 쓰는 보통의 문장.

• 유래(由來) : 사물이나 문장, 작품, 전설 등의 내력이나 생기게 된 근본이 되는 원인.

• 도화원기(桃花源記) : 중국 진(晉)나라 시인(詩人)인 도연명(陶淵明)이 복숭아꽃이 핀 마을을 가상(假想)하여 옛 일을 동양적 이상향으로 쓴 문장.

   * **이상향**(理想鄕) **: 인간이 생각할 수 있는 최선의 상태를 갖춘 완전한 사회를 뜻하는.**

직역 중국 무릉(武陵)이라는 곳에 복숭아꽃이 아름답게 핀 수원지를 뜻함.
의역 인간으로서 갈망(渴望)하는 낙원이나 별천지(別天地)를 시적(詩的)인 상상으로 표현한 것을 뜻함.

073

묵자비염
墨子悲染

*묵자읍사(墨子泣絲)라고도 함.

유래 요약 ─────────

이 글은 『묵자(墨子)』 「소염편(所染篇)」에 나오는 말이다. 중국 전국시대(戰國時代)에 전쟁(戰爭)에 반대 입장(立場)을 보이고 정의(正義)의 실천(實踐)을 주장(主張)한 사상가(思想家)였던 묵자(墨子)가 하얀 실에 물들이는 사람을 보고 탄식(歎息)하여 말하였다.

"파란 물감에 물들이면 파란색, 노란 물감에 물들이면 노란색이 되는구나. 어떻게 물감에 따라 실의 색깔이 변하여 매번(每番) 다른 색깔을 만드니 물들이는 일이란 참으로 조심(操心)해야 할 일이다. 사람이나 나라도 이와 같이 물들이는 방법(方法)에 따라 흥(興)하고 망(亡)하기도 하는 것이다." 하며 다음과 같은 예를 들었다.

옛날 순(舜)임금은 어진 신하(臣下) 허유(許由)와 백양(伯陽)의 착함에 물들어 천하(天下)를 태평(太平)하게 다스렸고, 우(禹)임금은 고요(皐繇)와 백익(伯益)의 가르침에 물들어 천하(天下)의 제왕(帝王)이 되었으며 그 공명(共鳴)이 천하(天下)를 뒤덮었다.

*묵자(墨子)의 철학적(哲學的) 주장 10가지 ①현명한 사람 숭상 ②윗사람 높이 받듦 ③사람을 차별 없이 사랑 ④전쟁을 금지 ⑤재정 지출을 절제 ⑥장례를 간소화 ⑦하늘의 뜻을 따름 ⑧귀신의 존재를 인식 ⑨사치의 상징인 음악 금지 ⑩운명을 믿지 않음.

한자 풀이 ─────────

① 묵 墨 15 - 먹 묵[굴뚝의 검은 그을음을 뜻하는 黑(검을 흑)과 土(흙 토)가 합해진 글자로 검은 그을음과 찰흙으로 반죽된 먹을 뜻함. 먹물을 만들어 붓으로 글씨를 쓰는 물건]·먹줄 묵·자자(刺字 : 옛날 중국 형벌의 하나로 죄인의 이마에 살을 따고 먹물로 죄명을 찍어 넣는)할 묵

② 자 子 3 - 아이 자 또는 아들 자(머리와 양쪽으로 벌리고 있는 두 팔과 포대기에 두 발이 싸여진 갓 태어난 아기의 모습을 본뜬 글자로 어린 아이를 나타냄)·자식 자·당신 자·자네 자·씨 자·경칭 자·사람 자·첫째지지 자

* 子(자)는 兒女子(아녀자), 菓子(과자), 卓子(탁자), 酒煎子(주전자)처럼 접미사로 쓰임.

③ **비 悲 12** - 슬플 비[心(마음 심)과 발음요소와 두 방향이 서로 어긋난다는 뜻의 非(아닐 비)가 합해진 글자로 그릇된 일로 마음이 아픈 것을 나타내어 '슬프다'의 뜻을 나타냄]·슬퍼할 비·불쌍히여길 비

④ **염 染 9** - 물들일 염[木(나무 목)과 구멍에서 솟구쳐 나오는 샘물을 뜻하는 氿(샘 궤)가 합해진 글자로 물들이는 수액(樹液)을 나타냄. 옻나무에서 채취한 물감 수액에다 옷감을 담그어 물들이는]·물들(천이나 종이 등에 색깔이 옮아서 묻는. 병균이 옮겨져 병이 걸리는) 염

용어 풀이 ━━━━━━━

- 전국시대(戰國時代) : 중국 역사에서 진(秦)나라가 중국을 통일한 기원전 403년부터 221년까지 약 200년간의 과도기 - 여러 제후국들이 패권을 다투었던 동란기(動亂期).
- 정의(正義) : 올바른 도리, 이성적 존재인 인간이 추구하고자 하는 바르고 곧은 본성.
- 사상가(思想家) : 사회나 인생에 대한 생각과 판단을 체계화하고 원리적으로 통일된 견해를 갖고 활동하는 사람.
- 탄식(歎息/嘆息) : 억울하고 분하거나 뉘우침이 있을 때에 내쉬는 한숨.
- 흥·망(興·亡) : 국가나 민족, 사람이나 사업 따위가 잘 되어 일어나는. 못되어 없어지는.
- 태평(太平·泰平) : 나라가 안정되어 아무 걱정 없고 평안한.
- 공명(共鳴) : 남의 생각이나 주장, 감정 등에 찬성하는 자기도 그러하다고 느끼는.
- 묵자(墨子) : 중국 전국시대(戰國時代) 초기의 사상가(思想家). 천하(天下)에 이(利)를 북돋우고 해(害)를 없애는 정치사상가.
- 묵자읍사(墨子泣絲) : 泣(울 읍·눈물 읍)·絲(실 사)로 묵자가 염색에 따라 색깔이 달라지는 실을 보고 울었다는 뜻. 즉, 사람이 환경에 따라 달라짐을 애석하게 생각한다는 뜻.

직역 묵자가 하얀 실에 여러 가지 색깔로 물들이는 것을 보고 슬퍼한다는 뜻.

의역 사람은 습관과 환경·교육에 따라 성품이 결정된다는 뜻.

074

문경지교
刎頸之交

유래 요약

　중국 춘추전국시대(春秋戰國時代)에 조(趙)나라 혜문왕(惠文王)의 신하(臣下) 목현(繆賢)의 식객(食客)에 인상여(藺相如)라는 사람이 있었다. 그는 진(秦)나라 소양왕(昭襄王)에게 빼앗길 뻔한 천하(天下) 명옥(名玉) 화씨지벽(和氏之璧)을 지킨 공(功)으로 일약(一躍) 상대부(上大夫)를 거쳐 상경(上卿)에 올랐다.

　그리하여 인상여의 지위(地位)는 조(趙)나라의 명장(名將)으로 유명한 염파(廉頗)보다 더 높아졌다. 그러자 염파는 이렇게 말했다.

　"나는 싸움터를 누비며 성(城)을 빼앗고 들에서 적(敵)을 무찔러 공(功)을 세웠다. 그런데 입밖에 놀린 것이 없는 인상여 따위가 나보다 윗자리에 앉다니…. 내 어찌 그 놈 밑에 있을 수 있겠는가. 언제든 그놈을 만나면 망신(亡身)을 줄 테다."

　그 후 인상여는 염파를 피했고 그 이유(理由)는 싸우면 둘 다 죽어 나라가 위기(危機)에 빠지기 때문이라고 했다. 이 말을 전해들은 염파(廉頗)는 태형(笞刑)에 쓰이는 형장(荊杖)을 들고 인상여를 찾아가 무릎을 꿇었다.

　"내가 미욱해서 대감(大監)의 높은 뜻을 미처 헤아리지 못했소. 어서 나에게 벌을 주시오."

　염파는 진심으로 사죄(謝罪)했다. 그날부터 두 사람은 '문경지교'를 맺었다고 한다.

한자 풀이

① **문 刎 6** - 목벨 문 또는 목자를 문[刂(刀 : 칼 도)와 발음요소와 후려치는 모습인 勿(말 물)이 합해진 글자로 날카로운 긴 칼로 목을 쳐서 자르거나 떨어져 나가게 하는]·목찌를(칼로 목을 찔러 죽이는) 문

② **경 頸 16** - 목 경[頁(머리 혈)과 발음요소와 머리에서 몸통으로 통하는 혈관과 신경계를 뜻

하는 巠(물줄기 경)이 합해진 글자로 머리를 떠받치고 있는 사람의 목을 나타냄. 머리와 몸통을 잇는 식도와 기도가 있고 뼈와 혈관·근육·힘줄로 된 잘록한 부분]

③ **지 之 4** - 갈 지[두 발을 뜻하는 止(발 지)와 출발선을 뜻하는 一(가로획)을 그어 만든 글자로 한 발을 떼고 막 출발하려는 모습을 나타냄]·이를 지·이 지·어조사(~의, ~가, ~이, ~을) 지

④ **교 爻 6** - 사귈 교[사람을 뜻하는 亠(돼지머리 두)와 아랫다리인 정강이가 교차해 있는 모양을 본뜬 爻(사귈 효)가 합해진 글자로 여럿이 옆 사람과 서로 손을 잡고 두 발이 꼬이면서 원을 그리며 걷는 모습을 나타냄]·벗 교·바뀔 교

   * 朋(벗 붕)은 같은 스승으로부터 가르침을 받는 반 친구. 友(벗 우)는 손을 잡고 다닐 정도로 가까운 친구.

용어 풀이 ———

- **문경**(刎頸) : 칼로 사람의 목을 베는. 직장에서 고용주가 피고용자를 내보내거나 직책을 내놓게 하는.
- **춘추전국시대**(春秋戰國時代) : 중국 고대(古代)의 변혁시대로 BC 770년 주(周) 왕조가 뤄양(洛陽)으로 천도하기 이전의 시대를 서주시대, 이후의 시대를 동주시대라고 하며 동주시대는 춘추시대와 전국시대로 나누어진다. '춘추'는 공자가 쓴 역사책에서, '전국'은 유향이 쓴 전국책에서 각각 유래하였음.
- **식객**(食客) : 높은 벼슬의 세력이 집에 얹혀서 밥만 얻어먹고 문 앞에서 지내는 사람.
- **화씨지벽**(和氏之璧) : 춘추시대 초(楚)나라 사람인 화씨(和氏)의 구슬이라는 뜻으로 천하의 진귀한 보물(寶物)을 이르는 말임. 화씨의 구슬을 명옥(名玉)이라고도 함. 璧(구슬 벽·둥근옥 벽)
- **일약**(一躍) : 지위·벼슬·등급·가격 따위가 단번에 높이 뛰어오르는.
- **상경**(上卿) : 정1품과 종1품의 판서(判書 : 이조·호조·예조·병조·형조·공조의 장관급의 으뜸 벼슬).
- **위기**(危機) : 위태롭거나 위험한 고비나 경우.
- **태형**(笞刑) : 대나무로 넓적하고 길게 만든 매로 죄인을 엎어 놓고 볼기를 치던 형벌(刑罰).
- **미욱하다** : 사투리 용어로 하는 짓이나 됨됨이가 어리석고 곰같이 미련하다는 뜻.

> **직역** 목을 벨 정도의 위험에도 후회하지 않는 절친한 교제를 뜻함.
> **의역** 목숨까지 바칠 수 있는 매우 소중한 벗이라는 뜻.

075

문전성시
門前成市

유래 요약 ─────────

중국 고대(古代) 한(漢)나라의 애제(哀帝)는 20세에 황제(皇帝)로 즉위(卽位)하였으나 정권(政權)은 외척(外戚)이 쥐고 있고 동성(同姓) 연애(戀愛)에 빠져 나라가 멸망(滅亡) 직전에 있었다. 그때 상서복야(尚書僕射) 정숭(鄭崇)이 볼 수 없어 간(諫)하다가 미움만 사고 말았다.

그 무렵 조창(趙昌)이라는 상서령(尚書令)이 있었는데 그는 전형적인 아첨배로 왕실(王室)과 인척간인 정숭을 시기(猜忌)하여 모함(謀陷)할 기회만 노리고 있다가 어느 날 애제에게 말했다.

"폐하, 아뢰옵기 황공하오나 정숭의 집 '문 앞이 저자를 이루고 있사온데[門前成市]' 이는 심상(尋常)치 않은 일이오니 엄중히 문초(問招)하십시오."

애제는 즉시 정숭을 불러 물었다.

"듣자니, 그대의 '문전은 저자와 같다(君門如市)'고 하는데, 그게 사실이오."

"예, 폐하. 신의 문전은 저자와 같으나(臣門如市) 신의 마음은 물같이 깨끗합니다. 황공(惶恐)하오나 한 번 더 조사(調査)해 주십시오."

그러나 애제(哀帝)는 정숭의 소청(訴請)을 묵살한 채 옥(獄)에 가뒀고 삭탈관직(削奪官職)하고 서인(庶人)으로 내쳤다.

한자 풀이 ─────────

① **문 門 8** - 문 문(좌우 양쪽에 마주 선 기둥에 한 짝씩 달려 있는 두 문짝을 달아놓은 큰 문의 모습을 본뜬 글자로 사람이 드나드는 관청이나 궁궐 같은 큰 집의 대문을 뜻함)·집안문·가문(집안의 사회적 지위) 문

② **전 前 9** - 앞 전[본래는 歬으로 배가 나갈 때 갈라지는 물결을 뜻하는 八와 月(舟 : 배 주)와 나무를 깎아 파내는 도구인 刀(솜씨 교)가 합해진 글자로 배가 앞으로 나아가는 모습을 나타냄. 얼굴이

있는 쪽. 정문이나 현관이 있는 쪽]·먼저 전·일찍 전·옛(오래 전의, 지나간 때의) 전·인도할 전

③ **성 成 7** - 이룰 성[戊(도끼 월) 또는 창을 뜻하는 戊(다섯째천간 무)와 발음요소인 丁(못 정)이 합해진 글자로 도끼나 창을 갈아서 못이나 바늘을 만든다는 뜻을 나타내며 어떤 목적에 도달하는]·화목할 성·마칠 성

  * 망한다는 뜻인 敗(패)에 반대되는 뜻으로 어떤 일이 잘 되거나 성공하여 부자가 된다는 뜻임.

④ **시 市 5** - 저자 시[亠(人 : 사람 인)과 모이는 장소를 표시하는 깃발을 뜻하는 巾(수건 건)이 합해진 글자로 또는 장터를 뜻하는 冂(빌 경)과 물건을 뜻하는 八(파임 불)과 장보러 간다는 뜻의 之(갈 지)가 합해진 글자로 큰 길거리에서 사람이 모여 주로 곡식, 음식, 반찬거리를 펼쳐 놓고 파는 장소]·시장 시·살 시·시가 시·시끄러울 시

용어 풀이

- 즉위(卽位) : 임금이 될 사람이 예식을 치른 뒤 임금의 자리에 오르는.
- 멸망(滅亡) : 국가나 민족 등이 망하여 없어지는.
- 상서복야(尙書僕射) : 射(벼슬이름 야). 정무집행기관인 상서성에 딸린 정2품 벼슬의 직책.
- 간(諫) : 임금이나 상관 또는 어른에게 옳지 못하거나 잘못된 일을 고치도록 말하는.
- 상서령(尙書令) : 으뜸 벼슬로 상서성(尙書省)의 장관(長官).
- 모함(謀陷) : 사실을 왜곡하거나 속임수를 써서 남을 어려움에 빠뜨리는.
- 황공(惶恐) : 임금이나 높은 벼슬의 지위나 위엄에 눌리어 어렵고 무섭게 생각하는.
- 문초(問招) : 죄인으로부터 진술을 받기 위하여 범죄의 실상을 캐묻는.
- 소청(訴請) : 하소연하여 청하는. 잘못되거나 억울한 일이 있을 때 재조사를 요청하는.
- 삭탈관직(削奪官職) : 벼슬과 품계(정1품·정2품…)를 빼앗고 벼슬아치의 명부에서 이름을 깎아버리는.
- 서인(庶人) : 서민(庶民)과 같은 말로 아무 벼슬이 없는 평민 또는 보통 사람.

직역 대문 앞에 사람들이 많이 모여 저자(시장)를 이룬다는 뜻.
의역 권세가나 부잣집 문 앞이 방문객으로 붐빈다는 뜻.

076

미생지신
尾生之信

유래 요약

중국 춘추시대(春秋時代) 노(魯)나라에 미생(尾生 : 尾生高)이라는 사람이 있었다. 신의(信義)가 두터워 한번 한 약속(約束)은 어떤 일이 있어도 꼭 지키는 것을 자랑으로 삼고 있었다. 그런 미생이 어느 날 다리 아래에서 애인(愛人)을 만나기로 약속을 하고 다리 아래로 가서 기다렸다. 그러나 여자는 나타나지 않고 장대비가 갑자기 쏟아지기 시작하여 개울물이 점점 불어났다. 그래도 미생은 약속 장소(場所)를 떠나지 않고 기다리다가 결국 교각(橋脚)을 끌어안은 채 익사(溺死)하고 말았다.

전국시대(戰國時代) 종횡가(縱橫家)로 유명한 소진(蘇秦)은 연(燕)나라 소왕(昭王)을 설파(說破)할 때 신의(信義) 있는 사나이의 본보기로 미생(尾生)이의 이야기를 들었다. 그러나 같은 전국시대를 살다간 장자(莊子)의 견해(見解)는 그와 반대였다. 장자는 그의 우언(寓言)이 실려 있는 『장자』「도척편(盜跖篇)」에서 근엄(謹嚴)함 그 자체인 공자(孔子)와 대화를 나누는 유명한 도둑 도척(盜跖)의 입을 통해 미생(尾生)을 이렇게 비평(批評)하고 있다.

"쓸데없는 명목(名目)에 구애(拘礙)되어 소중(所重)한 목숨을 소홀히 하는 인간(人間)은 진정(眞情)한 삶의 길을 모르는 놈이다."

한자 풀이

① **미 尾 7** - 꼬리 미[사람의 엉덩이 모양을 뜻하는 尸(주검 시)와 발음요소인 毛(털 모)가 합해진 글자로 옛날에 사람들이 짐승의 꼬리를 만들어 달고 흉내를 낸 데서 비롯되어 꼬리를 나타냄]·끝 미·흘레할(짐승의 암컷과 수컷이 교접하는) 미

② **생 生 5** - 날 생 또는 나올 생[어린 싹인 떡잎을 뜻하는 屮(싹날 철)과 土(흙 토)가 합해진 글자로 초목의 새싹이 땅 위로 돋아나는 모습을 나타냄. 싹들이 땅을 뚫고 새 생명체로 돋아나는]·낳을 생·생길 생·살 생·삶 생·기를 생·자랄 생·설(과일이나 곡식이 덜 익은) 생·서투를

생·백성 생

③ **지 之 4** - 갈 지[두 발을 뜻하는 止(발 지)와 출발선을 뜻하는 一(가로획)을 그어 만든 글자로 한 발을 떼고 막 출발하려는 모습을 나타냄]·이를 지·이 지·어조사(~의, ~가, ~이, ~을) 지

④ **신 信 9** - 믿을 신[亻(人 : 사람 인)과 言(말씀 언)이 합해진 글자로 사람의 말은 곧 지켜야할 약속 이므로 '믿는다'라는 뜻을 나타냄. 의심이 없고 틀림없다고 생각하는]·펼(몸을 길게 쭉 펴거나 세 력을 넓히거나 종교를 널리 전하는) 신·진실로 신·맡길 신·사신(使臣 : 외국에 파견되는 신하) 신

용어 풀이 ——————

- **신의(信義)** : 인간관계에서 행하는 믿음과 의리.
- **교각(橋脚)** : 사람이 냇물이나 강(江)을 건너다니는 다리를 받치는 기둥.
- **익사(溺死)** : 잘못하여 웅덩이나 수영장·강·바다의 물에 빠져 죽는.
- **종횡가(縱橫家)** : 중국 전국시대 제후들 사이를 오가며 여러 국가를 종횡으로 합쳐서 경륜(經綸)하는 외 교술을 논하는 사람. * **경륜(經綸) : 어떤 일을 정치적이거나 조직적으로 계획하는.**
- **설파(說破)** : 역사나 사상 또는 사물의 내용이나 우주의 이치 등을 밝혀 말하는.
- **장자(莊子)** : 중국 전국시대 말기 송(宋)나라 사상가. 속(俗)된 사람들의 세상을 벗어나고자 한 철학자.
- **우언(寓言)** : 우화(寓話)라고도 하며 인격화한 사람이나 동식물을 주인공으로 등장시켜 그들의 풍자와 교훈을 나타내는 이야기.
- **도척편(盜跖篇)** : 인격화한 주인공으로 등장시킨 공자(孔子)와 대도적인 도척 간에 인(仁)에 관한 대화 내용을 기록한 책.
- **도척(盜跖·盜蹠)** : 노(魯)나라 사람으로 부하 9,000명을 거느리고 천하를 횡행한 옛날의 큰 도적.
- **근엄(謹嚴)** : 신중하여 조심성이 있고 엄격한.
- **구애(拘礙)** : 거리낌.
- **명목(名目)** : 표면상의 명칭이나 이유.

직역 목숨까지 바치는 미생이의 굳은 믿음을 뜻함.

의역 어리석을 정도로 성질이 곧아 융통성이 전혀 없는 사람을 뜻함.

077

반문농부
班門弄斧

유래 요약 ────────

중국 춘추시대(春秋時代) 노(魯)나라에 목조(木彫)기술로 뛰어난 장인(匠人)인 공수반(公輸般 : 성은 공수고 이름은 반)이 있었다. 노국(魯國)사람이기 때문에 노반(魯班)이라 불렀다.

그는 대들보나 기둥을 만드는 데도 꽃을 새기고 문자(文子)를 파는 등 못하는 재주가 없었다. 그의 기교(技巧)는 원래 뛰어나 누구도 그를 따를 자가 없어 일세(一世) 교장(巧匠)으로 명성(名聲)을 떨쳤다. 그 당시 젊은 목수(木手)가 자기의 솜씨로 만든 수예 작품을 들고 다니며 기술(技術)의 정교(精巧)함이 여차여차하고 걸작(傑作)이라고 자화자찬(自畵自讚)하면서 도끼를 꺼내어 현장에서 솜씨를 보이기도 했다. 이를 구경하던 사람들이 그의 작품(作品)을 한 번 훑어보고는 다시 머리를 들어 그의 등 뒤에 있는 노반집 대문을 쳐다보고는 모두들 미소(微笑)를 지었다. 그중 한 사람이 더 참을 길이 없었던지 그 젊은 목수(木手)에게 말을 꺼냈다.

"젊은 친구! 등 뒤에 있는 주택(住宅)이 뉘 집인지 아오?"

"내가 어떻게 압니까?"

그는 까닭도 모른 채 대답을 했다.

"그 집이 바로 당대에 명성(名聲)이 쟁쟁한 목수 노반(魯班)의 주택이오. 그의 수예품(手藝品)이야말로 천하(天下)의 걸작(傑作)이오."

그는 그것을 보고 탄복(歎服·嘆服)하였다.

한자 풀이 ────────

① **반 班 10** - 나눌 반[두 개의 王(玉 : 구슬 옥) 사이에 刂(刀 : 칼 도)가 더해진 글자로 본뜻은 천자(天子)가 제후(諸侯)에게 증표로 옥(玉)을 칼로 쪼개 나누어 준다는 뜻을 나타냄]·반 반·아롱질 반·양반 반·반열 반

② **문 門 8** - 문 문(좌우 양쪽에 마주 선 기둥에 한 짝씩 달려 있는 두 문짝을 닫아놓은 큰 문의 모습을 본뜬 글자로 사람이 드나드는 관청이나 궁궐 같은 큰 집의 대문을 뜻함)·집안[성(姓)과 본관(本貫)이 같은 부모자식 등의 가족이나 가까운 일가] 문·가문(대대로 내려오는 그 집안의 사회적 지위) 문·전문(한 분야에 상당한 지식과 경험을 가지고 힘을 쏟아 연구하는) 문

③ **농 弄 7** - 희롱할 농(롱)[戲弄. 王(玉 : 구슬 옥)과 양손을 뜻하는 廾(맞잡을 공)이 합해진 글자로 구슬을 손으로 가지고 놀듯이 실없는 말이나 행동으로 사람을 놀리는. 불쾌할 정도로 장난을 치는]·놀(재미있게 놀이를 하며 혼자 즐기는) 농(롱)·업신여길 농(롱)·아름다울 농(롱)

④ **부 斧 8** - 도끼 부[끝이 구부러진 자루가 달린 斤(도끼 근)과 발음요소와 연장을 손에 쥔 모양인 父(아비 부)가 합해진 글자로 나무를 찍거나 패는 도끼나 전쟁터에서 무기로 사용하는 큰 도끼를 나타냄]·도끼질할 부·깎을(도끼로 나무나 물체의 거죽을 얇게 베어내는) 부·벨(나무나 풀을 자르는) 부

용어 풀이 ──────────

• 목조(木彫) : 나무에 글자, 그림 등 어떤 모양을 새기며 작품을 만드는.

• 장인(匠人) : 손재주로 물건을 만드는 일을 직업으로 하는 사람.

• 기교(技巧) : 솜씨가 아주 교묘한. 문학, 미술, 음악, 조각 등에서 재치 있게 표현하는 수법.

• 교장(巧匠) : 물건이나 예술 작품을 만드는 솜씨가 교묘한 장인(匠人).

• 명성(名聲) : 세상에 널리 퍼져 평판이 높은 이름.

• 정교(精巧) : 작품을 만드는 솜씨나 재주가 정밀하고 교묘한.

• 걸작(傑作) : 뛰어난 작품이나 이름 난 훌륭한 작품. 말이나 행동이 유별나게 우스꽝스러운 사람.

• 자화자찬(自畵自讚) : 자기가 그린 그림을 자기 스스로 칭찬하는. 자기가 한 일을 자기가 칭찬하는.

• 수예품(手藝品) : 주로 손재주로 가정에서 만드는 예술적 조형미를 갖춘 공예품.

• 탄복(歎服)하다 : 참으로 훌륭하다고 깊이 감탄하여 마음으로 따르다.

• 농부(弄斧) : 손으로 도끼를 자기 마음대로 가지고 논다는 뜻. 즉, 도끼를 솜씨 있게 다룬다는 뜻.

> **직역** 목조(木彫) 기술로 유명한 노반(魯班)의 집 문 앞에서 도끼로 솜씨를 부린다는 뜻.
>
> **의역** 뛰어난 재주꾼 앞에서 엉성한 솜씨로 잘난 체한다는 뜻.

078

발본색원
拔本塞源

유래 요약 ────

　이 글은 중국 『춘추좌씨전(春秋左氏傳)』「소공(召公) 9년」에 나오는 주(周)나라 왕(王)이
한 말이다.

　"나에게 백부(伯父)는 마치 옷에 갓이 있고 나무에 뿌리와 물에 근원(根源)이 있고 백
성(百姓)들에게 지혜로운 임금이 있어야 하는 것과 같다. 백부가 만일 갓을 찢어 버리
고 뿌리를 뽑고 근원을 막으며 지혜로운 임금을 아주 버린다면 비록 저 오랑캐들이라
도 나 한 사람을 우습게 볼 것이다."

　이와는 다른 출전(出典)으로 명(明)나라 시대의 철학자(哲學者) 왕양명(王陽明)의 『전습
록(傳習錄)』 가운데는 「발본색원(拔本塞源)」이란 장편(長篇)의 논문(論文)이 있다.

　왕양명은 발본색원론에서 평소(平素)에 그가 제창(提唱)했던 "하늘의 이치(理致)를 지
니고 사람들은 욕심(慾心)을 버려라."라는 말로 사사(私私)로운 탐욕(貪慾)은 근본(根本)부
터 뽑아버리고 그 근원을 틀어막음으로써 욕심을 없앨 수 있다는 것을 말하고 있다.

　이런 정신적(精神的)인 고사(故事)가 지금은 범죄(犯罪)나 범죄 조직(組織)을 뿌리 뽑고
근원을 막는데 주로 사용(使用)하고 있다.

한자 풀이 ────

① **발 拔 8** - 뺄 발 또는 뽑을 발[扌(手 : 손 수)와 발음요소인 犮(뽑을 발)이 합해진 글자로 손으
로 잡아 뽑아낸다는 뜻을 나타냄. 칼집에서 칼을 뽑거나 필요 없는 것을 빼어 버리는]·가
릴 발 또는 뽑아낼 발·뛰어날 발

② **본 本 5** - 근본 본[根本. 본래는 사람을 뜻하는 大(큰 대)와 앞으로 나아간다는 뜻인 十(열
십)이 합해진 本의 글자로 사람이 발전하며 사람답게 사는 것이 근본이라는 뜻을 나타냄]·
뿌리 본·바탕 본·밑 본·본디 본

③ **색 塞 13** - 막을 색[土(흙 토)와 발음요소인 寒(막을 새)가 생략된 宲이 합해진 글자로 흙을 쌓아 막는다는 뜻을 나타냄]·가득할 색·막힐 색·변방(邊方) 새·요새(要塞) 새

④ **원 源 13** - 근원 원[根源. 샘물이 나오는 곳을 뜻하는 原(근원 원)이 '원래, 기원, 평원'의 뜻으로 확대되자 氵(水 : 물 수)를 덧붙여 물의 근원을 별도로 나타내는 글자로 모든 사물이나 물질·현상·문제·병·일 따위가 생겨나기 시작한 근본이 되는 바탕을 나타냄]·수원(水源) 원·샘 원

용어 풀이

• 춘추좌씨전(春秋左氏傳) : 중국 춘추시대 사상가이며 유교(儒敎)의 창시자인 공자(孔子)가 편찬한 역사서이며 춘추의 대표적인 주석서로 고대 중국인의 생각, 생활양식 등을 전하는 사화집(史話集).

• 소공(召公) : 중국 주(周)나라 문왕(文王)의 아들로 정치가이며 전국시대 중국의 패권을 놓고 다뤘던 7대 강국을 일컫는 전국칠웅(戰國七雄)의 하나인 연(燕)의 시조.

• 백부(伯父) : 큰아버지.

• 갓 : 예전에 어른이 된 남자가 머리에 쓰던 의관(衣冠).

• 출전(出典) : 어떤 자료에 인용한 글이나 출처가 되는 서적.

• 왕양명(王陽明) : 중국 명(明)나라 유학(儒學) 중심의 사상가로 대표적인 철학자, 주관적 관념론자, 정치가.

• 전습록(傳習錄) : 왕양명의 어록(語錄)과 편지를 모아 엮은 서간집(書簡集).

  * **전습은 『논어(論語)』 「학이(學而)」에서 "전(傳)한 바를 익혔(習)는가"에서 나온 것임.**

• 제창(提唱) : 어떤 일을 맨 처음 내놓아 주장하는 일.

• 탐욕(貪慾) : 사물을 지나치게 탐내는 욕심.

• 고사(故事) : 옛날부터 전하여 내려오는 까닭과 깊은 내력이 있는 일.

직역 사물(事物)의 폐단(弊端)을 없애기 위하여 근본(根本)을 빼내고 원천(源泉)을 막아버린다는 뜻.

의역 어떤 나쁜 일을 다시 문제가 생기지 않도록 근본적으로 처리한다는 뜻.

079

방약무인
傍若無人

유래 요약 ────────

중국 춘추전국시대(春秋戰國時代) 말기 무렵 진시황제(秦始皇帝)가 천하(天下)를 통일(統一)하기 직전의 일이다. 당시 포악무도(暴惡無道)한 시황제를 암살(暗殺)하려다 실패한 자객(刺客) 중에 무예(武藝)와 문학(文學)에 능한 위(魏)나라 형가(荊軻)라는 사람이 있었다.

그는 위나라 원군(元君)이 그를 측근자(側近者)로 써주지 않자 여러 나라를 전전(轉轉)하다가 연(燕)나라에서 축(筑)의 명수(名手)인 고점리(高漸離)라는 사람을 만나게 되었다. 형가와 고점리는 이내 의기투합(意氣投合)하여 매일같이 저자(시장)에서 술을 마셨다. 그렇게 마시다가 얼근한 술기운이 돌면 고점리는 축(筑)을 연주(演奏)하고 형가는 노래를 불렀다. 그러다가 서로의 마음속 감회(感懷)가 복받쳐 오르면 함께 엉엉 울었다.

"곁에 아무도 없는 것처럼[傍若無人]…."

암살에 실패한 형가(荊軻)는 시황제에게 죽임을 당하고 말았다.

여기서 남의 입장(立場)은 생각지도 않고 거리낌 없이 함부로 행동한다는 방약무인이 유래(由來)되었다.

한자 풀이 ────────

① **방 傍 12** - 곁 방[亻(人 : 사람 인)과 발음요소와 사방 옆을 뜻하는 旁(곁 방)이 합해진 글자로 어떤 사람에게 가깝게 붙어 있는 양쪽 옆이나 간접적인 관계를 나타냄. 회의·토론·공개방송 등에 직접 관여하지 않고 참석하는]·가까이할 방·의지(依支)할 방·좌우에서시종(侍從)할 방

② **약 若 9** - 같을 약(서로 다른 데가 없고 모양이나 상황이 아주 비슷한)·만약(萬若 : 혹시·만일 ~라면) 약·반야 야[般若. 艹(艸 : 풀 초)와 右(오른손 우)가 합해진 글자로 머리를 흐트러뜨리고 정신없이 신(神)의 뜻을 따르는 무당의 모습을 나타냄. 불교의 범어(梵語)로서 지혜(智慧)라는 뜻]

③ 무 無 12 - 없을 무[舞(춤출 무)에서 舛(어그러질 천) 대신 4개의 발바닥 모양인 灬이 합해진 글자로 깃털 장식을 잡고 흔들며 춤추는 모습을 나타냄. 본뜻은 춤이며 '없다'는 뜻은 亡(없을 망)에서 가져온 것임]·아닐(부정하는) 무·말(금지를 뜻하는) 무·빌(텅 비어 있는) 무

　　　＊동사로 '~하지 못하다'

④ 인 人 2 - 사람 인[벼슬아치가 증표인 홀(笏)을 잡은 두 손을 앞으로 내밀며 서 있는 옆모습을 본뜬 글자로 두 발로 똑바로 서서 걸으며 생각과 말을 할 줄 아는 만물의 우두머리를 뜻함]·인격 인·남(상대방) 인

　　　＊사람의 훌륭한 정도 : 善人(선인)→信人(신인)→美人(미인)→大人(대인)→聖人(성인)

용어 풀이 ──────

- 시황제(始皇帝) : 중국 최초의 중앙집권적 통일제국인 진(秦)나라를 세우고 부국강병책(富國强兵策)을 추진하였음.
- 포악무도(暴惡無道) : 짐승처럼 사납고 악하며 도리에 어긋나는 행동을 함부로 하는.
- 암살(暗殺) : 정치적인 나쁜 계획을 꾸미기 위하여 사람을 몰래 죽이는.
- 자객(刺客) : 일정한 음모에 가담하여 사람을 몰래 찔러 죽이는 사람.
- 원군(元君) : 노자(老子)가 교조(敎祖)로 중국의 토착 종교인 도교(道敎)에서 도(道)를 깨우쳐 신선(神仙)이 된 여자. ＊신선 : 선도를 닦아서 신통력을 얻은 사람.
- 축(筑 : 악기이름 축) : 가지 모양으로 나무 몸체는 둥글고 짧은 자루가 달렸으며 3~5현(絃)으로 된 동양 악기인 비파(琵琶).
- 고점리(高漸離) : 중국 전국시대 말기 연(燕)나라 사람으로 축(筑)을 다루는 명수(名手).
- 의기투합(意氣投合) : 서로 뜻과 마음이 맞아 기운이 넘치고 기상이 높은.
- 감회(感懷) : 고향이나 이별, 옛 추억 등에 대한 마음속에 품은 생각과 느낌.

> **직역** 곁에 사람이 아무도 없는 것 같이 여기고 제멋대로 행동한다는 뜻.
>
> **의역** 주위에 다른 사람이 있다고 의식하고 항상 언행(言行)을 조심해야 한다는 뜻.

080

배중사영
杯中蛇影

유래 요약 ——————

중국 고대(古代) 진(晉)나라에 악광(樂廣)이라는 사람이 있었다. 그는 집이 가난하여 독학(獨學)을 했으며 영리(怜悧)하고 수재(秀才)로 천거(薦擧)되어 벼슬길에 나아갈 때 매사(每事)에 신중(愼重)했다. 악광(樂廣)이 하남태수(河南太守)로 있을 때 자주 놀러 오던 친구가 웬일인지 발을 딱 끊고 찾아오지 않았다. 악광은 이상하다는 생각이 들어 그를 찾아가 물어 보았다.

"아니, 자네 웬일인가? 요샌 통 얼굴도 안 비치니…?"

그러나 그 친구는 이렇게 대답(對答)했다.

"저번에 우리가 술을 마실 때 얘길세. 그때 술 막 마시려는데 잔속에 뱀이 보이는 게 아니겠나. 기분이 언짢았지만 그냥 마셨지. 그런데 그 후로 몸이 좋지 않았다네."

이 말을 들은 악광(樂廣)은 이상한 일도 다 있다고 생각했다. 지난번 술자리는 관가(官家)의 자기 방이었고, 그 방 벽(壁)에는 활이 걸려 있었지? 그렇다. 그 활에는 옻칠로 뱀 그림이 그려져 있었다. 안광은 그 친구를 다시 초대(招待)해서 저번에 앉았던 그 자리에 앉히고 술잔에 술을 따랐다.

"어떤가? 뭐가 보이나?"

"응, 전번과 마찬가지네."

"그건 저 활에 그려져 있는 뱀 그림자일세."

그제야 병이 씻은 듯이 나았다고 했다.

한자 풀이 ——————

① **배 杯 8** - 잔 배 또는 그릇 배[木(나무 목)과 발음요소와 씨방과 꽃받침 모양의 술잔을 뜻하는 不(아니 불)이 합해진 글자로 옛날에 술을 마실 때 쓰던 나무와 금속으로 만든 커다란 잔 모양

의 그릇을 뜻함]

② **중 中 4** - 가운데 중(깃발을 가운데 꽂아 사람들을 모이게 하거나 부락·군부대·집단의 가운데에 깃발을 꽂은 모양의 글자로 사물이나 위치의 중심이 되는)·바를(똑바르게 하는) 중·진행 중·안쪽 중·속 중·사이 중·알맞을 중

③ **사 蛇 11** - 뱀 사[뱀이 웅크리고 있는 모습을 본뜬 虫(뱀 훼)와 몸통을 꼿꼿이 세우고 물려고 하는 뱀의 모습을 뜻하는 它(뱀 사)가 합해진 글자로 몸은 가늘고 길며 피부가 비늘로 덮여 있어 배의 비늘을 세워 앞으로 움직이는 파충류 동물]·배암(뱀의 원래의 말) 사·이무기[용(龍)이 되기 전의 상태이며 큰 구렁이 모양으로 전설에 나오는 상상의 동물] 타

④ **영 影 15** - 그림자 영[빛줄기나 햇살을 뜻하는 彡(터럭 삼)과 발음요소인 景(그림자 영)이 합해진 글자로 햇빛이 비칠 때 물체나 사람이 빛을 가리어 그림 모양으로 나타나는 검은 현상]·초상(肖像 : 사람이나 인물의 얼굴을 똑같게 그린 모습) 영·모습(사물의 겉모양) 영

용어 풀이 ────────

• 악광(樂廣) : 진(晉)나라 사람으로 어떤 문제에 대하여 의논하고 결론을 밝히는 담론가(談論家).

• 독학(獨學) : 가르치는 스승이 없이 또는 학교에 다니지 아니하고 혼자 공부하는.

• 영리(怜悧) : 눈치가 빠르고 지능이 뛰어나 어떤 일에 남보다 현명하게 대처하는.

• 천거(薦擧) : 인재나 훌륭한 인물을 관원(벼슬) 자리에 쓰도록 추천하는.

• 신중(愼重) : 어떤 문제를 판단하거나 결정할 때 매우 조심스럽게 깊이 생각하는.

• 하남태수(河南太守) : 하남 군(郡) 단위 지역의 지방관리(장관 벼슬).

• 관가(官家) : 옛날 벼슬아치들이 머무르면서 나라 일을 보던 집.

• 초대(招待) : 어떤 의식 행사나 회의나 모임 등에 참가할 것을 공식적으로 청하는.

직역 술잔 가운데에 비친 뱀의 그림자라는 뜻.

의역 아무 것도 아닌 일에 의심을 품고 지나치게 근심을 한다는 뜻, 또는 자기 스스로 의혹(疑惑)된 마음이 생겨 쓸데없이 고민(苦悶)한다는 뜻.

081

백년하청
百年河淸

유래 요약 ————

중국 춘추전국시대(春秋戰國時代) 중반, 주(周)나라 영왕(靈王) 7년, 정(鄭)나라는 위기 (危機)에 빠졌다. 초(楚)나라의 속국(屬國)인 채(蔡)나라를 친 것이 화(禍)가 되어 초(楚)나라의 보복(報復)공격(攻擊)을 받게 된 것이다.

곧 중신(重臣)들이 모여 대책(對策)을 논의(論議)했으나 의견(意見)은 초(楚)나라에 항복 (降伏)하자는 화친론(和親論)과 진(晉)나라의 구원군(救援軍)을 기다리며 싸우자는 주전론 (主戰論)으로 나뉘었다.

양쪽 주장(主張)이 팽팽히 맞서자, 대부(大夫)벼슬인 자사(子駟)가 말했다.

"주나라의 시(詩)에 '황하(黃河)의 흐린 물이 맑아지기를 기다린다 해도 인간의 짧은 수명(壽命)으로는 아무래도 부족(否足)하다'는 말이 있듯이 지금 진나라의 구원군(救援軍)을 기다린다는 것은 '백년하청(百年河淸 : 황하가 맑기를 기다리는 것은 부질없는 일)'일 따름이오. 그러니 일단 초(楚)나라에 복종(服從)하여 백성들의 불안(不安)을 씻어주도록 합시다."

이리하여 정(鄭)나라는 초(楚)나라와 화친(和親)을 맺고 위기(危機)를 모면(謀免)했다.

한자 풀이 ————

① 백 百 6 - 일백 백[하나의 뜻인 一(한 일)과 발음요소인 白(흰 백)이 합해진 글자로 수효(數爻)의 일백이나 많다는 뜻을 나타냄. 십진법에서는 100단위를 뜻함]·백번 백·많을 백

② 년 年 5 - 해 년(연)[본래 禾(벼 화)와 벼를 베는 농기구를 뜻하는 干(방패 간)이 합해진 秊의 글자로 여문 벼를 베어 등에 지고 집으로 돌아오는 가을의 계절을 나타내며 곡식을 다시 수확하는데 걸리는 기간인 1년을 말함]

③ 하 河 8 - 물 하[氵(水 : 물 수)와 꼬불꼬불하게 꺾인 목구멍을 뜻하는 可(옳을 가)가 합해진 글자로 본뜻은 꼬불꼬불하게 굽이쳐 흐르는 중국의 황하(黃河)인 큰 강줄기를 나타냄. 황하는 많이 내린 빗물이 들판을 거쳐 강으로 흘러들어간 흙탕물임]·강(江) 하·은하(銀河) 하

④ 청 淸 11 - 맑을 청[氵(水 : 물 수)와 깨끗하고 순수하다는 뜻의 青(푸를 청)이 합해진 글자로 자연에 존재하는 투명하고 깨끗한 맑은 물을 나타냄. 날씨, 하늘, 소리, 정신 등이 맑음]·깨끗할 청·청렴(淸廉 : 탐욕이 없이 마음이 깨끗하고 정직한)할 청

용어 풀이 ————————

• 속국(屬國) : 스스로 나라를 지키는 능력을 잃고 다른 나라에 딸리어 붙어 있는 나라.

• 화(禍) : 홍수나 화재나 전쟁에 패해 망하는 등 지극히 불행한 일을 당하는.

• 중신(重臣) : 중요한 관직에 있는 신하.

• 항복(降伏) : 힘이나 무력에 눌리어 전쟁을 포기하고 적에게 굴복하는.

• 화친론(和親論) : 사람이나 나라 사이에 싸우지 않고 서로 의좋게 지내자고 주장하는 의견.

• 구원군(救援軍) : 어려움이나 위험에 처해 있는 군대를 지원해주는 병력이나 군사.

• 주전론(主戰論) : 화전(和戰)을 반대하고 끝까지 싸우자고 주장하는 의견.

• 모면(謀免) : 위기나 죽음 등에 대한 일이나 책임을 꾀를 써서 벗어나는.

• 백년(百年) : 한 해의 100배, 썩 많은 세월이나 오랜 세월을 뜻함.

• 화친(和親) : 서로 의좋게 지내는. 두 나라가 분쟁이 없이 가까이 지내는.

• 모면(謀免) : 어떤 일이나 책임에서 수단을 써서 벗어나는.

직역 백 년이 되어야 황하(黃河)의 강물이 맑아진다는 뜻.

의역 아무리 오래 기다려도 소용이 없다는 뜻. 이루어지기가 거의 어렵다는 뜻.
　　　즉, 어떤 일이 해결될 기미가 없거나 희망이 없다는 뜻.

082

백면서생
白面書生

유래 요약 ────────

중국의 남북조(南北朝)시대, 남조(南朝) 송(宋)나라 황제(皇帝)인 문제(文帝) 때 오(吳)나라 땅에 무예(武藝)가 뛰어난 심경지(沈慶之)라는 사람이 있었다.

그는 불과 10세의 어린 나이로 개인(個人)이 부리는 병사(兵士) 1개 단체를 이끌고 반란군(叛亂軍)과 싸워서 번번이 승리(勝利)하여 무명(武名)을 떨쳤다. 그의 나이 40세 때 이민족(異民族)의 반란을 진압(鎭壓)한 공로(功勞)로 장군(將軍)에 임명되었고 문제(文帝)에 이어 즉위한 효무제(孝武帝) 때는 도읍(都邑)인 건강(建康 : 南京)을 지키는 방위(防衛) 책임자로 승진했다. 어느 날 효무제는 심경지(沈慶之)가 배석(陪席)한 자리에 문신(文臣)들을 불러 놓고 숙적(宿敵)인 북위(北魏)를 치기 위한 출병(出兵)을 논의(論議)했다. 먼저 심경지는 북벌(北伐) 실패의 전례를 들어 출병을 반대하고 이렇게 말했다.

"폐하, 밭갈이는 농부(農夫)에게 맡기고 바느질은 아낙네에게 맡겨야 하옵니다. 하온데 폐하(陛下)께서는 어찌 북벌(北伐) 출병을 백면서생(白面書生)과 논의하려 하시나이까?"

그러나 효무제(孝武帝)는 문신(文臣)들의 의견을 받아들여 출병했다가 패(敗)하고 말았다.

한자 풀이 ────────

① **백 白 5** - 흰 백[주먹을 쥔 엄지손가락의 모양을 뜻하는 日(해 일)과 손가락을 치켜세운 동작의 /(삐침 별)이 합해진 글자로 엄지손가락을 치켜세울 때 손톱의 흰 색깔을 나타냄]·흴 백·깨끗할 백·아뢸 백

② **면 面 9** - 낯 면[사람의 머리와 가운데 目(눈 목)을 중심으로 얼굴의 양쪽 볼을 정면으로 그린 글

자로 사람의 얼굴을 나타냄]·얼굴 면·볼 면·대할 면·탈 면·겉 면·방향 면·쪽 면·면 면·밀가루
면

③ **書 書 5** - 글 서[손에 붓을 잡고 있는 모양인 聿(붓 율)과 먹물이 담긴 그릇을 뜻하는 曰(가로 왈)이
합해진 글자로 붓으로 먹물을 묻혀 남의 말이나 자기의 생각을 쓰는 기록을 뜻함]·책 서·문서
서·편지 서

④ **生 生 5** - 날 생 또는 나올 생[어린 싹인 떡잎을 뜻하는 屮(싹날 철)과 土(흙 토)가 합해진 글자로
초목의 새싹이 땅 위로 돋아나는 모습을 나타냄]·낳을 생·생길 생·살 생·자랄 생

   * 生(생)은 다른 한자의 끝에 붙어 학생이나 학문을 하는 사람을 나타냄. 下宿生(하숙생), 先生(선생).

용어 풀이 ———————

• 무예(武藝) : 무기나 무력으로 상대와 겨루는 재주.

• 반란군(叛亂軍) : 나라와 겨레를 배반하여 난리를 일으킨 군대.

• 무명(武名) : 싸우는 무술과 용맹으로써 난 이름 또는 명예로운.

• 이민족(異民族) : 옛날부터 사용하는 언어(言語)나 풍속(風俗)이 다른 민족.

• 진압(鎭壓) : 폭동이나 반란 따위를 강압적인 힘으로 진정시키어 억누르는.

• 방위(防衛) : 무력이나 군사적으로 적의 공격을 막아서 국토나 나라를 지키는.

• 배석(陪席) : 웃어른을 모시거나 상급자를 따라 어떤 자리에 함께 참석하는.

• 문신(文臣) : 문학·철학·사학·법률에 관한 학문을 담당하는 문관으로서의 신하(臣下).

• 숙적(宿敵) : 오래 전부터 원수로 맞서 왔던 적(敵) 또는 적수(敵手).

• 출병(出兵) : 군대를 동원하여 전쟁터나 전선에 내어 보내는.

• 백면(白面) : 얼굴빛이 흰 젊은 남자, 오로지 글만 읽고 세상 일에 경험이 조금도 없는 사람. 곧 백면서
생을 뜻함.

직역 유학(儒學)을 공부하는 말끔한 얼굴을 가진 젊은이를 뜻함.

의역 방에서 책을 읽고 지식만 갖추었을 뿐 세상일에 대해서는 문외한(門外漢)이라는 뜻.

   * 문외한(門外漢) : 어떤 일에 대해 아는 바가 전혀 없거나 익숙하지 않은 사람.

083

백아절현
伯牙絶絃

유래 요약 ——————

　중국 춘추시대(春秋時代) 거문고의 달인(達人)으로 이름이 높은 초(楚)나라 출신인 백아(伯牙)에게는 그 소리를 누구보다 잘 감상(鑑賞)해 주는 나무꾼인 친구 종자기(鍾子期)가 있었다.

　백아가 거문고를 타며 산(山)과 큰 강(江)의 분위기를 그려내려고 시도(試圖)하면 옆에서 거문고 소리에 심취(心醉)해 있던 종자기의 입에서는 탄성(歎聲)이 연발(連發)한다.

　"아! 멋지다. 하늘 높이 우뚝 솟은 느낌이 마치 태산(泰山) 같군."

　"응. 훌륭해. 넘칠 듯이 흘러가는 그 느낌은 마치 황하(黃河) 같군."

　두 사람은 그토록 마음이 통하는 연주자(演奏者)였고 청취자(聽取者)였으나 종자기가 병(病)으로 죽고 말았다. 그러자 백아(伯牙)는 절망(絶望)한 나머지 거문고 줄을 끊고 다시는 연주하지 않았다고 한다.

　지기(知己)를 가리켜 지음(知音)이라 일컫는 것은 이 고사(故事)에서 나온 말이다.

한자 풀이 ——————

① **백 伯** 7 - 맏 백[亻(人 : 사람 인)과 발음요소와 엄지손가락을 치켜 우두머리를 뜻하는 白(흰 백)이 합해진 글자로 순서나 형제의 항렬에서 첫 번째를 가리킴]·우두머리 백·첫 백·으뜸 패

② **아 牙** 4 - 어금니 아(아래, 위가 서로 맞물려 있는 짐승의 이빨과 앞으로 뻗어 나온 코끼리의 이빨 모양을 나타낸 글자로 음식을 씹거나 깨물어 부수는 넓고 단단한 큰 이를 뜻함)·상아(象牙) 아·깨물 아

③ **절 絶[絶]** 12 - 끊을 절[실이나 밧줄을 뜻하는 糸(실 사)와 본래 刀(칼 도)와 무릎을 꿇은 모습의 卪(卩 : 병부 절)이 변형된 巴(뱀 파)가 합해진 글자로 무릎을 꿇고 앉아 칼·낫·도끼 같은 날붙이로

실이나 이어진 매듭이나 긴 물체를 잘라 동강을 낸다는 뜻을 나타냄]·끊어질 절·막을 절·극진할 절

④ **현 絃 11** - 줄 현 또는 악기줄 현[糸(실 사)와 발음요소와 줄을 건다는 뜻의 玄(검을 현)이 합해진 글자로 실을 엮어 만든 악기의 줄을 나타냄. 진동으로 높낮음의 소리를 내어 음악을 연주하는 악기에 쓰는 줄]·현악기(絃樂器 : 거문고, 바이올린, 첼로 등과 같이 여러 개의 줄을 다루어 소리 나게 하는 악기) 현

용어 풀이 ─────────

• 달인(達人) : 학문이나 예술에 통달하고 널리 사물의 이치에 정통한 사람.

• 감상(鑑賞) : 주로 예술 작품을 이해하여 즐기고 평가함.

• 시도(試圖) : 무엇을 이루어 보려고 계획하거나 직접 행동하는.

• 심취(心醉) : 감상이나 이야기 등 어떤 일에 깊이 빠져 마음이 취하다시피 하는.

• 탄성(歎聲·嘆聲) : 아름답고 놀라운 일이나 재능에 감탄하는 소리.

• 연발(連發) : 어떤 말이나 소리·탄성 등이 연이어서 일어나는.

• 연주자(演奏者) : 여러 사람들 앞에서 악기로 음악을 들려주는 사람.

• 청취자(聽取者) : 방송·진술·보고·음악 같은 것을 듣는 사람.

• 지기(知己) : 지기지우(知己之友)의 준말로 자기의 속마음과 가치를 잘 알아주는 참다운 친구.

• 지음(知音) : 음악의 곡조를 잘 아는. 마음이 서로 통하는 친한 벗. 지우(知友).

직역 백아(伯牙)라는 연주자가 슬픔을 못이겨 자기의 거문고 줄을 끊어버렸다는 뜻.
의역 자기를 진정 알아주는 참다운 벗의 죽음을 몹시 슬퍼함을 표현한다는 뜻임.

084

백중지세
伯仲之勢

* 백중지간(伯仲之間)과 같은 뜻임.

유래 요약 —————

이 글은 중국 춘추전국시대(春秋戰國時代) 제후국(諸侯國)인 위(魏)나라 문제(文帝) 조비(曹丕)가 집필한 『전론(典論)』에 나오는 말이다.

관습상(慣習上) 형제(兄弟)의 순서를 백(伯 : 맏형)·중(仲 : 둘째)·숙(叔 : 셋째)·계(季 : 막내)라고 부른다. 넷째와 다섯째는 다 숙(叔)씨로 통한다.

그러므로 백중(伯仲)은 형과 아우라는 말이며 한 시간을 먼저 태어나도 맏형과 동생이 될 수 있으므로 형제는 순서일 뿐 큰 차이가 있을 수 없다.

그래서 우열(優劣)을 가릴 수 없는 양쪽을 가리켜 백중지세(伯仲之勢)니 백중지간(伯仲之間)이니 하고 말한다.

문제 조비의 『전론』 첫머리에 "글쓰는 사람끼리 서로 상대(相對)를 업신여기는 것은 예로부터 그러했다. 예를 들면 역사가인 부의(傅毅)와 반고(班固)는 그 역량(力量)에 있어서 서로 백중(伯仲)한 사이였다." 하고 서로 헐뜯고 있는 내용을 말하고 있다.

또 당(唐)나라 시인(詩人) 두보(杜甫)도 시(詩)에서 제갈량(諸葛亮)을 칭찬하며 은(殷)나라 탕왕(湯王)을 도와 천하(天下)를 얻게 한 이윤(伊尹)과 주(周)나라 문왕(文王)과 무왕(武王)을 도와 새 왕조(王朝)를 창건한 여상(呂尙)과 맞먹는다고 하는 것을 백중지간(伯仲之間)이란 말로 표현(表現)한 바 있다.

한자 풀이 —————

① **백 伯 7** - 맏 백[亻(人 : 사람 인)과 발음요소와 엄지손가락을 치켜 우두머리를 뜻하는 白(흰 백)이 합해진 글자로 순서나 형제의 항렬에서 첫 번째를 가리킴]·우두머리 백·첫 백·작위[爵位 : 옛날의 벼슬과 지위를 뜻함 - 세 번째 등급인 백작(伯爵)] 백·으뜸 패

② **중 仲 6** - 버금 중[亻(人 : 사람 인)과 발음요소와 중간 자리를 뜻하는 中(가운데 중)이 합해진 글자로

남자 형제의 항렬에서 가운데 또는 둘째라는 데서 버금이라는 뜻을 나타냄]·둘째[태어난 차례가 첫째 다음 순서가 되는 - 첫째(伯 : 백)·둘째(仲 : 중)·셋째·넷째…(叔 : 숙)·끝(季 : 계)] 중

③ **지 之 4** - 갈 지[두 발을 뜻하는 止(발 지)와 출발선을 뜻하는 一(가로획)을 그어 만든 글자로 한 발을 떼고 막 출발하려는 모습을 나타냄]·이를 지·이 지·어조사(~의, ~가, ~이, ~을) 지

④ **세 勢 13** - 세력 세[勢力. 力(힘 력)과 발음요소와 마구 휘두른다는 뜻의 埶(권세 세)가 합해진 글자로 성대한 기운이나 세력을 나타냄. 국가나 사회를 지배하는 힘이나 영향력]·기세(氣勢 : 활동이나 싸움에서 세차게 뻗치는 기운·힘) 세·권세(權勢) 세·형세(形勢) 세

용어 풀이 ─────────

• 춘추전국시대(春秋戰國時代) : BC(기원전) 8세기에서 BC 3세기에 이르는 중국 고대의 변혁시대.

• 제후국(諸侯國) : 6~15세기 말까지 국가의 기준이었던 봉건시대(封建時代)에 일정한 영토를 가지고 그 영토 내의 백성을 다스리던 제후가 다스리는 나라.

• 집필(執筆) : 붓을 잡고 시가(詩歌)·작품 따위의 글을 쓰는.

• 전론(典論) : 중국 위(魏)나라의 문제(文帝) 조비(曹丕)가 지은 최초의 전문적인 문학 비평서임.

• 우열(優劣) : 나음과 못함, 우등과 열등.

• 두보(杜甫) : 중국 최고의 시인(詩人)으로서 특히 널리 인간의 심리와 자연의 사실에서 새로운 감동을 찾아내어 시를 지었음.

• 제갈량(諸葛亮) : 중국 삼국시대 촉한(蜀漢)의 재상(宰相) 벼슬을 했으며 정치가·전략가로 때를 기다리는 호걸(豪傑)이라는 뜻의 와룡선생(臥龍先生)이라고 일컬었음.

 * **재상(宰相) : 임금을 돕고 모든 관원을 지휘 감독하는 높은 벼슬자리에 있는 사람을 뜻함.**

• 왕조(王朝) : 그 왕가(王家)가 다스리는 시대나 같은 왕가에 속하는 통치자의 계열.

직역 맏형과 둘째의 세력이 서로 엇비슷하다는 뜻.

의역 세력·지식·기운 등의 정도나 수준이 서로 엇비슷하여 우열을 가리기가 어렵다는 뜻.

085

부중지어
釜中之魚

유래 요약 ―――――

중국 후한(後漢) 말께 20여 년간 황제(皇帝)의 외척(外戚)인 양익(梁翼) 형제는 권력(權力)을 멋대로 휘둘렀다. 양익이 대장군(大將軍)이 되고 그의 아우 불의(不疑)가 하남 태수(太守)가 되었을 때 그들은 8명의 사자(使者)를 각 고을에 파견하여 순찰하도록 했다. 사자 중에는 장강(張綱)이라는 사람이 있었다. 그는 낙양(烙陽) 숙소에다 수레바퀴를 묻어 버리고는 이렇게 말했다.

"산 개와 이리 같은 양익 형제가 요직(要職)을 차지하고 설쳐대는데 여우나 살쾡이 같은 지방 관리들을 조사(調查)하며 돌아다닌들 무슨 소용이 있겠는가?"

그러면서 장강(張綱)은 도처에 양익 형제를 탄핵(彈劾)하는 상소문(上疏文)을 올렸다. 이 때문에 장강은 양익 형제의 미움을 사서 광릉군의 태수(太守)로 쫓겨났다. 장강은 광릉군에서 도적(盜賊)떼를 이끌고 있는 장영을 찾아가 귀순(歸順)할 것을 권했으며 장영은 깊은 감명(感銘)을 받고 울면서 말했다.

"벼슬아치들의 가혹(苛酷)한 처사에 배기다 못해 모두가 모여서 도적이 되었습니다. 지금 이렇게 목숨이 붙어있지만 마치 솥 안에서 물고기 헤엄치는 것과 같아 결코 오래 갈 수 없겠지요."

이리하여 1만여 명의 도적들은 모두 항복(降伏)했다.

한자 풀이 ―――――

① 부 釜 10 - 솥 부[철의 합금으로 된 무쇠를 뜻하는 金(쇠 금)과 발음요소인 父(아비 부)가 합해진 글자로 밥을 짓거나 음식을 끓이는 데 쓰는 무쇠로 만든 다리가 없는 둥근 그릇을 뜻함]·가마 부 또는 가마솥(일반 솥보다 크고 깊숙한 솥) 부·여섯말네되[곡식 6말(斗 : 말 두) 4되(升 : 되 승)] 부·휘(20~25말) 부

② **중 中 4** - 가운데 중(깃발을 가운데 꽂아 사람들을 모이게 하거나 부락, 군부대, 집단의 가운데에 깃발을 꽂은 모양의 글자로 사물이나 공간, 위치 등의 중심을 나타내는)·바를 중·진행 중·안쪽 중·속 중·사이 중·맞힐 중

③ **지 之 4** - 갈 지[두 발을 뜻하는 止(발 지)와 출발선을 뜻하는 一(가로획)을 그어 만든 글자로 한 발을 떼고 막 출발하려는 모습을 나타냄]·이를 지·이 지·어조사(~의, ~가, ~이, ~을) 지

④ **어 魚 11** - 물고기 어(물고기의 머리인 〃와 몸통과 비늘을 뜻하는 田와 지느러미와 꼬리를 뜻하는 ∴가 합해진 글자로 물속에서 헤엄치며 살아가는 물고기를 나타냄)·잉어 어·생선(生鮮 : 잡은 그대로의 물고기) 어

> * 魚夫(어부) : 고기잡이를 직업으로 하는 사람. 魚父(어부) : 그냥 고기를 잡고 있는 어른.

용어 풀이 ─────

- 외척(外戚) : 어머니의 친정인 외가(外家)의 친척. 같은 본을 가진 사람 이외의 친척.

- 대장군(大將軍) : 군사를 지휘, 감독하는 사령관 같은 무관(武官) 벼슬.

- 태수(太守) : 옛날 중국의 행정구역인 군(郡)단위의 지방 장관.

- 사자(使者) : 임금의 명령을 받고 심부름하는 사람, 죽은 혼을 저승으로 잡아간다는 저승귀신.

- 요직(要職) : 정부 기관이나 공공단체의 중요한 직위.

- 탄핵(彈劾) : 법원에 의해서는 재판을 제기하기가 곤란한 대통령, 국무위원 등의 위법을 심판하는.

- 상소문(上疏文) : 임금에게 탄핵이나 법적인 처벌을 요구하는 내용을 올리는 글.

- 감명(感銘) : 설명이나 연설 등의 내용을 깊이 느끼어 마음속에 새겨두는.

- 가혹(苛酷) : 매우 까다롭고 모진. 모나고 인정이 없는. 마음씨나 하는 짓이 몹시 나쁜.

- 항복(降伏·降服) : 힘이나 무력에 눌리어 싸움을 포기하고 적에게 굴복하는.

직역 가마솥에 들어 있는 살아있는 물고기라는 뜻.

의역 눈앞에 곧 닥칠 위험도 모른 채 쾌락에 빠져 있는 사람을 뜻함. 즉, 곧 죽음을 맞이할 운명에 처해 있다는 뜻.

086

분서갱유
焚書坑儒

*갱유분서(坑儒焚書)라고도 씀.

유래 요약 ────────

중국 춘추전국시대(春秋戰國時代)를 마감한 진(秦)나라 시황제(始皇帝)는 천하(天下)를 통일(統一)하자 주(周) 왕조(王朝) 때의 봉건제도(封建制度)를 폐지(廢止)하고 역사상 처음으로 중앙집권(中央執權)의 군현제도(郡縣制度)를 채택(採擇)했다.

그 후 8년이 지나자 박사(博士) 순우월(淳牛越)이 "군현제도로는 황실(皇室)의 무궁한 안녕을 기하기 어렵다."며 봉건제도를 부활(復活)할 것을 진언(進言)했다. 시황제가 신하(臣下)들에게 순우월의 의견에 대해 묻자, 군현제의 입안자(立案者)인 승상[丞相 : 천자(天子)를 보필하는 최고의 관직] 이사(李斯)는 이렇게 대답했다.

"봉건시대에 제후(諸侯) 간의 다툼도 끝나고 안정도 찾았습니다. 그러나 옛 선비들 중에는 그것만 옳게 여겨 새로운 법령(法令)이나 정책(政策)에 대해서 비난(非難)하는 이들이 있습니다. 차제에 그러한 선비들을 엄단(嚴團)하고 의약·복서(卜筮)·종수(種樹)·역사서 외에는 불태워 없애버리십시오."

시황제가 이사의 진언을 받아들임으로써 죽간(竹簡)으로 된 책들이 불태워졌는데 이를 가리켜 분서(焚書)라고 한다. 이듬해에 시황제(始皇帝)는 많은 재물을 사취(詐取)한 방사(方士)들을 불러들여 심문하고 연루자(連累者) 460명을 산 채로 구덩이에 파묻어 죽였는데 이 일을 가리켜 갱유(坑儒)라고 한다.

한자 풀이 ────────

① 분 焚 12 - 불사를 분 또는 태울 분[火(불 화)와 숲을 뜻하는 林(수풀 림)이 합해진 글자로 사냥이나 경작을 하기 위하여 숲을 태워 없애버리는]·탈 분·불땔 분

② 서 書 10 - 글 서[손에 붓을 잡고 있는 모양인 聿(붓 율)과 먹물이 담긴 그릇을 뜻하는 曰(가로 왈)이 합해진 글자로 붓으로 먹물을 묻혀 남의 말이나 자기의 생각을 쓰는 기록을 뜻

함]·책 서·문서 서·편지 서

　　* 종이가 없던 옛날에는 대나무 조각을 일정한 크기로 잘라 끈으로 엮어 붓으로 써서 책을 만들었음.

③ **갱 坑 7** – 구덩이 갱[土(흙 토)와 발음요소인 亢(높을 항)이 합해진 글자로 작업을 할 수 있도록 뚫어 놓은 땅속 굴을 뜻함. 석탄, 광물을 캐기 위하여 산이나 땅 밑을 파낸 구멍]·구덩이에묻을 갱·산등성이 강

④ **유 儒 16** – 선비 유[亻(人 : 사람 인)과 발음요소와 제사장(祭司長)이 비가 오기를 바라며 기우제(祈雨祭)를 지낸다는 뜻의 需(구할 수)가 합해진 글자로 제사 의식을 맡은 사람을 선비라고 하였음. 즉 벼슬은 하지 않고 학문만을 닦고 가르치며 인덕(人德)을 갖춘 사람]

용어 풀이 ────────

• 봉건제도(封建制度) : 중국 주(周)나라 시대에 실시된 통치제도, 즉 천자가 제후들에게 영토를 주고 다스리게 하는 제도.

• 군현제도(郡縣制度) : 전국을 군(郡)·현(縣) 단위로 행정구역을 나누고 지방관을 중앙에서 파견하여 나라를 다스리는 제도.

• 진언(進言) : 임금이나 상관에게 앞으로 나가서 의견을 말씀드리는.

• 입안자(立案者) : 회의하거나 논의할 의제와 관계되는 사실을 조사하여 계획을 세우는 사람.

• 제후(諸侯) : 중국 주(周)나라 때 천자(天子)로부터 지역을 분봉(分封)받아 그 지역을 지배하던 사람.

• 선비 : 옛날에 벼슬은 하지 않고 학문만을 닦는 인품을 갖춘 사람. 유교이념을 구현하는 신분계층의 사람.

• 복서(卜筮) : 卜(점 복)·筮(점 서). 앞날의 운수(運數)나 길흉(吉凶)을 알아보기 위하여 점(占)을 치거나 미리 판단하는 일. • 종수(種樹) : 식물을 심어 가꾸는.

• 죽간(竹簡) : 대나무를 일정한 크기로 길쭉하게 잘라 글을 쓸 수 있도록 겉면을 깎고 여러 개를 옆으로 끈으로 꿰어 맨 물건.

• 방사(方士) : 불로장수(不老長壽)의 신선술법(神仙術法)을 닦는 사람. 점치는 방술사.

직역 책을 불사르고 선비를 산 채로 구덩이에 파묻는다는 뜻.

의역 임금이나 황제(皇帝)의 가혹한 법과 혹독한 정치를 뜻함.

087

불로장생
不老長生

* 불로불사(不老不死)와 같은 뜻임.

유래 요약

오래 살고 싶어 하는 인간(人間)의 욕망(欲望)은 동서고금(東西古今)을 막론하고 한결같다. 천하(天下)를 손에 넣은 중국 최초의 통일(統一)제국인 진(秦)나라를 세운 시황제(始皇帝)는 천년만년 영화(榮華)를 누리고 싶었다. 그래서 서복(徐福)의 건의(建義)로 동남동녀(童男童女) 3,000명을 삼신산[三神山 : 蓬萊山(봉래산)·方丈山(방장산)·瀛洲山(영주산)]에 보내 불로초(不老草)를 구하게 했지만, 실패(失敗)하고 결국 환갑(還甲)도 못 넘긴 50세의 나이로 요절(夭折)하고 말았다.

그 뒤 서한(西漢)의 한무제(漢武帝)도 만년(晩年)에 신선술(神仙術)에 미혹(迷惑)되어 국고(國庫)를 탕진(蕩盡)했지만 그런대로 70세를 장수(長壽)하는 데 그쳤을 뿐이다. 비록 전설(傳說)이기는 하지만 아무것도 먹지 않은 팽조(彭祖)는 700세나 살았다니 인간의 수명(壽命)은 알다가도 모를 일이다.

진시황과 한무제 두 제왕의 죽음으로 중국 사람들은 불로초(不老草)에 대한 허망(虛望)한 꿈을 버리게 되었다.

한자 풀이

① **불 不 4** - 아니 불 또는 아닐 불(식물의 꽃대와 꽃받침과 꽃의 암술로 된 씨방 모양을 본뜬 글자로 씨방이 자라서 열매를 맺을지 모른다는 뜻에서 '아니'라고 나타냄)·못할 불·없을 불·않을 불

* '그렇지 아니하다'라는 부정(否定)이나 반대(反對)의 뜻을 나타냄. 동사로는 '~를 하지 마라'.

② **로 老 6** - 늙을 로(노)[머리털이 길고 지팡이를 짚은 사람의 모습인 耂(늙을 노)에 허리가 굽은 모습의 匕(비수 비)가 합해진 글자로 본래는 '늙은이'를 나타냄]·어른 로(노)·익숙할 로

(노)·노련할 로(노)·덕높을 로(노)

③ **장 長 8** - 길 장 또는 긴 장[긴 머리털을 뜻하는 毛(털 모)의 변형인 镸와 人(사람 인)과 丈(지팡이 장)으로 이루어진 乄이 합해진 글자로 본래는 노인을 나타내며 '길다'의 뜻은 새로 생긴 것임]·오랠 장

④ **생 生 5** - 날 생[어린 싹인 떡잎을 뜻하는 屮(싹날 철)과 土(흙 토)가 합해진 글자로 초목의 새싹이 땅 위로 돋아나는 모습을 나타냄]·낳을 생·생길 생·살 생·자랄 생

　　* 生(생)은 다른 한자의 끝에 붙어서 학생이나 학문하는 사람을 나타냄. **下宿生(하숙생)·先生(선생)**.

용어 풀이 ————

• 동서고금(東西古今) : 역사적으로 동양(東洋)과 서양(西洋), 고대(古代)와 현대(現代)를 통틀어 일컫는.

• 영화(榮華) : 사회적으로 귀하게 되어 몸이 세상에 드러나고 이름이 널리 빛나는.

• 건의(建議) : 어떤 문제에 대하여 개인이나 단체가 의견이나 희망을 내놓는.

• 동남동녀(童男童女) : 사내아이와 여자아이, 소년소녀.

• 불로초(不老草) : 신통력이 있는 신선(神仙)이 산다는 곳인 선경(仙境)에 있다고 하는 먹으면 늙지 아니한다는 약초.

• 요절(夭折) : 夭(일찍죽을 요)·折(꺾일 절). 목이 꺾어지듯이 어리거나 젊은 나이에 일찍 죽는.

• 만년(晚年) : 사람이 오래 살아온 늙은 시기 즉, 노년.

• 신선술(神仙術) : 선도(仙道)를 닦아서 신통력(神通力)을 얻는 신선(神仙)을 부리는 술법.

• 미혹(迷惑) : 무엇에 홀려서 제정신을 차리지 못하는. 갈팡질팡 헤매는.

• 국고(國庫) : 국가가 소유하는 현금을 보관하고 출납 업무를 담당하는 기관.

• 탕진(蕩盡) : 소유하고 있는 현금이나 재물이나 유산·사업자금 등을 죄다 없애버리는.

• 허망(虛妄) : 닥친 일이나 상황이 어이가 없고 허무한.

> **직역** 늙지 않고 오래 산다는 뜻.
> **의역** 천년만년을 누리며 살고자 하는 인간(人間)의 욕망(欲望)을 뜻함.

088

불속지객
不速之客

유래 요약 ────────

중국 고대(古代) 송(宋)나라의 4대 황제(皇帝)인 인종(仁宗) 때 강직(剛直)하기로 유명한 구준(寇準)이라는 정의파(正義派) 재상(宰相)이 있었다. 그는 나라를 위해 여러 유능(有能)한 인재(人材)를 발탁(拔擢)하여 천거(薦擧)했는데 참정(參政 : 從二品) 정위(丁謂)도 그중 한 사람이었다.

어느 날 구준이 정위를 포함한 중신(重臣)들과 회식(會食)을 하는데 음식찌꺼기가 수염에 붙었다. 이것을 본 정위는 자리에서 벌떡 일어나 자기 소맷자락으로 공손히 털어 냈다. 그러자 구준(寇準)은 웃으며 이렇게 말했다.

"어허, 참. 참정(參政)이라면 나라의 중신(重臣)인데, 어찌 남의 '수염에 붙은 티끌을 털어 주는(拂鬚塵)' 그런 하찮은 일을 하오?"

정위(丁謂)는 부끄러워 고개도 들지 못한 채 도망치듯 그 자리를 물러갔다고 한다.

여기서 시키지도 않은 일을 했다는 뜻에서 비유적으로 표현한 '不速之客'이 유래되었다.

한자 풀이 ────────

① 불 不 4 - 아니 불 또는 아닐 불(식물의 꽃대와 꽃받침과 꽃의 암술로 된 씨방 모양을 본뜬 글자로 씨방이 자라서 열매를 맺을지 모른다는 뜻에서 '아니'라고 나타냄)·못할 불·없을 불·않을 불

  * '그렇지 아니하다'라는 부정(否定)이나 반대(反對)의 뜻을 나타냄. 동사로는 '~를 하지 마라'.

② 속 速 11 - 빠를 속[辶(길갈 착)과 발음요소인 束(묶을 속)이 합해진 글자로 여러 개의 나무를 다발로 한데 묶어서 한 번에 나른다는 데서 '빠르다'의 뜻을 나타냄]·부를(사람들을 불러 모

으거나 애국심, 재앙, 사건 등을 불러일으키는) 속·속도(빠르게 달리는 정도) 속·초청(招請)할 속

③ **지 之 4** - 갈 지[두 발을 뜻하는 止(발 지)와 출발선을 뜻하는 一(가로획)을 그어 만든 글자로 한 발을 떼고 막 출발하려는 모습을 나타냄]·이를 지·이 지·어조사(~의, ~가, ~이, ~을) 지

④ **객 客 9** - 손 객 또는 손님 객[宀(집 면)과 발음요소와 혼자 각자를 뜻하는 各(각각 각)이 합해진 글자로 나그네처럼 지나가다가 남의 집에 잠시 머무는 사람을 나타냄. 집·가게를 잠깐 들르거나 남의 집에서 임시로 묵는 사람]·과거 객·나그네 객·의탁할 객·쓸데없을 객·사람 객·유세자(遊說者)객

용어 풀이 ——————

• 강직(剛直) : 기질이 꿋꿋하고 정의감이 강하며 성품이 곧은.

• 정의파(正義波) : 올바른 도리를 구현하거나 추구하고자 결속된 사람들.

• 재상(宰相) : 임금을 돕고 모든 관원(官員)을 지휘, 감독하는 정2품의 벼슬.

• 발탁(拔擢) : 여러 사람 중에서 필요한 인물을 추려 뽑아 쓰는.

• 천거(薦擧) : 능력과 도덕성을 갖춘 인재를 어떤 관직이나 요직 자리에 쓰도록 추천하는.

• 참정(參政) : 정치에 참여할 수 있는 권리가 있는 높은 벼슬이름.

• 중신(重臣) : 중요한 관직(官職)에 있는 신하. 정2품(正二品) 이상의 벼슬.

• 불수진(拂鬚塵) : 拂(털어낼 불)·鬚(수염 수)·塵(티끌 진). 수염에 붙은 음식찌꺼기를 털어내는.

• 불청객(不請客) : 오라고 청하지 아니하였는데도 우연히 찾아온 객이라는 뜻, 즉 군손님.

직역 부르지도 않았는데 찾아온 손님이라는 뜻. 즉, 불청객(不請客)이나 군손님을 뜻함.

의역 윗사람이나 권력자에게 아첨하는 자세를 뜻함.

089

불원천리
不遠千里

유래 요약 ──────

중국 전국시대(戰國時代) 위(魏)나라의 3대 왕(王)인 양혜왕(梁惠王)은 당시 여러 나라 임금 중에서 인재(人材)를 아끼는 임금으로 널리 알려졌다. 그리하여 많은 문인(文人) 학자(學者)들이 그에게 와서 봉사(奉仕)했는데 인의(仁義)를 제창(提唱)했던 맹자(孟子)가 그 왕(王)을 찾아간 적이 있었다.

이때 양혜왕은 맹자를 보고, "선생께서 천리(千里)를 멀다하지 않고 저를 찾아오셨는데 우리나라를 이롭게 할 무슨 좋은 방법이라도 있으십니까?" 하고 물었다.

이에 맹자가 "대왕(大王)께서는 어찌 반드시 이익(利益)에 대해 말씀하십니까? 오직 인의(仁義)만이 있을 뿐입니다. 왕께서 '어떻게 하면 내 나라를 이롭게 할까'라고 생각하면 대부(大夫)들은 그들대로 또 '어떻게 하면 내 집을 이롭게 할까' 하고 선비와 서민(庶民)들은 또 그들대로 '어떻게 하면 내 몸을 이롭게 할까' 하는 등 위와 아래가 서로 이익(利益)만을 추구(追求)하여 나라가 위태로워질 것입니다."

본래 불원천리는 不遠千里以來(불원천리이래 : 천리를 멀다하지 않고 오다)에서 온 말이다.

한자 풀이 ──────

① **불 不 4** - 아니 불 또는 아닐 불(식물의 꽃대와 꽃받침과 꽃의 암술로 된 씨방 모양을 본뜬 글자로 씨방이 자라서 열매를 맺을지 모른다는 뜻에서 '아니'라고 나타냄)·못할 불·없을 불·않을 불

＊'그렇지 아니하다'라는 부정(否定)이나 반대(反對)의 뜻을 나타냄. 동사로는 '~를 하지 마라'.

② **원 遠 14** - 멀 원[辶(辵 : 길갈 착)과 땅에 닿을 정도로 길게 입은 옷의 모양을 뜻하는 袁(옷길 원)이 합해진 글자로 결혼식 등 좋은 일에 참석하기 위하여 정장 차림으로 가야할 만큼 길

이 멀다는 뜻을 나타냄]·멀리할 원·심오(深奧 : 학문의 이론이나 지식 등이 깊은)할 원·공손할 원·정성 원·삼갈 원

③ **천 千 3** - 일천 천[많은 수(數)를 뜻하는 十(열 십)과 人(사람 인)이 생략된 /(삐침 별)이 합해진 글자로 많은 사람이라는 데서 수효의 천(1,000)을 나타냄. 십진급수의 단위로 백 다음의 천을 뜻함]

④ **리 里 7** - 마을 리(이)[농사짓는 밭을 뜻하는 田(밭 전)과 사람들이 모여 사는 땅을 뜻하는 土(흙 토)가 합해진 글자로 농사를 짓는 밭을 중심으로 여러 집이 모여 사는 시골의 촌락을 나타냄]·이(지방 행정의 말단 구역, 洞里 : 동리→동네) 리(이)·이수 리 또는 잇수 리(이)(10里=4km)

용어 풀이 ————

- 위(魏) : 220년에 조조(曹操)의 셋째 아들 조비(曹丕) 문제(文帝)가 동한(東漢) 헌제(獻帝)를 밀어내고 황제가 되어 세운 왕조.
- 인재(人材) : 배워서 익힌 지식이 풍부하고 능력이 뛰어난 사람.
- 문인(文人) : 시(詩)·문장 등 글을 전문적으로 쓰는 사람 또는 글씨를 잘 쓰는 사람.
- 봉사(奉仕) : 자신을 돌보지 아니하고 남이나 지역사회, 국가를 위하여 몸을 바쳐 애를 쓰는.
- 인의(仁義) : 공자(孔子)의 인(仁 : 따뜻한 애정)과 맹자(孟子)의 의(義 : 올바른 도리)를 합한 뜻으로 유교의 중심적인 정치 도덕 이념을 뜻함.
- 제창(提唱) : 사상이나 이념·이론 등 어떤 일을 맨 처음 내놓아 주장하는 일.
- 맹자(孟子) : 중국 전국시대 유가(儒家)의 대표적인 사상가이자 교육가. 맹자는 공자(孔子)가 죽고 나서 100년 정도 뒤에 태어났음.
- 대부(大夫) : 정1품·종1품 등 옛날 벼슬의 품계(品階)에 붙이는 칭호이며 주(周)나라 때에는 경(卿)의 아래 사(士)의 위의 집정관(執政官)을 말함.
- 불원(不遠) : 거리가 멀지 아니한, 먼 거리를 멀지 않게 여긴다는 뜻.

직역 천리(千里)가 멀다고 여기지 않고 찾아왔다는 뜻.
의역 먼 길을 오는데도 마다하지 않고 기쁘게 달려온 정성을 뜻함.

090

불치하문
不恥下問

유래 요약 ──────────

맹자(孟子)는 사람들의 병폐(病弊)는 남의 스승 노릇하기를 좋아하는 데 있다고 하였다. 한유(韓愈)는 스승의 도리(道理)를 밝힌 사설(師說)에서 "나보다 뒤에 태어났더라도 도(道)를 들음이 나보다 앞선다면 쫓아서 스승으로 삼을 것이다."라고 했다.

공자(孔子)는 어느 날 태묘(太廟)에 가서 제사를 지낼 때 의례(儀禮)를 모른다고 비난(非難)을 받자 그는 "내가 모르는 일에 매사 묻는 것이 바로 내가 의례를 알려고 하는 것이 아닌가."라고 대답했다.

옛날 성인(聖人)은 스승을 쫓아 물었지만 지금 사람들은 스승에게 배우기를 부끄러워한다며 성인(聖人)은 갈수록 성인이 되고 우인(愚人)은 갈수록 우인이 된다고 하였다.

공자(孔子)가 진(陳)나라를 지나갈 때 어떤 사람한테 진기(珍奇)한 구슬을 얻었는데 이 구슬 안의 구멍이 아홉 구비나 되어 실에 꿰지를 못할 때 뽕밭의 아낙네에게 물어 방법(方法)을 배워서 꿰었다고 한다.

한자 풀이 ──────────

① 불 不 4 - 아니 불 또는 아닐 불(식물의 꽃대와 꽃받침과 꽃의 암술로 된 씨방 모양을 본뜬 글자로 씨방이 자라서 열매를 맺을지 모른다는 뜻에서 '아니'라고 나타냄)·못할 불·없을 불·않을 불

* '그렇지 아니하다'라는 부정(否定)이나 반대(反對)의 뜻을 나타냄. 동사로는 '~를 하지 마라'.

② 치 恥 10 - 부끄러울 치[耳(귀 이)와 심장의 모양을 본뜬 心(마음 심)이 합해진 글자로 부끄러움을 느껴 귀가 심장 색깔처럼 빨개진다는 뜻을 나타냄. 성품이 의로워 꺼려움을 느끼는]·부끄러워할 치·욕될 치

③ **하 下 3** - 아래 하[땅의 기준을 뜻하는 一(한 일·땅 일)과 그 아래로 그은 ㅣ(수직선)에 임의의 지점을 뜻하는 -(짧은 가로획)을 표시하여 아래쪽을 나타냄]·낮을 하·임금거처 하·내릴 하· 낮출 하·겸손할 하·아랫사람 하·천한사람 하

  * 下(하)는 지위가 가장 높은 우두머리나 상대방의 존칭으로 씀. 陛下(폐하)·聖下(성하)·貴下(귀하).

④ **문 問 11** - 물을 문[무엇을 알거나 밝히기 위하여 말로 물어본다는 뜻의 口(입 구)와 발음요소와 해결 방법을 뜻하는 門(문 문)이 합해진 글자로 의문 나는 것을 체계적으로 배우고자 묻는다는 뜻을 나타냄]·물음 문·문초할(問招 : 범인이나 죄인에게 캐묻는) 문·방문할 문·찾을 문·명예 문

용어 풀이 ─────────

- 맹자(孟子) : 중국 전국시대(戰國時代) 유가(儒家)의 대표적인 사상가(思想家)이자 교육가. 맹자는 공자 (孔子)가 죽고 나서 100년 정도 뒤에 태어났음.
- 병폐(病弊) : 어떤 병적인 해로운 요소나 옳지 못한 경향.
- 한유(韓愈) : 중국 당(唐)나라 때의 정치가이며 사상가 또 시인(詩人)이며 문장가(文章家).
- 사설(師說) : 당(唐)나라 문인인 한유의 글로써 스승의 의견이나 학설(學說)이나 논설(論說)을 뜻함.
- 태묘(太廟) : 종묘(宗廟)의 정전(正殿) - 역대(歷代) 제왕의 위패를 모시는 사당(祠堂).
- 의례(儀禮) : 제사(祭祀)나 나라의 행사를 치르는 법도(法度)와 양식(樣式).
- 성인(聖人) : 덕(德)과 지혜가 뛰어나 길이 우러러 받들고 모든 사람의 스승이 될 만한 사람.
- 우인(愚人) : 지혜와 판단력이 부족하여 어리석은 사람.
- 진기(珍奇) : 보배롭고 귀중하며 기묘하고 이상한.
- 하문(下問) : 지위나 학식이 자기보다 못한 사람에게 모르는 것을 물어본다는 뜻.
- 겸허(謙虛) : 잘난 체하거나 아는 체하는 티가 전혀 없이 제 몸을 상대방에게 낮추는.

직역 아랫사람에게 묻는 것을 부끄러워하지 않는다는 뜻.

의역 겸허(謙虛)하고 부끄럼 없이 배움을 즐긴다는 뜻.

091

붕정만리
鵬程萬里

유래 요약 ─────────

중국 전국시대(戰國時代) 말기 송(宋)나라 사상가(思想家)인 장자(莊子)는 전설적인 새 중에서 가장 큰 붕(鵬)을 이렇게 표현(表現)하였다.

"어둡고 끝이 보이지 않는 북쪽 바다에 곤(鯤)이라는 큰 물고기가 있었는데 얼마나 큰 지 몇 천 리나 되는지 모를 정도이다. 이 물고기가 변해서 붕(鵬)이 되었다. 날개 길이도 몇 천 리인지 모른다. 한번 날면 하늘을 뒤덮은 구름과 같았고 한 번 날갯짓을 하면 9만 리를 올라가서는 여섯 달을 날고 나서야 비로소 한 번 쉬었다."

붕정만리(鵬程萬里)는 말 그대로 붕(鵬)이 날아가는 만 리(萬里)를 가리키는데, 거대한 붕이 만 리나 날으니 그 거리는 상상(想像)을 뛰어넘는다.

『장자(莊子)』의 「사상(思想)」에서 '붕(鵬)'에 비유(比喩)하는 말이 종종 나오는데 대부분 웅장(雄壯)하거나 원대(遠大)한 상상을 초월(超越)하는 세계(世界), 또는 물체(物體)를 비유할 때 등장(登場)한다.

한자 풀이 ─────────

① **붕 鵬 19** - 붕새 붕[鳥(새 조)와 발음요소인 朋(벗 붕)이 합해진 글자로 본래 북해(北海)에 살던 곤(鯤)이라는 물고기가 변해서 된 새로 날개의 길이가 3천 리(里)이며 날개를 한 번 치면 9만 리(里)를 날아간다는 상상의 아주 큰 새. 갈 길이 까마득하다는 뜻에 비유]

② **정 程 12** - 법 정[法(법). 禾(벼 화)와 발음요소와 한도에 맞게 고루 자란다는 뜻인 呈(한도 정)이 합해진 글자로 곡물의 품질을 한도에 따라 분류한다는 뜻을 나타냄]·길(사람이나 차가 이동하는 도로나 경로) 정

③ **만 萬 13** - 일만 만[절지동물의 일종인 전갈이 알을 많이 낳아 품고 있는 모습을 나타낸 글

자로 본래 전갈을 뜻하였으나 이후 수(數)를 나타내는 만(万)으로 쓰이게 되었음]·많을 만·
만약 만

* 전갈(全蠍) : 몸은 가재와 비슷하고 꼬리 끝에 독침이 있고 사막지대에 많으며 작은 벌레를 잡아먹음.

④ **리 里 7** – 마을 리(이)[농사짓는 밭을 뜻하는 田(밭 전)과 사람들이 모여 사는 땅을 뜻하는
土(흙 토)가 합해진 글자로 농사를 짓는 밭을 중심으로 여러 집이 모여 사는 시골의 촌락을
나타냄]·이수 리 또는 잇수 리(이)[도로의 거리나 물줄기의 길이를 나타내는 단위로 10리(里)는 4km
에 해당됨]

용어 풀이 ————

- **사상가(思想家)** : 사회나 인생에 대한 생각·판단을 체계화하고 원리적으로 통일된 견해를 갖고 활동하
  는 사람.
- **전설적(傳說的)인** : 오래전부터 전하여 내려오는 이야기로 존재한다는 것.
- **상상(想像)** : 사물, 경치, 작품, 고향 따위를 마음속으로 그리어 보는.
- **비유(比喩)** : 어떤 현상이나 사물 정도를 그와 비슷한 다른 상황을 끌어대어 표현하는.
- **웅장(雄壯)** : 규모나 건축·음악·작품 등이 꿩장히 우람스러운.
- **원대(遠大)** : 규모나 생각·구상·꿈 따위가 멀리 내다보며 큰.
- **초월(超越)** : 일정한 영역이나 한계를 뛰어넘는.
- **등장(登場)** : 배우가 무대에 나타나거나 소설 등에 어떠한 활동 인물이 나타나는.

직역 붕새가 날아갈 길이 만 리(萬里)나 된다는 뜻.
의역 여행의 경로나 사람의 앞날이 까마득하게 멀다는 뜻.

092

비육지탄
髀肉之嘆

*脾肉之嘆(비육지탄)이라고도 씀.

유래 요약 ————

중국 삼국시대(三國時代) 촉한(蜀漢)의 유비(劉備)는 황족(皇族)으로서 황건적(黃巾賊)을 토벌(討伐)하기 위한 의용군(義勇軍)에 가담(加擔)한 것을 첫 출발로 하여, 차츰 세력을 얻어 마침내는 한(漢)나라 정통(正統)을 계승한 것으로 자처(自處)하는 촉한의 첫 황제(皇帝)가 되었다.

그는 한때 조조(曹操)와 협력(協力)하여 여포(呂布)를 하비에서 깨뜨리고 임시 수도였던 허창으로 올라와 조조의 주선(周旋)으로 헌제(獻帝)를 배알(拜謁)하고 좌장군(左將軍)에 임명된다.

어느 날 유비는 넓적다리의 살이 유난히 뒤룩뒤룩한 것을 보게 되었다. 순간 그는 슬픈 생각이 치밀어 눈물이 주르르 쏟아졌다. 이것을 본 유표가 캐묻자 유비는 이렇게 대답했다.

"나는 언제나 몸이 말안장을 떠날 겨를이 없어 넓적다리 살이 붙을 일이 없었는데, 요즈음은 말을 타는 일이 없어 넓적다리 안쪽에 살이 다시 찌지 않았겠습니까? 세월은 달려가 머지않아 늙음이 닥쳐올 텐데 공(功)도 일도 이룬 것이 없어 슬퍼했던 것입니다."라고 하였다.

한자 풀이 ————

① 비 髀 18 – 넓적다리 비(폐)[骨(뼈 골)과 발음요소와 아래 다리 쪽을 뜻하는 卑(낮을 비)가 합해진 글자로 몸통에서 갈라진 가랑이로부터 다리의 무릎관절 위의 넓은 부분을 뜻함]·넓적다리뼈 비(폐)·볼기짝(볼기를 얕잡아 이르는 말) 폐

② 육 肉 6 – 고기 육[칼로 크게 썬 짐승의 고깃덩어리의 단면을 뜻하는 冂(멀 경)과 소의 무늬

결이 합해진 글자로 소·돼지 같은 짐승이나 새·물고기의 살을 나타냄]·살 육·몸 육

③ **지 之 4** - 갈 지[두 발을 뜻하는 止(발 지)와 출발선을 뜻하는 一(가로획)을 그어 만든 글자로 한 발을 떼고 막 출발하려는 모습을 나타냄]·이를 지·이 지·어조사(~의, ~가, ~이, ~을) 지

④ **탄 嘆[歎] 14** - 탄식할 탄[歎息·嘆息(탄식). 입을 벌리고 있는 모습인 欠(하품 흠)과 발음요소와 근심을 뜻하는 堇(堇 : 진흙 근)이 합해진 글자로 근심과 슬픈 일로 한숨을 쉰다는 뜻을 나타냄]·한숨쉴(자기도 모르게 숨을 몰아서 길게 내쉬는) 탄·칭찬(稱讚)할 탄·감탄(感歎)할 탄

용어 풀이 ────────

• 황족(皇族) : 황제(皇帝)의 가까운 친족.

• 황건적(黃巾賊) : 후한(後漢) 말 태평도(太平道)의 교주 장각(張角)이 이끈 종교·정치 폭동에 가담한 황색두건을 쓴 농민 반란군.

• 토벌(討伐) : 무장 공비나 적의 무리를 무력으로 쳐 없애는.

• 의용군(義勇軍) : 의용군대의 준말로 전쟁이나 사변을 당하여 뜻있는 민간인으로 조직된 군대.

• 가담(加擔) : 어떤 목적을 이루기 위한 활동·전투·사업 등에 같은 편이 되어 일을 함께 하는.

• 조조(曹操) : 중국 후한(後漢) 말기 정치인으로 위(魏)나라를 건국하고 초대 황제(皇帝)가 되었음.

• 여포(呂布) : 중국 후한(後漢) 말기에 무용(武勇)이 가장 뛰어난 장수(將帥).

• 좌장군(左將軍) : 사령관 격인 대장군(大將軍)의 밑에 있는 전후좌우 사방장군(四方將軍) 중 하나.

직역 말을 타고 전쟁에 나가지 못할 정도로 넓적다리에 살이 많이 찐 것을 탄식한다는 뜻.

의역 영웅이 세월이 흘러 재능을 발휘할 기회를 가지지 못하고 공(功)도 이룰 수 없게 됨을 슬퍼한다는 뜻.

093

사면초가
四面楚歌

유래 요약 ──────────

중국 최초로 통일을 완성(完成)한 진(秦)나라를 무너뜨린 초패왕(楚霸王) 항우(項羽)와 한왕(漢王) 유방(劉邦)은 홍구(鴻溝)를 경계로 천하(天下)를 양분, 강화(强化)하고 5년간에 걸친 패권(覇權) 다툼을 멈췄다. 힘과 기(氣)에만 의존(依存)하다가 범증(范增) 같은 유일한 모신(謀臣)까지 잃고 밀리기 시작한 항우의 휴전(休戰) 제의(提議)를 유방이 받아들인 것이다.

항우(項羽)는 곧 초(楚)나라의 도읍(都邑)인 팽성(彭城)을 향해 철군(撤軍) 길에 올랐으나 서쪽의 한중(漢中)으로 철수하려던 유방은 참모(參謀) 장량(張良)과 진평(陳平)의 진언(進言)에 따라 말머리를 돌려 항우를 추격(追擊)했다. 이윽고 해하(垓下)에서 한신(韓信)이 지휘하는 한(漢)나라 대군(大軍)에 겹겹이 포위(包圍)된 초나라 진영(陣營)은 군사가 격감(激減)한 데다가 군량(軍糧)마저 떨어져 사기(士氣)가 말이 아니었다.

그런데 이게 웬일인가? 한밤중에 사방에서 초나라 노랫소리가(四面楚歌) 들려오니 말이다. 초나라 군사들은 그리운 고향 노랫소리에 눈물을 흘리며 다투어 도망쳤다. 항복(降伏)한 초나라 군사들로 하여금 고향(故鄕) 노래를 부르게 한 장량(張良)의 심리(心理) 작전(作戰)이 맞아 떨어졌던 것이다.

한자 풀이 ──────────

① **사 四 5** - 넉 사[돼지 같은 짐승의 콧구멍이나 입안의 혀와 이빨이 보이는 주둥이 모양을 본뜬 글자로 본뜻은 들이마시고 내쉬는 '숨'이며 四를 숫자의 넷으로 빌려 쓰면서 呬(숨쉴 희)가 새로 생긴 것임]

② **면 面 9** - 낯 면[사람의 머리와 가운데 目(눈 목)을 중심으로 얼굴의 양쪽 볼을 정면으로 그

린 글자로 사람의 얼굴을 나타냄]·얼굴 면·볼 면·대할 면·탈 면·겉 면·방향(方向 : 중심점에서 동·서·남·북을 가리키는) 면·방위 면·향할 면·쪽 면·면 면·밀가루 면

③ **초 楚 13** - 가시나무 초[나무가 중첩된 모습인 林(수풀 림)과 발음요소인 疋(발 소)가 합해진 글자로 재질이 단단하고 가시가 많은 나무를 뜻함. 바늘처럼 뾰족하게 돋아난 가시가 있는 나무]·초나라[중국 전국시대(戰國時代)에 양자강 중류의 유역에 근거하였던 나라 초·고통스러울 초

④ **가 歌 14** - 노래 가[사람이 입을 크게 벌린 모습을 나타낸 欠(하품 흠)과 높은 소리와 낮은 소리를 각각 뜻하는 두 개의 可(가)가 겹쳐진 哥(노래 가)가 합해진 글자로 입을 크게 벌려 크게 소리를 지르며 노래한다는 뜻을 나타냄]·노래할 가·장단맞출 가·읊조릴(노래를 읊는) 가

용어 풀이

- 패권(覇權) : 운동이나 토론, 전쟁 등 어떤 분야에서 으뜸의 자리를 차지하는 권력.
- 모신(謀臣) : 왕(王)의 측근에서 왕에게 지혜롭게 도움이 되도록 거들어주는 신하(臣下).
- 휴전(休戰) : 국가 간에 전쟁을 하다가 교전국이 서로 협의하여 군사 행동을 일시적으로 멈추는.
- 철군(撤軍) : 전쟁을 위하여 한곳에 머물러 있던 군대를 걷어치우고 물러나는.
- 진언(進言) : 앞으로 나가거나 다가가서 윗사람에게 중요한 의견을 말하는.
- 진영(陣營) : 군대가 전쟁을 대비하여 전략지역에 머물러 있거나 군사들의 대열을 배치한 곳.
- 격감(激減) : 숫자나 수치, 물품이나 돈 따위가 갑자기 줄어드는.
- 군량(軍糧) : 병사(兵士)들이 군대에서 먹는 식량 또는 양식.
- 사기(士氣) : 마음과 정신적으로 씩씩한 기세.
- 심리(心理) : 마음의 작용이나 의식의 상태.
- 작전(作戰) : 싸움이나 전쟁을 하는 데 필요한 방법을 세우는.

직역 전후좌우 사면에서 들려오는 초(楚)나라의 노래라는 뜻.
의역 전쟁에서 적에게 완전히 포위되었거나 곤경에 빠져 있는 처지를 뜻함.

094

사불급설
駟不及舌

유래 요약 ─────

　중국 당(唐)나라 명재상(名宰相) 풍도(馮道)는 그의 「설시(舌詩)」에서 "입은 화의 문이요, 혀는 몸을 베는 칼이다."라고 했다. 여기서 나오는 사불급설(駟不及舌)도 말을 조심해야 한다는 비유로 한 말이다. 사(駟)는 네 마리의 말이 끄는 빠른 수레를 말한다. 아무리 빠른 수레로도 한번 입 밖으로 해버린 말을 붙들지는 못한다는 뜻이다.

　이것은 『논어(論語)』의 「안연편(顏淵篇)」에 나오는 자공(子貢)의 말이다. 위(偉)나라 대부 극자성(棘子成)이란 사람이 공자(孔子)의 제자인 자공을 보고 말했다. "군자(君子)는 질(質)만 있으면 그만이다. 문(文)이 무엇 때문에 필요하겠는가?" 그러자 자공은, "안타깝도다, 문이 질과 같고 질이 문과 같다면 호랑이나 표범의 가죽이 개나 양의 가죽과 같단 말인가?"라고 그의 경솔(輕率)한 말을 반박(反駁)했다.

　질(質)은 소박(素朴)한 인간의 본성(本性)을 말하고 문(文)은 인간만이 가지고 있는 예의범절(禮儀凡節) 등 외면(外面)치레를 극자성은 말하고 있는 것 같다. 실상 그로서는 호랑이 가죽이나 개가죽을 같이 보았는지도 모른다.

한자 풀이 ─────

① **사 駟 15** - 사마 사[駟馬(사마). 馬(말 마)와 발음요소와 4마리를 뜻하는 四(넉 사)가 합해진 글자로 주로 전쟁에 쓰는 수레로 빠른 속도로 달리기 위하여 가운데 힘쓰는 말 두 마리 양쪽에 돕는 말 두 마리 모두 4마리가 끌고 가는 수레를 뜻함]

② **불 不 4** - 아니 불 또는 아닐 불(식물의 꽃대와 꽃받침과 꽃의 암술로 된 씨방 모양을 본뜬 글자로 씨방이 자라서 열매를 맺을지 모른다는 뜻에서 '아니'라고 나타냄)·못할 불·없을 불·않을 불

* '그렇지 아니하다'라는 부정(否定)이나 반대(反對)의 뜻을 나타냄. 동사로는 '~를 하지 마라'.

③ **급 及 4** - 미칠 급[⺁(人 : 사람 인)과 又(손 우)가 합해진 글자로 손을 뻗쳐 사람을 뒤에서 잡으려는 모습을 나타냄, 어떤 말이나 영향·법의 적용이 어느 대상에 끼치는]·이를 급·및 급·와 급·더불 급

④ **설 舌 6** - 혀 설[口(입 구)와 앞으로 나가거나 나온다는 뜻인 十(열 십)과 꼬부라진 혀의 모양을 본뜬 丿(삐침 별)이 합해진 글자로 사람이 입을 벌리고 혀를 내민 모양을 뜻하거나 혀를 굴리며 말소리를 낸다는 뜻을 나타냄]·말(혀를 굴려 여러 가지 발음을 내면서 생각을 소리로 내는. 강연, 연설을 하는) 설

용어 풀이 ─────────

• 명재상(名宰相) : 정치 능력이 뛰어나서 인정을 받아 임금을 돕고 관원을 지휘, 감독하는 재상 벼슬.

• 설시(舌詩) : 입과 혀에 관한 시(詩). (예) 口是禍之門(구시화지문 : 입은 재앙의 문이요) 舌是斬身刀(설시참신도 : 혀는 몸을 베는 칼이다)

• 안연편(顔淵篇) : 중국 춘추시대 노(魯)나라의 현인(賢人)이며 공자의 제자인 안연에 관한 책.

• 자공(子貢) : 공자(孔子) 10명 제자(孔門十哲 : 공문십철) 중 한 사람이며 중국 위(衛)나라 학자.

• 반박(反駁) : 남의 의견이나 비난에 반대하여 잘못된 것을 공격하여 말하는.

• 소박(素朴) : 꾸밈이나 거짓이 없이 수수한 그대로의 모습이나 마음가짐.

• 예의범절(禮儀凡節) : 인간 행동의 모든 규범이나 법도에 맞는 모든 절차.

직역 네 마리 말이 끄는 빠른 수레도 사람 혀의 놀림에는 미치지 못한다는 뜻.
의역 소문은 매우 빠른 속도로 퍼지므로 말을 조심해야 한다는 뜻.

095

사양지심
辭讓之心

유래 요약 ──────────

사양지심(辭讓之心)은 『맹자(孟子)』「사단설(四端說)」에 나오는 말이다. 중국 전국시대(戰國時代)의 사상가(思想家)인 맹자가 성선설(性善說)을 바탕으로 두고 주창(主唱)한 인간 도덕(道德)에 관한 설(說)로 인간은 태어날 때부터 선(善)한 존재이며 덕(德)을 높일 수 있는 인(仁)·의(義)·예(禮)·지(智)의 4가지 기본 품성을 가지고 있다고 하였다.

사단(四端)은 네 가지의 시초나 근원을 뜻하는 것으로 다음과 같다.

- 인(仁)에서 우러나는 측은지심(惻隱之心 : 가엾고 불쌍히 여기는 마음)
- 의(義)에서 우러나는 수오지심(羞惡之心 : 부끄러워하고 미워하는 마음)
- 예(禮)에서 우러나는 사양지심(辭讓之心 : 겸손하게 양보하는 마음)
- 지(智)에서 우러나는 시비지심(是非之心 : 잘잘못을 가릴 줄 아는 마음)

맹자(孟子)는 이러한 사상(思想)을 바탕으로 덕행(德行)을 백성(百姓)들에게 펼치는 왕도정치(王道政治)를 실현(實現)하였다.

한자 풀이 ──────────

① **사 辭 19** - 말씀 사[두 손으로 뒤엉킨 실을 푸는 모습인 𤔔와 형벌을 뜻하는 辛(매울 신)이 합해진 글자로 원고와 피고의 법정 다툼에서 잘잘못을 말로 따진다는 뜻을 나타냄]·사양할 사 또는 사절할 사

② **양 讓 24** - 사양할 양[辭讓(사양). 言(말씀 언)과 발음요소인 襄(도울 양)이 합해진 글자로 남의 말을 쫓아 자신의 뜻을 굽히거나 양보한다는 뜻을 나타냄. 자기에게 이로운 일이나 혜택을 남을 위하여 겸손하게 물려주는]·겸손(謙遜 : 공손한 태도)할 양·꾸짖을 양

③ **지 之 4** - 갈 지[두 발을 뜻하는 止(발 지)와 출발선을 뜻하는 一(가로획)을 그어 만든 글자로

한 발을 떼고 막 출발하려는 모습을 나타냄]·이를 지·이 지·어조사(~의, ~가, ~이, ~을) 지

④ **심 心 4** - 마음 심(사람의 심장 모양을 본뜬 글자로 본뜻은 심장이며 이후 '마음'의 뜻이 생
긴 것임)·생각 심·심장 심 또는 염통 심·가슴 심·중심 심·별이름 심·근본 심

 * 예로부터 사람들은 모든 생각은 심장이 주관하는 마음에서 나온다고 믿었음. 心琴(심금 : 미묘한 마음).

용어 풀이 ────────

• 맹자(孟子) : 중국 전국시대(戰國時代) 유가(儒家)의 대표적인 사상가(思想家)이자 교육가. 맹자는 공자
(孔子)가 죽고 나서 100년 정도 뒤에 태어났음.

• 사단설(四端說) : 맹자(孟子)가 주창하였으며, 인간 도덕에 관한 ①측은(惻隱) ②수오(羞惡) ③사양(辭讓)
④시비(是非)의 4가지 품성에 따른 인(仁)·의(義)·예(禮)·지(智)라고 하는 덕(德)을 뜻함.

• 사상가(思想家) : 사회나 인생에 대한 생각·판단을 체계화하고 원리적으로 통일된 견해를 갖고 활동하
는 사람.

• 성선설(性善說) : 중국 맹자(孟子)가 주창한 도덕설로 인간의 본성은 선천적으로 착하다는 설.

• 주창(主唱) : 견해(見解)나 판단(判斷) 등 어떤 사상(思想)을 앞장서서 부르짖는다는 뜻.

• 덕(德) : 올바르고 너그러운 마음과 공정하고 포용성 있는 품성.

• 인(仁) : 남에게 베푸는 인자(仁慈)한 성품과 너그러운 행실.

• 왕도정치(王道政治) : 유교(儒敎)에서 주장하는 이상적 정치인 인덕(仁德)을 근본으로 천하를 다스리는
정치.

• 사양(辭讓) : 초대나 위임이나 요구를 겸손하게 응하지 아니하거나 받지 아니하는.

직역 사양(辭讓)하고 양보(讓步)하는 마음을 뜻함.

의역 겸손(謙遜)하게 응하지 않거나 받지 아니하는 마음을 뜻함.

096

살신성인
殺身成仁

유래 요약 ─────────

이 말은 중국 춘추전국시대(春秋戰國時代)에 인(仁)을 이상(理想)의 도덕(道德)으로 삼는 공자(孔子)의 언행(言行)을 수록(收錄)한 『논어(論語)』 「위령공편(衛靈公篇)」에 나오는 한 구절(句節)이다.

"志士仁人(지사인인 : 높은 뜻을 지닌 선비와 어진 사람은)

無求生以害仁(무구생이해인 : 삶을 구하여 '인'을 버리지 않으며)

有殺身以成仁(유살신이성인 : 스스로 몸을 죽여서 '인'을 이룬다)"

"지사(志士)와 인인(仁人)은 삶을 찾아 인을 해치는 일이 없고 몸을 죽여 인을 이룩하는 일은 있다."

여기서 말한 지사(志士)란 어떤 사람이냐 하는 문제가 있다. 『맹자(孟子)』에는 공자(孔子)의 말이라 하여 지사(志士)와 용사(勇士)를 대립시켜 말한 곳이 있다. 그래서 뒷사람들은 이 지사를 의(義)를 지키는 의사(義士)의 뜻으로 풀이했다. 공자 사상(思想)의 중심을 이루는 '인'의 도는 제자인 증자(曾子)가 『논어』 「이인편(里仁篇)」에 지적했듯이 충(忠)과 서(恕)에 귀착(歸着)한다. '충'이란 자기 자신의 최선(最善)을 다하는 정신(精神)이고, '서'란 '충'의 정신을 타인(他人)에게 미치게 하는 마음이다.

증자(曾子)는 공자(孔子)의 '인'이 곧 이 '충서'를 가리키는 것으로 보았다.

* 有(유)는 문장 앞에서 '～로부터 시작되는 · ～하는 것' 등의 뜻으로 쓰임.

한자 풀이 ─────────

① **살 殺 11** - 죽일 살(시)[도구를 뜻하는 殳(몽둥이 수)와 발음요소와 나무 막대로 찔러 상처를 낸다는 뜻의 杀(죽일 살)이 합해진 글자로 사람이나 짐승을 몽둥이나 칼, 창으로 마구 때리거나 찔러 죽게 하는]·죽을 살·없앨 살·어수선할 살·지울 살·감할 쇄·심할 쇄·시

해(弑害)할 시

② **신 身 7** - 몸 신(여자가 아이를 가져 배가 부른 모습을 본뜬 글자로 본뜻은 '배'이며 이후에 사람의 '몸'으로 쓰이게 된 것임. 머리·목·몸통·팔·다리가 있고 각 기관이 온전하여 활동하는 사람의 육체. 인간적인 존재를 나타냄)·몸소(직접 행하는 자기 자신을 뜻함) 신·아이밸 신

③ **성 成 7** - 이룰 성[戉(도끼 월) 또는 창을 뜻하는 戊(다섯째천간 무)와 발음요소인 丁(못 정)이 합해진 글자로 도끼나 창을 갈아서 못이나 바늘을 만든다는 뜻을 나타내며 어떤 목적에 도달하는]·화목할 성·마칠 성

  * 망한다는 뜻인 敗(패)에 반대되는 뜻으로 어떤 일이 잘 되거나 성공하여 부자가 된다는 뜻임.

④ **인 仁 4** - 어질 인[亻(人 : 사람 인)과 二(두 이)가 합해져 엄마와 배 안에 있는 태아를 뜻하는 글자로 엄마와 태아 두 사람이 서로 헤아리는 마음이 같다는 뜻]·사랑할 인·열매의씨 인

  * 공자(孔子)의 인(仁)에 대한 덕목 : 恭(공손할 공), 寬(너그러울 관), 信(믿을 신), 敏(민첩할 민), 惠(은혜 혜).

용어 풀이 ──────────

- 인(仁) : 남에게 베푸는 인자(仁慈)한 성품과 너그러운 행실. 공정하고 포용성 있는 품성.
- 논어(論語) : 공자(孔子)의 유학(儒學)에 관한 교리(敎理)를 연구한 성전(聖典)이라 할 수 있는 유교(儒敎)의 근본 문헌으로 공자와 제자들의 언행(言行)을 기록한 책임.
- 지사(志士) : 국가와 사회를 위하여 제 몸이나 목숨을 바쳐 일하려는 드높은 뜻을 가진 사람.
- 인인(仁人) : 인자(仁者)와 같은 말로 마음이 어질고 덕(德)을 완성한 사람.
- 맹자(孟子) : 중국 전국시대(戰國時代) 유가(儒家)의 대표적인 사상가(思想家)이자 교육가.
- 귀착(歸着) : 어떤 곳에서 다른 곳으로 돌아가 닿는. 논쟁에서 의견이 어떤 결론에 다다르는.
- 증자(曾子) : 중국 춘추시대(春秋時代)의 유학자(儒學者). 이름은 삼(參), 자(字)는 자여(子輿), 높여서 증자라고 함. 공자의 덕행과 학설을 정통으로 조술(祖述)하여 공자의 손자 자사(子思)에게 전했음.

  * 조술(祖述) : 조상이나 스승의 말씀의 뜻을 서술하여 밝히는.

직역 목숨을 바쳐 어진 일을 이룬다는 뜻, 또는 목숨을 바쳐 절개(節槪)를 지킨다는 뜻.
의역 자기의 몸을 희생하여 옳은 도리(道理)를 행한다는 뜻.

097

삼고초려
三顧草廬

*삼고지례(三顧之禮)·삼고지은(三顧之恩)도 같은 뜻으로 씀.

유래 요약

중국 후한(後漢) 말엽 유비(劉備)는 관우(關羽)·장비(張飛)와 의형제를 맺고 한실(漢室) 부흥(復興)을 위해 군사(軍士)를 일으켰다. 그러나 군기(軍紀)를 잡고 계책(計策)을 세워 전군을 통솔(統率)할 군사(軍師)가 없어 늘 조조군(曹操軍)에게 고전(苦戰)을 면(免)하지 못했다. 어느 날 유비가 은사(隱士)인 사마휘(司馬徽)에게 군사(軍師)를 천거(薦擧)해 달라고 청하자 사마휘는 이렇게 말했다.

"복룡(伏龍)이나 봉추(鳳雛) 중 한 사람만 얻으시오."

"대체 복룡은 누구고 봉추는 누구입니까?"

그러나 사마휘는 말을 흐린 채 대답하지 않았다. 그 후 제갈량(諸葛亮)의 별명이 복룡(伏龍)이란 것을 안 유비는 즉시 수레에 예물(禮物)을 싣고 양양(襄陽) 땅에 있는 제갈량을 찾아갔다. 두 번이나 찾아가도 계속 출타(出他) 중이라 만나지 못했다. 그러자 관우와 장비는 불평하며 만류(挽留)했다. 그럼에도 유비(劉備)는 단념(斷念)하지 않고 세 번째 방문(訪問)길에 나섰다. 그 열의(熱意)에 감동(感動)한 제갈량은 마침내 유비의 군사(軍師)가 되어 적벽대전(赤壁大戰)에서 조조(曹操)의 100만 대군을 격파(擊破)하는 등 많은 전공(戰功)을 세웠다.

한자 풀이

① **삼 三 3** - 석 삼[본래 세 줄의 가로획을 나란히 그은 글자로 숫자의 셋을 나타내며 또한 하늘과 땅을 뜻하는 二(두 이) 사이에 사람을 뜻하는 一(가로획)이 더해져 천(天)·지(地)·인(人)을 뜻함]

② **고 顧 21** - 돌아볼 고[雇(새 추)와 새의 울음소리를 뜻하는 戶(지개문 호)와 頁(머리 혈)이 합해져 새가 날아오는 것을 머리를 돌려 바라본다는 뜻의 글자로, 가다가 못 잊어 되돌아본다

는 뜻을 나타냄]·생각할 고

③ 초 草 10 - 풀 초[艹(艸 : 풀 초)와 발음요소와 해가 떠오르는 모습의 早(이를 조)가 합해진 글자로 태양의 따뜻한 기운을 받아 땅에서 싹들이 돋아나는 풀을 나타냄]·잡초 초·시작할 초·대강 초

④ 려 廬 19 - 농막집 려(여)[農幕(농막), 온전치 못한 집을 뜻하는 广(집 엄)과 盧(밥그릇 로)가 합해진 글자로 농막집을 나타냄]·풀집(초가집) 려(여)·오두막집 려(여)·주막(酒幕 : 시골길에서 밥과 술을 팔고 나그네에게 잠자리를 제공하는 집) 려(여)·여인숙 려(여)

용어 풀이 ────────

• 유비(劉備) : 중국 삼국시대 촉한(蜀漢)의 제1대 황제(皇帝). 제갈량을 군사(軍師)로 맞아들여 조조의 대군을 격파시켰음.

• 관우(關羽) : 중국 삼국시대 촉한의 장수(將帥)로 충의(忠義)와 무용(武勇)의 상징이었음.

• 장비(張飛) : 중국 삼국시대 촉(蜀)나라의 무장(武將 : 무술에 뛰어나고 군대를 거느려 다스리는 우두머리).

• 부흥(復興) : 한번 쇠퇴하거나 황폐한 것이 다시 성하여 일어나거나 일어나게 하는.

• 군사(軍師) : 으뜸 장수(將帥) 밑에서 작전(作戰)을 짜고 군대를 지휘하는 사람.

• 은사(隱士) : 속세(俗世)를 떠나 보이지 않게 조용히 살고 있는 선비.

• 복룡(伏龍) : 숨어 누워있는 용(龍)이라는 뜻으로 숨어 살며 잘 알려지지 않은 재사(才士).

• 봉추(鳳雛) : 봉황(鳳凰)의 새끼라는 뜻으로 지략(智略)에 뛰어난 젊은이를 비유하는 말.

• 제갈량(諸葛亮) : 중국 삼국시대 촉한(蜀漢)의 정치가 겸 전략가. 명성이 높아 와룡선생(臥龍先生)이라고 일컬었음. **＊와룡선생 : 때를 기다리는 지혜와 용기가 뛰어난 호걸.**

• 만류(挽留) : 손으로 붙들고 싸움이나 힘든 일들을 못하게 말리는.

• 전공(戰功) : 전투나 전쟁에서 적군을 무찔러 승리에 기여한 공로.

• 삼고(三顧) : 어떤 인물을 세 번 찾아보는. 임금에게 특별한 신임을 얻었다는 뜻.

직역 유비가 되돌아 생각하며 제갈량을 만나러 초가집을 세 번이나 찾아갔다는 뜻.
의역 인재를 맞아들이기 위해서는 인내와 정성으로 끝까지 간청해야 한다는 뜻.

098

삼생유행
三生有幸

유래 요약 ―――――――

　불학(佛學)에 조예(造詣)가 깊은 원택(圓澤)이라는 화상(畵商)은 그의 친구 이원선(李源善)과 함께 어느 마을을 지나가다가 만삭(滿朔)이 된 여인이 물 긷는 것을 보고 그 부인(婦人)을 가리키면서 이원선에게 말했다.

　"저 부인은 임신(妊娠)한 지가 3년이 되었는데, 그녀는 내가 환생(還生)하여 그의 아들이 되길 기다리고 있다네. 나는 그동안 환생을 피해 왔는데 오늘 그녀를 만났으니 더 이상 피할 수가 없을 것 같네. 3일이 지나면 저 부인이 아이를 낳을 테니 자네가 그녀의 집에 한번 가보게. 만약 아이가 자네를 보고 웃으면 그것이 바로 나일세. 그리고 13년 뒤의 중추절(仲秋節) 밤에 나는 항주(杭州)의 천축사(天竺寺) 절에서 자네를 기다리겠으니, 그때 가서 우리는 다시 만나세."

　이원선은 웃으며 아이가 3년이나 뱃속에 있다는 것과 그 아이가 원택이라는 것도 이상하게 생각할 수밖에 없었다. 이원선은 원택이 입적(入寂)했다는 소식(消息)을 듣고는 놀라 원택의 말을 상기(想起)하며 그로부터 3일 후 만삭이었던 부인의 집으로 가서 아기를 보자, 아기는 그를 보고 빙그레 웃었다. 그리고 그로부터 13년이 지난 중추절 밤에 천축사를 찾아갔는데 문 앞에서 소(牛)의 등 위에 있는 목동(牧童)을 만났고 "삼생(三生)의 인연으로 맺어진 영혼인데 멀리서 찾아왔네."라고 말했다.

한자 풀이 ―――――――

① 삼 三 3 - 석 삼[본래 세 줄의 가로획을 나란히 그은 글자로 숫자의 셋을 나타내며 또한 하늘과 땅을 뜻하는 二(두 이) 사이에 사람을 뜻하는 一(가로획)이 더해져 천(天)·지(地)·인(人)을 뜻함]

② **생 生 5** - 날 생[어린 싹인 떡잎을 뜻하는 屮(싹날 철)과 土(흙 토)가 합해진 글자로 초목의 새 싹이 땅 위로 돋아나는 모습을 나타냄]·낳을 생·생길 생·살 생·자랄 생

  * 生(생)은 다른 한자의 끝에 붙어 학생이나 학문을 하는 사람을 나타냄. 下宿生(하숙생)·先生(선생).

③ **유 有 6** - 있을 유[月(肉 : 고기 육)과 발음요소인 ナ(又 : 손 우)가 합해진 글자로 사냥하여 잡은 짐승을 손에 잡고 여기 가지고 있다고 말한다는 뜻을 나타냄. 현재 지니고 있거나 존재하는]·가질 유·혹 유·어떤 유·또 유

④ **행 幸 8** - 다행 행[多幸(다행). 본래 죄인을 뜻하는 大(큰 대)의 발목에 차꼬를 채운 모습인 夭이 변한 글자로 죽음을 당하는 형벌을 면해서 다행이라는 뜻을 나타냄. 좋은 운(運)을 맞이하여 생활에 만족과 기쁨을 누리는. 차꼬 : 죄인의 두 발목을 두 조각의 나무로 만든 구멍에 넣고 자물쇠로 채우는 옛날 형구]·행복할 행·기뻐할 행

용어 풀이 ————————

• 불학(佛學) : 석가모니를 교조(教祖)로 삼고 그의 설법(說法)을 근본으로 하는 불교에 관한 학문.

• 조예(造詣) : 어떤 분야에 대한 지식이나 경험이 깊은 경지에 이른 정도.

• 화상(畫商) : 그림을 파는 장수나 장사, 즉 그림상인.

• 만삭(滿朔) : 여자가 아이를 임신하여 낳을 달이 다 찬.

• 환생(還生) : 되살아나는. 죽은 사람이 다시 태어나는.

• 중추절(仲秋節) : 음력(陰曆) 8월에 있는 명절이라는 뜻으로 '추석'을 달리 이르는 말.

• 입적(入寂) : 불교의 스님의 죽음. 열반(涅槃) 또는 입정(入定)이라고도 함.

• 상기(想起) : 지난 일이나 과거에 듣거나 알았던 것을 다시 생각하여 내는.

• 삼생(三生) : 태어나기 이전의 세상인 전생(前生)과 현재 살고 있는 세상인 현생(現生)과 죽은 뒤에 다시 태어나는 세상인 후생(後生)을 뜻함.

> **직역** 세 번 태어나는 행운(幸運)이 있다는 뜻.
> **의역** 서로 간에 가장 깊은 운명적인 인연(因緣)이 있다는 뜻.

099

삼인성호
三人成虎

유래 요약 ————

중국 춘추전국시대(春秋戰國時代) 위(魏)나라 혜왕(惠王)은 태자(太子)가 조(趙)나라의 도읍(都邑 : 서울)인 한단(邯鄲)으로 인질(人質)로 갈 때 충신(忠臣) 방총(龐葱)에게 태자를 수행(隨行)하게 했다. 출발을 며칠 앞둔 어느 날 방총이 심각(深刻)한 얼굴로 혜왕에게 이렇게 물었다.

"전하, 지금 누가 저잣거리에 호랑이가 나타났다고 한다면 믿으시겠습니까?"

"누가 그런 말을 믿겠소."

"하오면, 두 사람이 똑같이 저잣거리에 호랑이가 나타났다고 한다면 어찌 하시겠습니까?"

"역시 믿지 않을 것이오."

"만약, 세 사람이 똑같이 아뢴다면 그땐 믿으시겠습니까?"

"그땐 믿을 것이오."

"전하. 저잣거리에 호랑이가 나타날 수 없다는 것은 불을 보듯 명백(明白)한 사실이옵니다. 하오나 세 사람이 똑같이 아뢴다면 저잣거리에 호랑이가 나타난 것이 됩니다. 저는 이제 한단(邯鄲)으로 아주 멀리 떠나가 떨어져 있게 됩니다. 전하. 바라옵건대 다른 신하들의 헛된 말은 귀담아 듣지 마십시오."

"염려 마오. 누가 무슨 말을 하던 과인(寡人)은 두 눈으로 본 것만 믿을 것이오."

먼 훗날 태자(太子)가 인질에서 풀려나 위(魏)나라로 돌아왔을 때 왕을 뵈올 수가 없었다.

한자 풀이 ————

① 삼 三 3 - 석 삼[본래 세 줄의 가로획을 나란히 그은 글자로 숫자의 셋을 나타내며 또한 하

늘과 땅을 뜻하는 二(두 이) 사이에 사람을 뜻하는 一(가로획)이 더해져 천(天)·지(地)·인(人)을 뜻함]

② **인 人** 2 - 사람 인[벼슬아치가 증표인 홀(笏)을 잡은 두 손을 앞으로 내밀며 서 있는 옆모습을 본뜬 글자로 두 발 똑바로 서서 걸으며 생각과 말을 할 줄 아는 만물의 우두머리를 뜻함]·인격 인·남(상대방) 인

③ **성 成** 7 - 이룰 성[戊(도끼 월) 또는 창을 뜻하는 戊(다섯째천간 무)와 발음요소인 丁(못 정)이 합해진 글자로 도끼나 창을 갈아서 못이나 바늘을 만든다는 뜻을 나타내며 어떤 목적에 도달하는]·화목할 성·마칠 성·정성 성·참으로 성

　* 망한다는 뜻인 敗(패)에 반대되는 뜻으로 어떤 일이 잘 되거나 성공하여 부자가 된다는 뜻임.

④ **호 虎** 8 - 범 호 또는 호랑이 호[범을 뜻하는 虍(호피무늬 호)와 범이 걸어간 발자국을 뜻하는 儿(길게걸을 인)이 합해진 글자로 범의 형상을 나타냄. 몸의 털색깔이 황갈색 바탕에 검은 줄무늬가 있고 사슴 따위의 짐승을 잡아먹는 몹시 사납고 무서운 야생동물(野生動物)]

용어 풀이 ————

• 태자(太子) : 황태자의 준말로 황위(皇位)를 이을 황자(皇子).

• 인질(人質) : 약속이나 조약 이행의 담보로 상대방의 사람을 강제로 가두어 두는.

• 충신(忠臣) : 임금에게 몸과 마음을 바쳐 충성을 다하는 신하.

• 수행(隨行) : 명(命)을 받아 일정한 업무를 띠고 임금이나 높은 사람의 곁을 따라가는.

• 심각(深刻) : 어떤 일을 깊이 새기거나 어떤 상황이 아주 깊고 절실한.

• 전하(殿下) : 임금이나 왕비 등 왕족(王族)을 높이어 이르는 말.

• 저자거리 : 물건을 파는 가게가 있고 사람들이 많이 모여드는 시장(市場)인 거리.

• 과인(寡人) : 임금이 겸손의 뜻으로 신하나 백성 앞에서 자기를 낮추어 부르는 말.

> **직역** 세 사람이 저잣거리에 호랑이가 나타났다고 말을 거듭하면 곧이듣게 된다는 뜻.
>
> **의역** 거짓말이라도 여러 사람이 말하면 참말로 믿기 쉽다는 뜻.

100

상중지희
桑中之喜

유래 요약 ────────

중국 춘추시대(春秋時代) 민요(民謠)를 중심으로 하여 모은 시집(詩集)인 『시경(詩經)』의 「용풍편(鄘風篇)」에 나오는 '뽕밭에서'라는 상중(桑中) 시의 첫 장이 아래와 같다.

"새삼 덩굴 뜯으니, 매 근처 이 마을에서, 누구를 그리워하나.

강씨네 집 큰 아기, 만나자고 한 곳은 상중(桑中)이고요.

상궁까지 마중 나왔고, 올 적에는 기수까지 바래다주더군……"

옛날에는 남녀(男女) 유별(有別)이 철칙(鐵則)으로 되어 있고, 문 밖 출입을 마음대로 할 수 없었으므로 남녀가 서로 만날 수 있는 곳이 주로 뽕잎을 따는 뽕나무 밭이었다. 풀을 베러 어느 마을 근처(近處)로 한 남자가 간다. 그는 풀을 베러 간 것이 아니라 아름다운 어느 남의 아내를 생각하고 있는 것이다. 바로 그녀는 그를 뽕나무 밭에서 만나기로 약속(約束)을 했던 것이다. 거기서 사내를 만난 그녀는 그 사내를 데리고 높은 집으로 맞아들인 다음 그를 기라는 냇가에까지 바래다준다는 이야기다.

혹자(或者)는 이 시(詩)에 나오는 뽕밭과 다락집과 강물을 성애(性愛)의 과정을 암시(暗示)하고 있다고 심각(深刻)하게 풀이하기도 한다.

한자 풀이 ────────

① 상 桑 10 - 뽕나무 상[木(나무 목)과 누에나방의 애벌레를 뜻하는 又(또 우) 세 개가 합해진 글자로 잎이 넓고 연하며 누에의 먹이가 되는 나무를 뜻함]·뽕나무심을 상

② 중 中 4 - 가운데 중(깃발을 가운데 꽂아 사람들을 모이게 하거나 부락·군부대·집단의 가운데에 깃발을 꽂은 모양의 글자로 사물의 한가운데나 일정한 공간·위치·나이·순서 등의 중심을 나타냄)·바를 중·진행(進行) 중·안쪽 중·속 중·중용(中庸) 중·사이 중·알맞을 중·중

독될 중·범위 중·맞힐 중·맞을 중

③ **지 之 4** - 갈 지[두 발을 뜻하는 止(발 지)와 출발선을 뜻하는 一(가로획)을 그어 만든 글자로 한 발을 떼고 막 출발하려는 모습을 나타냄]·이를 지·이 지·어조사(~의, ~가, ~이, ~을) 지

④ **희 喜 12** - 기쁠 희 또는 기뻐할 희[북을 뜻하는 壴(악기이름 주)와 口(입 구)가 합해진 글자로 북을 치면서 신(神)에게 빌거나 신(神)을 기쁘게 한다는 뜻을 나타냄. 북치고 노래하며 재미있게 놀아 마음이 즐거운. 남에게 좋은 일이나 재물 등을 베풀면서 기껍게 여기는]·좋을 희 또는 좋아할 희

용어 풀이 ————

• 민요(民謠) : 일반 백성인 민중(民衆) 속에서 자연적으로 발생하여 전하는 풍습·생활 감정 등을 나타낸 노래.

• 유별(有別) : 남녀나 부부 또는 너와 나 사이에 서로 다름이 있는.

• 철칙(鐵則) : 변경하거나 어길 수 없는 강철처럼 굳은 규칙.

• 약속(約束) : 앞으로의 어떤 일에 관하여 상대방과 서로 결정하여 두는.

• 혹자(或者) : 특정하게 지칭할 수 없는 어떤 사람.

• 다락집 : 사방을 볼 수 있도록 높은 기둥 위에 벽이 없이 마루를 놓아 지은 집.

• 성애(性愛) : 남녀(男女) 사이의 성(性)에 관계되는 애정(愛情).

• 암시(暗示) : 모르고 있는 무엇인가를 넌지시 깨우쳐 주는.

• 심각(深刻) : 어떤 일을 깊이 새기거나 어떤 상황이 아주 절실한.

• 상중(桑中) : 뽕나무밭이라는 뜻으로 예부터 젊은 남녀가 만나 도의(道義)에 벗어난 행동으로 인한 쾌락이나 풍속의 퇴폐를 풍자하는 뜻임.

직역 뽕나무 밭에서 정(情)을 통하는 기쁨이라는 뜻.
의역 남녀가 몰래 만나 음란한 행위를 한다는 뜻.
　*음란(淫亂) : 술과 여자에 빠져 행실이 바르지 못하고 어지러운.

101

새옹지마
塞翁之馬

* 새옹화복(塞翁禍福)이라고도 함.

유래 요약 ——————

이 글은 중국 전한(前漢)의 회남왕(淮南王) 유안(劉安)이 저술한 책인 『회남자(淮南子)』의 「인간훈편(人間訓篇)」에 나오는 이야기다.

옛날 중국 북방의 요새(要塞) 근처에 점(占)을 잘 치는 한 늙은이가 살고 있었는데, 어느 날 늙은이의 말(馬)이 오랑캐 땅으로 달아났다. 마을 사람들이 이를 동정(同情)하여 위로(慰勞)하자, 늙은이는 조금도 애석(哀惜)한 기색(氣色) 없이 태연(泰然)하게 말했다.

"이것이 복(福)이 되는지 어찌 알겠소?"

그럭저럭 몇 달이 지난 어느 날 그 말이 오랑캐의 준마(駿馬)를 데리고 돌아왔다. 마을 사람들은 모두 몰려와서 횡재(橫財)를 했다면서 축하(祝賀)했다. 그러자 늙은이는 조금도 기쁜 기색 없이 태연하게 말했다.

"그것이 화(禍)가 되는지 어떻게 알겠소?"

그런데 어느 날 말타기를 좋아하는 늙은이의 아들이 그 오랑캐의 준마를 타다가 떨어져 다리가 부러졌다. 마을 사람들이 이를 위로(慰勞)하자, 늙은이는 조금도 슬픈 기색 없이 태연하게 말했다. "그것이 복(福)이 되는지 누가 알겠소?" 하고 담담한 표정(表情)이었다. 그로부터 1년이 지나 오랑캐가 대거 침입(侵入)해 오자, 마을 장정(壯丁)들은 징집(徵集)되어 전선(前線)에 나가 싸우다가 모두 전사(戰死)했다. 그러나 늙은이 아들은 무사(無事)했다.

한자 풀이 ——————

① **새 塞 13** - 변방 새[邊方(변방). 土(흙 토)와 宀(막을 새)가 생략된 宲가 합해진 글자로 흙을 쌓아 막는다는 뜻을 나타냄. 나라의 경계지역이나 사회활동의 가장자리]·요새(要塞 : 적의 공격이나 침투를 막기 위하여 쌓아 만든 방어시설) 새·막을 색

② **옹 翁 10** - 늙은이 옹[羽(깃 우)와 발음요소와 목을 뜻하는 公(공평할 공)이 합해진 글자로 머리털이 새의 목덜미에 난 깃털처럼 보이는 늙은이를 나타냄. 백발이 된 늙은 남자. *늙은 여자나 할미는 媼(온)이라고 함]·아버지 옹·시아비 옹·새목아래털 옹

　　* 翁主(옹주) : 임금의 첩인 후궁에서 난 왕녀(王女).

③ **지 之 4** - 갈 지[두 발을 뜻하는 止(발 지)와 출발선을 뜻하는 一(가로획)을 그어 만든 글자로 한 발을 떼고 막 출발하려는 모습을 나타냄]·이를 지·이 지·어조사(~의, ~가, ~이, ~을) 지

④ **마 馬 10** - 말 마(말의 머리·긴 목과 갈기·몸통·꼬리의 모양인 馬와 네 개의 말굽을 뜻하는 灬이 합해진 글자로 달리는 말의 옆모습을 나타냄)·산가지 마·벼슬이름 마·아지랑이 마

　　* 말은 잘 달리므로 군사·농경·운반·달리기 대회 등에 이용되며 목에 갈기털이 있는 것이 특징임.

용어 풀이 ─────────

- 요새(要塞) : 전쟁할 때 공격이나 방어를 위하여 전략적으로 중요한 곳에 구축한 시설.
- 동정(同情) : 남의 딱한 사정에 대하여 정신적 또는 물질적으로 위로하며 도움을 베푸는.
- 애석(哀惜) : 슬프거나 안타까운 마음을 느끼는.
- 기색(氣色) : 기쁨과 노여움과 슬픔과 즐거움 등 마음의 작용으로 나타나는 얼굴빛.
- 태연(泰然) : 어떤 일을 당했을 때 태도나 기색이 아무렇지도 아니하고 예사스러운.
- 준마(駿馬) : 체구는 작지만 버티는 힘과 병(病)에 강하며 튼튼하고 잘 달리는 말.
- 횡재(橫財) : 뜻밖에 재물을 얻거나 좋은 일이 생기는.
- 장정(壯丁) : 나이가 젊고 기운이 좋은 남자.
- 화(禍) : 지진, 홍수, 화재, 질병 등 뜻밖에 당하는 불행이나 손실.
- 징집(徵集) : 국가가 통치권의 발동으로 젊은 병역 의무자를 불러 모으는.
- 무사(無事) : 아무 탈이 없는, 걱정할 만한 일이 없는, 사고 없이 편안한.
- 길흉화복(吉凶禍福) : 인간이 살면서 겪는 좋은 일과 언짢은 일, 불행한 재앙과 행복.

　직역 북쪽 변방(邊方)에 사는 한 늙은이의 말(馬)이라는 뜻.

　의역 인생의 길흉화복(吉凶禍福)은 늘 바뀌어 예측할 수 없다는 뜻.

102

선우후락
先憂後樂

유래 요약 —————

이 글은 중국 북송(北宋) 때 명재상(名宰相) 범중엄(范仲淹)이 지은 『악양루기(岳陽樓記)』에 나오는 말이다.

"옛날 어진 사람들은 지위(地位)나 물질적(物質的)인 것에 기뻐하거나 자기 신세(身世)를 슬퍼하지 않았다. 조정(朝廷)의 높은 지위에 있을 때도 오로지 백성(百姓)들의 노고(勞苦)를 우려(憂慮)하고 벼슬에서 물러나 있을 때는 오로지 임금과 과실(過失)을 걱정한다. 나아가도 근심이요, 물러나도 걱정이다."

"그렇다면, 그 어진 사람들은 언제 즐거워하는가?"라고 묻는다면,

"先天下之憂而憂(선천하지우이우 : 천하의 근심을 먼저 근심하고) 後天下之樂而樂(후천하지락이락 : 천하의 즐거움은 나중에 즐긴다)"라고 답할 것이다.

범중엄(范仲淹)은 1045년 악양루(岳陽樓)를 개수(改修)할 때 파릉군 태수인 친구 등자경(滕子京)의 부탁(付託)을 받고 이 글을 썼다.

한자 풀이 —————

① **선 先 6** – 먼저 선[본래 之(갈 지)와 儿(걷는사람 인)이 합해진 글자로 발이 남보다 먼저 앞서 나간다는 뜻을 나타냄. 태어남·출발·획득 등이 시간적·시대적으로 순서가 앞서는]·앞설 선·뛰어날 선

② **우 憂 15** – 근심할 우[頁(머리 혈)과 心(마음 심)과 夊(뒤져올 치)가 합해진 글자로 머리의 근심 걱정을 마음에 품고 고개를 숙인 채 천천히 걸어가는 모습을 나타냄. 걱정으로 마음이 괴로운]·상제(喪制 : 부모나 조상이 돌아가셔서 장례를 지내며 상복을 입은 사람)할 우·상당할(상복을 입고 장례를 지내는) 우

③ 후 後 9 - 뒤 후[종종걸음으로 걷는다는 뜻인 彳(조금걸을 척)과 끈을 뜻하는 糸(실 사)가 생략된 幺(작을 요)와 夂(뒤져올 치)가 합해진 글자로 끈에 발이 묶인 죄인이 뒤처져 나중에 온다는 뜻임]·늦을 후

④ 락 樂 15 - 즐길 락(나)[큰 북을 뜻하는 白(흰 백)과 작은 북을 뜻하는 幺(작을 요)와 받침대를 뜻하는 木(나무 목)이 합해진 글자로 큰 북을 중심으로 작은 북들이 원을 그리며 북과 춤과 노래로 즐거움을 누리는]·풍류 악·좋아할 요

용어 풀이 ─────────

• 명재상(名宰相) : 정치 능력이 뛰어나서 인정을 받아 임금을 돕고 관원을 지휘·감독하는 재상 벼슬.

• 지위(地位) : 개인의 사회적 신분에 따르는 위치나 자리, 벼슬자리.

• 신세(身世) : 주로 불행한 일과 관련된 일신상(一身上 : 개인의 한 몸에만 관계된 형편)의 처지와 형편.

• 조정(朝廷) : 임금이 나라의 정치를 신하(臣下)들과 의논하고 집행하는 곳.

• 노고(勞苦) : 수고스럽게 힘들이고 애를 쓰는.

• 우려(憂慮) : 불행한 일이 발생할까 근심하고 걱정하는.

• 과실(過失) : 어떤 일의 처리나 말이나 판단·행동에 대한 잘못이나 허물.

• 악양루(岳陽樓) : 중국 후난성 동정호구 악주부(岳州府)에 있는 부성(府城)의 서쪽 문 누각(樓閣 : 높은 다락집).

• 개수(改修) : 낡은 것을 다시 고치어 새로 짓거나 쌓는.

• 부탁(付託) : 남에게 무슨 일을 해 달라고 청하거나 맡기는.

직역 근심할 일은 남보다 먼저 근심을 하고 즐길 일은 남보다 나중에 즐긴다는 뜻.

의역 나보다 남이나 백성을 먼저 생각하는 어진 마음가짐, 나라를 위한 지사(志士)와 덕(德)을 갖춘 인인(仁人)의 마음 자세를 뜻함.

103

선종외시
先從隗始

유래 요약 ──────

중국 전국시대(戰國時代) 연(燕)나라 소왕(昭王)은 안으로는 내분(內紛)으로 혼란(混亂)하고 밖으로는 제(齊)나라에 많은 영토(領土)를 빼앗겨 국력(國力)이 약해지자 재상(宰相) 곽외(郭隗)를 불러 나라를 회복(回復)시키는데 필요한 인재(人材) 등용(登庸)에 대한 방책(方策)을 물었다. 곽외는 천금시마(千金市馬) 이야기를 꺼내며 대답했다.

"옛날에 어떤 왕(王)이 천 금으로 하루에 천 리(千里)를 달리는 뛰어난 말(馬)을 구하고 있었습니다. 왕의 명(命)을 받은 관리(官吏)가 그 말을 구했을 때 이미 죽어 있었으나 그래도 그는 오백 금을 주고 죽은 말을 사왔습니다. 왕이 대로(大怒)하여 '내가 바란 것은 살아있는 말이다'라고 하자 관리는 이렇게 대답했습니다. '죽은 천리마(千里馬)도 오백 금을 주었으니 살아 있다면 얼마나 비쌀까 하여 천리마를 가진 자(者)가 찾아올 것입니다.' 과연 그의 말대로 1년도 채 되지 않아서 천리마가 세 마리나 들어왔다고 합니다. 지금 왕께서 진정(眞情)한 인재(人材)를 찾으신다면 먼저 곽외[郭隗 : 隗(외)]부터 시작(始作)하십시오(先從隗始). 제가 대우를 받는다면 곽외보다 뛰어나다고 생각하는 많은 인재들이 몰려들 것입니다."

이 말을 듣고 소왕(昭王)이 곽외를 위해 궁전(宮殿)을 세우고 스승으로 우대(優待)하자 이 사실을 안 많은 인재들이 앞을 다투어 몰려들기 시작했다고 한다.

한자 풀이 ──────

① **선 先 6** - 먼저 선[본래 之(갈 지)와 儿(걷는사람 인)이 합해진 글자로 발이 남보다 먼저 앞서 나간다는 뜻을 나타냄. 태어남·출발·획득 등이 시간적·시대적으로 순서가 앞서는]·앞설 선·뛰어날 선

② **종 從 11** - 따를 종 또는 쫓을 종[걷는다는 뜻의 彳(조금걸을 척)과 두 개의 人(사람 인)이 겹

쳐 뒷사람이 앞사람을 따라가는 모양을 뜻하는 从(종)과 足(발 족)이 합해진 글자로 발로 걸어서 따라가는 모습을 나타냄. 남의 명령·의견 따위에 응하는]·일할 종·모실 종·친척 종·다음갈 종·종용(從容)할 종

③ 외 隗 13 - 높을 외[阝(阜 : 언덕 부)와 발음요소와 이상야릇하다는 뜻의 鬼(귀신 귀)가 합해진 글자로 산맥의 봉우리처럼 위로 높이 솟아있다는 뜻을 나타냄. 사회적으로 지위나 계급이 높거나 가격·수치가 높은]

   * 여기서 隗(외)는 郭隗(곽외)와 같은 뜻으로 큰일에 비해 작은 일, 먼 것에 비해 가까이 있는 것, 중앙에 비해 둘레를 말함.

④ 시 始 8 - 처음 시[女(여자 여)와 발음요소와 작은 생명체를 뜻하는 台(비롯할 태)가 합해진 글자로 엄마의 뱃속에서 애기가 처음 생긴다는 뜻을 나타냄. 어떤 일이나 행동의 시작이나 첫 단계가 되는]·비로소(이전에 없었던 것을 처음으로 하는) 시·비롯할(어떤 일의 출발이 되는) 시

용어 풀이 ───────

- 내분(內紛) : 국가나 조직 단체의 내부에서 자기네끼리 분쟁을 벌이는.
- 혼란(混亂) : 다툼이나 폭동 또는 일들이 뒤죽박죽 뒤섞이어 어지러운.
- 재상(宰相) : 임금을 돕고 모든 관원(官員)을 지휘·감독하는 정2품의 벼슬.
- 인재(人材) : 어떤 분야에서 어떤 일을 할 수 있는 학식이나 능력을 갖춘 사람.
- 등용(登庸) : 능력 있는 인재나 필요한 인물을 뽑아서 쓰는.
- 천리마(千里馬) : 하루에 천리 길을 달릴 수 있는 정도로 좋은 말.
- 진정(眞情) : 말하거나 행동할 때 참되고 진실한 정(情)이나 마음.
- 우대(優待) : 능력 있는 사람이나 귀한 사람을 특별히 예의를 갖추어 대하는.

직역 먼저 가깝게 있는 재상인 외(곽외)부터 데리고 어떤 일을 시작하라는 뜻.
의역 큰 뜻을 이루려면 우선 비근(卑近)한 일에서부터 시작하라는 뜻. 또는 현인(賢人) 같은 큰 인물을 맞으려면 먼저 가까이 있는 하찮은 사람을 대우하라는 뜻.

104

성동격서
聲東擊西

유래 요약 ──────────

중국 한(漢)나라 유방(劉邦)과 초(楚)나라 항우(項羽)가 서로 싸우던 중 위(魏)나라의 왕(王) 표(豹)의 투항(投降)으로 한나라 유방은 항우와 위왕(魏王) 표(豹)의 협공(挾攻)을 당하는 국면(局面)이 되어 매우 위험(危險)한 형세(形勢)에 처하자 한신(韓信)을 보내어 정벌(征伐)에 나섰다.

이에 위왕(魏王) 표(豹)는 백직(柏直)을 대장(大將)으로 임명(任命)하여 황하(黃河)의 동쪽 포판(浦坂)에 진을 치고, 한(漢)나라 군대(軍隊)의 도하(渡河)를 저지(沮止)하였는데 한신은 포판의 공격(攻擊)이 어렵다고 판단(判斷)하였으나, 사병(士兵)들로 하여금 낮에는 큰 소리로 훈련(訓鍊)하게 하고 밤에는 불을 밝혀 강공(强攻)의 의사(意思)를 나타내도록 하였다. 백직(柏直)은 한(漢)나라 군대의 동태(動態)를 살펴보고 그들의 어리석은 작전(作戰)을 비웃었다.

한편으로 한신(韓信)은 비밀리에 군대를 이끌고 하양에 도착(到着)하여 강(江)을 건널 뗏목을 만들었는데 뗏목으로 황하(黃河)를 건넌 한(漢)나라 군사(軍士)들은 신속(迅速)하게 진군(進軍)하여 위왕 표(豹)의 후방(後方) 요지(要地)인 안읍(安邑)을 점령(占領)하고 그를 사로잡았다.

한자 풀이 ──────────

① **성 聲 17** - 소리 성[耳(귀 이)와 고대 중국의 악기로 높은 음이 나는 磬(경쇠 경)이 생략된 殸(소리 성)이 합해진 글자로 돌이나 옥(玉)을 매달아 뿔망치로 칠 때 울리면서 귀에 들리는 소리를 나타냄. 목청이나 물체의 진동으로 나는 소리]·목소리 성·말 성·풍류 성·노래 성·명예 성·밝힐 성

② **동 東 8** – 동녘 동[글자로는 木(나무 목)과 日(해 일)이 합해진 글자이지만 본래는 자루에 쌀 같은 알곡을 가득 담고 양 끝을 끈으로 묶은 다음 앞뒤에서 메고 갈 수 있도록 긴 막대를 가로 지른 모습임. 동녘은 빌려 쓴 것임]

③ **격 擊 17** – 칠 격[手(손 수)와 발음요소인 毄(부딪힐 격)이 합해진 글자로 손에 힘을 주어 상대방을 급격히 때린다는 뜻을 나타냄. 무기를 들고 적군을 공격하여 멸망시키는]·죽일 격·눈마주칠 격·부딪칠(자동차·물체 등이 서로 충돌하는. 적군과 맞서는) 격·두드릴 격

④ **서 西 6** – 서녘 서[서쪽으로 해가 지면 산에서 짐승이 내려와 음식을 들추어 먹으므로 고기 그릇이나 장독의 뚜껑을 단단히 덮는다는 뜻인 襾(덮을 아)가 변형된 글자로 해가 지는 서쪽 방면·방향·지역을 가리키는]·서양(西洋 : 서쪽의 대륙) 서

용어 풀이 ──────────

- 유방(劉邦) : 중국 진(秦)나라 말기 때 장수이며 한(漢)나라를 세운 황제.
- 항우(項羽) : 중국 진(秦)나라 말기 때 장수이며 초(楚)나라를 세운 황제.
- 투항(投降) : 전쟁에서 적에게 힘이나 무력에 눌리어 굴복하는.
- 협공(挾攻) : 상대방이나 적을 전후 또는 좌우 양쪽에서 공격하는.
- 국면(局面) : 어떤 일이 되어가거나 전쟁에서 벌어지고 있는 형세(形勢).
- 정벌(征伐) : 특정한 사람이나 세력을 가진 적이나 죄(罪)있는 무리를 치는.
- 도하(渡河) : 전쟁이나 훈련을 하기 위하여 강(江)이나 내를 건너는.
- 강공(強攻) : 다소의 위험을 무릅쓰고 총동원하여 적극적으로 공격하는.
- 동태(動態) : 움직이거나 활동하거나 변하는 상태.
- 작전(作戰) : 싸움이나 전쟁을 하는 데 필요한 방법을 세우는.
- 진군(進軍) : 병력이나 군대를 앞으로 내보내는.

직역 동쪽에서 소리를 지르고 서쪽을 공격한다는 뜻.
의역 전투나 바둑에서 상대방을 교묘하게 속여 공격한다는 뜻.

105

수석침류
漱石枕流

유래 요약 ————

중국 삼국시대(三國時代) 위(魏)나라 이후에 등장(登場)한 진(晉)나라 초기에 풍익태수(馮翊太守)를 지낸 손초(孫楚)가 벼슬길에 나가기 전 젊었을 때의 일이다.

당시 사회(社會)는 오랜 전란(戰亂)과 빈번한 왕조(王朝) 몰락(沒落)으로 인한 정신적(精神的) 피로감(疲勞感)으로 속세(俗世)의 명리(命理)와 도덕(道德)을 우습게 여기고 노장사상(老莊思想)에 심취(心醉)하는 현실기피주의(現實忌避主義)가 대세(大勢)를 이루었던 때였다. 그래서 손초도 죽림칠현(竹林七賢)처럼 속세를 떠나 산림(山林)에 은거(隱居)하기로 작정하고 어느 날 친구인 왕제(王濟)에게 흉금(胸襟)을 털어놓았다.

이때 "돌을 베개 삼아 눕고, 흐르는 물로 양치질하는 생활을 하고 싶다(枕流漱石)"는 것을, 반대로 "돌로 양치질하고, 흐르는 물을 베개로 삼겠다(漱石枕流)"고 잘못 말했다. 왕제(王濟)가 웃으며 실언(失言)을 지적(指摘)하자, 손초는 이렇게 강변(強辯)했다.

"흐르는 물을 베개로 삼겠다는 것은 옛날 은사(隱士)인 허유(許由)와 같이 쓸데없는 말을 들었을 때 귀를 씻기 위해서이고, 돌로 양치질한다는 것은 이를 닦기 위해서라네."

한자 풀이 ————

① **수 漱 14** – 양치질 수[養齒(양치). 氵(水 : 물 수)와 발음요소와 후루룩 마셔서 입에 물고 있다는 뜻의 欶(빨아들일 수)가 합해진 글자로 칫솔에 치약을 묻혀 이를 문질러 닦는다는 뜻임]·양치질할 수·빨래할(옷을 비누칠하고 주물러 때를 빼는) 수

② **석 石 5** – 돌 석[바위를 뜻하는 厂(언덕 엄)과 작은 돌덩이를 뜻하는 口(입 구)가 합해진 글자로 언덕 아래로 굴러 떨어진 작은 돌을 나타냄. 단단한 바위 조각]·저울 석·굳을 석·섬(가

마니에 담은 곡식의 용량 단위) 석

③ **침 枕** - 베개 침[木(나무 목)과 발음요소와 머리 밑에 받친다는 뜻의 尤(머뭇거릴 유)가 합해
진 글자로 잠자거나 누울 때 고개를 받쳐주는 나무로 사각(四角)지게 만든 토막을 뜻함]·벨
(베개로 고개를 받치는) 침·침목(枕木 : 물건을 괴어 놓거나 기차의 철로를 받쳐주는 나무토막) 침

④ **류 流 10** - 흐를 류(유)[氵(水 : 물 수)와 발음요소와 거꾸로 떠내려간다는 뜻의 㐬(류)가 합해
진 글자로 죽은 아이를 물에 버려 거꾸로 떠내려가는 모습을 나타냄. 냇물이·세월이·전류
등이 흐르는]·흐르게할 류(유)·떠돌아다닐 류(유)·귀양보낼 류(유)·세상에퍼질 류(유)·계층
류(유)

용어 풀이 ────────

• 풍익태수(馮翊太守) : 중국 전한(前漢)의 관직으로 풍익군 영역을 관할하는 특수 지방 장관.

• 명리(命理) : 하늘이 내린 목숨과 자연의 법칙, 사주에 근거하여 길흉화복(吉凶禍福)을 알아보는.

• 노장사상(老莊思想) : 노자와 장자의 사상으로 인위적(人爲的)인 것을 부정하고 무위자연(無爲自然)을
도덕의 표준으로 하며 허무를 우주의 근원으로 삼는 사상.

• 현실기피주의(現實忌避主義) : 현실을 꺼리거나 싫어해서 피하는 방침을 지키기로 굳게 주장하는.

• 죽림칠현(竹林七賢) : 대나무 숲의 일곱 현인(賢人)이라는 뜻으로 중국 진(晉)나라 초기에 유교(儒敎)의
형식주의(形式主義)를 무시하고 허무주의(虛無主義)를 주장하는 일곱 선비.

　* **허무주의** : 현재 시행되고 있는 제도와 법률과 관습의 속박을 부정하고 자유로운 사회를 조성하고자 하는 사상.

• 흉금(胸襟) : 앞가슴의 옷깃, 속마음, 가슴속의 심정.

• 강변(強辯) : 이치(理致)에 닿지 아니하는 것을 우격다짐으로 주장하거나 변명하는.

• 은사(隱士) : 세상을 피하여 벼슬도 하지 않고 조용히 숨어사는 선비.

> **직역** 돌로 양치질하고 흐르는 물을 베개로 삼는다는 뜻.
>
> **의역** 자기의 논리나 행동이 어긋났는데도 옳다고 억지를 부린다는 뜻. 또는 말을
> 　　　잘못해 놓고 이기려고 그럴듯하게 꾸며댄다는 뜻.

106

수어지교
水魚之交

* 수어지친(水魚之親)과 같은 뜻임.

유래 요약

중국 전국시대(戰國時代) 위(魏)나라의 조조(曹操)가 강북의 땅을 평정(平定)할 때 유비(劉備)에게는 아직도 근거할 만한 땅이 없었다. 또 유비에게는 관우(關羽)와 장비(張飛)와 같은 용장(勇將)이 있었지만 천하(天下)의 계교(計巧)를 세울 만한 지략(智略)이 뛰어난 선비가 없었다.

이러한 때에 제갈공명(諸葛孔明)과 같은 사람을 얻었으므로 유비의 기쁨은 몹시 컸다. 제갈공명이 방침으로써 형주와 익주를 눌러서 그곳을 근거지(根據地)로 할 것과, 서쪽과 남쪽의 이민족(異民族)을 어루만져 뒤의 근심을 끊을 것과 내정(內政)을 다스려 부국강병(富國強兵)의 실리(實利)를 올릴 것과 시기(時機)를 보아 조조를 토벌(討伐)할 것을 말했다. 유비는 전적으로 찬성(贊成)하여 그 실현(實現)에 힘을 다하게 되었다. 이리하여 유비는 제갈공명에게 절대적인 신뢰(信賴)를 두고 친밀(親密)해졌고, 관우와 장비 등을 위로(慰勞)하여 말했다.

"내가 제갈공명을 얻은 것은 물고기가 물을 얻은 것과 같다. 즉 나와 제갈공명은 물고기와 물과 같은 사이다. 아무 말도 하지 말기를 바란다."

이렇게 말하자 관우(關羽)와 장비(張飛) 등은 불만(不滿)을 표시(表示)하지 않게 되었다.

한자 풀이

① **수 水 4** - 물 수[본래 川(내 천)에서 비롯된 글자로 흐르는 물줄기가 합쳤다가 갈라지는 모습을 나타냄. 샘물·시냇물·강물·바닷물 등 자연에 존재하는 기본 물질을 뜻함]·별이름(水星 : 수성) 수

② **어 魚 11** - 물고기 어(물고기의 머리인 ⺈와 몸통과 비늘을 뜻하는 田와 지느러미와 꼬리

를 뜻하는 灬가 합해진 글자로 물속에서 헤엄치며 살아가는 물고기를 나타냄)·잉어 어·생

선(生鮮 : 잡은 그대로의 물고기) 어

③ **지 之 4** - 갈 지[두 발을 뜻하는 止(발 지)와 출발선을 뜻하는 一(가로획)을 그어 만든 글자로

한 발을 떼고 막 출발하려는 모습을 나타냄]·이를 지·이 지·어조사(~의, ~가, ~이, ~을) 지

④ **교 交 6** - 사귈 교[사람을 뜻하는 亠(돼지머리 두)와 아랫다리인 정강이가 교차해 있는 모양

을 본뜬 爻(사귈 효)가 합해진 글자로 여럿이 옆 사람과 서로 손을 잡고 두 발이 꼬이면서

원을 그리며 걷는 모습을 나타냄]·벗 교·바뀔 교

* 朋(벗 붕)은 같은 스승으로부터 가르침을 받는 반 친구, 友(벗 우)는 손을 잡고 다닐 정도로 가까운 친구.

용어 풀이 ——————

- 조조(曹操) : 중국 후한(後漢) 말기 정치인으로 위(魏)나라를 건국하고 초대 황제(皇帝)가 되었음.

- 평정(平定) : 반란이나 소요를 누르고 평온하게 진정시키는. 적을 쳐서 자기에게 예속시키는.

- 유비(劉備) : 중국 삼국시대 제갈공명·관우·장비와 함께 촉한(蜀漢)을 건국한 제1대 황제(皇帝).

- 용장(勇將) : 전쟁에서 두려움을 모르고 기운이 넘치는 군 우두머리인 장수.

- 계교(計巧) : 요리조리 생각해 낸 꾀. 군사 전략 등에서 깊이 있게 생각하고 궁리하여 짜낸 꾀.

- 지략(智略) : 전쟁의 전술에서 필요한 슬기로운 꾀나 계략.

- 제갈공명(諸葛孔明) : 제갈량(諸葛亮)의 자(字)가 공명(孔明)이며 중국 촉한(蜀漢)의 정치가 겸 전략가.

- 이민족(異民族) : 언어·풍습·문화 등이 다른 민족(독립된 역사를 가진 집단).

- 내정(內政) : 나라 안의 정치, 집안 살림살이.

- 부국강병(富國强兵) : 나라를 부유하게 하고 군대를 강하게 하는.

- 실리(實利) : 실속 있고 현명한 현실적인 이익.

직역 물과 물고기의 사귐이라는 뜻.

의역 두 사람의 사이가 매우 친밀한 관계라는 뜻. 즉, 임금과 신하가 서로 친하고

남편과 아내가 화목하다는 뜻.

107

수오지심
羞惡之心

유래 요약 ─────

수오지심(羞惡之心)은 『맹자(孟子)』의 사단설(四端說)에 나오는 말이다. 중국 전국시대(戰國時代)의 사상가(思想家)인 맹자가 성선설(性善說)을 바탕으로 두고 주창(主唱)한 인간 도덕(道德)에 관한 설(說)로 인간은 태어날 때부터 선(善)한 존재이며 덕(德)을 높일 수 있는 인(仁)·의(義)·예(禮)·지(智)의 4가지 기본 품성을 가지고 있다고 하였다.

사단(四端)은 네 가지의 시초나 근원을 뜻하는 것으로 다음과 같다.

• 인(仁)에서 우러나는 측은지심(惻隱之心 : 가엾고 불쌍히 여기는 마음)
• 의(義)에서 우러나는 수오지심(羞惡之心 : 부끄러워하고 미워하는 마음)
• 예(禮)에서 우러나는 사양지심(辭讓之心 : 겸손하게 양보하는 마음)
• 지(智)에서 우러나는 시비지심(是非之心 : 잘잘못을 가릴 줄 아는 마음)

맹자(孟子)는 이러한 사상(思想)을 바탕으로 덕행(德行)을 백성(百姓)들에게 펼치는 왕도정치(王道政治)를 주장(主張)하였다.

한자 풀이 ─────

① 수 羞 11 - 부끄러울 수[제사 지낼 때 바치는 희생물인 羊(羊 : 양 양)과 끈을 뜻하는 ╱(삐침 별)과 가축에 맨 끈을 손에 둘둘 감은 모습인 丑(소 축)이 합해진 글자로 제물로 양을 끈으로 옭아매어 끌고 갖다주며 수줍어하는]·부끄러워할 수·음식(먹을거리) 수

② 오 惡 12 - 미워할(마음에 들지 않아 까닭 없이 헐뜯거나 멀리하는) 오·싫어할(마음에 들지 않아 꺼려하는) 오·나쁠 악[心(마음 심)과 발음요소와 왕과 왕비의 관(棺)을 놓는 묘 터를 그린 亞(버금 아)가 합해져 꺼린다는 뜻을 나타냄]

③ 지 之 4 - 갈 지[두 발을 뜻하는 止(발 지)와 출발선을 뜻하는 一(가로획)을 그어 만든 글자로

한 발을 떼고 막 출발하려는 모습을 나타냄]·이를 지·이 지·어조사(~의, ~가, ~이, ~을) 지

④ **심 心 4** - 마음 심(사람의 심장 모양을 본뜬 글자로 본뜻은 심장이며 이후 '마음'의 뜻이 생긴 것임)·생각 심·심장 심 또는 염통 심·가슴 심·중심 심·별이름 심·근본 심

　＊ 예로부터 사람들은 모든 생각은 심장이 주관하는 마음에서 나온다고 믿었음. 心琴(심금 : 미묘한 마음).

용어 풀이 ────────

• 맹자(孟子) : 중국 전국시대(戰國時代) 유가(儒家)의 대표적인 사상가(思想家)이자 교육가. 맹자는 공자(孔子)가 죽고 나서 100년 정도 뒤에 태어났음.

• 사단설(四端說) : 맹자(孟子)가 주창한 인간 도덕에 관한 ①측은(惻隱) ②수오(羞惡) ③사양(辭讓) ④시비(是非)의 4가지 품성에 따른 인(仁)·의(義)·예(禮)·지(智)라고 하는 덕(德)을 뜻함.

• 사상가(思想家) : 사회나 인생에 대한 생각·판단을 체계화하고 원리적으로 통일된 견해를 갖고 활동하는 사람.

• 성선설(性善說) : 중국 맹자(孟子)가 주창한 도덕설로 인간의 본성은 선천적(先天的)으로 착하다는 설.

• 주창(主唱) : 견해(見解)나 판단(判斷) 등 어떤 사상(思想)을 앞장서서 부르짖는다는 뜻.

• 덕(德) : 올바르고 너그러운 마음으로 공정하고 포용성 있는 품성.

• 인(仁) : 남에게 베푸는 인자(仁慈)한 성품과 너그러운 행실.

• 왕도정치(王道政治) : 유교(儒敎)에서 주장하는 이상적 정치인 인덕(仁德)을 근본으로 천하를 다스리는 정치.

• 불의(不義) : 옳지 못하다는 뜻, 의리·도의·정의에 어긋난, 남녀의 불순한 관계.

• 불선(不善) : 선(善)의 반대되는 말로 착하지 않거나 좋지 못한.

직역 부끄러워하고 미워하는 마음을 뜻함.

의역 자기의 불의(不義)를 부끄러워하고 남의 불선(不善)을 미워하는 마음을 뜻함.

108

수적천석
水滴穿石

*적수천석(滴水穿石)이라고 쓰기도 함.

유래 요약

이 글은 송(宋)나라 나대경(羅大經)의 책 『학림옥로(鶴林玉露)』에 나오는 말이다. 중국 북송(北宋)시대 숭양현령(崇陽縣令)에 장괴애(張乖崖)라는 사람이 있었다.

어느 날 그는 관아(官衙)를 돌아보다가 창고(倉庫)에서 황급히 뛰어나오는 한 구실아치를 발견(發見)했다. 당장 잡아서 조사(調査)해 보니 상투 속에서 한 푼짜리 엽전(葉錢) 한 닢이 나왔다. 엄히 추궁(追窮)하자 창고에서 훔친 것이라고 한다. 즉시 형리(刑吏)에게 명(命)하여 곤장(棍杖)을 치라고 했다. 그러자 그 구실아치는 장괴애를 노려보며 이렇게 말했다.

"이건 너무 하지 않습니까? 사또, 그까짓 엽전 한 푼 훔친 게 뭐 그리 큰 죄(罪)라고."

이 말을 듣자 장괴애는 화가 머리끝까지 치밀었다.

"네 이놈! 티끌 모아 태산(塵合泰山 : 진합태산)이란 말도 못 들었느냐? 하루 한 푼이라도 천(千) 날이면 천 푼이요, '물방울도 끊임없이 떨어지면 돌에 구멍을 뚫는다(水滴穿石)'고 했다."

장괴애는 말을 마치자마자 층계 아래에 있는 죄인(罪人) 곁으로 다가가 칼을 빼서 목을 치고 말았다.

한자 풀이

① **수 水 4** - 물 수[본래 川(내 천)에서 비롯된 글자로 흐르는 물줄기가 합쳤다가 갈라지는 모습을 나타냄. 샘물·시냇물·강물·바닷물 등 자연에 존재하는 기본 물질을 뜻함]·별이름(水星 : 수성) 수

   * 水星(수성)은 우주 만물을 이루는 5가지 원소 중 물을 뜻함 - 목성(나무)·화성(불)·토성(흙)·금성(쇠)

② **적 滴 14** - 물방울 적[氵(水 : 물 수)와 발음요소와 물방울이 떨어지는 소리를 뜻하는 商(물방

울 적)이 합해진 글자로 면적이 작아지는 표면장력에 의해 생긴 물의 동글동글한 작은 덩이를 뜻함]·물방울떨어질 적

③ **천 穿 9** – 뚫을 천[穴(穴 : 구멍 혈)과 앞으로 쭉 삐져나온 코끼리의 큰 이빨을 뜻하는 牙(어금니 아·송곳니 아)가 합해진 글자로 송곳니로 땅에 굴을 뚫는다는 뜻을 나타냄]·꿰뚫을(통할 수 있게 뚫는, 학문을 파고드는) 천

④ **석 石 5** – 돌 석[바위를 뜻하는 厂(언덕 엄)과 작은 돌덩이를 뜻하는 口(입 구)가 합해진 글자로 언덕 아래로 굴러 떨어진 작은 돌을 나타냄. 산기슭에 여기저기 널려 있는 크고 작은 단단한 바위 조각]·저울(옛날에 긴 막대에 눈금을 표시하고 돌을 매달아 무게를 재던 기구) 석·섬(가마니에 담은 곡식의 용량 단위) 석

용어 풀이 ——————

- 숭양현령(崇陽縣令) : 옛날 숭양현이라는 행정지역에 둔 지방 장관.
- 관아(官衙) : 관원(官員 : 옛날 공무원)이 모여 나랏일을 처리하던 곳 또는 마을.
- 구실아치 : 각 관아에서 벼슬아치(官員) 밑에서 일을 보던 사람 – 아전(衙前)·이속(吏屬)·서리(胥吏)·소리(小吏)·하전(下典).
- 조사(調査) : 사물의 내용이나 서류 등을 명확하게 알기 위하여 자세히 살펴보는.
- 엽전(葉錢) : 놋쇠로 둥글고 납작하며 가운데 네모진 구멍이 있게 만든 옛날의 돈.
- 추궁(追窮) : 어떤 사실이나 문제·범행 등에 대하여 끝까지 따지어 밝혀내는.
- 형리(刑吏) : 지방 관아(官衙)의 형방(刑房) 아전(衙前).
  * **형방 : 형전(刑典)에 관한 사무를 맡아보는 방.**
  * **아전(衙前) : 중앙과 지방의 주(州)·부(府)·군(郡)·현(縣) 등에 딸린 구실아치(벼슬아치 밑에서 일을 보던 사람).**
- 곤장(棍杖) : 옛날에 죄인(罪人)의 볼기를 치던 버드나무로 넓적하고 길게 만든 몽둥이.

> **직역** 계속 떨어지는 작은 물방울이 바위를 뚫는다는 뜻. 또는 처마 끝의 낙숫(落水)
> 물이 집채 밑에 있는 댓돌을 뚫는다는 뜻.
>
> **의역** 작은 노력이라도 끈기 있게 계속하면 큰일을 이룰 수 있다는 뜻.

109

수주대토
守株待兎

유래 요약 ───────

이 글은 『한비자(韓非子)』「오두편(五蠹篇 : 다섯마리 좀벌레)」에 나오는 말이다. 한비(韓非)는 요순(堯舜)을 이상(理想)으로 하는 왕도정치(王道政治)를 시대에 뒤떨어진 생각이라 주장(主張)한다.

그는 시대의 변천(變遷)은 돌고 도는 것이 아니라 진화(進化)하는 것이라고 보고 복고주의(復古主義)를 진화에 역행(逆行)하는 어리석은 착각(錯覺)이라고 주장하며 반대하는 사람들을 다음과 같은 이야기로 비유(比喩)하고 있다.

중국 춘추시대(春秋時代) 송(宋)나라의 한 농부(農夫)가 밭을 갈고 있는데 숲속에서 갑자기 토끼 한 마리가 뛰어나오다 밭가의 나무 그루터기에 부딪혀 목이 부러져 죽는 것이 아닌가. 농부는 아무런 힘도 들이지 않고 토끼를 잡게 되었다.

그 뒤부터 그는 농사일을 팽개치고는 매일 그루터기만 지켰다. 그러나 토끼는 두 번다시 나타나지 않았고 밭에는 잡초(雜草)만 무성(茂盛)하게 자랐다.

한자 풀이 ───────

① **수 守 6** - 지킬 수[집이나 관청을 뜻하는 宀(집 면)과 법도(法度)를 뜻하는 寸(손 촌)이 합해진 글자로 규칙과 법도에 따라 집을 지키거나 직무를 다스린다는 뜻을 나타냄]·막을 수·살필 수·벼슬이름 수

② **주 株 10** - 그루 주[木(나무 목)과 뿌리를 내리고 있으며 단면이 붉다는 뜻인 朱(붉은 주)가 합해진 글자로 몸통을 지칭하는 '그루'를 나타냄. 나무나 곡식 등을 베고 남은 줄기의 아래 부분 또는 나무를 세는 단위]·그루터기(나무를 베어내고 남은 뿌리가 붙어 있는 밑둥) 주·주식(株式 : 주식회사 자본의 단위) 주·근본 주·뿌리 주·연루될 주

③ 대 待 9 - 기다릴 대[여러 사람을 뜻하는 彳(조금걸을 척)과 어떤 일을 처리한다는 뜻의 寺(관청 시)가 합해진 글자로 '기다린다'는 뜻을 나타냄. 사람이나 자동차가 오기를 또는 명령·소식·기회가 있기를 바라고 있는]·대할(사람이나 손님을 마주 상대하는) 대·대접(待接 : 사람을 예의로 대하는)할 대

④ 토 兎[兔] 7 - 토끼 토[한쪽 귀가 꺾인 토끼의 귀 모양을 본뜬 ⺊와 몸통과 발과 꼬리의 모양인 兑이 합해진 글자로 귀가 크고 뒷다리가 발달하였으며 꼬리가 짧고 작은 짐승으로 집토끼와 산토끼가 있음]

용어 풀이 ──────

• 한비자(韓非子) : 중국 전국시대 말기 한(韓)나라의 공자(公子)로 법치주의를 주창한 한비(韓非)와 그 일파가 논하여 저술하였음. * 한비자는 한비(韓非)를 높여 이르는 말 또는 한비가 지은 책.

  * 법치주의(法治主義) : 법률에 의하지 아니하고는 국민의 권리를 제한할 수 없다는 주의.

• 요순(堯舜) : 중국 고대(古代) 전설상의 성제(聖帝)로 선정(善政)을 베푼 요임금과 순임금.

• 이상(理想) : 이념으로써 추구할 수 있는 가장 바람직한 상태나 뜻이 쏠리는 방향의 최고 목표.

• 왕도정치(王道政治) : 덕망(德望)있는 사람이 도덕적으로 어두운 사람을 다스려야 한다는 중국의 옛 정치사상. * 왕도정치의 반대는 패도정치(覇道政治)이며 인의(仁義)를 무시하고 무력으로 다스리는 정치.

• 진화(進化) : 생물이 생명의 기원 이후부터 점진적으로 변해가는 현상, 사물이 점점 발달하는.

• 복고주의(復古主義) : 과거의 정치·사상·문화·제도·풍습이나 전통으로 되돌아가려는 태도.

• 그루터기 : 초목(草木)을 베어 내고 남은 뿌리가 붙어 있는 밑둥.

  * 株(주)는 나무를 베고 남은 그루터기를 말함.

• 수주(守株) : 주수(株守)와 같은 말로 재간이 없어 변통(變通)할 줄 모르고 단단히 지키기만 한다는 뜻.

직역 나무 그루터기를 지키며 토끼를 기다린다는 뜻.

의역 노력하지 않고 득(得)을 보려하거나 어리석고 융통성이 없는 사람을 뜻함. 또는 고지식하고 융통성(融通性)이 없어 낡은 풍속이나 과거의 관습만 고집한다는 뜻.

110

순망치한
脣亡齒寒

유래 요약 ─────

중국 춘추전국시대(春秋戰國時代) 말엽, 오패(五霸)의 한 사람인 진(晉)나라 문공(文公)의 아버지 헌공(獻公)이 괵(虢)·우(虞) 두 나라를 공략(攻略)할 때의 일이다.

괵나라를 치기로 결심(決心)한 헌공은 통과국인 우나라의 우공(虞公)에게 길을 빌려주면 많은 재보(財寶)를 주겠다고 제의(提議)했다. 우공이 이 제의를 수락(受諾)하자, 중신(重臣) 궁지기(宮之奇)가 극구(極口) 간(諫)했다.

"전하, 괵나라와 우나라는 한 몸이나 다름없는 사이오라 괵나라가 망하면 우나라도 망할 것입니다. 옛 속담(俗談)에 '입술이 없어지면 이가 시리다(脣亡齒寒)'란 말이 있는데, 이는 곧 괵나라와 우나라를 두고 한 말이라고 생각됩니다. 그런 가까운 사이인 괵나라를 치려는 진나라에 길을 빌려준다는 것은 언어도단(言語道斷)입니다."

"경(卿)은 진나라를 오해(誤解)하고 있는 것 같소. 진나라와 우나라는 모두 주황실(周皇室)에서 갈라져 나온 동종(同宗)의 나라가 아니오? 그러니 해를 줄 리가 있겠소?"

"괵나라 역시 동종입니다. 하오나 진나라는 동종의 정리(情理)를 잃은 지 오래입니다. 그런 무도(無道)한 진나라를 믿어선 안 됩니다."

그러나 재보에 눈이 먼 우공은 결국 진나라에 길을 내주고 말았다.

한자 풀이 ─────

① **순 脣 11** - 입술 순[본래 月(肉 : 몸 육)과 입술 모양의 蜃(큰조개 신)이 합해진 글자로 어미가 젖으로 새끼를 기르는 포유동물의 입의 바깥 부분을 이루는 위, 아래의 부드러운 살을 뜻함. 여자들이 붉고 아름답게 꾸미거나 놀리며 말을 하는 입의 앞부분]

② **망 亡 3** - 망할 망[본래 사람을 뜻하는 亠(人 : 사람 인) 또는 大(큰 대)와 무엇으로 가리거나 시체를 넣는 관(棺)을 뜻하는 乚이 합해진 글자로 사람이 숨어 들어있거나 죽은 사람을 나

타냄. 실패하거나 무너진]·잃을 망

③ **치 齒 15** - 이 치[음식을 입 안에 넣고 위, 아래 이빨로 씹는 모양을 뜻하는 𠚕와 발음요소와 입 안에 물고 있다는 뜻의 止(그칠 지)가 합해진 글자로 음식을 씹을 때 사용하는 앞니, 송곳니, 어금니를 나타냄]

④ **한 寒 12** - 찰 한[움집을 뜻하는 宀(집 면)과 잡풀더미를 뜻하는 茻(잡풀우거질 망)과 人(사람 인)과 冫(얼음 빙)이 합해진 글자로 땅을 파서 만든 움집에서 겨울에 풀더미나 거적을 덮고 자다가 발이 얼었다는 데서 '춥다, 차다'의 뜻을 나타냄]·떨 한 또는 떨릴 한·추울 한·어려울(가난한) 한

용어 풀이 ————

• 오패(五霸) : 중국 춘추시대의 제후(諸侯) 가운데의 패업(霸業)을 이룬 다섯 사람. 제(齊)나라 환공·진(晉)나라 문공·진(秦)나라 목공·송(宋)나라 양공·초(楚)나라 장왕.

• 문공(文公) : 춘추시대 패업(霸業 : 제후의 일 중 무력으로 천하를 다스리는 가장 으뜸가는 사업)을 이룬 진(晉)나라 군주(君主 : 임금, 세습적으로 나라를 다스리는 최고 지위에 있는 사람.).

• 재보(財寶) : 금·은 같은 보배로운 재물.

• 중신(重臣) : 중요한 관직(官職)에 있는 신하(臣下).

• 간(諫) : 임금이나 상관 또는 어른에게 옳지 못하거나 잘못된 일을 고치도록 말하는.

• 언어도단(言語道斷) : 어떤 사실이나 내용이 어이가 없어서 말하려 해도 말할 수 없어 말문이 막히는.

• 경(卿·卿, 벼슬 경) : 임금이 신하(臣下)를 부르는 호칭.

• 동종(同宗) : 같은 조상(祖上)에서 내려온 동성(同姓) 동본(同本)의 일가(一家).

• 정리(情理) : 인정(人情)과 도리(道理).

• 무도(無道) : 마땅히 지켜야 할 도리를 어겨 법(法)이 없이 막 된.

직역 입술을 잃으면 이가 시리다는 뜻.

의역 썩 가깝고 이해관계가 깊어 서로 뗄 수 없는 밀접한 관계를 뜻함.

111

시비지심
是非之心

유래 요약 ────────

시비지심(是非之心)은 『맹자(孟子)』의 사단설(四端說)에 나오는 말이다. 중국 전국시대 (戰國時代)의 사상가(思想家)인 맹자가 성선설(性善說)을 바탕으로 두고 주창(主唱)한 인간 도덕(道德)에 관한 설(說)로 인간은 태어날 때부터 선(善)한 존재이며 덕(德)을 높일 수 있는 인(仁)·의(義)·예(禮)·지(智)의 4가지 기본 품성을 가지고 있다고 하였다.

사단(四端)은 네 가지의 시초나 근원을 뜻하는 것으로 다음과 같다.

- 인(仁)에서 우러나는 측은지심(惻隱之心 : 가엾고 불쌍히 여기는 마음)
- 의(義)에서 우러나는 수오지심(羞惡之心 : 부끄러워하고 미워하는 마음)
- 예(禮)에서 우러나는 사양지심(辭讓之心 : 겸손하게 양보하는 마음)
- 지(智)에서 우러나는 시비지심(是非之心 : 잘잘못을 가릴 줄 아는 마음)

맹자(孟子)는 이러한 사상(思想)을 바탕으로 덕행(德行)을 백성(百姓)들에게 펼치는 왕도정치(王道政治)를 주장(主張)하였다.

한자 풀이 ────────

① **시 是 9** - 옳을 시[본래 日(해 일)과 疋(正 : 바를 정)이 합해진 글자로 해가 하늘에 똑바로 떠 있는 모습을 나타냄. 즉 '곧 바르다, 옳다'의 뜻을 나타냄. 사물의 이치가 객관적으로 타당성이 있는]·이(이것) 시

② **비 非 8** - 아닐 비[두 날개가 어긋난 방향으로 쭉 펼친 새의 모양을 나타낸 글자로 본뜻은 '등지다, 어긋나다'이며 이후 부정의 뜻인 '아니다'로 쓰이게 된 글자임. 명사 앞에 붙어서 아니라고 부정을 나타내는 - 非賣品(비매품)]·그를(일반적인 사회의 관례상으로 볼 때 옳지 아니하고 그릇되거나 잘못된) 비·어길 비·나무랄 비

③ **지 之 4** - 갈 지[두 발을 뜻하는 止(발 지)와 출발선을 뜻하는 一(가로획)을 그어 만든 글자로 한 발을 떼고 막 출발하려는 모습을 나타냄]·이를 지·이 지·어조사(~의, ~가, ~이, ~을) 지

④ **심 心 4** - 마음 심(사람의 심장 모양을 본뜬 글자로 본뜻은 심장이며 이후 '마음'의 뜻이 생긴 것임)·생각 심·심장 심 또는 염통 심·가슴 심·중심 심·별이름 심·근본 심

* 예로부터 사람들은 모든 생각은 심장이 주관하는 마음에서 나온다고 믿었음. 心琴(심금 : 미묘한 마음).

용어 풀이 ─────────

• 맹자(孟子) : 중국 전국시대(戰國時代) 유가(儒家)의 대표적인 사상가(思想家)이자 교육가. 맹자는 공자(孔子)가 죽고 나서 100년 정도 뒤에 태어났음.

• 사단설(四端說) : 맹자(孟子)가 주창한 인간 도덕에 관한 ①측은(惻隱) ②수오(羞惡) ③사양(辭讓) ④시비(是非)의 4가지 품성에 따른 인(仁)·의(義)·예(禮)·지(智)라고 하는 덕(德)을 뜻함.

• 사상가(思想家) : 사회나 인생에 대한 생각·판단을 체계화하고 원리적으로 통일된 견해를 갖고 활동하는 사람.

• 성선설(性善說) : 중국 맹자(孟子)가 주창한 도덕설로 인간의 본성은 선천적(先天的)으로 착하다는 설.

• 주창(主唱) : 견해(見解)나 판단(判斷) 등 어떤 사상(思想)을 앞장서서 부르짖는다는 뜻.

• 덕(德) : 올바르고 너그러운 마음과 공정하고 포용성 있는 품성.

• 인(仁) : 남에게 베푸는 인자(仁慈)한 성품과 너그러운 행실.

• 왕도정치(王道政治) : 유교(儒教)에서 주창하는 이상적 정치인 인덕(仁德)을 근본으로 천하를 다스리는 정치.

직역 옳고 그름을 가릴 줄 아는 마음을 뜻함.
의역 정보나 견문보다는 지식이나 지혜로 옳고 그름을 판단한다는 뜻.

112

식소사번
食少事煩

유래 요약 ――――――

중국 춘추전국시대(春秋戰國時代) 제갈공명(諸葛孔明)이 두 번째 출사표(出師表)를 내고 비장(悲壯)한 각오(覺悟)로 힘겨운 위(魏)나라 공략(攻略)을 시작했을 때의 이야기다.

제갈량(諸葛亮)은 사마의(司馬懿)를 끌어내려 빨리 승패(勝敗)를 결정지으려 했으나 사마의는 지구전(持久戰)으로 제갈량이 지칠 때만을 기다리고 있었다. 이렇게 서로 대치(對峙)해 있는 가운데 사자(使者)들은 자주 오고 갔다. 언젠가는 사마의가 제갈량이 보낸 사자에게 물었다.

"제갈공명은 하루 식사를 어떻게 하며, 일처리를 어떻게 하시오?"

그러자 사자는 음식은 지나치게 적게 들고, 일은 새벽부터 밤중까지 손수 일일이 처리(處理)한다는 이야기를 했다.

그러나 사마의는 "먹는 것은 적고 일은 많으니 어떻게 오래 지탱(支撐)할 수 있겠소?" 하고 진담(眞談) 반 농담(弄談) 반으로 말했다.

사자(使者)가 돌아오자 제갈량은 사마의가 무슨 말을 하지 않았느냐고 물었다. 사자가 들은 그대로 전하자 제갈량은, "중달[仲達 : 사마의의 자(字)임]의 말이 맞다. 나는 아무래도 오래 살 것 같지가 않다."고 말했다는 것이다. 그러더니 결국 그 길로 병(病)이 들어 세상(世上)을 떠났다.

한자 풀이 ――――――

① **식 食 9** – 밥 식(사)[본래 米(쌀 미)와 水(물 수)가 합해진 글자로 쌀로 지은 밥이 뚜껑이 있는 그릇에 담겨져 있는 모습을 나타냄. 또는 人(사람 인)과 良(좋을 량)이 합해져 밥을 뜻하기도 함]·먹을 식·먹일 사

② **소 少 4** – 적을 소[小(작을 소)와 덜어내거나 잘라낸다는 뜻의 ノ(삐침 별)이 합해진 글자로

더 작아진 상태를 나타냄. 분량·수효·재미·나이 등이 조금 밖에 안 되는]·젊을 소·하찮게 여길 소

③ **사 事 8** - 일 사[깃발이나 팻말의 모양인 史와 크(又 : 오른손 우)가 합해진 글자로 손으로 잡고 있는 팻말 아래 사람들이 모여 작업이나 행사하는 모습을 나타냄]·섬길 사·벼슬 사·경영할 사

* 事(사)를 장식이 달린 붓을 손에 잡고 있는 모습으로 보아 기록하는 일을 맡은 관원으로 풀이하기도 함.

④ **번 煩 13** - 번거로울 번[頁(머리 혈)과 뜨거운 열기운을 뜻하는 火(불 화)가 합해진 글자로 번거롭다는 뜻을 나타냄. 어떤 일이 머리에 열이 날 정도로 어지럽고 복잡하거나 까다로운, 정신이 어수선한]·괴로워할 번·번뇌(煩惱 : 골치 아프거나 마음이 괴로운) 번·번민할 번·수고로울 번

용어 풀이 ————

• 제갈공명(諸葛孔明) : 제갈량(諸葛亮)의 자(字)가 공명(孔明)이며 중국 촉한(蜀漢)의 정치가 겸 전략가.

• 출사표(出師表) : 전투를 하기 위하여 군대를 동원하여 전선에 보낼 때 그 뜻을 적어서 임금에게 올리는 글.

• 비장(悲壯) : 슬프면서도 그 감정을 억눌러 씩씩하고 장한.

• 사마의(司馬懿) : 위(魏)나라의 정치가이자 군사 전략가이며 서진 건국의 기초를 세웠음.

• 지구전(持久戰) : 적을 견제하거나 소모하거나 지치게 할 목적으로 오랫동안 끌어가며 싸우는.

• 대치(對峙) : 서로 팽팽히 맞서서 버티는. 적군과 아군이 힘겨루기를 하는.

• 사자(使者) : 임금이나 정치가·지휘자 등의 명령을 받고 심부름하는 사람.

• 지탱(支撐) : 힘겨루기를 할 때 또는 위로 떠받칠 때 오래 버티어 배겨내는.

• 사번(事煩) : 일이 여러 가지로 번거롭고 많은, 일이 너무 많아 괴로운.

직역 먹을 것은 적고 할 일은 번거로울 정도로 많다는 뜻.
의역 몸도 돌보지 않고 힘들게 일한 것에 비해 얻는 것은 별로 없다는 뜻.

113

식자우환
識字憂患

유래 요약 —————

이 글은 중국 진(晉)나라 때 위(魏)·오(吳)·촉(蜀)나라의 정사(政事)를 기록한 『삼국지(三國志)』에 나오는 말이다.

유비(劉備)가 제갈량(諸葛亮)을 얻기 전에 서서(徐庶)가 군사(軍師)로 있으면서 조조(曹操)를 많이 괴롭혔다. 조조는 모사(謀士) 정욱의 말에 따라 서서가 효자(孝子)라는 것을 알고 그의 어머니 손을 빌어 그를 불러들이려는 계획(計劃)을 꾸몄다.

그러나 서서의 어머니인 위부인(魏夫人)은 학식(學識)이 높고 명필(名筆)인 데다가 의리(義理)가 투철(透徹)한 여장부(女丈夫)였기에 아들에게 자기 걱정은 말고 현군(賢君)을 잘 섬기라고 격려(激勵)하는 형편(形便)이었다. 조조는 정욱의 계책(計策)대로 위부인의 글씨를 모방(模倣)해서 서서를 돌아오게 하고 말았다. 나중에 위부인은 자식이 집으로 돌아온 것을 조조가 모방한 거짓 편지(便紙) 때문이라는 것을 알고, "여자가 글씨를 안다는 것부터가 걱정을 낳게 한 근본 원인이다(女子識字憂患)."라고 하며 위부인은 자식의 앞길을 망치게 되었음을 한탄(恨歎)하였다.

한자 풀이 —————

① **식 識 19** - 알 식[言(말씀 언)과 발음요소와 끈기가 있는 반죽된 흙을 뜻하는 戠(찰흙 식)이 합해진 글자로 들은 말을 찰흙에다 창과 같은 뾰족한 도구로 새겨 기록에 남긴다는 뜻을 나타냄. 연구하거나 배워서 학문적으로 명확하게 이해하는]·볼 식·기록할 지·기억할 지·표할 지·깃발 치

② **자 字 6** - 글자 자[조상의 신주(神主)를 모셔 놓는 집안 사당(祠堂)을 뜻하는 宀(집 면)과 발음요소인 子(아이 자)가 합해진 글자로 아이를 낳으면 사당에 가서 조상에게 알리며 자식이

집에서 배우는 문자나 기호를 뜻함]

③ **우 憂 15** – 근심할 우[頁(머리 혈)과 心(마음 심)과 夊(뒤져올 치)가 합해진 글자로 머리의 근심을 마음에 품고 고개를 숙인 채 천천히 걸어가는 모습을 나타냄. 걱정으로 마음이 괴로운]·상제(喪制 : 조상이 돌아가셔서 장례를 지내며 상복을 입은 사람)할 우

④ **환 患 11** – 근심 환[心(마음 심)과 발음요소와 지나치게 마음속 깊이 생각한다는 뜻의 串(꿸 관)이 합해진 글자로 조개나 구슬을 줄로 꿰듯 마음에 걱정거리가 가득 차 괴로워한다는 뜻을 나타냄. 집안에 환자가 생기거나 복잡한 일이 일어나 괴롭게 애를 쓰는 마음]·근심할 환·병 환·괴로울 환

용어 풀이 ────────

• 정사(政事) : 정치나 임금·벼슬아치에 관계되는 일.

• 제갈량(諸葛亮) : 중국 삼국시대 촉한(蜀漢)의 재상(宰相), 정치가·전략가이며 위(魏)나라를 쳐서 촉한을 세움.

• 군사(軍師) : 사령관 밑에서 군사적 계략(計略)이나 작전(作戰)을 맡은 사람.

• 모사(謀士) : 꾀를 내어 어떤 일이나 문제가 잘 이루어지게 하는 사람.

• 투철(透徹)한 : 모든 일에 대하여 사리(事理)가 밝고 철저하고 정확한.

• 여장부(女丈夫) : 남자처럼 굳세고 목소리가 우렁찬 여자.

• 현군(賢君) : 덕망(德望)이 높고 정사(政事)를 잘 다스리는 어질고 현명한 임금.

• 계책(計策) : 어떤 일을 실현하기 위하여 짜낸 꾀나 방법.

• 한탄(恨歎) : 원통하거나 뉘우침이 있을 때에 한숨 쉬며 탄식하는.

직역 글이나 글자를 아는 것이 오히려 근심과 걱정을 사게 된다는 뜻.

의역 글을 많이 공부한 지식인(知識人)임에도 그로 인한 우환을 당할 수 있다는 뜻.

114

신언서판
身言書判

유래 요약 ────────

중국 당(唐)나라에서 관리(官吏)나 필요한 인물(人物)을 골라 채용(採用)할 때는 그 사람의 내력(來歷)과 능력(能力)·성격(性格)·마음 등을 파악(把握)할 수 있는 선발(選拔) 기준(基準)을 아래와 같이 적용(適用)하였다.

1. 身[신 : 용모 - 외모(外貌)에서 풍기는 위엄(威嚴)]
2. 言[언 : 말씨 - 사용(使用)하는 말의 정확성(正確性)]
3. 書[서 : 글씨 - 서예(書藝), 즉 글쓰기의 뛰어남]
4. 判[판 : 판단력 - 세상 문리(文理)에 통달(通達)한 판단력(判斷力)]

그러므로 사람이 갖추어야 할 4가지 조건(條件)으로, ①신수(身手) ②언사(言辭) ③문필(文筆) ④판단력(判斷力)을 말한다.

한자 풀이 ────────

① 신 身 7 - 몸 신(여자가 아이를 가져 배가 부른 모습을 본뜬 글자로 본뜻은 '배'이며 이후에 사람 '몸'의 뜻으로 쓰이게 된 것임. 머리·목·몸통·팔·다리가 있고 각 기관이 온전하여 활동하는 사람의 육체)·몸소(남에게 의지하지 않고 자기 자신이 직접 행하는) 신·아이밸 신 또는 애밸 신

② 언 言 7 - 말씀 언(口(입 구)와 혀로 말할 때 말소리가 퍼져 나오는 현상을 그린 三이 합해진 글자로 위, 아래의 입술과 혀를 움직이며 소리로 의견을 교환하고 내용을 전달하는 수단)·말할 언

③ 서 書 10 - 글 서[손에 붓을 잡고 있는 모양인 聿(붓 율)과 먹물이 담긴 그릇을 뜻하는 曰(가로 왈)이 합해진 글자로 붓으로 먹물을 묻혀 남의 말이나 자기의 생각을 쓰는 기록을 뜻함]·책 서·문서 서·편지 서

* 종이가 없던 옛날에는 대나무 조각을 일정한 크기로 잘라 끈으로 엮어 붓으로 써서 책을 만들었음.

④ **판 判[判]** 7 - 판단할 판[判斷(판단). 刂(刀 : 칼 도)와 발음요소와 나눈다는 뜻의 半(절반 반)이 합해진 글자로 본래 칼로 공정하게 '나누다'라는 뜻을 나타냈으나 이후 '판단하다'로 바뀐 글자임. 어떤 대상의 옳고 그릇됨. 선과 악, 아름다운 것과 추한 것을 결정하는]·판결할 판·나눌 판

용어 풀이 ————————

• 관리(官吏) : 관직(官職)에 있는 사람. 벼슬아치·공무원.

• 채용(採用) : 어떤 직무나 업무를 담당할 수 있는 사람을 뽑아서 쓰는.

• 내력(來歷) : 어떤 사람이나 사물이 쭉 지나온 유래.

• 선발(選拔) : 학생이나 선수, 직원 등을 많은 가운데서 추려 뽑는.

• 기준(基準) : 기본이 되는 표준.

• 적용(適用) : 어떤 이론이나 지식, 원칙 등 무엇을 어디에 맞추어 쓰는.

• 외모(外貌) : 겉으로 나타나 보이는 모습이나 용모.

• 위엄(威嚴) : 존경하고 어려워할 만한, 듬직하고 엄숙한 겉모양.

• 사용(使用) : 물건을 쓰거나 사람을 부리어 쓰는. 지식을 활용하는.

• 정확성(正確性) : 말이나 행동, 생각이 바르고 확실한 정도 또는 그러한 성질.

• 서예(書藝) : 글씨 쓰는 방법을 배우는 서도(書道)를 예술로 보아 이르는 말.

• 문리(文理) : 글의 뜻이나 사물의 현상을 깨달아 아는 힘.

• 통달(通達) : 어떤 분야에 막힘이 없이 환히 통하거나 도(道)에 깊이 통하는.

• 신수(身手) : 용모와 풍채, 사람의 얼굴에 드러난 건강상태의 빛.

직역 사람의 용모, 말씨, 글씨, 판단력을 뜻함.
의역 사람됨을 판단하는 네 가지 기준을 뜻함.

115

실사구시
實事求是

유래 요약 ──────

이 글은 중국 후한시대(後漢時代)의 역사서(歷史書)인 『한서(漢書)』 「하간헌왕덕전(河間獻王德傳)」에 나오는 말이다. 즉, "수학호고 실사구시(修學好古 實事求是)"에서 비롯된 말이다.

풀이하면, "학문을 닦아 옛것을 좋아하며 일을 참되게 하여 옳은 것을 찾는다."이다. 이 글은 청(淸)나라 초기에 고증학(考證學)을 표방(標榜)하는 황종희(黃宗羲)·고염무(顧炎武), 대진(戴震) 등의 학자들이 공리공론(空理空論)만을 일삼는 송명리학(宋明理學)을 배격(排擊)하여 내세운 표어(標語)이다.

"학자는 마땅히 남의 것으로 자신을 가리지 말고 내 것으로 남을 가리지 말아야 한다."고 말했고, 같은 계통의 청(淸)나라 학자인 능정감(凌廷堪)도 "진실된 사실 앞에서는 내가 옳다고 말하는 것을 남이 억지 말로 이를 그르다고 할 수 없고 내가 옳지 않다고 하는 것을 남이 억지소리로 옳다고 하지 못한다."고 하였다.

그들은 정확한 고증(考證)을 존중(尊重)하는 과학적(科學的)이며 객관적(客觀的)인 학문(學問) 연구(研究)의 태도로 이론(理論)보다 실생활을 유익(有益)하게 하는 실학(實學)이란 학파(學派)를 낳게 된다.

한자 풀이 ──────

① **실 實 14** - 열매 실[宀(집 면)과 가운데 구멍이 뚫려 있는 옛날 동전 여러 개를 줄에 걸어 맨다는 뜻의 貫(꿸 관)이 합해진 글자로 본래는 집 안에 줄로 꿴 재물이 가득 차 있다는 뜻을 나타내며 '열매'의 뜻은 새로 생긴 것임. 식물이 수정하여 씨방이 자라 영양분이 가득 차 있는 알맹이]·과실 실·사실 실·참될 실

② **사 事 8** - 일 사[깃발이나 팻말의 모양인 由와 크(又 : 오른손 우)가 합해진 글자로 손으로 잡

고 있는 팻말 아래 사람들이 모여 작업이나 행사하는 모습을 나타냄]·섬길 사·벼슬 사·경영할 사

＊ 事(사)를 장식이 달린 붓을 손에 잡고 있는 모습으로 보아 기록하는 일을 맡은 관원으로 풀이하기도 함.

③ **구 求 7** - 구할 구(짐승을 잡아서 살과 뼈를 빼내고 털가죽만 쭉 펼쳐 놓은 모양을 본뜬 글자로 짐승을 잡거나 옷을 만들고자 통째로 말린 털가죽을 구한다는 뜻을 나타냄. 사람이 일할 직장, 또는 회사가 필요한 사람을 얻으려고 찾는)·구걸할 구·빌 구·요할 구·탐낼 구

④ **시 是 9** - 옳을 시[본래 日(해 일)과 疋(正 : 바를 정)이 합해져 해가 하늘에 똑바로 떠있는 모습을 나타낸 글자로 '곧바르다, 옳다'의 뜻을 나타냄. 사물의 이치를 객관적으로 볼 때 도리에 맞거나 타당성이 있는]·바를(생각하는 것이 옳고 참된) 시·곧을 시·이(이것의 준말) 시

용어 풀이 ─────────

- 고증학(考證學) : 중국의 명(明)나라 말기 청(淸)나라 초기에 일어난 고전 연구의 학풍에 관한 학문. 즉, 널리 옛 문헌이나 옛 물건 따위의 시대·내용·가치 같은 것을 일정한 증거에 기초해서 이론적으로 설명하는 학문.
- 표방(標榜) : 어떤 명목을 세워 자기의 주장을 내세우는.
- 공리공론(空理空論) : 사실과 동떨어진 이론과 쓸데없는 의논.
- 송명리학(宋明理學) : 중국 송(宋)나라와 명(明)나라에 걸친 학문.
- 배격(排擊) : 남의 의견이나 사상, 이론 또는 물건 등을 물리치는.
- 표어(標語) : 주의·주장·강령(綱領 : 일의 으뜸이 되는 큰 줄거리) 등을 간결하게 나타낸 어구.
- 학문(學問) : 자연과학(自然科學)과 인문과학(人文科學)에 대한 체계적인 지식(智識)을 연구하는.
- 실학(實學) : 상학(商學)·공학(工學)·의학(醫學) 등 실제로 소용이 되는 학문.
- 학파(學派) : 학문의 줄기가 되는 계통에서 갈리어 나온 파.

직역 사실에 힘써서 옳은 것을 찾는다는 뜻.

의역 사실에 근거를 두고 문제를 해결하거나 진리를 탐구한다는 뜻.

116

아비규환
阿鼻叫喚

유래 요약 ────────

불교(佛教)에서는 아비(阿鼻)와 규환(叫喚)은 모두 지옥(地獄)을 뜻한다. 아비지옥(阿鼻地獄)은 범어(梵語)로 무구(無求)라고 하며, ①부모를 살해한 사람 ②부처님 몸에 피를 낸 사람 ③삼보(보물·법물·승보)를 훼방한 사람 ④사찰(절)의 물건을 훔친 사람 ⑤비구니를 범한 사람들이 가는 곳이다.

이 지옥에 떨어지면, 옥졸(獄卒)이 죄인(罪人)의 살가죽을 벗기고 그 가죽으로 죄인을 묶어 불수레에 싣고 훨훨 타는 불속에 던져 태우거나 야차(夜叉)들이 큰 쇠창을 달구어 입, 코, 배 등을 꿰어 던지기도 하며 하루에도 수천 번 죽고 사는 고통을 받는다.

규환지옥(叫喚地獄)은 범어로 누갈(樓喝)이라고 하며, 전생(前生)에 ①살생(殺生) ②질투(嫉妬) ③절도(竊盜) ④음탕(淫蕩) ⑤음주(飲酒)를 일삼는 사람들이 가는 곳이다.

이 지옥에 떨어지면, 이들은 물이 펄펄 끓는 가마솥에 빠지거나 불이 훨훨 타오르는 쇠로 된 방에 들어가 뜨거운 열기의 고통을 받게 된다. 즉, 아비지옥과 규환지옥은 너무 고통스러워 울부짖는 곳이다. 그러므로 이 지옥에서처럼 차마 눈뜨고 보지 못할 참상을 가리키는 말이다.

한자 풀이 ────────

① **아 阿 8** - 언덕 아[阝(阜 : 언덕 부)와 발음요소와 굽어진 뜻의 可(옳을 가)가 합해진 글자로 언덕의 굽어 들어간 곳을 나타냄. 작은 산처럼 좀 높고 비탈진 곳]·아첨(阿諂)할 아·아름다울 아

② **비 鼻 14** - 코 비[코의 정면 모습을 그린 自(코 자)와 콧구멍으로 숨을 마시고 내쉬는 모양을 본뜬 畀(줄 비)가 합해진 글자로 얼굴 가운데 있는 냄새를 맡거나 호흡을 시켜주는 감각기관을 나타냄]·그릇손잡이(그릇에 코 모양으로 덧붙여서 손으로 잡게 된 부분) 비·처음 비·비롯

할 비

③ 규 叫 5 – 부르짖을 규[口(입 구)와 발음요소인 丩(얽힐 구)가 합해진 글자로 어떤 주장이나 의견을 온 힘으로 애타게 외치거나 무엇을 큰 소리로 호소하는]·울 규·외칠 규

④ 환 喚 12 – 부를 환['말하다'의 뜻인 口(입 구)와 발음요소와 큰 소리를 뜻하는 奐(성대할 환)이 합해진 글자로 부르짖는다는 뜻을 나타냄. 소리 내어 상대방을 부르는. 관청에서 오라고 부르는]·소리칠 환

용어 풀이 ————————

• 지옥(地獄) : 하늘나라를 뜻하는 천국(天國)의 반대 개념으로 현실에서 악한 일을 한 사람이 죽어서 간다고 하는 세계.

• 범어(梵語) : Sanskrit(완성된 언어)라고 하며 고대 인도의 표준 문장어. 전 인도의 고급 문장어로 오늘날까지 지속되는데, 불경이나 고대 인도 문학은 모두 이것으로 기록되었음.

• 무구(無求) : 전혀 구제를 받을 수 없다는 뜻. 즉, 어떤 불행이나 재해로부터 도움을 받지 못하는.

• 법물(法物) : 법사(法師 : 설법하는 중)에게서 물려받은 논, 밭, 돈 따위의 재물.

• 승보(僧寶) : 불법(佛法)을 실천 수행하는 보배 같은 중(僧 : 출가하여 불법을 닦고 포교하는 사람).

• 비구니(比丘尼) : 불교 용어로 세속의 인연을 버리고 집을 떠나 머리를 깎고 지켜야 할 법계(法戒)인 구족계(具足戒)를 받은 여자 승려(중). **＊법계 : 신(神)이 인간에게 종교적으로 지키도록 내린 규범.**

• 옥졸(獄卒) : 옥에 갇힌 사람을 맡아 지키던 하인(下人). 무서운 형상을 하고 죄인을 괴롭히는 졸병.

• 야차(夜叉) : 사람이나 죄인을 괴롭힌다는 추악하고 잔인한 귀신.

• 누갈(樓喝) : 樓(다락 누)와 喝(고함칠 갈)로 지옥에서 죄인을 무서운 말과 행동으로 위협하는.

직역 불교에서 말하는 아비지옥과 규환지옥을 뜻함.

의역 차마 눈뜨고 보지 못할 참혹한 상태라는 뜻. 계속되는 고통으로 울부짖는 참상(慘狀)을 표현하는 말.

117

아전인수
我田引水

유래 요약

살기 좋기로 소문(所聞)난 고성(高城) 땅에 가뭄이 너무 오래 계속되어 논바닥이 마를 지경(地境)이 되자 도랑에 흐르는 물을 서로 대려고 농부(農夫)들 간에 싸움이 붙었다.

한 농부가 "아니 자네 이럴 수가 있나, 내가 작년(作年)에 자네 논에서 풀을 뽑아준 걸 벌써 잊었나?"라고 말을 걸자, 다른 농부가 "작년 얘기를 왜 해. 지금 내 논에 벼가 말라비틀어질 지경인데."라고 맞받아 말했다.

사이좋던 농부들은 갑자기 도랑물 때문에 멱살을 잡고 싸우고 심지어는 삽으로 사람을 치는 경우(境遇)까지 생겨나게 되었다. 이 소식(消息)을 들은 원(員)님이 "물 때문에 사이좋던 고성 땅이 싸우는 동네로 변하지 않았으면 하오. 매일 한 집씩 돌아가면서 논에 물을 대되 제일 많이 가문 논부터 물을 대게 하겠소."라고 말했다.

판결(判決)을 내리고 논둑길을 걸어 돌아오던 원(員)님이 이방(吏房)에게 말했다.

"서로 자기 논에만 물을 대려고 욕심(慾心)을 내기보다는 이웃끼리 조금씩만 양보(讓步)하면 얼마나 좋은 세상(世上)이 될까."

여기에서 아전인수(我田引水)라는 말이 유래(由來)되었다.

한자 풀이

① **아 我 7** - 나 아[手(手 : 손 수)와 날에 톱니가 달린 고기를 자르는 칼을 뜻하는 戈(창 과)가 합해진 글자로 본뜻은 일방적인 가르침이나 난폭한 행동을 나타냈으나 이후 '나'로 빌려 쓴 것임. 상대방의 반대인 자기 자신을 가리키는]·우리(너와 나를 모두 아울러 같은 무리로 이르는 말) 아·아집(我執)부릴 아

② **전 田 5** - 밭 전[사방으로 네모나게 경계선을 표시한 囗(에워쌀 위)에 가운데 사방으로 통하

는 도랑이나 두렁길을 뜻하는 十(열 십)이 합해진 글자로 사방을 둑으로 경계 지어 농사를 짓는 구획된 땅을 뜻함]·사냥할 전·둥글둥글할 전

③ **인 引 4** - 끌 인[弓(활 궁)과 앞으로 뚫고 나간다는 뜻의 丨(뚫을 곤)이 합해진 글자로 활을 쏘기 위해 시위를 끌어당기는 모양을 나타냄. 수레나 물체를 앞으로 잡아당기는. 물줄기를 끌어오는]·활당길 인·당길 인·이끌 인·인도(引導)할 인·핑계댈 인·바로잡을 인·물러날 인·늘일 인·맡을 인

④ **수 水 4** - 물 수[본래 川(내 천)에서 비롯된 글자로 흐르는 물줄기가 합쳤다가 갈라지는 모습을 나타냄. 샘물·시냇물·강물·바닷물 등 자연에 존재하는 기본 물질을 뜻함]·별이름(水星 : 수성) 수

  * 水星(수성)은 우주 만물을 이루는 5가지 원소 중 물을 뜻함 - 목성(나무)·화성(불)·토성(흙)·금성(쇠)

용어 풀이 ────────

• 지경(地境) : 어떤 처지나 형편. 땅과 땅의 또는 나라와 나라 간의 경계.
• 경우(境遇) : 놓여 있는 조건이나 부닥친 형편이나 사정.
• 소식(消息) : 어떤 상황이나 동정을 알리는 보도 또는 안부 따위를 알리는.
• 원(員) : 郡(군)이나 縣(현) 단위의 지역 행정을 맡아보는 으뜸 관직.
• 판결(判決) : 시비(是非)나 선악(善惡)을 판단하여 결정하는. 법률을 적용하여 판단하는.
• 이방(吏房) : 각 지방 관아의 이방(吏房)에 속하여 인사·비서(祕書) 따위에 관한 일을 맡아보던 구실아치.
• 양보(讓步) : 좌석이나 물건, 음식 등 어떤 혜택을 사양하고 물러나는.
• 유래(由來) : 사물(事物)이 어떤 것에 기인(起因)하여 일어나거나 지나온 과정.

직역 자기 논에만 도랑물을 끌어들인다는 뜻. 즉, 제 논에 물대기라는 뜻.
의역 자기에게만 이롭게 되도록 생각하고 행동한다는 뜻.

118

안중지정
眼中之釘

유래 요약 ——————

중국 당(唐)나라 말기에 조재례(趙在禮)라는 사람은 백성(百姓)에게 돈을 긁어모아 권력자(權力者)를 매수(買收)하여 후량(後梁)·후당(後唐)·후진(後晉) 세 왕조에 걸쳐 각지의 절도사(節度使)를 역임(歷任)한 간악(奸惡)하고 눈치가 빠른 자였다.

송주(宋州)에서 가렴주구(苛斂誅求)를 행하던 그가 영흥(永興) 절도사로 옮겨가게 되었다. 송주 백성들은 기뻐서 "눈에 박힌 못이 빠진 것처럼 시원하다."라며 서로를 위로(慰勞)하고 춤을 추었다. 이 소문(所聞)을 들은 조재례는 앙갚음으로 1년만 더 송주에 있겠다며 조정(朝廷)에 뇌물(賂物)을 바쳤다.

그리고 다시 송주로 파견(派遣)된 조재례는 주민(住民)들에게 집집마다 1년 안에 돈 1천 전(錢)씩을 '발정전'(拔釘錢)이란 명목(名目)으로 바치게 하면서 "눈의 못을 빼려거든 1천전(一千錢)을 내라. 그러면 내가 떠나주마."라고 선포(宣布)했다. 이리하여 그는 1년 동안에 백만 관(1관은 1,000전)의 돈을 거둬들였다.

바로 여기에서 조재례(趙在禮)로부터 유래한 안중지정(眼中之釘)을 찾아볼 수 있다.

한자 풀이 ——————

① **안 眼 11** - 눈 안[사람의 정상적인 눈을 뜻하는 目(눈 목)과 발음요소와 비정상적인 눈을 뜻하는 艮(어긋날 간)이 합해진 글자로 빛의 강약과 파장을 느끼어 뇌에 시각을 전달하는 감각기관인 눈을 나타냄]·볼(눈을 통하여 물체나 현상·대상을 알아보는) 안·요점(要點 : 말이나 글의 가장 중요한 내용) 안

② **중 中 4** - 가운데 중(깃발을 가운데 꽂아 사람들을 모이게 하거나 부락·군부대·집단의 가운데에 깃발을 꽂은 모양의 글자로 사물이나 위치의 중심을 뜻하는)·속 중·안쪽 중 또는

안 중·바를 중·진행 중·사이 중·중독될 중

③ 지 之 4 - 갈 지[두 발을 뜻하는 止(발 지)와 출발선을 뜻하는 一(가로획)을 그어 만든 글자로 한 발을 떼고 막 출발하려는 모습을 나타냄]·이를 지·이 지·어조사(~의, ~가, ~이, ~을) 지

④ 정 釘 10 - 못 정[金(쇠 금)과 못을 옆에서 본 모양인 丁(고무래 정)이 합해진 글자로 쇠붙이로 된 못을 나타냄. 나무로 된 목재를 접합시킬 때 박는 가늘고 끝이 뾰족한 쇠를 뜻함]·못질할 (망치로 못을 박는) 정·금(강하게 하기 위하여 쇠를 불에 달구어 두드리는) 정 또는 불린금 정

용어 풀이 ―――――――――

- 매수(買收) : 금품 따위를 써서 남의 마음을 사서 자기편으로 만드는. 물건을 사들이는.

- 후량(後梁)·후당(後唐)·후진(後晉) : 중국 5대의 왕조(王朝 : 같은 왕가가 통치하던 시대).

  * 량(梁)은 최초 왕조·당(唐)은 두 번째 왕조·진(晉)은 세 번째 왕조임.

- 절도사(節度使) : 병사(兵士)와 군마(軍馬)와 물 위를 방위하던 수군(水軍)을 통솔·지휘하던 무관.

- 간악(奸惡) : 간사하고 악한.

- 가렴주구(苛斂誅求) : 백성들로부터 세금을 가혹하게 거두어들이고 무리하게 재물을 빼앗는.

- 조정(朝廷) : 임금이 나라의 정치를 의논하고 집행하는 곳.

- 발정전(拔釘錢) : 눈에 박힌 못을 빼는 데 대가로 지불하는 돈.

- 선포(宣布) : 임금의 명령이나 어떤 사실을 세상에 널리 알리는.

직역 눈엣가시 같은 눈 속의 못이라는 뜻.

의역 몹시 미워서 보기 싫은 상대를 뜻함. 간악(奸惡)한 행동과 사리사욕(私利私慾)을 챙기려는 사람을 두고 한 말임.

119

양두구육
羊頭狗肉

유래 요약 ─────

중국 춘추전국시대(春秋戰國時代) 제(齊)나라 군주(君主)인 영공(靈公)은 괴상한 취미(趣味)를 가지고 있었다. 예쁜 여인들에게 남장(男裝)을 시켜놓고 그 모습을 바라보며 즐거워하는 것이었다.

"우리 임금은 남장한 미인(美人)을 좋아한다."

이 소문(所聞)이 널리 퍼지자 예쁜 여자들은 임금의 눈에 띌까 봐 모두 남장(男裝)을 하였고 영공은 재상(宰相)인 안영(晏嬰)에게 "궁(宮) 밖에서 남장하는 여인(女人)들을 처벌(處罰)하라."는 금령(禁令)을 내리게 했다.

그러나 유행(流行)은 좀처럼 수그러들지 않았다. 영공(靈公)이 안영(晏嬰)에게 그 까닭을 묻자, 그는 이렇게 대답했다.

"전하께서는 궁중(宮中)의 여인들에게는 남장을 허용(許容)하시면서 궁 밖의 여인들에게는 금령(禁令)을 내리셨습니다. 하오면 이는 밖에는 양(羊)머리를 걸어 놓고 안에서는 개고기를 파는 것(양두구육 : 羊頭狗肉)과 같습니다. 이제라도 여인에 남장시키는 것을 금하십시오. 그러면 궁 밖의 여인들도 감히 남장을 하지 못할 것입니다."

영공은 안영의 진언(進言)에 따라 즉시 궁중의 여인들에게 남장 금지령을 내렸다.

한자 풀이 ─────

① **양 羊 6** - 양 양(길쭉한 얼굴과 턱에 난 수염과 머리 위의 두 개의 뿔이 양쪽으로 굽어 있는 모양을 본뜬 글자로 몸은 회백색의 털로 싸여 있고 두 개의 뿔과 네 발과 꼬리가 있는 온순한 가축을 뜻함)·노닐 양

② **두 頭 16** - 머리 두[頁(머리 혈)과 발음요소와 굽이 높고 큰 그릇인 豆(제기 두)가 합해진 글자로 몸통이 떠받치고 있는 머리를 나타냄. 사물을 인식하고 판단하는 기능을 가진 사람의

두뇌]·두목(頭目 : 집단의 우두머리) 두·마리 두·처음 두·앞 두·가 두·변두리 두

③ **구 狗 8** - 개 구[길짐승을 뜻하는 犭(犬 : 개 견)과 발음요소와 몸을 오그리고 있는 모습의 句 (글귀 구)가 합해진 글자로 강아지를 나타냄]

　　* 강아지 : 개의 새끼나 다 자라지 못한 어린 개.

④ **육 肉 6** - 고기 육[칼로 크게 썬 짐승의 고깃덩어리의 단면을 뜻하는 冂(멀 경)과 仌의 무늬 결이 합해진 글자로 소·돼지 같은 짐승이나 새·물고기의 살을 나타냄]·살 육·몸 육

　　* 몸 : 뼈와 살로 이루어지고 오장육부를 포함한 몸 전체

　　* 肉筆(육필) : 편지·원고를 본인이 직접 쓴 글씨

용어 풀이 ────

• 춘추전국시대(春秋戰國時代) : 중국 고대(古代)의 변혁시대로 BC 770년 주(周)왕조(王朝)가 뤄양(洛陽)으로 천도하기 이전의 시대를 서주시대, 이후의 시대를 동주시대라고 하며 동주시대는 춘추시대와 전국시대로 나누어진다. '춘추'는 공자가 쓴 역사책에서 '전국'은 유향이 쓴 전국책에서 각각 유래하였음.

• 군주(君主) : 임금, 세습적으로 나라를 다스리는 최고 지위에 있는 사람.

• 재상(宰相) : 임금을 돕고 모든 관원(官員)을 지휘·감독하는 정2품의 벼슬.

• 처벌(處罰) : 임금의 명령에 불복했거나 죄를 지은 사람을 형벌에 처하는.

• 금령(禁令) : 임금이나 나라에서 어떠한 행위를 하지 못하게 만든 법령.

• 유행(流行) : 일시적으로 많은 사람들이 어떤 행동 양식이나 사상을 택함으로써 생기는 사회적인 동조 현상 또는 경향.

• 허용(許容) : 어떤 일이나 행동·활동을 할 수 있도록 허락하여 용납하는.

• 진언(進言) : 임금이나 상관 또는 윗사람에 앞으로 다가가서 자기의 의견을 말하는.

직역 밖에는 양(羊)의 머리를 내걸고 안에서는 개고기를 판다는 뜻.
의역 착한 사람이나 백성들에게 겉과 속이 다른 속임수를 부린다는 뜻.

120

어부지리
漁夫之利

* 어부지리(漁父之利)라고도 쓰며, 어인지공(漁人之功)과 같은 뜻임.

유래 요약 ──────

중국 춘추전국시대(春秋戰國時代) 조(趙)나라 혜문왕(惠文王)이 연(燕)나라를 치려할 때 연나라 종횡가(縱橫家) 소대(蘇代)라는 사신(使臣)이 조나라에 가서 다음과 같은 말을 했다.

"오늘 제가 역수(易水)라는 강(江)을 지나오는데 방합(蚌蛤)조개가 막 물 밖에 나와 조가비를 벌리고 햇볕을 쬐다가 도요새에게 속살을 물렸습니다. 놀란 방합조개는 얼른 도요새의 부리를 꽉 물어 버렸습니다. 둘은 모두 곤란(困難)한 처지(處地)가 되어 서로 먼저 놓으라고 다투게 되었습니다.

먼저 도요새가 말하기를 '오늘 비가 안 오고 내일도 비가 안 오면 너는 죽을 거야' 라고 하였습니다. 그러자 방합조개가 말하기를 '오늘도 못 나가고 내일도 못 나가면 너도 죽을 거야' 이러면서 둘이 서로 놓아주지 않고 있을 때 마침 지나가던 어부가 그 둘을 모두 산 채로 잡아가고 말았습니다.

오늘날 조(趙)나라와 연(燕)나라가 서로 싸우다 지치면 그 이웃에 있는 강대(强大)한 진(秦)나라가 어부처럼 이익(利益)을 볼까 두렵습니다."

이 말을 들은 조(趙)나라 왕(王)은 곧 전쟁(戰爭)을 멈추기로 하였다.

한자 풀이 ──────

① **어 漁 14** - 물고기잡을 어[氵(水 : 물 수)와 발음요소와 魚(물고기 어)가 합해진 글자로 물속에 사는 고기를 잡는다는 뜻을 나타냄. 낚시나 그물 또는 손으로 물고기를 잡는]·낚시 어(낚시로 물고기를 잡는)·빼앗을 어·탐(貪 : 남의 물건을 갖고 싶어 욕심을 부리는)낼 어

② **부 夫 4** - 사내 부[사람의 정면 모습인 大(큰 대)에 동곳을 뜻하는 一(가로획)이 합해진 글자

로 결혼한 성인(成人)이 된 남자를 나타냄. 사나이, 사내아이의 준말로 젊고 용감하며 혈기가 왕성한 남자를 가리킴]·남편 부·일하는남자 부·지아비 부

③ **지 之 4** - 갈 지[두 발을 뜻하는 止(발 지)와 출발선을 뜻하는 一(가로획)을 그어 만든 글자로 한 발을 떼고 막 출발하려는 모습을 나타냄]·이를 지·이 지·어조사 지(~의, ~가, ~이, ~을)

④ **리 利 7** - 이로울 리 또는 이롭게할 리(이)[벼나 곡식을 뜻하는 禾(벼 화)와 칼로 자른다는 뜻의 刂(刀 : 칼 도)가 합해진 글자로 벼를 베어 묶어 자기 몫을 챙긴다는 데서 '이롭다'의 뜻을 나타냄. ~에 이길 수 있도록 도움을 주는]·이익 리(이)·이자(利子) 리(이)·변리(邊利) 리(이)·편리(便利)할 리(이)·통할 리(이)

용어 풀이 ―――――――

- **종횡가(縱橫家)** : 중국 전국시대 제후들 사이를 오가며 여러 국가를 종횡으로 합쳐서 경륜하는 외교술을 논하는 사람.

  * **경륜(經綸) : 어떤 일을 정치적이거나 조직적으로 계획하는 또는 천하를 다스리는.**

- **사신(使臣)** : 임금의 명령을 받고 외국에 파견되는 신하(臣下).

- **역수(易水)** : 연(燕)나라와 조(趙)나라의 국경을 이루는 강(江).

- **방합(蚌蛤)** : 검은 빛에 갈색 무늬가 있고 냇물이나 진흙 속에 사는 긴 타원형 모양의 조개.

- **곤란(困難)** : 어떤 문제나 상황 또는 생활 등이 몹시 딱하고 어려운.

- **처지(處地)** : 현재 처하여 있는 사정이나 형편.

- **이익(利益)** : 물질적·경제적·정신적으로 유익하고 도움이 되는.

- **전쟁(戰爭)** : 국가와 국가 사이의 또는 부족과 부족 사이의 무력에 의한 투쟁.

- **어인지공(漁人之功)** : 조개와 황새가 서로 싸우는 판에 어부(漁夫)가 두 놈을 쉽게 잡아서 이득을 보았다는 뜻.

직역 물고기 잡던 어부의 이익이라는 뜻.
의역 서로 다투는 사이에 제삼자가 뜻밖에 이득을 본다는 뜻.

121

엄이도령
掩耳盜鈴

* 원래는 엄이도종(掩耳盜鐘)이었음.

유래 요약 ─────────

중국 진(晉)나라 명문가(名門家) 범씨(范氏) 집안에 큰 종(鐘)이 있었다. 그런데 범씨 집안이 망하자 혼란한 틈을 타 그 종을 훔치러 들어온 자가 있었다. 그러나 종이 너무 무거워지고 갈 수가 없자 종을 깨뜨려 가지고 가면 되겠다고 생각하고 망치로 종을 내려쳤다. 그러자 꽝하는 소리가 났는데 이 사람은 그 소리를 다른 사람이 들을까 겁이 나서 얼른 자기 귀를 막았다고 한다. 물론 어리석은 짓이다. 이 이야기는 『여씨춘추(呂氏春秋)』에서 임금이 바른 말하는 신하(臣下)를 소중(所重)히 여겨야 한다는 비유로 들고 있다.

위(魏)나라 문왕(文王)이 신하들과 술을 마시며 신하들의 의견(意見)을 듣고 있었다. 신하들은 한결같이 왕(王)의 칭찬만을 늘어놓았다. 그러나 임좌(任座)는 차례가 되자 임금의 숨은 약점(弱點)을 말했다.

"전하께서 중산을 멸망(滅亡)시킨 뒤에 아우를 그 곳에 봉하지 않으시려고 태자(太子)를 봉하신 것은 옳지 않은 일입니다."

문왕이 불쾌한 표정(表情)을 짓자 임좌는 자리에서 뛰쳐나갔다. 그러자 적황이 이렇게 말했다.

"옛말에 임금이 어질어야 신하(臣下)가 바른 말을 할 수 있다고 했습니다. 방금 임좌(任座)가 바른 말을 하는 것을 보니 전하께서 밝으신 것을 알 수 있습니다."

문왕은 곧 다시 임좌를 부른 후 몸소 뜰아래까지 내려가 그를 맞아들이고 상좌(上座)에 앉게 했다고 한다.

한자 풀이 ─────────

① 엄 掩 11 - 가릴 엄[扌: 손 수)와 발음요소와 막는다는 뜻의 奄(가릴 엄)이 합해진 글자로 보거나 듣거나 쬐이거나 보이지 않으려고 손으로 얼굴·눈·귀·햇빛 등을 막는. 잘못된 일

을 감추거나 덮어버리는]·막을 엄

② 이 耳 6 - 귀 이[目(눈 목)에 귀가 눈 아래에 위치하고 있다는 丨의 표시를 덧붙여 사람의 귀 모양을 본뜬 글자로 얼굴의 양쪽에 붙어 있어 귓바퀴와 고막의 울림으로 말이나 소리를 들을 수 있는 기관을 뜻함]·뿐 이

③ 도 盜 12 - 도둑 도 또는 도적 도[盜賊(도적). 침을 뜻하는 氵(水 : 물 수)와 입을 크게 벌린 모습인 欠(하품 흠)과 皿(그릇 명)이 합해진 글자로 짐승이 그릇에 있는 고기를 보고 침을 흘리는]·훔칠 도·도둑질할 도

④ 령 鈴 13 - 방울 령(영)[金(쇠 금)과 발음요소와 맑은 소리를 뜻하는 令(방울소리 령)이 합해진 글자로 옛날에 명령을 전하기 위하여 사용했던 둥근 쇠붙이 안에 구슬 알이 들어 있어 흔들면 소리 나는 방울]

⑤ 종 鐘 20 - 쇠북 종[金(쇠 금)과 발음요소와 동동 친다는 뜻의 童(남종 동)이 합해진 글자로 곁에 무늬가 있고 가운데가 비어 있으며 위에 고리가 달린 쇠로 만든 커다란 종을 나타냄]·종 종·인경(서울의 보신각종과 경주의 봉덕사종과 같이 통행금지를 알리기 위하여 치던 종) 종

용어 풀이 ─────────

• 명문가(名門家) : 사회적 신분이나 지위가 높고 학식과 덕망(德望)을 갖춘 훌륭한 집안.

• 소중(所重) : 물건이나 자료 등이 매우 귀하고 중요한.

• 의견(意見) : 어떤 대상에 대하여 가지는 생각. 어떤 사물에 대하여 마음에서 일어나는 생각.

• 약점(弱點) : 모자라거나 떳떳하지 못한 점. 남에 비해서 뒤떨어지는 점.

• 멸망(滅亡) : 전쟁에 실패하거나 경제적으로 망하여 없어지는.

• 표정(表情) : 마음속에 품고 있는 감정이나 정서 따위의 심리상태가 겉으로 드러나는.

• 상좌(上座) : 정면에 설치한 가장 높은 사람이 앉는 자리.

직역 자기 귀를 막고 방울 종을 깨뜨려 훔치려고 한다는 뜻.

의역 얕은 꾀로 남을 속이려 하는 어리석은 짓이라는 뜻. 즉, 어리석을 정도로 생각과 행동이 순진한 사람을 비유적으로 이르는 말임.

122

여호모피
與虎謀皮

* 본래는 '호'의 한자로 狐(여우 호)를 사용하여 '與狐謀皮'라고 썼었음.

유래 요약 ─────────

중국의 왕조(王朝)인 주(周)나라 때 어떤 젊은 사나이가 천금(千金)의 가치(價値)가 있는 따뜻한 가죽 이불을 만들고자 하였다. 그는 호랑이 가죽으로 이불을 만들면 따뜻하다는 말을 듣고 곧 산(山)으로 올라가 호랑이를 만나 가죽 문제(問題)를 상의(相議)하였다.

자신들의 가죽을 빌려달라는 말을 듣자마자 호랑이들은 깜짝 놀라서 모두 깊은 산속으로 도망쳐 버렸다. 얼마 후, 그 사나이는 맛좋은 제물(祭物)을 만들어 귀신(鬼神)의 보살핌을 받고 싶은 생각이 들어 이에 곧 양(羊)들을 찾아가 이 문제를 상의하며 그들에게 고기를 요구(要求)하였다.

양(羊)들은 그의 말이 다 끝나기도 전에 모두 숲속으로 들어가 숨어버렸다. 여호모피(與虎謀皮)는 이 이야기에서 유래하였다. 이 고사(故事)는 『태평어람(太平御覽)』의 「직관부(職官部)」 사도하(司徒下)편에 실려 있다. 태평은 나라가 안정되어 편안하다는 뜻이고, 어람은 임금이 책을 본다는 뜻이다.

한자 풀이 ─────────

① **여 與 14** - 더불 여[舁(깍지낄 국)과 두 사람이 양손을 엇갈리게 잡은 모양인 𦥑와 𠂇(廾 : 받들 공)이 합해진 글자로 함께 마주 든다는 뜻을 나타냄]·줄(물건이나 이익을 남에게 주는) 여·같을(같은 모양이나 조건으로 되어 있는) 여·편들(지지하거나 도와주는) 여·보일 여·참여할 여·도울 여·그런가 여

② **호 虎 8** - 범 호 또는 호랑이 호[범을 뜻하는 虍(호피무늬 호)와 범이 걸어간 발자국을 뜻하는 儿(길게걸을 인)이 합해진 글자로 범의 형상을 나타냄. 몸의 털색깔이 황갈색 바탕에 검은 줄무늬가 있고 사슴 같은 짐승을 잡아먹는 몹시 사납고 무서운 야생동물(野生動物)

을 뜻함]

③ **모 謀 16** - 꾀 모 또는 꾀할 모[言(말씀 언)과 발음요소인 某(아무 모)가 합해진 글자로 몇 사람이 모여서 어떤 일이나 범죄행위를 목적으로 비밀리에 의논하여 꾸미는 계획을 뜻함]·의논(議論 : 의견을 주고받는)할 모·도모(圖謀)할 모·가르칠 모

④ **피 皮 5** - 가죽 피(짐승의 털가죽을 뜻하는 ㄏ와 손에 칼을 잡은 모습의 又가 합해진 글자로 칼로 털가죽을 벗기는 모습을 나타냄. 개나 호랑이 같은 짐승인 척추동물의 몸을 싸고 있는 털이 그대로 붙어 있는 날가죽)·껍질(나무나 뱀·매미 등의 껍질처럼 물체나 몸의 거죽을 싸고 있는 물질의 층) 피·껍질을벗길 피

용어 풀이 ─────────

- 왕조(王朝) : 한 왕가(王家)가 다스리는 시대나 같은 왕가에 속하는 통치자의 계열.
- 주(周) : 주나라. 중국의 옛날 왕조, 섬서성에서 일어나 문왕(文王) 때 번영했고 아들인 무왕(武王)이 은(殷)나라를 치고 나라를 세웠음.
- 가치(價値) : 사물이 지닌 값이나 쓸모. 인간의 욕망을 충족시키는 경제적 중요 정도.
- 상의(相議) : 어떤 일이나 문제·대상에 대하여 서로 의논하는.
- 제물(祭物) : 제사에 쓰는 음식, '희생물'을 비유하여 이르는 말.
  * **옛날에는 희생물로 양(羊)을 주로 제물로 바쳤음.**
- 귀신(鬼神) : 죽은 사람의 넋이나 사람에게 재앙과 복을 내려준다는 신.
- 요구(要求) : 받아야 할 것을 필요에 의하여 달라고 청하는. 어떤 행위를 할 것을 청하는.
- 술책(術策) : 어떤 일을 꾸미는 꾀나 방법.

직역 호랑이를 달래서 호랑이 가죽을 벗기고자 꾀를 쓴다는 뜻.
의역 요구하는 일이 상대방의 이해와 어긋나 이루어질 수 없다는 뜻. 즉, 당신의 생명을 바쳐 나의 요구를 들어달라는 비인간적(非人間的)인 술책을 뜻함.

123

연목구어
緣木求魚

*상산구어(上山求魚)와 같은 뜻으로 씀.

유래 요약 ────────

중국 춘추전국시대(春秋戰國時代) 제(齊)나라 선왕(宣王)이 천하(天下)를 통일(統一)하겠다는 욕심(慾心)을 품고 맹자(孟子)에게 물었다.

"춘추시대의 패자(覇者)였던 제(齊)나라 환공(桓公)과 진(晉)나라 문공(文公)의 패업(覇業)에 대해 듣고 싶소."

맹자(孟子)는 패도(覇道)에 대해 잘 모른다고 한 다음 이렇게 말했다.

"폐하(陛下)께서 말씀하는 대망(大望)은 영토(領土)를 확장(擴張)하여 진(秦)나라 초(楚)나라 같은 나라로부터 문안(問安)을 받고 사방(四方)의 오랑캐를 어루만지고 싶은 것이겠죠. 하지만 그것은 나무에 올라가 물고기를 구하는 것과 같습니다(緣木求魚). 나무에서 물고기를 구하는 것은 실패(失敗)해도 탈(頉)이 없지만 폐하처럼 무력(武力)으로 뜻을 이루려면 백성(百姓)을 잃고 나라를 망치는 재난(災難)이 따라 올 것입니다. 물고기를 잡으려면 바다로 가야하듯이 통일천하(統一天下)를 하고 싶으면 왕천하(王天下)의 대도(大道)를 가십시오."

그래서 선왕(宣王)은 맹자의 왕도정치론(王道政治論)을 진지(眞摯)하게 경청(敬聽)했다고 한다.

한자 풀이 ────────

① **연 緣 14** - 인연 연[因緣(인연). 糸(실 사)와 발음요소와 옷깃의 장식을 뜻하는 彖(돼지달아날단)이 합해진 글자로 본뜻은 옷의 가장자리 선이며 '인연, 연분'은 새로 생긴 것임. 갈라진 천 조각을 실로 꿰매듯이 인간관계를 맺는]·오를(어떤 일을 위하여 나무 위나 사람·짐승 위나 높은 데를 올라가는) 연·인할 연

② **목 木 4** - 나무 목(땅 아래로 뿌리를 내리고 땅 위의 수직으로 줄기가 자라고 있는 나무를

본뜬 글자로 뿌리와 줄기와 가지가 있는 나무를 나타냄)·별이름(木星:목성) 목·질박할 목·
저릴 목

* 木星(목성)은 우주 만물을 이루는 5가지 원소 중 나무를 뜻함 – 수성(물)·화성(불)·토성(흙)·금성(쇠)

③ **구 求 7** – 구할 구[짐승을 잡아서 살과 뼈를 빼내고 털가죽만 쭉 펼쳐 놓은 모양을 본뜬 글
자로 짐승을 잡거나 옷을 만들고자 통째로 말린 짐승 털가죽을 구한다는 뜻임]·구걸할
구·빌 구 또는 바랄 구·탐낼 구·가죽옷 구

④ **어 魚 11** – 물고기 어(물고기의 머리인 ⺈와 몸통과 비늘을 뜻하는 田와 지느러미와 꼬리
를 뜻하는 灬가 합해진 글자로 물속에서 헤엄치며 살아가는 물고기를 나타냄)·잉어 어·생
선(生鮮 : 잡은 그대로의 물고기) 어

* 魚夫(어부) : 고기잡이를 직업으로 하는 사람, 魚父(어부) : 그냥 고기를 잡고 있는 어른

용어 풀이 ──────

- 패자(覇者) : 제후(諸侯)의 우두머리, 무력이나 권력으로 나라나 천하를 다스리는 사람.
- 패업(覇業) : 패도(覇道)로 나라나 천하(天下)를 다스리는 사업, 제후의 으뜸 사업.
- 패도(覇道) : 인의(仁義)를 무시하고 무력이나 꾀로써 나라나 천하를 다스리는 일.
- 폐하(陛下) : 황제(皇帝)나 황후(皇后)를 높이어 부르는 호칭. * 궁전에 오르는 계단 밑이라는 뜻에서 유래.
- 탈(頉) : 뜻밖에 일어난 걱정될 만한 사고. 몸에 갑자기 생기는 병.
- 왕천하(王天下) : 의례(儀禮)·제도(制度)·고문(考文)의 세 가지를 실천해야 천하(天下)에 왕(王)노릇을 한
  다는 뜻.
- 왕도정치론(王道政治論) : 덕망(德望)있는 사람이 도덕적으로 어두운 사람을 다스려야 한다는 중국의
  옛 정치사상에 대한 학설.
- 진지(眞摯) : 말이나 표정이나 태도 따위가 참되고 착실한.

직역 나무에 올라가 물고기를 구하려고 한다는 뜻.
의역 이룰 수 없는 불가능한 일을 굳이 하려고 한다는 뜻. 또는 당치도 않는 일을
무리하게 한다는 뜻임.

124

예미도중
曳尾塗中

*도중예미(塗中曳尾)·예미니중(曳尾泥中)이라고도 씀(泥 : 진흙 니).

유래 요약 ─────

중국 춘추전국시대(春秋戰國時代) 주요 제후국(諸侯國)인 초(楚)나라 임금이 어느 날 대신(大臣)을 보내어 장자(莊子)를 불러 벼슬을 권했을 때 장자는 뒤도 돌아보지 않고 다음과 같이 말했다.

"초(楚)나라에는 3천년 묵은 죽은 거북을 상자(箱子) 안에 넣어 묘당(廟堂)에 소중(所重)히 보관(保管)하고 있다고 듣고 있소. 거북이의 생전(生前)에 자신이 그렇게 죽어서 소중히 간직되길 바라겠소? 아니면 살아 꼬리를 진흙 속에 넣고 끌고 다니기를 바라겠소(曳尾塗中)?"

"물론 진흙 속에 꼬리를 넣고 끌고 다니길 바라겠지요."

이렇게 대신(大臣)이 대답(對答)하자 장자(莊子)는

"그렇다면 이제 얘기가 된 것 같소. 나 역시 진흙 속에 꼬리를 넣고 다니는 길을 택하겠소."라고 말하며 거절(拒絶)했다고 한다.

한자 풀이 ─────

① **예 曳 6** - 끌 예[甲(갑옷 갑)과 ノ(삐침 별)이 합해진 글자로 얽힌 실뭉치나 실타래의 한쪽 끝을 위로 끌어올린다는 뜻을 나타냄. 신발이나 긴 옷자락을 질질 끌고 가는]·당길 예·끌릴 예·고달플 예

② **미 尾 7** - 꼬리 미[사람의 엉덩이 모양을 뜻하는 尸(주검 시)와 발음요소인 毛(털 모)가 합해진 글자로 옛날에 사람들이 짐승의 꼬리를 만들어 달고 흉내를 낸 데서 비롯되어 꼬리를 나타냄]·끝(책, 계약서, 문서 등에 적힌 끝부분을 가리키는) 미·홀레할(짐승의 암컷과 수컷이 교접하는) 미

③ **도 塗 13** - 칠할 도[벽에 매흙질을 한다는 뜻인 涂(칠할 도)가 강(江)이름과 함께 쓰이자 土 (흙 토)가 더해진 글자로 물과 반죽한 진흙을 벽에 발라 입힌다는 뜻을 나타냄]·진흙(질척하 게 짓이겨진 진흙을 뜻함) 도·바를 도·더럽힐 도·길(도로 위나 길바닥을 뜻함) 도

④ **중 中 4** - 가운데 중(깃발을 가운데 꽂아 사람들을 모이게 하거나 부락·군부대·집단의 가 운데에 깃발을 꽂은 모양의 글자로 사물이나 위치·순서 등의 중심을 나타냄)·속 중·안 중 또는 안쪽 중·사이 중·진행 중·중독(中毒 : 병이 될 정도로 음식과 약물·사상이나 사물에 빠지거 나 젖어버리는)될 중

용어 풀이 ————————

• 제후국(諸侯國) : 제후가 다스리는 나라.

  ＊제후 : 봉건시대에 일정한 영토를 가지고 영내 백성을 다스리던 사람.

• 대신(大臣) : 군주국가(君主國家)의 장관, 즉 각 내각의 으뜸 벼슬 또는 의정(議政)을 말함.

• 장자(莊子) : 중국 전국시대의 사상가, 만물의 시비와 선악을 초월하여 자연주의 철학을 제창했음.

• 묘당(廟堂) : 종묘(宗廟)와 명당(明堂)이라는 뜻으로 임금이 나라의 정치를 하는 곳인 조정(朝廷)이나 국가 정 책을 결정하는 기관인 의정부(議政府)를 지칭하기도 함.

• 소중(所重) : 어떤 사람이나 사물이 매우 귀하고 중요한.

• 보관(保管) : 맡긴 물건을 잘 간직하여 관리하는.

• 생전(生前) : 사람이 살아 있는 동안, 아무리 애써 보아도, 전혀.

• 거절(拒絶) : 상대방의 어떤 요구나 제의·선물 등을 받아들이지 아니하고 물리치는.

직역 거북이 진흙에서 꼬리를 끌며 오래 산다는 뜻.
의역 벼슬로 얽매어 사느니 가난한 고향 집에서 편안히 사는 편이 낫다는 뜻.

125

오리무중
五里霧中

유래 요약 ─────

중국 후한(後漢) 순제(順帝) 때 『춘추(春秋)』, 『고문상서(古文尙書)』에 통달(通達)한 학문(學問)이 뛰어난 장해(張楷)라는 사람이 있었다. 순제가 여러 번 등용(登庸)하려 했지만 그는 병(病)을 핑계 대고 끝내 출사(出仕)하지 않았다.

그는 학자(學者)로서 거느리고 있는 문하생(門下生)만 100명이 넘었고 전국 각처의 숙유(夙儒·宿儒)들을 비롯하여 황제의 친척·귀족·고관대작(高官大爵), 환관(宦官)들까지 앞다투어 그의 문을 두드렸으나 그는 이를 거부하고 화음산(華陰山) 기슭에 자리한 고향(故鄕)으로 낙향(落鄕)하고 말았다.

그러나 장해(張楷)를 쫓아온 문하생과 학자들로 인해 그의 집은 저자를 이루다시피 붐볐다. 또 그는 도술(道術)에도 능하여 '오리무'(五里霧 : 5리나 되는 구역에 안개를 퍼뜨릴 수 있는)를 능히 이룰 정도였다. 오리무는 나중에 오리무중(五里霧中)으로 바뀌어 쓰이게 되었는데 5리나 계속되는 안개 속에서 길을 잃으면 어찌할 줄 모른다는 의미(意味)에서 오늘날 어떤 일에 대해 도저히 알 수 없을 때 오리무중에 빠졌다고 한다.

한자 풀이 ─────

① 오 五 4 - 다섯 오[본래 하늘과 땅을 뜻하는 二(두 이)에 서로 교감한다는 뜻의 X가 가운데 더해진 글자로 하늘과 땅이 교감한다는 뜻인 X가 五로 변형되면서 숫자의 5를 나타냄]· 다섯번째 오

② 리 里 7 - 마을 리(이)[농사짓는 밭을 뜻하는 田(밭 전)과 사람들이 모여 사는 땅을 뜻하는 土(흙 토)가 합해진 글자로 시골의 촌락을 나타냄]·이수 리 또는 잇수(도로의 거리나 물줄기의 길이, 10里(리)는 4km) 리(이)

③ **무 霧 19** – 안개 무[작은 물방울을 뜻하는 霍(雨 : 비 우)와 발음요소인 務(힘쓸 무)가 합해진 글자로 공기 중의 수증기가 땅의 찬 기운을 받아 아주 작은 구름방울로 응결되어 뿌옇게 떠있는]

④ **중 中 4** – 가운데 중(깃발을 가운데 꽂아 사람들을 모이게 하거나 부락·군부대·집단의 가운데에 깃발을 꽂은 모양의 글자로 사물이나 위치·순서 등의 중심을 뜻하는)·속 중·안 중 또는 안쪽 중·사이 중·진행 중·중독(中毒 : 병이 될 정도로 음식과 약물·사상이나 사물에 빠지거나 젖어버리는)될 중

용어 풀이 ─────────

• 춘추(春秋) : 중국 주(周) 시대 노(魯)나라의 연대기(年代記)를 바탕으로 하여 공자가 엮었다는 오경(五經)의 하나.

• 고문상서(古文尙書) : 노(魯)나라 공왕(恭王)이 공자의 옛집을 허물자 벽에서 나온 공자가 편찬한 정사(政事)에 관한 문서.

• 통달(通達) : 어떤 부분의 일이나 기예(技藝)·지식(知識) 따위에 막힘이 없이 환히 통하는.

• 등용(登用·登庸) : 학식과 능력이 뛰어난 인재(人材)를 어떤 자리에 뽑아서 쓰는.

• 출사(出仕) : 벼슬을 하여 봉사하고자 관청에 출근하는.

• 문하생(門下生) : 스승의 집에서 가르침을 받는 제자.

• 숙유(宿儒·夙儒) : 학식(學識)과 덕행(德行)이 높은 선비.

• 고관대작(高官大爵) : 지위가 높고 훌륭한 벼슬이나 그 벼슬에 있는 사람.

• 환관(宦官) : 내시(內侍), 불알을 제거한 남자 내관(內官 : 궁궐 안의 벼슬).

• 저자 : 옛날 큰 길거리에서 반찬거리 등 물건을 팔고 사는 시장을 예스럽게 이르는 말.

• 도술(道術) : 먼 거리를 축소하는 축지법(縮地法)과 귀신을 부려 변신하는 둔갑술(遁甲術) 등의 방술(方術).

직역 사방(四方) 오리(五里)에 안개가 덮여 있는 속, 즉 5리나 되는 짙은 안갯속이라는 뜻.
의역 사물이나 사태 등 어떤 일에 대하여 도저히 알 수 없다는 뜻.

126

오월동주
吳越同舟

유래 요약 ──────

중국 춘추시대(春秋時代) 오(吳)나라와 월(越)나라는 서로 오랫동안 원수(怨讎) 사이였다. 오월동주(吳越同舟)는 적대시(敵對視)해 온 두 나라 사람이 한 배를 타고 강(江)을 건넌다는 것을 가정한 것이다.

이 글은 『손자병법(孫子兵法)』에 나오는 이야기로 9가지 상황(狀況)을 말하는데 9가지 중 맨 마지막에 나오는 것이 사지(死地)다. 사지(死地)는 적과 싸워 이기지 못하면 후퇴(後退)도 방어(防禦)도 못하는 막다른 골목을 말한다. 이른바 죽을 땅에 빠뜨린 다음에야 산다는 그 사지(死地)다.

'오월동주'는 이 사지(死地)의 원리(原理)를 이용(利用)한 것이다. 즉, "오(吳)나라와 월(越)나라 사람이 서로 아무리 미워해도 같은 배를 타고 가다가 강한 바람이나 풍랑을 만나며 모두 적개심(敵愾心)을 잊고 서로 왼손, 오른손이 되어 필사적(必死的)으로 협력(協力)할 것이다." 하는 내용으로, 여기에서 오월동주 이야기가 비롯된 것이다.

오월(吳越)은 두 나라의 관계처럼 오랫동안 전쟁을 하며 적대 관계로 지냈으므로 서로 사이가 아주 나쁘거나 적의를 품고 있다는 뜻으로 사용된다.

한자 풀이 ──────

① **오 吳 7** - 나라이름 오[노래한다는 뜻인 口(입 구)와 머리를 흔들며 춤을 춘다는 뜻인 矢이 합해진 글자로 본래는 머리에 커다란 덮개를 쓰고 미친 듯이 춤을 추며 즐긴다는 뜻을 나타냄. 중국 춘추시대의 오(吳)나라]

② **월 越 12** - 넘을 월[달린다는 뜻의 走(달아날 주)와 발음요소와 위를 넘는다는 뜻의 戉(도끼 월)이 합해진 글자로 도끼 같은 무기를 휘두르며 경계선을 넘어 달려간다는 뜻을 나타냄]·

나라이름(중국 춘추시대의 월나라) 월

③ 동 同 6 - 같을 동[위로 거듭 포개 덮는다는 뜻인 冂(겹쳐덮을 모)에 밥과 반찬 그릇을 뜻하는 口(입 구)가 가운데 더해진 글자로 크기와 모양이 똑같은 그릇이 여러 층으로 된 찬합(饌盒)을 나타냄]·한가지 동·화할 동·함께 동·모을 동·무리 동·빌 동

④ 주 舟 6 - 배 주(통나무의 안을 깊게 파서 만든 배를 사람이 노를 저으며 앞으로 나가는 모습을 나타낸 글자로 물 위에서 사람이 탈 수 있게 만든 쪽배나 여러 조각의 나무판자를 붙이어 유선형 모양으로 작게 만든 배를 뜻함)·배댈[강을 건너거나 항해(航海)를 마친 배를 육지에 닿게 하는] 주

용어 풀이 ───────

- 오(吳)나라 : 중국 춘추시대의 나라, 양자강 하류 지역에 있었으며 월(越)나라와 다투어 패권자가 되었으나 다시 월왕(越王) 구천(句踐)에게 패망했음.
- 월(越)나라 : 중국 춘추시대의 나라, 오(吳)나라에 패했으나 다시 오나라를 쳐부수고 패권자가 되었음.
- 적대시(敵對視) : 상대방이나 상대나라를 적으로 여겨 보는.
- 병법(兵法) : 군사에 관한 전략적인 모든 수단·방법·법칙.
- 사지(死地) : 죽을 수밖에 없는 곳. 죽어야 할 장소. 죽을 지경의 매우 위험하고 위태한 곳.
- 후퇴(後退) : 전쟁이나 힘겨루기를 하다가 뒤로 물러나는.
- 방어(防禦) : 적의 공격을 막고 저항이나 격퇴하기 위하여 취해지는 모든 수단.
- 적개심(敵愾心) : 적을 미워하여 분개하는 마음.
- 필사적(必死的) : 죽기로 결심하고 하거나 죽을힘을 다하는.

> **직역** 서로 원수로 생각하는 오(吳)나라와 월(越)나라 사람이 같은 배를 타고 있다는 뜻.
>
> **의역** 아무리 서로 적대(敵對) 관계에 있어도 죽고 사는 어려움에 처하면 협력하게 된다는 뜻.

127

오합지중
烏合之衆

*오합지졸(烏合之卒)이라고도 씀(卒 : 무리 졸).

유래 요약

중국 한(漢)나라 말기에 황실(皇室) 외척(外戚)으로서 실권(實權)을 잡고 있던 대사마(大司馬) 왕망(王莽)은 평제(平帝)를 시해(弑害)하고 나이 어린 영(嬰)을 새 황제(皇帝)로 옹립(擁立)하여 국권(國權)을 한 손에 틀어쥐고, 3년 후에는 어린 황제마저 지위에서 몰아내고 스스로 제위(帝位)에 올라 국호(國號)를 신(新)이라 일컬었다. 그러나 정치 문란(紊亂)으로 백성들의 삶이 어려워지면서 그 원성(怨聲)이 하늘을 찌를 정도였다.

이때 왕실(王室) 종친(宗親)인 유수(劉秀)가 군병(軍兵)을 일으켜 왕망(王莽)을 토벌(討伐)하면서 혼란(混亂)은 수습(收拾)되었으나 왕랑(王郞)이라는 자가 "나는 성제(成帝)의 아들 유자여(劉子輿)다."라고 떠벌리면서 반란(叛亂)을 일으키고 황제를 자처함에 따라 세상은 또 한 번의 격변(激變)을 피할 수가 없었다.

이때 상곡(上谷) 태수 경황(耿況)의 아들 경엄(耿弇)이 군대를 이끌고 유수에게 달려가고 있을 때 그의 부하가 유수 밑으로 가지 말고 왕랑의 밑으로 가자고 권하는 사람이 있었다. 그러자 경엄은 그들을 꾸짖는 가운데 이런 말을 했다.

"우리 돌격대(突擊隊)로 왕랑(王郞)의 오합지중(烏合之衆)을 짓밟기란 마른나무 꺾는 거나 다를 것이 없다."

한자 풀이

① **오 烏 10** - 까마귀 오[까마귀의 깃털이 새까매서 마치 눈알이 없는 것처럼 보인다는 뜻에서 鳥(새 조)에서 눈알에 해당하는 한 획을 뺀 烏의 글자로 몸체가 까치보다 큰 새를 나타냄]·검을 오·어찌 오·탄식할 오

② **합 合 6** - 합할 합[그릇의 몸체를 뜻하는 口(입 구)와 밥과 뚜껑을 뜻하는 스(삼합 집)이 합

해진 글자로 본뜻은 '합하다'이며 밥이 담겨 있는 밥그릇을 큰 뚜껑으로 덮은 모양을 나타냄]·모을 합·같을 합

③ **지 之 4** - 갈 지[두 발을 뜻하는 止(발 지)와 출발선을 뜻하는 一(가로획)을 그어 만든 글자로 한 발을 떼고 막 출발하려는 모습을 나타냄]·이를 지·이 지·어조사(~의, ~가, ~이, ~을) 지

④ **중 衆 12** - 무리 중[目(눈 목)에서 포로나 노예같이 한쪽 눈을 잃은 모양인 日이 변형된 血(피 혈)과 세 개의 人(사람 인)을 뜻하는 乑(무리 중 또는 나란히설 음)이 합해진 글자로 뙤약볕에서 노동에 시달리다 잡혀온 노예의 집단인 무리를 나타냄]·많을(마을 사람들이 많이 모여 있거나 수효가 절대적으로 많은) 중

용어 풀이 ―――――――

• 황실(皇室) : 제국 국가의 군주인 황제의 집안.

• 외척(外戚) : 어머니 집안인 외가 쪽의 친척이나 같은 본(本) 이외의 친척.

• 실권(實權) : 실제로 행사할 수 있는 권리나 권세.

• 대사마(大司馬) : 중국 관직의 하나로 주로 군사 관련 업무를 맡았으며 오늘날 국방부장관에 해당됨.

• 시해(弑害) : 부모나 임금 등 윗사람을 죽이는.

• 옹립(擁立) : 어떤 인물을 받들어서 임금의 자리에 모시는.

• 원성(怨聲) : 원한이 맺히거나 불만이 솟구쳐 원망하는 소리를 내는.

• 왕실(王室) : 임금의 집안.   • 종친(宗親) : 임금의 친족.

• 토벌(討伐) : 적의 무리나 해치는 집단을 무력으로 쳐서 없애는.

• 격변(激變) : 정세의 혼란이나 사회의 상황 따위가 갑자기 심하게 변하는.

• 태수(太守) : 지방관(地方官)으로 주(州)·군(郡)·현(縣) 지역의 행정 책임을 맡았던 으뜸 벼슬.

• 오합(烏合) : 까마귀가 모인 것처럼 질서가 없이 무리지어 모이는. 어중이떠중이가 마구 모이는.

직역 까마귀가 떼를 지어 질서 없이 모인 무리라는 뜻.
의역 갑자기 모여 훈련도 받지 못한 규율 없는 군사력을 뜻함.

128

옥상가옥
屋上架屋

유래 요약

중국 남북조시대(南北朝時代)에 북제(北齊)의 안지추(顔之推)가 자손을 위해 써둔 『안씨가훈(顔氏家訓)』에는 다음과 같은 말이 있다.

"위진(魏晉) 이후에 쓰인 모든 책들은 이론(理論)과 내용(內容)이 중복(重複)되고 서로 남의 흉내만을 내고 있으니 그야말로 지붕 밑에 지붕을 만들고 평상(平床) 위에 평상을 만든 것과 같다."

여기서 공연(空然)히 수고를 하거나 필요(必要) 없는 일을 이중(二重)으로 하는 것을 가리켜 옥하가옥(屋下架屋)이란 말을 쓰게 되었는데 그것이 뒤에 와서 옥상옥(屋上屋) 옥상가옥(屋上架屋)으로 바뀌게 되었다. 즉, 지붕 밑보다는 위가 이해하기 쉬운 때문일지도 모른다.

한자 풀이

① **옥 屋** 9 - 집 옥[사람이 누워서 쉬고 있는 모양의 尸(주검 시)와 도달한 장소를 뜻하는 至(이를 지)가 합해진 글자로 머물러 잠자고 쉬는 집을 뜻하거나 집의 안쪽에 있는 넓은 방을 나타냄]·덮개(이불, 뚜껑, 지붕 같이 보호나 보관·살림 등을 위하여 덮는 물건) 옥·지붕 옥·휘장(揮帳) 악

② **상 上** 3 - 위 상 또는 윗 상[땅의 기준을 뜻하는 一(한 일·땅 일)과 그 위로 그은 ㅣ(수직선)에 임의의 지점을 뜻하는 -(짧은 가로획)을 표시한 글자로 위·아래의 구조나 수직선상에서 지구 중심인 위쪽과 위치·계급·능력 등이 높은 위쪽을 나타냄]·윗사람 상·첫째 상

* 上(상)이 동사로 쓰일 때는 '~로 올라가다'로 풀이함.

③ **가 架** 9 - 시렁 가[木(나무 목)과 발음요소와 물건을 올려놓는다는 뜻인 加(더할 가)가 합해진

글자로 벽과 벽 사이에 물건을 올려 얹어 놓기 위해 두 개의 긴 나무막대로 만든 선반]·건너지를(긴 나무막대로 양쪽에 가로로 건너게 놓는. 냇물 위를 가로 질러서 다리를 설치하는) 가

용어 풀이 ————————

- 남북조시대(南北朝時代) : 중국 역사상 시대구분(時代區分)의 하나라 진(晉)나라와 수(隨)나라 중간시대에 해당되며 남조(南朝)는 송(宋)·제(齊)·양(梁)·진(陳)의 4왕조(王朝), 북조(北朝)는 북위(北魏)·동위(東魏)·서위(西魏)·북제(北齊)·북주(北周)의 5왕조(王朝)를 뜻함.
- 이론(理論) : 낱낱의 사물과 현상을 이치에 맞게 논리적으로 설명하는 일반화된 체계.
- 내용(內容) : 사물의 내면이나 내막 또는 말과 글의 기본 줄거리나 담겨진 사상.
- 중복(重復) : 사물이나 건축·문장·언어 등이 겹치거나 거듭하거나 반복되는.
- 평상(平床) : 앞마당 같은 밖에다 내어 앉거나 드러누워서 쉴 수 있도록 나무로 만든 물건.
- 공연(空然)히 : 까닭이나 실속이 없이 괜히.

직역 지붕 위에 또 지붕을 얹는다는 뜻.
의역 같은 것을 중복시켜 오히려 가치나 의미가 없다는 뜻.

129

온고지신
溫故知新

유래 요약 ─────────

　중국 고대(古代)의 사상가(思想家)인 공자(孔子)는 『논어(論語)』「위정편(爲政篇)」에서 "溫故而知新 可以爲師矣 : 온고이지신이면 가이위사의니라." 풀이하면 "옛것을 복습하여 새것을 아는 이라면 남의 스승이 될 만하다."라고 하였다. 주(注)에 보면 온(溫)은 심(尋 : 찾는다)이라 했고, 심(尋)은 석고(釋故 : 옛 것을 풀이하다)라고 했다. 다시 말하면 온고이지신이란 옛 학문(學問)을 되풀이하여 연구(研究)하고 현실(現實)을 처리(處理)할 수 있는 새로운 학문을 이해(理解)하여야 비로소 남의 스승이 될 자격(資格)이 있다는 말이다.

　남의 스승이 될 사람은 고전(古典)에 대한 박식(博識)만으로는 안 된다. 즉, 고전을 연구하여 거기서 현대(現代)나 미래(未來)에 적용(適用)될 수 있는 새로운 도리(道理)를 깨닫는 것이 아니면 안 된다는 것을 말하고 있다.

　또 『예기(禮記)』「학기(學記)」에는 이런 글이 실려 있다. "記問之學不足以爲師矣 : 기문지학부족이위사의니라." 풀이하면 "단순히 책을 암기만 하고 제대로 이해하지 못한 학문은 이로써 남의 스승이 되기에는 부족하다."라는 뜻이다.

　지식(智識)을 암기(暗記)해서 질문(質問)에 대답(對答)하는 것만으로는 남의 스승이 될 자격이 없다는 뜻인데, 이 말은 실로 '온고지신'과 표리(表裏)를 이루는 것이라 할 수 있다.

한자 풀이 ─────────

① **온 溫 13** - 따뜻할 온[본래 溫과 같은 한자이며 氵(水 : 물 수)와 日(해 일)과 皿(그릇 명)이 합해진 글자를 그릇에 담아 있는 물이 햇볕을 받아 따뜻해진다는 뜻을 나타냄]·익힐(음식을 먹을 수 있도록 익게 하는. 지식을 반복하며 배워서 완전히 터득하는) 온·복습할 온·순수할 온

② **고 故 9** - 연고 고[緣故(연고). 회초리를 손에 잡은 모습인 攵(攴 : 칠 복)과 발음요소인 古(옛
고)가 합해진 글자로 본뜻은 '쳐서 죽이다'이며, 사람과 사물에 대한 인연이 된 까닭을 나타
냄]·이유(理由) 고·옛 고·오래될 고·친구 고·죽을 고[故人(고인) : 죽은 사람을 뜻함]

③ **지 知 8** - 알 지[矢(화살 시)와 큰 소리로 말한다는 뜻의 口(입 구)가 합해진 글자로 과녁을 향
해 쏜 화살이 어디에 꽂혔는지를 관측자가 흰 깃발로 신호를 보내거나 말로 알려주어 알
게 된다는 뜻을 나타냄. 사실·학문을 이해하고 깨닫는]

④ **신 新 13** - 새 신[斤(도끼 근)과 木(나무 목)과 발음요소인 辛(매울 신)이 합해진 글자로 본뜻은
'도끼로 나무를 베다'이며, '새롭다'는 이후에 새로 생긴 것임]·새로울(맛·색깔·기분이 전혀 다
르거나 모양·정치·문화 등이 바뀌는) 신·고울(산뜻하고 아름다운) 신

용어 풀이 ——————

• 사상가(思想家) : 사회나 인생에 대한 생각·판단을 체계화하고 원리적으로 통일된 견해를 갖고 활동하
는 사람.

• 학문(學問) : 자연과학(自然科學)과 인문과학(人文科學)에 대한 체계적인 지식(知識)을 연구하는.

• 연구(研究) : 사물이나 자연현상 등 어떤 분야에 대하여 깊이 있게 조사하고 생각하는.

• 처리(處理) : 사무·사건·지식·문제 등을 다스려 정리하거나 어떤 결과를 얻기 위하여 물리적·화학적
작용을 일으키는.

• 고전(古典) : 예전에 만들어진 것으로서 시대를 초월하여 높이 평가되고 있는 역사기록이나 예술
작품.

• 박식(博識) : 온갖 책을 두루두루 많이 읽어 지식이 넓고 아는 것이 많음.

• 도리(道理) : 사람이 어떤 입장에서 마땅히 행하여야 할 바른 길. 어떤 일을 해 나갈 방도(方道).

• 표리(表裏) : 물체의 겉과 속이나 겉으로 드러나는 언행과 속으로 가지는 생각을 이르는.

직역 옛것을 익히고 그것을 미루어서 새로운 것을 알게 된다는 뜻.

의역 대부분의 새로운 지식(知識)은 옛것을 토대(土臺)로 만들어진다는 뜻.

130

와각지쟁
蝸角之爭

유래 요약 ─────

중국 전국시대(戰國時代) 위(魏)나라 혜왕(惠王)과 제(齊)나라 위왕(威王)은 우호조약(友好條約)을 체결(締結)했다. 그런데 제나라가 일방적으로 조약을 어기자 화가 난 혜왕이 응징책(膺懲策)을 논의(論議)했으나 의견이 분분(紛紛)했다.

혜왕은 재상(宰相) 혜자(惠子)가 추천(推薦)한 대진인(戴晉人)에게 의견을 물었다. 대진인은 이렇게 말했다.

"전하, 달팽이라는 미물(微物)을 잘 아시지요. 그 달팽이의 왼쪽 촉각(觸角)위에 촉씨(蜀氏), 오른쪽 촉각 위에는 만씨(蠻氏)라는 자가 각각 나라를 세우고 있었습니다. 그런데 양쪽이 영토(領土) 분쟁(分爭)을 일으켜 전사자(戰死者)가 수만 명에 이르고 15일 만에 전쟁(戰爭)이 멈추었습니다. 이 이야기를 믿으시겠습니까?"

"원, 그런 터무니없는 엉터리 이야기가 어디 있소?"

"그렇습니다. 우주(宇宙)의 무궁(無窮)한 세계(世界)에 비하면 지상(地上)의 나라는 없는 것 같은 존재(存在)이며 두 나라의 전쟁은 달팽이의 촉각 위의 촉씨와 만씨가 싸우는 것과 같이 하찮은 것이라 할 수 있습니다. 즉, 와각지쟁(蝸角之爭)에 불과한 것입니다."

한자 풀이 ─────

① **와 蝸 15** - 달팽이 와(왜)[虫(벌레 훼)와 발음요소와 나선형을 뜻하는 渦(소용돌이 와)와 통하는 咼(입비뚤어질 와)가 합해진 글자로 나선형의 껍질이 몸을 싸고 머리에는 두 쌍의 더듬이가 있는 연체동물을 뜻함]

② **각 角 7** - 뿔 각뿔 각(짐승의 몸과 뿔의 결 무늬 모양인 用와 모가 나게 뾰족한 뿔의 끝 모양인 〃이 합해진 글자로 짐승의 머리에 난 뿔을 나타냄)·찌를 각·쌍상투 각·모서리 각·모날

각·다툴 각·별이름 각

③ **지 之 4** – 갈 지[두 발을 뜻하는 止(발 지)와 출발선을 뜻하는 一(가로획)을 그어 만든 글자로 한 발을 떼고 막 출발하려는 모습을 나타냄]·이를 지·이 지·어조사(~의, ~가, ~이, ~을) 지

④ **쟁 爭 8** – 다툴 쟁[한 손을 뜻하는 爫(爪 : 손톱 조)와 다른 손을 뜻하는 彐(又 : 손 우)와 중요한 물건을 뜻하는 亅(갈고리 궐)이 합해진 글자로 어떤 사람이 손에 잡고 있는 물건을 다른 사람이 강제로 빼앗는다는 뜻을 나타냄. 운동시합이나 전쟁 등에서 이기려고 싸우는]·간할 쟁 또는 간쟁(諫爭)할 쟁

용어 풀이 ——————

• 우호조약(友好條約) : 국가들 사이에 우정(友情)과 도리(道理)를 지키기 위하여 조(條) 항(項)을 세워 맺은 언약(言約).

• 체결(締結) : 어떤 목적과 조건에 따른 두 나라 사이에 계약·조약 등을 맺는.

• 응징책(膺懲策) : 잘못을 뉘우치도록 처벌하거나 제재를 가하는 방책 또는 정책.

• 분분(紛紛)하다 : 의견 따위가 어수선하게 많아 갈피를 잡을 수 없는.

• 재상(宰相) : 임금을 돕고 모든 관원(官員)을 지휘·감독하는 정2품의 벼슬.

• 미물(微物) : 보잘 것 없는 작은 물건이나 아주 작은 벌레(곤충).

• 촉각(觸角) : 머리 부분에 감각을 느끼는 길고 가는 돌기.

• 분쟁(分爭) : 여러 패로 갈라져 이해관계로 다투는.

• 무궁(無窮) : 공간(空間)이나 시간(時間) 따위가 끝이 없는. 물질이나 지식 등이 끝이 없는.

• 와각(蝸角) : 달팽이의 촉각(觸角)이라는 뜻으로 일반적으로 매우 작은 것을 비유함.

직역 달팽이의 뿔 위에서 싸운다는 뜻.

의역 하찮은 일로 아무 의미 없는 다툼을 한다는 뜻.

131

와신상담
臥薪嘗膽

유래 요약 ――――――

　중국 춘추전국시대(春秋戰國時代) 오(吳)나라 왕(王) 합려(闔閭)는 군사(軍士)를 이끌고 월(越)나라를 쳐들어갔다가 월왕(越王) 구천(勾踐)에게 패해 발에 독(毒) 묻은 화살을 맞고 그 상처로 죽게 된다.

　합려는 죽기 전에 태자(太子)인 부차(夫差)를 불러 이렇게 말했다.

　"너는 구천이 이 아비를 죽인 원수(怨讐)라는 것을 잊지 않겠지?"

　"어찌 잊을 리 있겠습니까?"

　이렇게 대답하고 오왕(吳王)에 오른 부차(夫差)는 나라에 돌아오자 장작 위에 자리를 펴고 자며 방문 앞에 신하(臣下)를 세워 부왕(父王)의 유명(遺命)을 자기가 드나들 때마다 외치게 했다. 부차의 이 같은 소식(消息)을 들은 월(越)나라 왕(王) 구천은 선수(先手)를 쳐서 오(吳)나라를 쳐들어갔으나 패하고 만다. 싸움에 크게 패한 구천은 겨우 5,000명 남은 군사(軍士)를 거느리고 회계산에서 농성(籠城)을 하지만 결국은 견디지 못하고 오나라에 항복(降伏)하고 만다.

　구천(勾踐)은 나라로 돌아오자 일부러 몸과 마음을 괴롭히며 자기 옆에는 항상 쓸개를 달아매어 두고 앉았을 때나 누워 있을 때나 이 쓸개를 씹으며 쓴맛을 되씹었다.

한자 풀이 ――――――

① **와 臥 8** - 누울 와[눈 위로 치켜뜬 모습인 臣(신하 신)과 人(사람 인)이 합해진 글자로 등이나 옆구리를 바닥에 대고 누워 있는. 잠자리에 들거나 침상에 누워 있는]·눕힐 와·엎드릴 와· 쉴 와

② **신 薪 17** - 섶 신 또는 땔나무 신[艹(艸 : 풀 초)와 木(나무 목)과 斤(도끼 근)과 발음요소인 辛

(매울 신)이 합해진 글자로 장작 같은 땔감을 뜻함. 잎나무나 억새·참나무 등을 베어 말린 풋나무·거친 장작]·나무섶(아궁이에 불을 때는데 쓰려고 산에서 벤 나무의 줄기나 가지가 거친) 신· 풀(잡풀) 신

③ 상 嘗 14 - 맛볼 상[숟가락으로 음식을 떠서 맛을 본다는 뜻의 旨(맛 지)와 발음요소인 尙 (숭상할 상)이 합해진 글자로 음식의 맛이 어떠한가를 알아보기 위하여 직접 먹어보는]· 시험(試驗)할 상·일찍이 상·제사이름 상 또는 가을제사(새로 수확한 곡식으로 가을에 지내는 제사) 상

④ 담 膽 17 - 쓸개 담[月(肉 : 몸 육)과 발음요소인 詹(넉넉할 담)이 합해진 글자로 간에 붙어 있 는 소화액을 분비·저장하는 쓸개를 나타냄]·담(두려워하지 않는 용감스러운 기운)클 담·씻을 (손으로 문질러 말끔하게 닦아내는) 담

용어 풀이 ————————

• 독(毒) : 건강이나 생명에 치명적인 해가 되는 위험한 성분.

• 태자(太子) : 왕조시대(王朝時代)의 왕위(王位)나 황위(皇位)에 오를 왕세자나 황태자. 왕의 아들.

• 유명(遺命) : 임금이나 부모가 죽을 때에 내린 명령 또는 남긴 명령.

• 부왕(父王) : 아버지인 임금.

• 선수(先手) : 남이 하기 전에 앞질러 하는 행동, 바둑이나 장기에서 먼저 놓거나 두는 일.

• 농성(籠城) : 성문(城門)을 굳게 닫고 성을 지키는. 어떤 목적의 실현을 위하여 한 자리에서 시위하는.

• 항복(降伏) : 힘이나 무력에 눌리어 전쟁을 포기하고 적에게 굴복하는.

• 쓸개 : 간에서 분비되는 쓸개즙을 일시 저장하는 주머니(담낭 : 膽囊). 쓴맛이 심한 물질임.

• 섶나무 : 가지에 잎이 붙어 있는 땔나무·나무의 꼭대기 가지·생나무·장작 등을 통틀어 말함.

직역 스스로 섶나무 위에서 누워 자고 쓸개를 맛본다는 뜻.

의역 어떤 목적을 달성하기 위해 온갖 고통을 참고 견딘다는 뜻.

132

요동지시
遼東之豕

유래 요약 ────────

중국 후한(後漢) 건국 직후 어양태수(漁陽太守) 팽총(彭寵)이 논공행상(論功行賞)에 불만(不滿)을 품고 반란(叛亂)을 꾀하자 대장군(大將軍) 주부(朱浮)는 그의 비리(非理)를 꾸짖는 글을 보냈다.

"옛날에 요동[遼東 : 중국 요하(遼河)의 동쪽 지방] 사람이 그의 돼지가 대가리가 흰 새끼를 낳자 이를 진귀(珍貴)하게 여겨 왕(王)에게 바치려고 하동(河東)까지 가보니 그 곳 돼지는 모두 대가리가 희므로 크게 부끄러워 얼른 돌아왔다. 지금 조정(朝廷)에서 그대의 공(功)을 논한다면 폐하(光武帝)의 개국(開國)에 공(功)이 큰 많은 신하(臣下) 가운데 저 요동의 돼지에 불과(不過)하다.(遼東之豕)"

팽총(彭寵)은 처음에 후한(後漢)을 세운 광무제(光武帝) 유수(劉秀)가 반군(叛軍)을 토벌(討伐)하기 위해 하북(河北)에 포진(布陣)하고 있을 때에 3,000여 보병(步兵)을 이끌고 달려와 가세(加勢)했다. 또 광무제(光武帝)가 옛 조(趙)나라의 도읍(都邑) 한단(邯鄲)을 포위(包圍) 공격(攻擊)했을 때에는 군량(軍糧) 보급(補給)의 중책을 맡아 차질 없이 완수(完遂)하는 등 여러 번 큰 공(功)을 세워 좌명지신(佐命之臣)의 한 사람이 되었다. 그러나 오만(傲慢) 불손(不遜)한 팽총(彭寵)은 스스로 연(燕)나라 왕(王)이라 일컫고 조정(朝廷)에 반기(反旗)를 들었다가 2년 후 토벌(討伐)당하고 말았다.

한자 풀이 ────────

① **요 遼 16** - 멀 요(료)[辶_(辵 : 쉬엄쉬엄갈 착)과 발음요소인 尞(횃불 요)가 합해진 글자로 걸어가야 할 거리가 까마득하게 먼. 사람·물체·목적지가 멀리 떨어져 있는]·강이름(중국 만주 남부의 요하강) 요(료)

② **동 東 8** - 동녘 동[글자로는 木(나무 목)과 日(해 일)이 합해진 글자이지만 본래는 자루에 쌀

같은 알곡을 가득 담고 양 끝을 끈으로 묶은 다음 메고 갈 수 있도록 긴 막대를 가로 지른 모습의 글자이며 동녘은 빌려 쓴 것임]

③ **지 之 4** - 갈 지[두 발을 뜻하는 止(발 지)와 출발선을 뜻하는 一(가로획)을 그어 만든 글자로 한 발을 떼고 막 출발하려는 모습을 나타냄]·이를 지·이 지·어조사(~의, ~가, ~이, ~을) 지

④ **시 豕 7** - 돼지 시(돼지의 머리와 몸과 네 개의 다리와 꼬리의 모양을 세워서 나타낸 글자로 몸이 뚱뚱하고 다리와 꼬리가 짧으며 주둥이가 삐죽 나온 집돼지나 멧돼지를 뜻함)·멧돼지(몸빛은 흑갈색이고 주둥이가 길고 목이 짧으며 날카로운 송곳니로 농산물을 해치는 산짐승) 시

용어 풀이 ————

• 태수(太守) : 지방관(地方官)으로 주(州)·부(府)·군(郡)·현(縣) 지역의 행정 책임을 맡았던 으뜸 벼슬.

• 논공행상(論功行賞) : 공(功)이 있고 없음이나 크고 작음을 따져 거기에 알맞은 상(賞)을 주는.

• 반란(叛亂) : 나라와 겨레를 배반하여 난리를 일으키는.

• 조정(朝廷) : 임금이 신하(臣下)들과 나라의 정치를 의논하고 집행하는 곳.

• 토벌(討伐) : 적의 무리나 반란군 따위를 무력으로 쳐서 없애는.

• 포진(布陣) : 전쟁이나 경기를 하기 위하여 군사나 선수들의 대오(隊伍 : 편성된 대열)를 배치하는.

• 좌명지신(佐命之臣) : 천자(天子 : 황제나 임금)를 돕거나 명령에 따라 천하(天下) 평정의 대업을 이루게 한 공신(功臣).

• 오만(傲慢) : 태도나 하는 짓이 잘난 체하며 제멋대로인.

• 불손(不遜) : 사람을 대하는 태도가 겸손하지 못한.

• 반기(反旗) : 반대의 뜻을 나타내는 행동이나 표시.

• 요동(遼東) : 중국 요하(遼河)의 동쪽이라는 뜻으로 요령성(遼寧省) 남동부 일대에 걸친 땅을 말함.

직역 중국 요동(遼東) 땅의 흰 돼지라는 뜻.

의역 하찮은 물건을 대단히 귀한 것으로 생각하는 어리석은 태도를 뜻함. 또는 견문(見聞)이 좁고 어리석어서 자기 혼자만 신기하게 여기는 상황을 말함.

133

용두사미
龍頭蛇尾

유래 요약 ───────

옛날 중국 목주 용흥사(龍興寺) 절에 진존자(陳尊者)라는 스님이 있었다. 그는 부처님
께 기도를 올리고 일이 끝나면 볏짚으로 짚신을 만들어 나그네들에게 발을 편하게 해
주려고 산길의 나뭇가지에 매달아 두곤 하였다.

그 진존자가 늙었을 때의 일이다. 어느 중을 만나 말을 주고받는데 갑자기 상대가
"에잇!" 하고 호령(號令)을 하는 것이었다. 그래서 "허허, 이거 야단(惹端) 맞았군." 하고
상대를 바라보자 또 한 번 "에잇!" 하고 꾸중을 하는 것이었다. 그 중의 재치(才致)빠른
태도(態度)와 말재간은 제법 도(道)를 닦은 도승(道僧)처럼 보이기도 했다.

그러나 진존자(陳尊者)는 속으로 '이 중이 얼른 보기에는 그럴 듯 하지만 역시 참선(參
禪)으로 도(道)를 깨치지는 못한 것 같다. 모르긴 하지만 한갓 용두(龍頭 : 용의 머리)에 사
미(蛇尾 : 뱀의 꼬리)이기 쉬울 것이다'라고 생각하였다. 그리하여 "그대는 '에잇! 에잇!'
하고 위세(威勢)가 좋은데 무엇으로 마무리를 지을 생각인가?" 하고 묻자 중은 '에잇!'
하는 호령에 겁을 먹을 줄 알았던 자기의 속셈이 그만 드러난 것을 알고 뱀 꼬리처럼
사라지고 말았다. 그 모습을 지켜보던 사람들은 용두사미(龍頭蛇尾)라고 하며 그 중을
비웃었다.

한자 풀이 ───────

① **용 龍 16** - 용 용(룡)[머리 위의 뾰족한 뿔과 벌리고 있는 입과 매의 발톱과 기다란 몸뚱이
를 가진 상상의 동물을 본뜬 글자로 '용'을 나타냄. *중국 주(周)나라 때부터 비, 바람 등의
온갖 신묘(神妙)한 조화를 부리는 하늘을 나는 상상의 동물로 여겨 왔음]·말이름[8척(尺) 이
상 되는 큰 말] 용(룡)

② **두 頭 16** - 머리 두[頁(머리 혈)과 발음요소와 굽이 높고 큰 그릇인 豆(제기 두)가 합해진

글자로 몸통이 떠받치고 있는 머리를 나타냄]·두목 두·마리 두·처음 두·앞 두·가 두·변두리 두

③ **사 蛇 11** - 뱀 사[뱀이 웅크리고 있는 모습을 본뜬 虫(벌레 훼)와 몸통을 꼿꼿이 세우고 물려고 하는 뱀의 모습을 뜻하는 它(뱀 사)가 합해진 글자로 몸은 가늘고 길며 피부가 비늘로 덮여 있어 배의 비늘을 세워 앞으로 움직이는 파충류 동물]·배암(뱀의 원래의 말) 사·이무기 타

④ **미 尾 7** - 꼬리 미[사람의 엉덩이 모양을 뜻하는 尸(주검 시)와 발음요소인 毛(털 모)가 합해진 글자로 옛날에 사람들이 짐승의 꼬리를 만들어 달고 흉내를 낸데서 비롯되어 꼬리를 나타냄]·끝(책·계약서·문서 등의 끝부분을 가리키는) 미·홀레할(짐승의 암컷과 수컷이 교접하는) 미

용어 풀이 ————————

- 짚신 : 볏짚으로 엮어 만든 발에 걸치는 신발.
- 중 : 한자로 승려(僧侶)라고 하며 집을 떠나 절에 들어가 불법(佛法)을 닦고 실천하며 불교를 널리 펴는 사람.
- 재치(才致) : 눈치 빠른 재주, 능란한 솜씨.
- 도(道) : 인간으로서 마땅히 지켜야할 도리, 종교적으로 깊이 깨친 경지.
- 도승(道僧) : 불법(佛法)을 닦아 도(道)를 깨우친 중.
- 한갓 : 단지·오직·그것만으로.
- 위세(威勢) : 사람을 두렵게 하여 복종시키는 힘. 맹렬하거나 위엄이 있는 기세.
- 속셈 : 겉으로 드러나지 않게 마음속으로 하는 궁리나 계획.

직역 용(龍)의 머리와 뱀(蛇)의 꼬리라는 뜻.

의역 처음 시작은 거창하게 그럴듯하지만 결국에는 보잘 것 없다는 뜻. 즉, 처음에는 성(盛)하다가 나중에는 쇠(衰)하여진다는 뜻임.

134

우공이산
愚公移山

유래 요약 ────────

중국 춘추전국시대(春秋戰國時代) 사상가(思想家) 열자(列子)의 철학(哲學) 사상을 문인(文人)들이 기술한 탕문편(湯問篇)에 실려 있는 우화(寓話)이다.

먼 옛날 태행산(太行山)과 왕옥산(王玉山) 사이의 좁은 땅에 우공(愚公)이라는 노인(老人)이 살고 있었다. 그런데 사방 700리에 높이가 만 길(仞)이나 되는 두 큰 산이 집의 앞뒤를 가로막고 있어 왕래(往來)가 불편(不便)했다. 그래서 가족 회의(會議)를 하여 산(山)을 옮기기로 하였다.

우공은 가족들과 매일 아침부터 돌을 깨고 흙을 파서 삼태기에 담아 옮기기 시작했다. 이것을 본 이웃집에 사는 총명(聰明)한 지수라는 노인이 말하기를

"여보 영감, 당신 참으로 어리석구려. 지금 나이가 몇인데 산을 옮기겠다는 거요. 머지않아 죽을 사람이, 내가 보기엔 제대로 옮기지도 못하고 죽을 것 같은데."

"모르는 소리. 어리석은 사람은 내가 아니고 당신이구먼. 내가 죽으면 내 아들이 있고, 내 아들이 죽으면 다시 그 아들이 있소. 이렇게 자손(子孫) 대대(代代)로 산(山)을 옮기다 보면 어쨌든 산의 크기는 작아지지 않겠소?"

이 이야기에서는 흔히 우공(愚公)의 인내(忍耐)를 말하곤 하지만 사실은 자연(自然)을 개조(改造)하겠다고 달려들었으니 얼마나 어리석은 짓인가.

한자 풀이 ────────

① 우 愚 13 - 어리석을 우[생각한다는 뜻의 心(마음 심)과 발음요소인 禺(긴꼬리원숭이 우)가 합해진 글자로 머리 회전이 둔하거나 생각이 느리다는 뜻을 나타냄. 짐승이 긴 꼬리를 땅에 붙이고 꼼짝하지 않듯이 생각이나 마음이 전혀 바뀌지 않는]·고지식(성질이 단순하고 곧아 융통성이 없는) 우

② 공 公 4 - 공평할 공[公平(공평). 본래 口(입 구)가 변한 厶(사사 사)와 하늘에서 내려오는 기(氣)를 뜻하는 八이 합해진 글자로 각자가 모여서 공공의 집단이나 나라를 위해서 소원을 빈다는 뜻을 나타냄]·공변될 공·여러 공·관청(官廳) 공·벼슬 공·귀인 공·작위(爵位) 공

③ 이 移 11 - 옮길 이[禾(벼 화)와 쌓여있다는 뜻의 多(많을 다)가 합해진 글자로 들에서 추수한 볏단을 집이나 창고로 나른다는 뜻을 나타냄. 또는 벼의 싹인 모를 논에다 옮겨 심는]·바꿀 이

④ 산 山 3 - 뫼 산 또는 메 산(우뚝 솟은 봉우리 3개인 ⛰의 그림과 같이 붙어 있는 산의 모습을 본뜬 글자로 둘레보다 우뚝하게 높이 솟아 있는 땅덩이를 나타냄)·무덤(시체나 유골을 묻은 묘) 산

  * '메'는 산(山)을 예스럽게 이르는 말이며 山林(산림)은 산과 숲을 뜻함.

용어 풀이 ─────────

• 사상가(思想家) : 사회나 인생에 대한 생각·판단을 체계화하고 원리적으로 통일된 견해를 갖고 활동하는 사람.

• 문인(文人) : 시가(詩歌)나 문장(文章)·소설 등에 종사하거나 뛰어난 사람.

• 철학(哲學) : 인생이나 세계의 근본 원리를 추구하는 학문(學問).

• 우화(寓話) : 인격화한 동식물을 주인공으로 등장시켜 그들의 행동 속에 풍자와 교훈의 뜻을 나타내는 이야기.

  * 인격화(人格化) : 인간이 아닌 사물이 감정과 의지가 있는 인간으로 간주되는.

• 길(仞 : 길 인) : 길이의 단위로 사람의 키의 한 길이 또는 8자~10자.

• 왕래(往來) : 사람이나 자동차 등이 길을 따라 오고 가는.

• 총명(聰明) : 기억력이 좋고 지능이 뛰어나 생각하는 판단이 분명한.

• 영감(令監) : 나이가 많은 남자나 면장·군수 등 지체가 높은 사람 또는 정2품, 3품의 관원.

• 개조(改造) : 조직·구조·기구나 성품이나 모양과 형태를 고치어 다시 만드는.

> **직역** 우공(愚公) 노인이 어리석게도 산(山)을 옮긴다는 뜻.
>
> **의역** 아무리 큰일이라도 포기하지 않고 꾸준히 노력하면 반드시 이루어진다는 뜻.

135

우맹의관
優孟衣冠

유래 요약

중국 춘추시대(春秋時代) 초(楚)나라 재상(宰相)인 손숙오(孫叔敖)가 병석에 누워 죽기 전에 아들에게 "내가 죽고 나면 빈곤해질 터이니 그때 악인(樂人)인 우맹(優孟)을 찾아가 손숙오 아들이라고 말하거라."라는 말을 남겼다.

몇 년이 지나 곤궁(困窮)해진 그의 아들은 우맹을 찾아가 "손숙오 부친(父親)께서 빈곤(貧困)해지면 당신을 찾아가라고 당부(當付)하였습니다."라고 말하였다.

이때부터 우맹(優孟)은 손숙오의 의관(衣冠)을 갖추고 똑같은 행세를 하며 장왕(莊王)이 베푼 술잔치에 참석하여 만수무강(萬壽無疆)을 축원(祝願)하였다. 장왕은 크게 놀라며 손숙오가 환생(還生)한 것으로 여기고 말하기를 "그대를 다시 재상(宰相)으로 임명(任命)하고자 하는데 어떤가?" 하니 가짜 손숙오(우맹)는 아내와 의논(議論)해 보겠다고 한 후 다시 찾아가 "아무래도 안되겠습니다. 제 아내가 말하기를 초(楚)나라 재상은 충성(忠誠)을 다하고 청렴(淸廉)하게 생활하면서 왕(王)이 패자(覇者)가 될 수 있도록 보좌(補佐)하였으나 죽자 한 뙈기의 전답(田畓)도 없어 그의 아들이 땔나무를 팔아 겨우 살아가고 있습니다. 손숙오처럼 사느니 차라리 스스로 죽는 것이 낫겠습니다."라고 말하였다. 장왕(莊王)은 그제야 잘못을 깨닫고 손(孫)재상의 아들에게 봉지(封地)를 주었다고 하였다.

한자 풀이

① **우 優** 17 - 넉넉할 우[亻(人 : 사람 인)과 발음요소와 사람이 가면을 쓰고 춤추는 모양을 본뜬 憂(근심할 우)가 합해진 글자로 본뜻은 탈을 쓰고 춤추는 사람인 광대이며 이후 '넉넉하다, 뛰어나다'의 뜻이 생겼음]·후할[인심이 좋고 정(情)이 두터운] 우·뛰어날 우·머뭇거릴 우·부드

러울 우·나을 우·품위있을 우·광대 우

② **맹 孟 8** - 맏 맹[子(아이 자)와 발음요소와 처음 돋아난 초목의 어린 싹을 뜻하는 萌(움 맹)과
　통하는 皿(그릇 명)이 합해진 글자로 형제 중 첫 번째로 태어난 장남(長男)을 뜻함]

③ **의 衣 6** - 옷 의[人(사람 인)이 겹친 모양인 㐅와 몸을 감싸 덮는다는 뜻의 亠(머리 두)가 합해
　진 글자로 목에 둘러대는 깃과 소매가 있는 위에 입는 옷을 나타냄]

　　* 저고리 : 한복(韓服)의 일종인 웃옷

④ **관 冠 9** - 갓 관[冖(덮을 멱)과 사람의 머리를 뜻하는 元(으뜸 원)과 寸(손 촌·마디 촌)이 합해
　진 글자로 옛날에 어른이 된 남자가 법에 따라 머리에 쓰던 말총(말의 꼬리털)으로 만든
　머리에 쓰는 관·갓쓸(옛날에 남자 20세가 되면 어른으로 인정하는 성인례에 따라 상투를 틀어 갓
　을 쓰는) 관

용어 풀이 ────────

• 재상(宰相) : 임금을 돕고 모든 관원(官員)을 지휘·감독하는 정2품의 벼슬.

• 악인(樂人) : 악기로 음악을 전문적으로 연주하는 사람

• 곤궁(困窮) : 생계나 생활이 경제적으로 어려울 정도로 가난한.

• 의관(衣冠) : 남자의 웃옷과 머리에 쓰는 갓이라는 뜻으로 남자가 정식으로 갖추어 입는 옷차림을
　뜻함.

• 만수무강(萬壽無疆) : 아무 탈 없이 건강하게 오래오래 사는.

• 환생(還生) : 죽은 사람이나 생명체가 다시 태어나 돌아오는.

• 패자(覇者) : 제후(諸侯)의 우두머리, 무력이나 권력으로 천하(天下)를 다스리는 사람.

• 봉지(封地) : 임금이 신하(臣下)에게 제후로 삼기 위해 내려주는 영토나 땅.

직역 악기 연주자인 우맹(優孟)이 높은 벼슬인 재상의 옷을 입고 갓을 썼다는 뜻.

의역 가짜 사람이 겉모양만 똑같이 갖추고 진짜인 것처럼 행세한다는 뜻. 즉, 겉으
　　로 제법 비슷하나 본질적으로는 완전히 다르다는 뜻.

136

운용지묘
運用之妙

* 본래는 운용지묘재일심(運用之妙在一心)임.

유래 요약 ───────

중국 송(宋)나라 말 금(金)나라를 세운 민족(民族)인 여진(女眞)의 침략(侵略)으로 수도 (首都)가 함락(陷落)되자 송나라는 남쪽으로 서울을 옮겼다. 이때 선봉장(先鋒將)인 종택 (宗澤) 밑에 농민(農民) 출신이며 힘과 지혜(智慧)를 갖춘 악비(岳飛)라는 젊은 장수(將帥) 가 있었다. 어느 날 종택이 악비가 세운 계획(計劃)을 보고 말했다.

"자네는 용맹(勇猛)과 재능(才能)은 있으나 사군(四郡)의 진영(陣營)을 짜는 방식(方式)이 조금 약한 것 같네."

그러나 악비는 힘주어 말하기를 "진(陳)을 친 후에 싸운다는 것은 병법(兵法)의 기본 상식(常識)입니다. 그러나 운용(運用)의 묘(妙)는 자기 마음에 달렸습니다.(運用之妙 在一心)"라고 하였다.

악비(岳飛)는 이 말대로 금(金)나라와 싸워 큰 공(功)을 세우고 명장(名將)으로 이름을 날리게 되었다.

전쟁(戰爭)에서는 병법(兵法)도 중요하지만 그에 못지않게 사기(士氣)와 임전(臨戰)의 자세도 중요함을 가르치는 말이다.

한자 풀이 ───────

① 운 運 13 - 옮길 운[辶_(辵 : 쉬엄쉬엄갈 착)과 軍(군사 군)이 합해진 글자로 전차(戰車)와 군사대열이 싸움터로 서서히 이동하여 간다는 뜻을 나타냄. 물건이나 건물을 다른 곳으로 바꾸는]·부릴(소나 말을 몰아서 일을 하게 하는. 기계를 조정하여 작업을 하는) 운·운행 운·나를 운·운수 운

② 용 用 5 - 쓸 용[옛날 의식에서 연주할 때 사용한다는 겉에 무늬를 새긴 쇠북(종)의 모양을

본뜬 글자로 본래는 종(鐘)을 뜻하였으며 '쓰다'는 새로 생긴 것임. 도구를 사용하거나 사람을 고용하는]·부릴 용

③ **지 之 4** - 갈 지[두 발을 뜻하는 止(발 지)와 출발선을 뜻하는 一(가로획)을 그어 만든 글자로 한 발을 떼고 막 출발하려는 모습을 나타냄]·이를 지·이 지·어조사(~의, ~가, ~이, ~을) 지

④ **묘 妙 7** - 묘할 묘[女(여자 여)와 발음요소와 살결이 곱고 아름답다는 뜻의 少(젊을 소)가 합해진 글자로 '예쁘다 또는 묘하다'의 뜻을 나타냄. 사람이 아닌 신(神)이 한 것처럼 생각·재주·이치·꾀·방법·예술 등이 뛰어난]·젊을 묘·신비(神祕)할 묘

용어 풀이 ────────

- 침략(侵略) : 정당한 이유 없이 남의 나라를 쳐들어가는.
- 함락(陷落) : 땅이 무너져 내려앉는. 적의 진지나 성(城)·방어시설인 요새(要塞) 따위를 공격하여 무너뜨리는.
- 선봉장(先鋒將) : 전쟁할 때 제일 앞에 진(陳)을 친 부대를 지휘하는 장수(將帥).
- 사군(四郡) : 북방의 여진족을 막기 위하여 압록강 상류에 설치한 여연·자성·무창·우예의 4군.
- 진영(陣營) : 군대가 적군을 막기 위하여 일정한 대열로 진을 치고 있는 곳. 대립되는 두 세력의 어느 한쪽.
- 병법(兵法) : 모든 인적·물적 조건을 포함하여 전개되는 전쟁수행의 전술·전법·병도(兵道).
- 사기(士氣) : 의욕이나 자신감 따위로 충만하여 굽힐 줄 모르는 기세.
- 임전(臨戰) : 전쟁에 임하거나 전쟁에 나아가는.
- 운용(運用) : 무엇을 움직이거나 부리어 쓰는. 어떤 지식이나 전략 등을 활용하는.

  * **운용지묘재일심**(運用之妙在一心) : 모든 것을 운용하는 것은 마음먹기에 달려 있다는 뜻.

> **직역** 이용하거나 부리어 쓰는 묘한 재주를 뜻함.
> **의역** 똑같은 것이라도 운용의 융통성이나 마음에 따라 결과가 다르다는 뜻.

137

위편삼절
韋編三絶

유래 요약

이 글은 『사기(史記)』의 「공자세가(孔子世家)」에서 나오는 말이다.

공자(孔子)가 만년(晩年)에 주역(周易) 또는 역경(易經)을 좋아하여 어찌나 여러 번 읽었는지 책을 엮은 죽간(竹簡)의 가죽끈이 세 번이나 끊어졌다고 한다. 공자 같은 생이지지(生而知之)했다는 성인(聖人)도 학문(學問) 연구(研究)를 위해서는 피나는 노력(勞力)을 했다는 것이다.

『논어(論語)』에는 공자(孔子)께서 "좀 더 일찍 주역을 연구했더라면 많은 사람에게 허물을 적게 할 수 있었을 걸…" 하고 주역(周易) 연구(研究)를 더 못한 것을 아쉬워하는 장면(場面)도 나온다.

천재(天才)의 99%는 노력이라는 말과 같이 공자(孔子)의 위대한 문화적(文化的) 업적(業績) 가운데는 이 '위편삼절' 같은 피나는 노력이 숨어있었다는 것을 알 수 있다. 공자(孔子)는 또 『논어(論語)』에서 "나는 발분(發奮)하여 밥 먹는 것도 잊고, 즐거움으로 근심마저 잊고, 세월이 흘러 몸이 늙어가는 것도 몰랐다."고 하였다.

한자 풀이

① **위 韋 9** - 에워쌀 위 또는 에울 위[성(城)을 뜻하는 口(입 구)와 서로 엇갈린 발걸음을 뜻하는 舛(어그러질 천)이 변형된 㐄이 합해진 글자로 두 병사나 순찰병이 좌우 반대 방향으로 돌면서 성을 지킨다는 뜻을 나타냄]·다룸가죽(길짐승의 빳빳하고 거친 날가죽을 부드럽게 만든 가죽) 위 또는 다룬가죽 위

② **편 編 15** - 엮을 편[끈을 뜻하는 糸(실 사)와 대나무 조각인 죽간(竹簡)을 뜻하는 扁(편편할 편)이 합해진 글자로 종이가 없었던 시대에 글을 쓰기 위하여 대나무 조각 여러 개를 실로 꿰었다는 뜻을 나타냄]·책 편

* 위편(韋編) : 책을 꿰어 매는 가죽끈.

③ **삼 三 3** - 석 삼[본래 세 줄의 가로획을 나란히 그은 글자로 숫자의 셋을 나타내며, 또한 하늘과 땅을 뜻하는 二 (두 이) 사이에 사람을 뜻하는 一(가로획)이 더해져 천(天)·지(地)·인(人)의 셋을 나타내기도 함]

④ **절 絶[絕] 12** - 끊을 절[실이나 밧줄을 뜻하는 糸(실 사)와 본래 刀(칼 도)와 무릎을 꿇은 모습의 卪(卪 : 병부 절)이 변형된 巴(뱀 파)가 합해진 글자로 무릎을 꿇고 앉아 칼·낫·도끼 같은 날붙이로 실이나 이어진 매듭이나 긴 물체를 잘라 동강을 낸다는 뜻을 나타냄]·끊어질 절·막을 절·극진할 절

용어 풀이 ────────

• 사기(史記) : 중국 전한(前漢)의 사마천(司馬遷)이 상고시대의 오제~한나라의 중국과 그 주변 민족의 역사를 포괄하여 저술한 역사책(歷史冊).

• 세가(世家) : 여러 대(代)를 이어가며 나라의 중요한 지위에 있어 특권을 누리거나 녹봉을 받은 집안.

• 만년(晩年) : 사람의 평생에서의 끝 시기. 노년.

• 주역(周易) : 유교(儒敎)의 삼경(三經)인 『시경(詩經)』·『서경(書經)』·『주역』 중의 하나로 흉운(凶運)과 길운(吉運)을 보는 점복(占卜)을 위한 원전(原典).

• 죽간(竹簡) : 중국에서 종이가 발명되기 전에 글자를 기록하던 대나무 조각 또는 그 조각으로 만든 책.

• 생이지지(生而知之) : 학문(學問)을 닦지 않아도 태어나면서부터 안다는 뜻으로 성인(聖人)을 뜻함.

• 성인(聖人) : 지혜와 덕(德)이 매우 뛰어나 길이 우러러 본받을 만한 사람.

• 발분(發奮) : 무엇에 뜻을 갖고 마음과 힘을 다하여 떨쳐 일어나는.

• 위편(韋編) : 가죽끈으로 책을 꿰어 맨다는 뜻. 즉, 가죽끈으로 대나무 조각을 꿰어 만든 옛날 책을 뜻함.

* 여기서 삼절(三絶)은 가죽끈이 세 번이나 끊어질 정도로 공부를 많이 했다는 뜻임.

직역 대나무 조각으로 만든 책을 엮은 가죽끈이 세 번이나 끊어졌다는 뜻.

의역 스승이나 성인(聖人)이 되려면 책을 많이 읽고 연구해야 한다는 뜻.

138

유능제강
柔能制剛

유래 요약 ─────

중국 진(秦)나라 말엽의 병법가(兵法家) 황석공(黃石公)이 유방(劉邦)의 공신(功臣)인 장량(張良)에게 준 것으로 병법(兵法)에 관해 설명하는 병서(兵書)인 『삼략(三略)』에는 이런 말이 있다.

"군참(軍讖)에서 이르기를 부드러움은 능히 굳셈을 제어하고, 약한 것은 능히 강함을 제어한다. 부드러움은 덕(德)이고 굳셈은 적(賊)이다. 약함은 사람들의 도움을 받고 강함은 사람들의 공격(攻擊)을 받는다."

이와 비슷한 말이 『노자(老子)』에도 더러 실려 있다. 『노자』 76장에는 다음과 같은 글이 실려 있다.

"사람이나 초목(草木)이 살아 있을 때는 부드럽고 약하지만 죽으면 굳고 강해진다. 그러므로 굳고 강한 것은 죽음의 무리이고, 부드럽고 약한 것은 삶의 무리다. 그렇기 때문에 군대(軍隊)가 강하게 되면 멸망(滅亡)하고 나무가 강해지면 꺾이게 된다. 강하고 큰 것은 아래에 자리하게 되고 부드럽고 약한 것이 위에 자리를 잡는다."

이 세상(世上)에서 물보다 더 부드럽고 약한 것이 없다. 그렇지만 굳고 강한 것을 치는 데 물보다 나은 것이 없다.

한자 풀이 ─────

① **유 柔 9** - 부드러울 유[木(나무 목)과 발음요소와 창 모양으로 뾰족하게 돋아난 새순을 뜻하는 矛(창 모)가 합해진 글자로 나무 끝에서 막 돋아난 새싹 같이 약하고 연하다는 뜻을 나타냄]·순할 유·연약할 유

② **능 能 10** - 능할 능[짐승의 머리를 뜻하는 厶(돼지머리 계)의 변형인 厶(마늘모 모)와 月(肉 :

몸 육)과 곰이 발로 나무를 잡고 있는 모습인 匕(비수 비) 두 개가 합해진 글자로 본뜻은 '곰'
이었으나 곰이 재주가 많다는 뜻에서 '능하다'를 나타냄]·재능 능·곰 능

③ **제 制 8** - 마를 제[刂(刀 : 칼 도)와 나뭇가지가 겹쳐진 나무의 형상인 未(아닐 미)가 합해진 글
자로 칼로 나뭇가지를 치며 다듬는다는 뜻을 나타냄]·억제(抑制)할 제·누를 제·다스릴 제

④ **강 剛 10** - 굳셀 강[刂(刀 : 칼 도)와 발음요소와 단단하다는 뜻의 岡(산등성이 강)이 합해진 글
자로 산등성이에 드러난 날카로운 돌같이 강하거나 부러지지 않는 칼처럼 강하다는 뜻을
나타냄. 마음이 꿋꿋하고 의지가 강한, 몸이 튼튼하고 겁이 없이 용감한]·강할 강

용어 풀이 ────────

- 병법가(兵法家) : 군사를 지휘하여 전쟁하는 방법에 뛰어난 사람.
- 공신(功臣) : 나라를 위하여 특별한 공(功)을 세운 신하(臣下).
- 병법(兵法) : 군사를 지휘하고 전쟁을 수행하는 모든 방법과 전술(戰術)·법칙·병도(兵道).
- 삼략(三略) : 중국 주(周)나라의 병법에 관한 병서(兵書)로 상략(上略)·중략(中略)·하략(下略)으로 되어
  있음.
- 군참(軍讖) : 전쟁의 승패(勝敗)를 예언적으로 서술한 병법서(兵法書).

  *讖(예언 참) : **미래의 일에 대한 초인적인 기술 행위인 주술적(呪術的) 예언을 뜻함.**

- 덕(德) : 공정하고 남을 넓게 이해하고 받아들이는 마음이나 행동.
- 적(賊) : 해치는 도둑이나 적군 또는 자기 나라를 반역하는 역적(逆賊).
- 공격(攻擊) : 무력으로 적을 물리치는. 어떤 주장에 반대하거나 비난하는.
- 노자(老子) : 중국의 사상가(思想家), 무위자연설(無爲自然說)을 따르는 도가학파(道家學派)의 창시자.
- 멸망(滅亡) : 적에 패하거나 실패로 망하여 나라나 민족이 없어지는.

직역 부드러운 것이 능히 강한 것을 눌러 이긴다는 뜻.

의역 강한 힘으로 억누르는 것이 부드럽게 대응하는 것을 당할 수 없다는 뜻.

139

읍참마속
泣斬馬謖

유래 요약 ─────

중국 삼국시대(三國時代) 촉한(蜀漢)의 전략가(戰略家)인 제갈량(諸葛亮)이 이끄는 촉(蜀)나라 군대가 위(魏)나라 군대와 충돌(衝突)하게 되었다. 제갈량은 재주가 출중(出衆)하고 평소에 관심과 사랑을 받고 있던 친구의 동생인 마속(馬謖) 장수(將帥)를 선발(選拔)했고, 마속(馬謖) 스스로가 '실패(失敗)하면 죽어도 원망(怨望)하지 않겠다' 맹세(盟誓)하여 전략 요충지(要衝地)인 가정(街亭)에다 배치(配置)하였다.

마속(馬謖)이 자기 공(功)을 세울 욕심(慾心)에 제갈량의 계책(計策)을 따르지 않다가 가정(街亭)을 지키지 못하고 빼앗겼다. 이로써 촉(蜀)나라 군대는 전면 철수(撤收)하지 않으면 안 되었다. 한중으로 돌아온 제갈량은 마속을 옥(獄)에 가두고 군법(軍法)에 의해 그를 사형(死刑)에 처했다.

마속(馬謖)의 나이 그때 39세였는데 제갈량(諸葛亮)은 눈물을 흘리며 친구 마량(馬良)의 동생인 마속을 죽이고 장병(將兵)에게 사과(謝過)했다.

한자 풀이 ─────

① **읍 泣 8** - 울 읍[氵(水 : 물 수)과 발음요소와 사람이 서 있는 모습인 立(설 입)이 합해진 글자로 사람이 눈물을 흘리며 서 있는 모습을 나타냄. 아픈 슬픔을 억누르며 서서 소리 없이 눈물을 흘리거나 괴로운 일에 처한 자신을 생각하며 슬피 우는]·울음(슬픈 일로 감정에 자극을 받아 눈물을 흘리며 우는 소리) 읍·눈물(눈에서 흘러나오는 분비물) 읍

② **참 斬 11** - 벨 참 또는 베일 참[사람을 죽이려고 기둥에 아래 위를 묶어 놓은 모습의 車(수레 차)와 칼을 뜻하는 斤(도끼 근)이 합해진 글자로 형벌로 죄인의 목을 칼로 자른다는 뜻을 나타냄. 잘못된 일을 뿌리채 잘라버리는]·목벨 참 또는 목베일 참·끊을 참·죽일 참·매우

참·도련(刀鍊)을아니한상복 참　＊ 도련(刀鍊) : 가장자리를 가지런하게 베는.

③ **마 馬 10** - 말 마(말의 머리·긴 목과 갈기·몸통·꼬리의 모양인 馬와 네 개의 말굽을 뜻하는 灬이 합해진 글자로 달리는 말의 옆모습을 나타냄)·산가지 마·벼슬이름 마·아지랑이 마

④ **속 謖 17** - 일어날 속[호령을 뜻하는 言(말씀 언)과 발음요소인 㥮(날카로울 측)이 합해진 글자로 명령이나 어떤 일에 응하기 위하여 앉아 있거나 누운 상태에서 몸을 일으켜 똑바로 서는. 기운이 회복되거나 정신을 차리게 되는]·꼿꼿할(똑바로 우뚝 솟은) 속

용어 풀이 ──────────

- 충돌(衝突) : 의견이나 군대나 자동차 따위가 정면으로 서로 맞부딪히는.
- 출중(出衆) : 재능이나 인물 따위가 뭇사람 속에서 가장 뛰어난.
- 선발(選拔) : 학생이나 직원·군인 따위를 많은 사람 가운데서 추려 뽑는.
- 원망(怨望) : 남이 한 일 등에 대하여 못마땅하게 여기어 탓하거나 불평을 가지고 미워하는.
- 맹세(盟誓) : 어떤 목표나 약속을 반드시 이룰 것을 굳게 다짐하는.
- 요충지(要衝地) : 지형의 생김새가 군사적으로 아주 중요한 곳.
- 배치(配置) : 사람이나 병사를 적당한 부서나 위치에 나누어 근무하게 하는.
- 계책(計策) : 어떤 일을 실현하거나 달성하기 위하여 짜낸 꾀나 방법.
- 철수(撤收) : 전방이나 진지 따위를 지키던 군대 또는 병력을 뒤로 물러나게 하는.
- 마속(馬謖) : 중국 삼국시대 촉한(蜀漢)의 무관 장수(將帥)로 제갈량의 친구인 마량(馬良)의 동생이며 제 갈량에게 중용(重用)된 인물임.

직역 눈물을 흘리면서 제갈량이 아끼던 명장(名將)인 마속의 목을 벤다는 뜻.

의역 법(法)은 정(情)에 얽매이지 않고 공정하게 지켜야 한다는 뜻. 즉, 법(法)은 나라의 기강을 위하여 만인(萬人)에게 공정(公正)해야 한다는 뜻.

140

응접불가
應接不暇

유래 요약 ────────

이 글은 『세설신어(世說新語)』 「언어편(言語篇)」에 나오는 말이다.

"왕자경(王子敬)이 산음(山陰)의 길을 좇아 오르다 보면 산천(山川)은 서로 비추어 반짝이는 것이 갈수록 아름다워 사람에게는 응대(應對)할 겨를을 주지 않는다.(應接不暇) 만약 가을이나 겨울이면 더욱 마음에 품기가 어렵다."고 하였다.

중국 진(晉)나라 때 왕헌지(王獻之)는 자(字)가 자경(子敬)이다. 그는 서예가(書藝家)이자 문필가(文筆家)로 벼슬이 중서령(中書令)에 올랐다. 어느 날 그가 중국 저장성에 있는 회계산(會稽山) 북쪽의 산음(山陰)을 여행(旅行)한 적이 있는데 그때의 아름다움을 표현(表現)한 것이 위의 글이다.

왕헌지는 눈앞에 나타나는 아름다운 산수(山水)를 표현한 것이지만 후대로 오면서 그 뜻이 전이(轉移)되어 오늘날에는 생각할 틈이나 대처할 겨를 없이 아주 바쁘게 흘러가는 것의 비유로 쓰인다.

한자 풀이 ────────

① 응 應 17 - 응할 응[心(마음 심)과 발음요소와 먹잇감에 반응을 보이는 사냥용 매인 鷹(매 응)이 생략된 雁이 합해진 글자로 어떤 작용과 자극에 대하여 반응을 일으키거나 어떤 상황과 요구에 따라 대처한다는 뜻을 나타냄. 문 밖으로 나가서 손님을 인사로 맞이하는]·대답할 응·응당(당연한) 응

② 접 接 11 - 접할 접 또는 댈 접[扌(手 : 손 수)와 옆에서 시중을 드는 본처 이외의 여자를 뜻하는 妾(첩 첩)이 합해진 글자로 가까이 가서 손으로 당겨서 만지거나 접촉한다는 뜻을 나타냄]·맞을 접·맞이할 접·이을 접

③ **불 不 4** - 아니 불 또는 아닐 불(식물의 꽃대와 꽃받침과 꽃의 암술로 된 씨방을 본뜬 글자로 씨방이 자라서 열매를 맺을지 모른다는 뜻에서 '아니'라고 나타냄)·못할 불·없을 불·않을 불

* '그렇지 아니하다'라는 부정(否定)이나 반대(反對)의 뜻을 나타냄. 동사로는 '~를 하지 마라'.

④ **가 暇 13** - 겨를 가[日(날 일)과 발음요소와 시간을 내어 쉰다는 뜻의 叚(빌릴 가)가 합해진 글자로 일로 바쁜 가운데서 시간을 얻어 집에서 여유를 갖고 쉰다는 뜻을 나타냄]·한가할
(閑暇 : 바쁜 농사일·볼일이 다 끝나 시간적으로 여유가 있는) 가

용어 풀이 ————

• 세설신어(世說新語) : 후한(後漢) 말에서 동진(東晉) 말까지 약 200년간 실존했던 제왕과 고관귀족을 비롯하여 문인·학자·현자·스님·부녀자 등 700여명 인물들의 독특한 언행과 일화의 모음집.

• 산음(山陰) : 산의 그늘, 햇볕이 안 드는 산의 응달진 북쪽편.

• 산천(山川) : 산과 냇물이라는 뜻으로 자연을 이르는 말.

• 응대(應對) : 부름이나 물음 또는 요구에 응하여 상대하는.

• 자(字) : 본이름 외에 부르는 이름, 흔히 성인이 되거나 장가든 뒤에 부름.

• 서예가(書藝家) : 직업적으로 붓글씨를 쓰는 예술가 또는 서예를 전문으로 하는 사람.

• 문필가(文筆家) : 시(詩)나 문장(文章)과 글씨를 직업적으로 쓰는 사람.

• 전이(轉移) : 자리나 위치 따위를 다른 곳으로 옮기는, 사물이나 내용 등이 시간이 지남에 따라 변하고 바뀌는.

• 응접(應接) : 손님을 맞이하여 시중을 드는, 사물에 접촉한다는 뜻.

직역 서로 응대하여 맞이할 겨를이 없다는 뜻.

의역 생각할 틈이나 대처할 여유가 없을 만큼 몹시 바쁘다는 뜻.

141

의기양양
意氣揚揚

유래 요약 ─────────

중국 춘추시대(春秋時代) 제(齊)나라의 안자(晏子)라는 유명한 재상(宰相)이 수레를 타고 마을로 외출했을 때였다. 안자는 됨됨이 겸손(謙遜)하고 점잖아 수레에 앉아 외출할 때는 자기의 직책(職責)을 뽐내지 않고 늘 고개를 숙이고 있었다.

그 수레를 끄는 마부(馬夫)의 아내는 문틈으로 남편의 행동을 엿보았다. 그런데 아내가 보니 재상인 안자(晏子)는 조용히 앉아 있는데 남편은 으스대고 거들먹거리며 의기양양 (意氣揚揚)하게 네 마리 말에 채찍질을 하면서 수레를 몰았다.

마부의 아내는 그날 저녁 남편이 돌아오자마자 느닷없이 헤어지자고 했다. 그녀는 "국상(國相)께서도 육척(六尺)도 안 되는 몸이지만 외출하는 모습을 보니 깊은 생각에 잠긴 듯 겸허(謙虛)하신 모습이었습니다. 그런데 당신은 팔척(八尺)의 체구(體軀)로 국상의 수레를 몰면서도 그렇게 의기양양하게 뽐내니 당신 곁을 떠나고자 하는 것입니다." 라고 하였다.

한자 풀이 ─────────

① 의 意 13 - 뜻 의[심장이나 생각을 뜻하는 心(마음 심)과 音(소리 음)이 합해진 글자로 마음속에 깊이 품거나 생각하고 있는 것이 소리가 되어 밖으로 나타난다는 뜻을 말함. 무엇을 하겠다 고 욕망을 굳게 품은 마음]·생각(어떤 일을 머릿속에 그리거나 무엇에 관심을 두는) 의·뜻할 의·의 미(意味) 의

② 기 氣 10 - 기운 기[세 가닥의 얇은 구름 띠가 하늘에 퍼져 있는 모양인 气(기운 기)에 밥을 지 을 때 나오는 증기를 뜻하는 米(쌀 미)가 합해진 글자로 힘이나 정력·전기·빛·열 등을 일으키 는 에너지를 뜻함. 하늘과 땅 사이에 가득차서 만물을 자라게 하는 원천적인 힘]·기후 기·기

체 기

③ **양 揚 12** – 날릴 양(량)[扌(手 : 손 수)와 발음요소와 위로 높이 오르거나 바람에 날린다는 뜻
의 昜(볕 양)이 합해진 글자로 깃발이 바람에 펄럭이는. 출세하여 이름을 세상에 떨치는]·높
일 양(량)·드날릴(손을 흔들며 세상에 드러나게 떨치는) 양(량)·올릴 양(량)·떨칠 양(량)·칭찬할 양
(량)·오를(태양이나 새가 높이 솟아오르는) 양(량)

용어 풀이 ————————

- 재상(宰相) : 임금을 돕고 모든 관원(官員)을 지휘·감독하는 정2품의 벼슬.
- 겸손(謙遜) : 남을 높이고 자기를 낮추는 태도나 자세를 취하는.
- 직책(職責) : 업무를 맡은 직무상의 책임.
- 마부(馬夫) : 말(馬)을 부리어 마차·수레 등을 모는 사람.
- 으스대다 : 어울리지 아니하게 우쭐대거나 으쓱거리며 뽐내다.
- 거들먹거리다 : 신이 나서 잘난 체하여 함부로 행동하다.
- 국상(國相) : 나라의 재상(宰相) 또는 국군의 사무를 맡아보던 으뜸 벼슬아치.
- 육척(六尺) : 6자.

  * 1자는 약 30.3cm.

- 겸허(謙虛) : 자기를 스스로 낮추어 겸손하게 행동하는.
- 체구(體軀) : 몸뚱이 또는 몸집.
- 의기(意氣) : 어떤 일이 뜻대로 이루어져 만족해하는 마음이나 뽐내는 용기를 뜻함.

직역 흥이 나서 기세가 당당하거나 자랑스러워서 뽐낸다는 뜻.

의역 어떤 만족한 일로 신이 나서 꺼떡거리며 기세(氣勢)가 등등(騰騰)하다는 뜻.

142

이관규천
以管窺天

유래 요약 ──────

중국 춘추시대(春秋時代) 말기 동양(東洋) 의학(醫學)의 의성(醫聖)으로도 일컬어지는 편작(扁鵲)이 괵(虢)나라에 갔을 때 병(病)을 앓던 이 나라의 태자(太子)가 숨졌다는 소식(消息)을 듣고 궁정(宮廷) 의사(醫師)를 찾아갔다.

편작은 태자(太子)의 병을 물어보고 상태(狀態)를 알아낸 후 이렇게 말했다.

"그럼 내가 태자를 소생(蘇生)시켜 보겠습니다."

편작이 팔을 걷고 나서자 궁정의사는 어이없다는 듯이 말했다.

"그런 무책임(無責任)한 말씀은 삼가시오. 어린애도 그런 말은 곧이듣지 않을 게요."

그러자 편작은 탄식(歎息)하듯이 말했다.

"당신의 의술(醫術) 따위는 '대롱으로 하늘을 엿보며(以管窺天)' 좁은 틈새로 무늬를 보는 것과 같소. 당신이 내 말을 정 믿지 못하겠다면 다시 한 번 태자를 살펴보시오. 그의 귀가 울고 코가 벌름거리는 소리가 들려올게요. 그리고 양쪽 사타구니를 쓰다듬다가 음부(陰部)에 손이 닿으면 그곳은 아직 따뜻할 것이오."

궁정의사가 진찰해보니 사실 그대로였으며 편작(扁鵲)이 침을 놓자 얼마 안 있어 소생하였는데 이것은 태자가 아직 죽지 않았기 때문이었다.

한자 풀이 ──────

① 이 以 5 - 써 이[쟁기를 뜻하는 ㄴ와 흙덩이를 뜻하는 丶와 人(사람 인)이 합해진 글자로 사람이 도구를 써서 밭을 간다는 뜻을 나타냄. 한문의 토씨로 '~로써, ~를 근거로'의 뜻으로 씀]·부터 이·함께 이·까닭 이·또 이

② 관 管 14 - 대롱 관[竹(竹 : 대 죽)과 발음요소와 貫(꿸 관)과 통하는 官(벼슬 관)이 합해진 글
자로 대나무 붓대처럼 속이 비어 있는 나무껍질이나 벼·보리 줄기나 플라스틱으로 된 가
늘고 짧은 도막을 뜻함]·관 관·대롱 관·붓대 관·관리(管理)할 관·주관(主管)할 관

③ 규 窺 16 - 엿볼 규[틈이나 구멍을 뜻하는 穴(穴 : 구멍 혈)과 발음요소인 規(법 규)가 합해진
글자로 법을 벗어나 스파이처럼 작은 구멍으로 몰래 들여다보는 또는 훔쳐보는]·반걸음
(소리가 안 나도록 조용히 짧은 간격으로 두 발을 번갈아 옮겨 걷는) 규

④ 천 天 4 - 하늘 천[서있는 사람을 뜻하는 大(큰 대)와 정수리에 닿는 머리끝 위를 뜻하는 一
(가로획)이 합해진 글자로 멀고 넓은 무한대의 공간을 나타냄]·하느님 천·자연 천·임금 천·
조물주 천·날씨 천

 * 하늘의 정의는 땅과 바다에서 보이는 둥근 모양에 해·달·별들이 있는 공간.

용어 풀이 ────────

• 의성(醫聖) : 초인간적인 위력을 가진 신(神)과 같은 유명한 의사.

• 태자(太子) : 임금의 자리를 이을 임금의 아들 또는 황제의 자리를 이을 황제의 아들.

• 궁정(宮廷) : 임금이 거처하는 집인 대궐.

• 소생(蘇生·甦生) : 죽은 생명체가 다시 살아나는.

• 무책임(無責任) : 맡겨진 일이나 어떤 결과를 발생시킨 행위에 대한 법적·도덕적 의무를 지지 않는.

• 탄식(歎息) : 원통하거나 기가 막혀 한숨을 크게 내쉬는.

• 사타구니 : '샅'을 낮추어 일컫는 말로 몸통에서 두 다리가 갈라지는 곳.

• 음부(陰部) : 남녀(男女)의 생식기(生殖器)가 있는 곳.

직역 대롱의 작은 구멍을 통하여 넓은 하늘을 엿본다는 뜻.

의역 우물 안 개구리처럼 좁은 소견으로 사물을 살펴본다는 뜻. 즉, 사람의 견문
(見聞)이 매우 좁다는 뜻을 이르는 말임.

143

이목지신
移木之信

유래 요약 —————

중국 전국시대(戰國時代) 효공(孝公) 때 상앙(商鞅)이라는 명재상(名宰相)이 있었다. 그는 제자백가(諸子百家)의 한 사람으로 알려진 인물(人物)이다. 그는 특히 법치주의(法治主義)를 바탕으로 한 부국강병책(富國强兵策)을 펴 천하(天下) 통일(統一)의 기틀을 마련한 정치가(政治家)였다.

한번은 상앙이 법률(法律)을 제정(制定)해 놓고도 즉시 공포(公布)하지 않았다. 그 이유(理由)는 백성(百姓)들이 믿어 줄지가 의문스러웠기 때문이었다. 그래서 상앙은 한 가지 계책(計策)을 내어 남문(南門)에 길이 3장(三丈 : 약 9m)의 나무를 심어놓고 이렇게 써 붙였다.

"이 나무를 북문(北門)으로 옮겨 놓는 사람에게는 상금(賞金)으로 십금(拾金)을 주리라."

그러나 아무도 옮겨 심으려는 사람이 없었다. 그래서 오십금(吳拾金)을 주겠다고 써 붙였더니 이번에는 지원자가 있었다. 상앙은 즉시 약속(約束)대로 50금을 주었다. 그리고 법령(法令)을 공포하자 백성들은 조정(朝廷)을 믿고 법을 잘 지켰다고 한다.

한자 풀이 —————

① **이 移 11** - 옮길 이[禾(벼 화)와 쌓여있다는 뜻의 多(많을 다)가 합해진 글자로 들에서 추수한 볏단을 집이나 창고로 나르거나, 벼의 싹인 모를 논에다 옮겨 심는다는 뜻을 나타냄. 물건·거주지·직장·조직체 등을 옮기거나 권리 따위를 넘겨주는]·바꿀 이·모낼(모를 논에 심는) 이

② **목 木 4** - 나무 목(땅 아래로 뿌리를 내리고 땅 위의 수직으로 줄기가 자라고 있는 나무를

본뜬 글자로 뿌리와 줄기와 가지가 있는 나무를 나타냄)·별이름(木星 : 목성) 목·질박할 목·
저릴 목

③ 지 之 4 - 갈 지[두 발을 뜻하는 止(발 지)와 출발선을 뜻하는 一(가로획)을 그어 만든 글자로
한 발을 떼고 막 출발하려는 모습을 나타냄]·이를 지·이 지·어조사(~의, ~가, ~이, ~을) 지

④ 신 信 9 - 믿을 신[亻(人 : 사람 인)과 言(말씀 언)이 합해진 글자로 사람의 말은 곧 지켜야할 약
속이므로 '믿는다'라는 뜻을 나타냄. 의심이 없고 틀림없다고 생각하는]·펼 신·진실로 신·
맡길 신·사신(使臣) 신

* '펼 신'은 몸을 쭉 펴거나 세력을 넓히거나 종교를 널리 전하는, 사신(使臣)은 외국에 파견되는 신하.

용어 풀이 ————

• 명재상(名宰相) : 정치 능력이 뛰어나서 인정을 받아 임금을 돕고 관원을 지휘·감독하는 재상 벼슬.

• 제자백가(諸子百家) : 중국 춘추전국시대에 활약한 제자(여러 학자)와 백가(수많은 학파)들을 의미함.

• 법치주의(法治主義) : 법에 의한 정치로 행정은 의회에서 제정한 법률에 의거하여 행하여야 한다는
원칙.

• 부국강병책(富國強兵策) : 나라의 경제를 넉넉하게 하고 군대를 강하게 한다는 방책(方策).

• 제정(制定) : 제도·법률 따위를 만들어 정하는.

• 공포(公布) : 나라에서 확정된 법률·조약·명령 따위를 일반 국민에게 널리 알리는.

• 계책(計策) : 어떤 일을 해결하거나 실현하기 위하여 짜낸 꾀나 방법.

• 조정(朝廷) : 임금이 나라의 정치를 신하들과 의논하고 집행하는 곳.

직역 정치하는 사람이 나무를 옮겨 심는 현상금으로 백성들을 믿게 하였다는 뜻.

의역 남을 속이지 않거나 약속을 반드시 지킨다는 뜻.

144

이심전심
以心傳心

* 심심상인(心心相印)과 같은 뜻으로 씀.

유래 요약 ────────

중국 송(宋)나라의 중 도언(道彦)이 석가세존(釋迦世尊) 이후 고승(高僧)들의 법어(法語)를 기록한 『전등록(傳燈錄)』에서 보면 석가가 제자인 가섭(迦葉)에게 말이나 글이 아니라 이심전심(以心傳心)의 방법으로 불교(佛敎)의 진수(眞髓)를 전했다는 이야기가 나온다. 이에 대해 송나라의 중 보제(普濟)의 『오등회원(五燈會元)』에는 다음과 같이 적혀 있다.

어느 날 세존께서 영산(靈山)에 제자들을 모아 놓고 설교(說敎)를 했다. 그때 세존은 연꽃을 한 송이 들고 말없이 비틀어 보였다. 제자들은 그 뜻을 알 수 없어 잠자코 있었는데 가섭존자(迦葉尊者)만이 그 뜻을 깨닫고 미소(微笑)를 지어 보였다. 그러자 세존은 이렇게 말했다.

"나는 정법안장[正法眼藏 : 인간이 원래 갖추고 있는 마음의 덕(德)], 열반묘심[涅槃妙心 : 번뇌를 벗어나 진리(眞理)에 도달하는 마음], 실상무상[實相無相 : 불변의 진리(眞理)], 미묘법문[微妙法門 : 진리(眞理)를 깨치는 마음], 불립문자교외별전[不立文字敎外別傳 : 언어나 경전(經典)에 따르지 않고 '이심전심'으로 전하는 오묘한 진리]이 있다. 이것을 너에게 전해주마."

한자 풀이 ────────

① **이 以 5** - 써 이[쟁기를 뜻하는 丨와 흙덩이를 뜻하는 丶와 人(사람 인)이 합해진 글자로 사람이 도구를 써서 밭을 간다는 뜻을 나타냄, 한문의 토씨로 '~로써, ~를 근거로'의 뜻으로 씀]·부터 이·함께 이·까닭 이·또 이

② **심 心 4** - 마음 심(사람의 심장 모양을 본뜬 글자로 본뜻은 심장이며 이후 '마음'의 뜻이 생

긴 것임)·생각 심·심장 심 또는 염통 심·가슴 심·중심 심·별이름 심·근본 심

* 예로부터 사람들은 모든 생각은 심장이 주관하는 마음에서 나온다고 믿었음. **心琴**(심금 : 미묘한 마음).

③ **전 傳 13** - 전할 전[亻(人 : 사람 인)과 발음요소와 후대 사람들이 알 수 있도록 근거를 남긴다는 뜻의 專(오로지 전)이 합해진 글자로 전한다는 뜻을 나타냄. 어떤 뜻을 말로 설명하거나 글로 써서 통하게 하는]·펼 전·전기(傳記) 전·옮길 전·바칠 전·역말(驛馬) 전·주막 전·책 전

용어 풀이 ───────

• 석가세존(釋迦世尊) : 불교의 교리를 처음으로 창시한 석가모니를 높이어 이르는 말.

• 고승(高僧) : 학문과 덕망이 높은 중. 상대편의 중을 높이어 이르는 말.

• 법어(法語) : 불교(佛敎)에 관한 바른 법칙을 설하는 말, 불교에 관한 글월.

• 불교(佛敎) : 석가모니를 교조(敎祖)로 삼고 그의 불교에 대한 교의(敎義)를 근본으로 하는 종교.

• 진수(眞髓) : 사물의 가장 중요한 본질적인 말이나 글의 요점.

• 영산(靈山) : 신령과 부처를 모시어 제사를 지내는 산.

• 설교(說敎) : 각 종교에 대한 원리나 이치를 설명하는.

• 존자(尊者) : 학문과 덕행(德行)이 높은 부처의 제자.

• 미소(微笑) : 소리를 내지 아니하고 밝은 표정으로 빙긋이 가볍게 웃는.

직역 마음에서 마음으로 전해진다는 뜻.

의역 말과 글이 아닌 마음으로 심오한 의미나 진리를 깨닫게 해준다는 뜻.

145

인면수심
人面獸心

유래 요약 ────────

이 글은 중국 후한(後漢) 역사학자(歷史學者) 반고(班固)가 지은 『한서(漢書)』 「흉노전(匈奴傳)」에 기록되어 있는 말이다.

흉노족(匈奴族)은 서한(西漢) 시대 중국 북방에 살던 유목민(遊牧民)이었다. 흉노족은 사회적으로 안정(安定)되고 경제적으로 풍부(豐富)한 한(漢)나라를 자주 침입(侵入)했다. 흉노족의 수십만 기마병(騎馬兵)은 해마다 한나라의 북방 국경(國境)을 넘어 들어와 농가(農家)를 기습(奇襲)하여 가축을 약탈(掠奪)하고 죄 없는 백성들을 죽이고 납치(拉致)하였던 것이다. 이때 반고(班固)는 자신의 역사서(歷史書)에 흉노족의 잔악(殘惡)함을 묘사(描寫)하였는데,

"오랑캐들은 매우 탐욕(貪慾)스럽게 사람과 재물(財物)을 약탈(掠奪)하는데, 그들의 얼굴은 비록 사람 같으나 성질은 흉악(凶惡)하여 마치 짐승 같다.(人面獸心)"라고 기록하였다.

당시에 이 말은 한족(漢族)들이 흉노(匈奴)를 멸시(蔑視)하여 쓰던 말이었다.

한자 풀이 ────────

① **인 人 2** - 사람 인[벼슬아치가 증표인 홀(笏)을 잡은 두 손을 앞으로 내밀며 서 있는 옆모습을 본뜬 글자로 두 발 똑바로 서서 걸으며 생각과 말을 할 줄 아는 만물의 우두머리를 뜻함]·인격 인·남(상대방) 인

② **면 面 9** - 낯 면[사람의 머리와 가운데 目(눈 목)을 중심으로 얼굴의 양쪽 볼을 정면으로 그린 글자로 사람의 얼굴을 나타냄. 사람을 대할 때 감정을 표현하는 얼굴]·얼굴 면·볼 면·대할 면·탈(나무, 흙, 종이로 만든 얼굴의 모양) 면·겉 면·방향 면·방위 면·향할 면·쪽 면·밀가

루 면

③ **수 獸 19** - 짐승 수[사냥개인 犬(개 견)과 네 발 달린 짐승을 뜻하는 嘼(짐승 수)가 합해진 글
자로 산에서 사는 사나운 짐승을 뜻함. 사자와 같이 흉악한 행동을 하는 사나운 동물]·야
만(野蠻) 수·하류(下流) 수

④ **심 心 4** - 마음 심(사람의 심장 모양을 본뜬 글자로 본뜻은 심장이며 이후 '마음'의 뜻이 생
긴 것임)·생각 심·심장 심 또는 염통 심·가슴 심·중심 심·별이름 심·근본 심

  * 예로부터 사람들은 모든 생각은 심장이 주관하는 마음에서 나온다고 믿었음. 心琴(심금 : 미묘한 마음).

용어 풀이 ───────

• 한서 흉노전(漢書 匈奴全) : 역사가 반고(班固)가 저술한 흉노족의 활동을 적은 기록.

• 유목민(遊牧民) : 물과 풀밭을 따라 옮겨 다니며 가축을 기르는 부족이나 민족.

• 기마병(騎馬兵) : 말을 타고 신속하게 이동하며 전투하는 병사.

• 기습(奇襲) : 생각하지 아니하던 때에 갑자기 적지를 공격하는.

• 약탈(掠奪) : 무력이나 폭력을 써서 남의 것을 강제로 빼앗는.

• 납치(拉致) : 강압적으로 또는 억지로 데리고 가거나 끌고 가는.

• 잔악(殘惡) : 창으로 마구 찔러 죽이듯이 잔인하고 악독한.

• 묘사(描寫) : 보고 듣고 느낀 것을 언어로 서술하거나 그림으로 그리거나 행동으로 나타내는.

• 탐욕(貪慾) : 사물을 지나치게 탐내는 욕심.

• 흉악(凶惡) : 성질이 험상궂고 짐승이나 부랑배같이 악한.

• 한족(漢族) : 중국 본토에서 예로부터 살아오던 황하(黃河) 문명을 가진 황색 인종의 종족.

• 멸시(蔑視) : 사람의 인격을 무시하며 낮추어 보거나 업신여기는.

직역 얼굴은 사람의 모습을 하였으나 마음은 짐승과 같다는 뜻.
의역 남의 은혜를 모르거나 성질이 잔인하고 행동이 흉악하며 의리를 모르는 사람
　　　이라는 뜻.

146

인생조로
人生朝露

유래 요약 ────────

중국 한(漢)나라 무제(武帝) 때 이능(李陵)이라는 장수(將帥)가 북방을 침범(侵犯)해 온 흉노족(匈奴族)의 기마병(騎馬兵)과 전쟁을 벌이다가 참패(慘敗)를 하고 적에게 사로잡혔다. 흉노의 우두머리인 선우(單于)는 이능 장수를 보자 장부(丈夫)다운 모습이 맘에 들어 죽이지 않고 달래었다.

"이능 장수 그대는 이미 참패한 몸이라 돌아가더라도 참형(斬刑)을 면치 못할 것이오. 당신네 황제(皇帝)의 성질이 포악(暴惡)하고 잔인(殘忍)함을 잘 아시지 않소? 이곳도 살만한 곳이니 머물러서 우리 사람이 되어 주구려."

그 말을 들은 이능은 선우의 말대로 돌아가 봐야 황제의 노여움으로 목이 떨어지기 십상(十常)이고 당장 뾰족한 방법이 없어서 일단 제의(提議)를 받아들이기로 하였다.

그러던 어느 날 선우가 말했다.

"그대는 참으로 현명(賢明)한 처신(處身)을 했습니다. 그리고 옹고집으로 고생(苦生)을 사서하는 소무(蘇武)를 찾아가 설득(說得)을 해주면 고맙겠소."

이능(李陵)은 중신(重臣)인 소무를 잘 알고 있기에 그 임무(任務)를 받아들여 고생하고 있는 소무를 찾아가 이렇게 말했다.

"선우는 내가 그대의 친구인 줄 알고 그대를 달래어 데려오라 했소. 그러니 고생 그만하고 같이 갑시다. '인생이란 아침 이슬'과 다를 게 뭐요?"

한자 풀이 ────────

① 인 人 2 - 사람 인[벼슬아치가 증표인 홀(笏)을 잡은 두 손을 앞으로 내밀며 서 있는 옆모습을 본뜬 글자로 두 발 똑바로 서서 걸으며 생각과 말을 할 줄 아는 만물의 우두머리를 뜻함]·인격 인·남(상대방) 인

② 생 生 5 - 날 생[어린 싹인 떡잎을 뜻하는 屮(싹날 철)과 土(흙 토)가 합해진 글자로 초목의 새싹이 땅 위로 돋아나는 모습을 나타냄]·낳을 생·생길 생·살 생·자랄 생

③ 조 朝 12 - 아침 조[屮(艸 : 풀 초)와 日(해 일)과 月(달 월)이 합해진 글자로 풀밭 사이로 해가 떠오르며 반대쪽에는 달이 걸려 있는 이른 아침을 나타냄]·조정(朝廷) 조·왕조(王朝) 조·조회(朝會) 조

④ 로 露 21 - 이슬 로(노)[雫(雨:비 우)와 발음요소와 각자가 밟고 걸어간다는 뜻의 路(길 로)가 합해진 글자로 가을의 이른 아침에 길과 길가의 풀잎에 맺혀 적시는 작은 물방울을 나타냄]·드러날(찢어져 터진 옷 사이로 살이 밖으로 보이는) 로(노)·드러낼 로(노)

용어 풀이 —————

- 기마병(騎馬兵) : 말을 타고 신속하게 이동하며 전투하는 병사.
- 흉노족(匈奴族) : 기원전 4~1세기 사이에 몽고 지방에서 세력을 떨쳤던 유목민족(遊牧民族).
- 참패(慘敗) : 전쟁이나 경기에서 참혹하게 패하거나 실패하는.
- 장부(丈夫) : 자라서 어른 된 사람이나 건장하고 씩씩한 사내 남자.
- 참형(斬刑) : 죄인의 형벌로 칼로 목을 베어 죽이는, 참수형.
- 포악(暴惡) : 말과 행동이나 성질이 사납고 악한.
- 잔인(殘忍) : 칼이나 창으로 사람이나 생명체를 마구 찌르듯이 인정이 없고 몹시 독한.
- 십상(十常) : 십상팔구(十常八九)의 준말로 열 가운데 여덟이나 아홉이 그러하다는 뜻.
- 설득(說得) : 상대방이 충분히 알아들을 수 있도록 여러 가지로 깨우쳐 말하는.
- 중신(重臣) : 중요한 관직(官職)에 있는 신하(臣下).
- 조로(朝露) : 아침 이슬, 아침 햇빛에 사라지는 이슬. 인생(人生)의 덧없음을 아침 이슬의 사라짐에 비유하여 이르는 말.

직역 인생(人生)은 이른 아침에 잠깐 맺혔다가 해가 뜨면 사라지는 이슬이라는 뜻.
의역 인생은 짧고 덧없으며 무의미할 정도로 허무(虛無)하다는 뜻.

147

인자무적
仁者無敵

유래 요약 ────────

중국 5대(五代) 왕조(王朝)인 양(梁)나라 혜왕(惠王)이 맹자(孟子)에게 아래와 같이 물었다.

"예전에는 천하(天下)를 호령(號令)하던 진(晉)나라가 지금에 이르러서는 주위 나라들에게 땅을 빼앗기는 수모(受侮)를 겪고 있습니다. 과인(寡人)은 이를 수치(羞恥)로 여겨 그들을 물리치고자 합니다. 어떤 방법(方法)이 없겠습니까?"

이때 맹자(孟子)가 말하기를 "만일 대왕께서 어진 정치(政治)를 베푼다면 이 땅의 모든 사내들은 몽둥이만 가지고도 갑옷을 입고 칼을 든 적군(敵軍)을 물리칠 것입니다."

즉, 옛말에 "어진 사람에게는 대적(對敵)할 자가 없다"고 한 것은 바로 이런 경우를 일컫는다.

한자 풀이 ────────

① **인 仁 4** - 어질 인[亻(人 : 사람 인)과 二(두 이)가 합해져 엄마와 배 안에 있는 태아를 뜻하는 글자로 엄마와 태아 두 사람이 서로 헤아리는 마음이 같다는 뜻]·사랑할 인·열매씨 인

 * 공자(孔子)의 인(仁)에 대한 덕목 : 恭(공손할 공)·寬(너그러울 관)·信(믿을 신)·敏(민첩할 민)·惠(은혜 혜)

② **자 者 9** - 놈 자[본래 鼎(솥 정)의 생략형인 日(날 일)에 叔(콩 숙)이 합해진 글자로 본뜻은 '삶다'이며 '놈자'는 빌려쓰게 된 것임]·사람[기술자·신문기자같이 어떤 직업에 종사하는 사람을 뜻함, 독자(讀者)·학자(學者)] 자·것(이것·저것 등 사물을 가리키는) 자·사람 자

③ **무 無 12** - 없을무[舞(춤출 무)에서 舛(어그러질 천) 대신 4개의 발바닥 모양인 灬이 합해진 글자로 깃털 장식을 잡고 흔들며 춤추는 모습을 나타냄. 본뜻은 춤이며 '없다'는 뜻은 亡(없

을 망)에서 가져온 것임]·아닐(부정하는) 무·말(금지를 뜻하는) 무·빌(텅 비어 있는) 무

* 동사로 '~하지 못하다'.

④ **적 敵** 15 – 원수 적[怨讐(원수). 攵(攴 : 칠 복)과 발음요소와 근거지를 뜻하는 啇(밑둥 적)이 합해진 글자로 본래는 적의 근거지를 끝까지 쳐서 이겨야 한다는 데서 적과 맞서 겨룬다는 대적(對敵)이나 원수를 나타냄. 원한이 맺혀 앙갚음이나 보복의 대상이 되는 인물]·적 적·대적할 적·대등할 적·적수(敵手) 적

용어 풀이 ────────

• 맹자(孟子) : 중국 전국시대의 사상가. 공자(孔子)와 함께 효제(孝悌)의 도덕과 인(仁)의 사상을 바탕으로 성선설(性善說)을 주창했음.

• 천하(天下) : 하늘 아래 온 세상이나 모든 나라, 권력을 휘어잡거나 기승을 부리는 형세.

• 호령(號令) : 큰소리로 상대방을 꾸짖거나 지휘하여 명령하는.

• 수모(受侮) : 남에게 깔보아 무시하는 부끄러운 모욕을 당하는.

• 과인(寡人) : 임금이 겸손의 뜻으로 신하나 백성들 앞에서 자기를 낮추어 이르는 말.

• 수치(羞恥) : 부끄러움, 어떤 언행이나 일로 사람을 볼 낯이 없거나 떳떳하지 못한.

• 어진 : 어질다 – 사람을 대하는 마음이 올바르고 따뜻하며 포용성이 있는.

• 대적(對敵) : 적이나 힘·세력 따위가 서로 맞서서 겨루는.

• 인자(仁者) : 마음이 너그럽고 인정이 두터우며 슬기롭고 착한 사람을 뜻함.

직역 인자(仁慈)한 사람은 적이 없다는 뜻.

의역 사랑하고 인정(人情)을 베푸는 사람에게는 천하에 적대자(敵對者)가 없다는 뜻.

148

일각삼추
一刻三秋

* 일각여삼추(一刻如三秋)의 준말임.

유래 요약 ——————

고대(古代) 중국에서는 때나 시간(時間)을 刻(각)으로 나타내었다. 즉, 하루 밤과 낮의 24시간(1,440분)을 100刻(각)으로 나누어 시간의 길이로 1刻(각)을 15分(분) 단위(單位)로 사용하였다.

절기(節氣)나 주야(晝夜)에 따라 시간이 다르므로 동지(冬至)에는 낮(晝)이 45각(刻), 밤(夜)이 55각(刻)이었고, 하지(夏至)에는 낮(晝)이 65각(刻), 밤(夜)이 35각(刻)이었다. 춘분(春分)과 추분(秋分)에는 낮이 55각 반이었고, 밤은 44각 반이었다.

청(淸)나라 시대에 이르러서는 '시종(時鐘)'으로 시간을 나타내게 되었으며, 현대 중국에서는 15분을 1각(一刻)이라 한다. 하지만 옛 사람들은 일각(一刻)이라는 말을 매우 짧은 시간으로 표현(表現)하였고 1년(年)을 1추(秋 : 가을 추·해 추·세월 추)라고 표현하였다.

그러므로 일각삼추(一刻三秋)란 곧 짧은 시간도 3년같이 느껴질 정도로 기다리는 마음이 간절(懇切)함을 나타낸 말이다.

한자 풀이 ——————

① 일 一 1 - 한 일(한 획으로 가로선을 그어 만든 글자 또는 산가지 한 개를 가로놓아 만든 글자로 1·2·3·4…로 된 아라비아 숫자에서 1을 가리킴)·하나 일·첫째 일·오로지 일·땅 일

② 각 刻 8 - 새길 각[刂(刀 : 칼 도)와 발음요소인 亥(지지 해)가 합해진 글자로 칼에 힘을 주어 '새기다' 뜻을 나타냄. 물건의 바탕을 칼로 파거나 조각하는. 바늘로 살갗을 찔러 글씨를 새기는]·깎을 각·모질 각·시각 각

* 刻(각)은 시간의 단위로 한 시간의 1/4인 15분을 나타냄.

③ 삼 三 3 - 석 삼[본래 세 줄의 가로획을 나란히 그은 글자로 숫자의 셋을 나타내며 또한 하

늘과 땅을 뜻하는 二(두 이) 사이에 사람을 뜻하는 一(가로획)이 더해져 천(天)·지(地)·인(人)의 셋을 뜻함]

④ **추 秋 9** - 가을 추[가을 곡식을 뜻하는 禾(벼 화)와 벼에 붙어 있는 메뚜기를 태운다는 뜻의 火(불 화)가 합해진 글자로 논밭의 곡식이 햇볕에 무르익어 거두어들이는 계절을 나타냄]·거둘 추·세월 추·해 추(옛날 농경시대에 곡식을 거두어들이는 계절인 가을을 기준으로 1년을 나타냈음)

　　* 秋毫(추호) : 毫(가는털 호·잔털 호·터럭 호). 가을에 털갈이 하는 짐승의 아주 작은 털을 뜻함.

용어 풀이 ─────────

- 단위(單位) : 시간·미터·그램·되·개 등과 같이 사물의 비교나 계산에 있어서 기준이 되는 것.
- 절기(節氣) : 1년 한 해를 24로 나눈 기후의 표준점. 15일~16일에 한 번씩 절기가 돌아옴.
- 주야(晝夜) : 해가 떠올라 있는 낮과 해가 진 어두운 밤.
- 동지(冬至) : 24절기(節氣)의 하나로 양력 12월 22~23일 경임. 북반구에서는 밤이 가장 긺.
- 하지(夏至) : 24절기(節氣)의 하나로 양력 6월 21일 경임. 북반구에서는 낮이 가장 긺.
- 시종(時鐘) : 지구와 태양의 자전과 공전에 따른 시각(時刻)이나 시간을 나타내는 시계의 옛 이름.
- 표현(表現) : 생각이나 느낌을 말과 행동으로 드러내어 나타내는, 사물이 보이는 모양과 상태.
- 간절(懇切) : 정성스런 마음과 지극한 성의를 다하여 구하거나 기도하는.
- 삼추(三秋) : 세 해의 가을이라는 뜻으로 삼 년의 긴 세월을 이르는 말임.

> **직역** 1각(刻)의 짧은 시간이 3년의 세월같이 길게 여겨진다는 뜻.
> **의역** 너무 그리워 애타게 기다리는 마음이 몹시 간절하다는 뜻.

149

일거양득
一擧兩得

* 일석이조(一石二鳥)·일전쌍조(一箭雙鵰)와 같은 뜻임(箭 : 화살 전, 鵰 : 독수리 조)

유래 요약

이 글은 중국 진(晉)나라 학자 공연(孔衍)이 편찬한 『춘추후어(春秋後語)』에 나오는 말이다. 장사(壯士)인 변장자(卞莊子)라는 사람이 길을 가다가 날이 어두워지자 가까운 여관에 들어가 숙박(宿泊)하게 되었다. 밤이 깊어져 잠을 자려고 하는데 밖에서 사람들이 웅성거리는 소리가 들렸다. 웬일인가 싶어 나가 보았더니 무시무시한 광경(光境)이 펼쳐지고 있었다. 호랑이 두 마리가 소(牛)를 잡아먹으려고 서로 싸우고 있었던 것이다.

변장자는 "이때다. 저 호랑이를 잡아서 팔면 돈을 벌 수 있을 거야." 하며 옷소매를 걷어붙이고 호랑이를 잡으려고 성큼 앞으로 나갔다. 그때 옆에 있던 서동(書童)이 변장자의 팔을 잡고 이렇게 말했다.

"저 두 마리가 싸우다가 힘이 약한 호랑이는 죽을 것이고 나머지 호랑이는 큰 상처(傷處)를 입을 것이니 동시에 두 마리를 얻을 수 있잖아요?"

변장자는 그 서동(書童)의 말을 듣고 시키는 대로 하여 결국(結局)은 한 번에 소(牛)도 살리고 두 마리의 호랑이도 모두 잡아 이득(利得)을 얻게 되었다.

변장자는 이로 인하여 장사(壯士)라고 평판(評判)이 자자했다고 하였다.

한자 풀이

① 일 一 1 - 한 일(한 획으로 가로선을 그어 만든 글자 또는 산가지 1개를 가로놓아 만든 글자로 1·2·3·4…로 된 아라비아 숫자에서 1을 가리킴)·하나 일·첫째 일·오로지 일·땅 일

② 거 擧 18 - 들 거[手(손 수)와 발음요소와 구령에 맞추어 함께 든다는 뜻의 與(더불 여)가 합해진 글자로 사람을 태운 가마나 무거운 짐을 여럿이 힘을 모아 위로 들어 올린다는 뜻을 나타냄]·일으킬 거·행할 거

③ **양 兩 8** – 두 양(냥·량)(무게를 재는 저울추 두 개가 저울대에 나란히 매달려 있는 모양을 본뜬 글자로 또는 수레를 끄는 두 마리의 말에 멍에를 씌운 모습을 본떠서 만든 글자로 둘이 되는 사물·종류·사람·동물 등을 나타냄)

④ **득 得 11** – 얻을 득[본래 行(다닐 행)의 생략형인 彳(자축거릴 척)과 발음요소인 룪(취할 득)이 합해진 글자로 걸어가다가 땅에 떨어진 돈을 손으로 줍는. 혼자 힘으로 노력하여 지식과 기술을 배우는]·취할 득·깨달을 득·만족할 득·득볼(거래에서 조건이 이롭거나 물질적으로 이익을 얻는) 득

용어 풀이 ────────

- 장사(壯士) : 남자로서 몸이 우람하고 힘이 아주 센 사람
- 변장자(卞莊子) : 춘추시대 노(魯)나라의 대부(大夫)이며 한 번에 호랑이 두 마리를 잡는 장사.
- 숙박(宿泊) : 여관·호텔 등에서 잠을 자며 머무르는.
- 광경(光境) : 눈앞에 벌어진 일의 형편이나 상태·모양.
- 서동(書童) : 글방이나 서당에서 글을 배우는 아이.
- 결국(結局) : 일의 끝장이나 어떤 결과로 끝을 맺는.
- 이득(利得) : 어떤 일이나 활동으로 돈이나 물질 또는 정신적 심리적인 이익을 얻는.
- 평판(評判) : 남이나 세상 사람들이 객관적으로 비평하여 옳고 그름을 판정하는.
- 자자(藉藉)하다 : 소문이나 평판 따위가 널리 퍼지거나 사방 시끄럽다.

직역 한 가지 일로써 호랑이도 잡고 소도 살리는 두 가지 이익을 얻는다는 뜻.

의역 적은 수고로 여러 가지 이득을 본다는 뜻.

150

일국삼공
一國三公

유래 요약 ──────

중국 『춘추좌씨전(春秋左氏傳)』에 다음과 같은 기록(記錄)이 있다.

춘추시기 진(晉)나라의 군주(君主)인 헌공(獻公)은 공자(公子) 중이(重耳)와 이오(夷吾)를 위하여 대부(大夫)인 사위(士蔿)를 시켜서 포(浦) 땅과 굴(屈) 땅에 성(城)을 쌓게 하였다. 그의 축성작업(築城作業)에 불만을 품은 이오는 헌공에게 호소(呼訴)하였다. 크게 노한 헌공의 문책(問責)에 사위는 다음과 같이 대답(對答)하였다.

"전쟁(戰爭)이 없는데도 성(城)을 쌓으면 그 성은 적군(敵軍)에게 이용(利用)된다고 들었습니다. 만약 제가 견고(堅固)하게 쌓아 훗날 적에게 진지(陣地)로 이용당한다면 이는 곧 불충(不忠)의 죄(罪)가 될 것이고 부실(不實)하게 쌓는다면 이는 임금에 대한 불경(不敬)의 죄를 범하게 되는 것입니다. 저는 이미 불충불경의 죄를 범하였으니 어떻게 해야 합니까? 덕(德)으로 나라가 안정(安定)되어 후대가 견고하다면 이보다 나은 성(城)이 어디 있겠습니까?"

그는 집으로 돌아와서 "한 나라에 세 임금이 있으니, 내 누구를 따라야 할꼬!"라는 시(詩)를 읊었다.(여기서 세 임금은 헌공과 중이·이오를 비유한 말임)

한자 풀이 ──────

① 일 一 1 - 한 일(한 획으로 가로선을 그어 만든 글자 또는 산가지 1개를 가로놓아 만든 글자로 1·2·3·4…로 된 아라비아 숫자에서 1을 가리킴)·하나 일·첫째 일·오로지 일·땅 일

  * 一(한 일)은 우주(宇宙)와 천지(天地)가 생기는 맨 처음인 태초(太初)의 존재를 나타냄.

② 국 國 11 - 나라 국[백성을 뜻하는 口(입 구)와 영토를 뜻하는 一(땅 일)과 무기를 뜻하는 戈(창 과)와 국경을 뜻하는 口(에워쌀 위)가 합해진 글자로 나라를 나타냄]·국가(國家 : 일정한 영

토와 통치조직을 가진 집단) 국

  * 달나라 별나라 등과 같이 명사에 붙어서 넓은 세계·세상을 나타냄.

③ **삼 三 3** - 석 삼[본래 세 줄의 가로획을 나란히 그은 글자로 숫자의 셋을 나타내며 또한 하늘과 땅을 뜻하는 二(두 이) 사이에 사람을 뜻하는 一(가로획)이 더해져 천(天)·지(地)·인(人)의 셋을 뜻함]

④ **공 公 4** - 공평할 공[公平(공평). 본래 口(입 구)가 변한 厶(사사 사)와 하늘에서 내려오는 기(氣)를 뜻하는 八이 합해진 글자로 각자가 모여서 공공의 집단이나 나라를 위해서 소원을 빈다는 뜻을 나타냄]·공변될 공·여러 공·관청(官廳) 공·벼슬 공·귀인 공·작위(爵位) 공

  * **公(공)은 정승(政丞)·태위(太尉)·사공(司空)·태사(太師)·대사마(大司馬) 등의 옛날 높은 관직을 뜻함.**

용어 풀이 ─────────

• 춘추좌씨전(春秋左氏傳) : 공자(孔子)가 편찬한 것으로 전해지는 역사서인 『춘추』의 대표적인 주석서 중 하나임.

  * **주석서(註釋書) : 원전(原典)이 되는 책의 낱말·문장의 뜻을 풀이한 책.**

• 군주(君主) : 임금 즉, 대대로 물려받아 나라를 다스리는 최고 지위에 있는 사람.

• 헌공(獻公) : 중국 전국시대(戰國時代) 진(晉)나라의 24대 군주(君主).

• 공자(公子) : 벼슬이 높은 집안의 젊은 자제(子弟).

• 대부(大夫) : 벼슬의 품계에 붙이는 칭호로 상대부(上大夫), 중대부(中大夫), 하대부(下大夫)가 있음.

• 축성작업(築城作業) : 요새나 보루·포대 같은 방어 구조를 갖추어 성(城)을 쌓는 일.

• 불충(不忠) : 임금이나 나라를 위하여 충성을 다하지 아니하는.

• 불경(不敬) : 존경을 나타냄이 없이 예의에 어긋나는.

> **직역** 한 나라에 군주(君主)가 셋이 있다는 뜻.
>
> **의역** 명령을 내리거나 의견을 제시하는 사람이 많으면 혼란스럽다는 뜻.

151

일망타진
一網打盡

유래 요약 ────────

중국 북송(北宋)시대 4대 인종(仁宗)은 백성(百姓)을 사랑하고 학문(學問)을 장려(獎勵)했으며 인재(人材)를 등용(登用)하여 문치(文治)를 폈다. 이때는 명신(名臣)이 많았는데 이들의 조의(朝儀)를 같이 하다 보니 명론탁설(名論卓說)이 백출(百出)했고 따라서 충돌(衝突)도 잦았다.

이 무렵에 청렴(淸廉) 강직(剛直)하기로 이름난 두연(杜衍)이 재상(宰相)이 되었다. 그때는 황제(皇帝)가 독단(獨斷)으로 조서(詔書)를 직접 내리는 일이 있었는데 두연은 이 같은 관행(慣行)은 올바른 정도(政道)를 어지럽히는 것이라 하여 조서를 보내도 이를 묵살(默殺) 보류(保留)했다가 쌓이면 그대로 황제에게 돌려보내곤 했다. 이러한 두연의 소행(所行)은 성지(聖旨)를 함부로 굽히는 짓이라 하여 조야(朝野)로부터 비난(非難)의 대상이 되었다.

이때 두연의 사위인 소순흠(蘇舜欽)이 공금(公金)을 유용(流用)하는 부정(不正)을 저지르자 평소에 감정이 안 좋았던 왕공진(王拱辰) 어사(御史)가 소순흠을 엄하게 문초(問招)했고 모든 공범(共犯)들을 몰아 잡아 가둔 뒤 재상(宰相) 두연에게 이렇게 외쳤다.

"범인들을 일망타진(一網打盡)했습니다." 두연은 재상에서 곧 물러났다.

한자 풀이 ────────

① **일 一 1** - 한 일(한 획으로 가로선을 그어 만든 글자 또는 산가지 1개를 가로놓아 만든 글자로 1·2·3·4…로 된 아라비아 숫자에서 1을 가리킴)·하나 일·첫째 일·오로지 일·땅 일

② **망 網 14** - 그물 망[糸(실 사)와 발음요소인 罔(그물 망)이 합해진 글자로 실로 짠 그물을 나타냄. 새나 물고기를 잡을 수 있도록 실이나 노끈으로 작은 구멍이 나게 얽어 만든 기구]·

그물질할(그물을 쳐서 새나 물고기를 잡는, 책을 만들 때 자료를 널리 포함시키는) 망

③ **타 打 5** - 칠 타[扌(手 : 손 수)와 발음요소와 텅텅 칠 때 나는 소리인 丁(고무래 정)이 합해진 글자로 공을 치거나 못을 두드려 박거나 손으로 북을 치는. 상대방을 때리거나 짐승을 내려치는. 적을 공격하는]·때릴 타

④ **진 盡 14** - 다할 진[화로를 뜻하는 皿(그릇 명)과 숯불을 뜻하는 灬(火 : 불 화)와 막대를 손으로 잡고 휘젓는 모양을 뜻하는 肀(彗)이 합해진 글자로 휘저어서 다 꺼진 불을 나타냄. 화로에 불이 다 타고 완전히 꺼지듯이 힘·에너지·연료·물질·소모품 등을 다 써버린]·다(전부를 가리키는) 진·완수(完遂)할 진·다없어질 진

용어 풀이 ────────

- 장려(獎勵) : 권하여 좋은 일에 힘쓰도록 북돋아 주는.
- 등용(登用·登庸) : 능력 있고 훌륭한 인재(人材)를 뽑아서 쓰는.
- 문치(文治) : 학문과 덕(德)으로써 행하는 정치.
- 조의(朝儀) : 임금이 나라의 정치를 의논하고 집행하는 곳인 조정(朝廷)에서 의논하는.
- 명론탁설(名論卓說) : 훌륭하고 뛰어난 이론(理論)이나 학설(學說).
- 백출(百出) : 여러 가지로 많이 나옴.
- 독단(獨斷) : 혼자서 판단하고 결정하는.
- 조서(詔書) : 임금의 명령을 적은 문서(文書).
- 성지(聖旨) : 임금의 뜻.
- 조야(朝野) : 조정(朝廷)과 민간(民間).
- 어사(御史) : 암행어사(暗行御史)의 준말로 임금의 명령으로 특별한 임무를 맡아 활동하는 임시직 관리.
- 문초(問招) : 죄인을 신문하는, 즉 법원이나 수사기관에서 범죄 사실을 캐어묻는.

> **직역** 한 번 그물을 쳐서 물고기를 몽땅 잡는다는 뜻.
> **의역** 범인들이나 어떤 무리를 한꺼번에 모조리 휩쓸어 없애 버린다는 뜻.

152

일목난지
一木難支

* 일주난지(一柱難支)와 같은 뜻임.

유래 요약 ─────

중국 진(晉)나라 때 임개(任愷)와 화교(和嶠)는 친구 사이로 조정(朝廷)에서 함께 벼슬을 하였다. 그러다가 위(魏)나라 명제(明帝)의 사위인 임개는 가충(賈充)이라는 사람과의 불화(不和)로 그만 면직(免職)을 당하고 말았다. 화교의 가까운 친구인 임개는 권세(權勢)를 잃게 되자, 자신을 돌보지 않고 무절제(無節制)한 생활을 하게 되었는데 이에 어떤 사람이 임개의 친구인 화교(和嶠)에게 이렇게 말하였다.

"당신은 어찌 친구인 임개(任愷)의 방탕(放蕩)함을 보고도 구하지 않고 좌시(坐視)만 하는 거요?"

중서령(中書令)을 지냈던 화교는 "임개의 방탕(放蕩)은 북하문(北夏門)이 무너질 때와 같아서 나무 기둥 하나로 떠받쳐 될 일이 아니기 때문이오.(非一木所能支)"라고 말하였다.

화교(和嶠)의 말에는 임개(任愷)가 신중(愼重)하지 못하여 몰락(沒落)을 자초(自招)한 것이며, 무너지는 성문(城門)을 나무 하나로 떠받칠 수 없듯이 자기 한 사람의 힘으로 그가 다시 권세(權勢)를 얻도록 도울 수 없다는 뜻이 담겨 있다. 이 글은 『세설신어(世說新語)』의 「임탄편(任誕篇)」에 나오는 말이다.

한자 풀이 ─────

① **일 一 1** - 한 일(한 획으로 가로선을 그어 만든 글자 또는 산가지 1개를 가로놓아 만든 글자로 1·2·3·4…로 된 아라비아 숫자에서 1을 가리킴)·하나 일·첫째 일·오로지 일·땅 일

② **목 木 4** - 나무 목(땅 아래로 뿌리를 내리고 땅 위의 수직으로 줄기가 자라고 있는 나무를 본뜬 글자로 뿌리와 줄기와 가지가 있는 나무를 나타냄)·별이름(木星 : 목성) 목·질박할 목·저릴 목

③ **난 難 19** – 어려운 난(란)[작은 새를 뜻하는 隹(새 추)와 堇(堇 : 진흙 근)이 합해진 글자로 진흙
   에 빠져 날개에 진흙이 묻은 새가 날지 못하고 어려움을 겪고 있다는 뜻을 나타냄]·어려워
   할 난(란)·난리(亂離) 난(란)·재앙(災殃) 난(란)·나무랄 난 또는 꾸짖을 난(란)

④ **지 支 4** – 지탱할 지[支撑(지탱). 又(손 우)와 앞으로 향하여 나아간다는 뜻의 十(열 십)이 합
   해진 글자로 손을 앞으로 뻗치거나 물건을 손으로 잡고 떠받친다는 뜻을 나타냄. 버티며
   배겨내는]·가지 지 또는 나뭇가지 지·가를 지·버틸 지·치를(돈을 계산하여 내어주는) 지·지
   지(地支) 지

용어 풀이 ─────────

- 조정(朝廷) : 임금이 신하(臣下)들과 나라의 정치를 의논하고 집행하는 곳.

- 불화(不和) : 갈등이나 의견차이 등으로 서로 사이가 좋지 못한.

- 면직(免職) : 개인의 의사나 징계에 의해 관직이나 직위 등 일정한 직무에서 물러나게 되는.

- 권세(權勢) : 남을 자기의사에 복종시키는 권력과 지배하는 기세의 힘.

- 무절제(無節制) : 식욕·성욕·술·담배·놀이 따위를 정도에 알맞게 조절을 못하는.

- 방탕(放蕩) : 술과 여자에 빠져서 행실이 좋지 못하고 생활이 엉망이 되는.

- 좌시(坐視) : 관심을 갖거나 참견하지 아니하고 앉아서 보기만 하는.

- 신중(愼重) : 사람이나 사물·문제를 대할 때 차근차근하며 조심성이 있는.

- 몰락(沒落) : 재물·세력·가문 따위가 쇠하여 보잘것없이 되는.

- 자초(自招) : 어떤 불행이나 결과를 제 스스로 끌어들임.

- 세설신어(世說新語) : 후한(後漢) 말에서 동진(東晉) 말까지 약 200년간 실존했던 제왕과 고관귀족을
   비롯하여 문인·학자·현자·스님·부녀자 등 700여명 인물들의 독특한 언행과 일화의 모음집.

직역 하나의 나무 기둥으로 떠받치기에는 어렵다는 뜻.

의역 이미 기울어지는 대세(大勢)를 한 사람의 힘으로써는 감당할 수 없다는 뜻.

153

일패도지
一敗塗地

유래 요약 ─────────

중국 진(秦)나라 시황제(始皇帝)가 죽고 2세 황제 원년(元年) 가을, 진승(陳勝)과 오광(吳廣) 등이 기현에서 봉기(蜂起)하였다. 여러 군현(郡縣)에서는 모두 그 지방관(地方官)을 죽이고 진승에 호응(呼應)하였다.

패현(沛縣)의 현령(縣令)은 세력이 막강해진 진승에 붙어야 목숨을 부지(扶支·扶持)할 수 있다고 판단(判斷)하고 측근에게 의견(意見)을 물었다. 측근(側近)이 명망이 높은 유방(劉邦)을 끌어들이는 게 더 낫다고 하자 현령은 이를 받아들여 유방을 성(城)으로 불렀다. 이때 현령(縣令)은 부하(部下)들을 거느리고 성(城) 밖에 나타난 유방(劉邦)을 보고 갑자기 유방에게 당할 것 같은 예감(豫感)이 들어 성문(城門)을 열지 않고 다시 돌려보냈다.

이렇게 되자 유방은 성(城)안에서 뜻을 함께하고자 하는 인사(人士)들에게 봉기(蜂起)할 것을 호소(呼訴)하는 편지(便紙·片紙)를 써서 화살에 메달아 쏘아 보냈다. 그러자 그 인사(人士)들은 이에 호응(呼應)해서 현령을 죽이고 유방을 맞이하고는 그에게 새 현령(縣令)이 되어 줄 것을 간청(懇請)했다.

그러나 유방은 사양(辭讓)하며 이렇게 말했다.

"지금 천하(天下)는 혼란(混亂)에 빠져 있고 제후(諸侯)는 곳곳에서 일어나고 있소. 이때 훌륭한 인물(人物)을 가려 장수(將帥)로 삼지 않는다면 '일패도지(一敗塗地)'하고 말 것이오……."

한자 풀이 ─────────

① **일 ─ 1** - 한 일(한 획으로 가로선을 그어 만든 글자 또는 산가지 1개를 가로놓아 만든 글자로 1·2·3·4…로 된 아라비아 숫자에서 1을 가리킴)·하나 일·첫째 일·오로지 일·땅 일

② **패 敗 11** - 질 패 또는 패할 패[본래 금속으로 만든 세 발 달린 솥을 뜻하는 鼎(솥 정)이 생략된 貝(조개 패)와 攵(攴 : 칠 복)이 합해진 글자로 솥인 쇠붙이를 쳐서 도망가라고 알리는 신호를 나타냄. 시합·재판·싸움 등에서 상대편에 꺾이는]·깨어질 패·무너질 패·헐 패·썩을(음식이 썩거나 도덕심이 무너지는) 패

③ **도 塗 13** - 칠할 도[벽에 매흙질을 한다는 뜻인 涂(칠할 도)가 강(江)이름과 함께 쓰이자 土(흙 토)가 더해진 글자로 물과 반죽한 진흙을 벽에 발라 입힌다는 뜻을 나타냄]·진흙 도·바를 도·길 도·더럽힐 도

④ **지 地 6** - 땅 지 또는 따 지[土(흙 토)와 발음요소와 긴 뱀의 모양을 본뜬 也(잇기 야)가 합해진 글자로 흙이 사방으로 잇달아 깔려 있는 땅 또는 넓은 땅덩어리를 나타냄. 논과 밭, 육지와 바다로 된 지구 표면]·곳(사물·건물 따위가 차지한 자리나 장소) 지·지위(地位) 지·처지(處地) 지·나라 지·뭍 지

용어 풀이 —————

- 시황제(始皇帝) : 중국 최초의 중앙집권적 통일제국인 진(秦)나라를 세우고 부국강병책을 추진하였음.
- 봉기(蜂起) : 떼지어 날아오르는 벌떼처럼 사람들이 곳곳에서 반기를 들고 일어나는.
- 군현(郡縣) : 군(郡)·현(縣) 단위의 나라 행정구역.
- 호응(呼應) : 부름에 응답한다는 뜻으로 부름이나 호소 따위에 대답하거나 응하는.
- 현령(縣令) : 현(縣) 단위의 지방 장관.
- 부지(扶支·扶持) : 직책이나 권력·정권 따위를 버티어 가지고 있는.
- 유방(劉邦) : 중국 진(秦)나라 말기 때 장수이며 한(漢)나라를 세운 황제.
- 호소(呼訴) : 억울하거나 딱한 사정을 남에게 간곡히 알리는.
- 간청(懇請) : 중요한 요구나 부탁 등을 간절히 청하는.

> **직역** 싸움에 단 한 번 패하여 모든 것이 땅에 떨어져버린다는 뜻.
>
> **의역** 한 번 여지없이 패(敗)하면 다시는 일어날 수 없게 된다는 뜻.

154

자포자기
自暴自棄

유래 요약 ─────

중국 춘추전국시대(春秋戰國時代) 아성(亞聖) 맹자(孟子)는 자포자기(自暴自棄)에 대해 『맹자(孟子)』「이루편(離婁篇)」에서 이렇게 말했다.

"자포(自暴)하는 사람과는 함께 말을 할 수가 없고, 자기(自棄)하는 사람과는 함께 행동을 할 수가 없다. 입만 열면 예의(禮義) 도덕(道德)을 헐뜯는 것을 자포(自暴)라고 하며 한편 도덕의 가치(價値)를 인정(認定)하면서도 인(仁)이나 의(義)라는 것은 자기와는 무관(無關)한 것이라고 생각하는 것을 자기(自棄)라고 한다. 사람의 본성(本性)은 원래 선(善)한 존재(存在)이므로 도덕의 근본이념인 인(仁)은 편안(便安)한 집과 같은 것이며, 올바른 길인 의(義)는 사람에게 있어서의 정로(正路·正道)이다. 편안한 집을 비운 채 들어가 살려 하지 않으며 올바른 길을 버린 채 그 길을 걸으려 하지 않는 것은 실로 개탄(慨歎)할 일이로다."

한자 풀이 ─────

① **자 自 6** - 스스로자[目(눈 목)에 코를 내려다본다는 뜻의 丿(삐침 별)이 합해진 글자로 코의 앞 모습과 코로 숨을 쉬고 있는 자기 자신을 가리킴]·몸소 자·저절로 자·부터 자

　* 自(코 자)는 주로 코의 형태를 나타내며 鼻(코 비)는 코의 기능을 나타냄

② **포 暴 15** - 사나울(사자나 호랑이처럼 성질·행동이 거칠고 생김새가 무섭고 험한. 병이 무섭게 나빠지는) 포(폭)·드러낼 폭[본래 日(해 일)과 出(날 출)과 廾(받들 공)으로 이루어진 共과 米(쌀 미)가 변형된 氺가 합해진 글자로 해가 나오면 두 손으로 쌀을 꺼내어 햇볕에 쬐어 말린다는 뜻을 나타냄]·해칠 포·세찰 포

③ **기 棄 12** - 버릴기[子(아이 자)가 거꾸로 된 글자인 云(아기낳을 돌)과 흐르는 강물을 뜻하는 川

(川 : 내 천)과 키와 삼태기를 뜻하는 箕(키 기)가 변형된 卅와 양손을 뜻하는 ㅆ이 변형된 木 (나무 목)이 합해진 글자로 태어나면서 죽은 갓난애를 키나 삼태기에 담아 강물에 내다 버린 다는 뜻을 나타냄]·포기할 기·잃을 기

용어 풀이 ————————

- 춘추전국시대(春秋戰國時代) : 중국 고대(古代)의 변혁시대로 BC 770년 주(周)왕조가 뤄양(洛陽)으로 천도하기 이전의 시대를 서주시대, 이후의 시대를 동주시대라고 하며 동주시대는 춘추시대와 전국시 대로 나누어진다. '춘추'는 공자가 쓴 역사책에서 '전국'은 유향이 쓴 『전국책』에서 유래하였음.
- 아성(亞聖) : 성인(聖人)에 다음가는 현인(賢人)이라는 뜻으로, 곧 대성공자(大聖孔子)에 대하여 그 다음 가는 맹자(孟子)를 말함.
- 자포(自暴) : 자신을 스스로 냉정하고 독(毒)하게 대하는.
- 도덕(道德) : 사회생활에 있어서 인간으로서 마땅히 지켜야 할 도리 및 이에 준하는 행위.
- 자기(自棄) : 자신을 스스로 버리며 돌아보지 않는.
- 인(仁) : 유교의 도덕 이념이며 덕(德)으로 사랑을 실천하는.
- 의(義) : 사람으로서 지켜야 할 정당한 도리.
- 정로·정도(正路·正道) : 도덕적으로 인간적으로 걸어가야 할 옳고 바른 길.
- 개탄(慨歎) : 분하거나 못마땅하게 여기며 몹시 걱정스럽게 한숨을 내쉬는.

직역 자신을 사납게 대하고 스스로 포기해버린다는 뜻.
의역 자신을 절망 상태에 빠지게 하고 돌아보지 아니한다는 뜻. 즉, 몸가짐이나 행동(行動)을 되는 대로 막 한다는 뜻.

155

저수하심
低首下心

유래 요약 ————————

  중국 당(唐)나라에 문학(文學)에 능할 뿐만 아니라 이부시랑(吏部侍郎)까지 오른 정치가(政治家) 한유(韓愈)가 있었다. 그는 불교(佛敎)에 대해서는 강하게 배척(排斥)한 유학자(儒學者)였는데, 헌종(獻宗)이 부처님 사리(舍利·奢利)를 조정(朝廷)에 들여놓으려 하자 「논불골표(論佛骨表)」를 써서 신랄(辛辣)하게 비판(批判)했다.

  이로 인하여 헌종의 노여움을 사 사형(死刑)에 처해질 운명(運命)이었으나 주위 사람들의 도움으로 겨우 사형을 면하고 조주자사(潮州刺史)로 좌천(左遷)되는 정치적 비운(悲運)은 겪게 된다.

  그가 명령을 받아 근무할 곳에 오자, 백성(百姓)들이 골칫거리를 하소연했다. 바로 악어가 골짜기에 모여 있다가 불시(不時)에 가축을 잡아먹고 사람까지 해친다는 것이었다. 한유(韓愈)는 악어들에게 일주일 시간의 여유를 주어 남쪽의 바다에 가 살도록 명했다. 만약 말을 듣지 않으면 포수(砲手) 시켜 모두 죽여 버리겠다는 으름장을 놓았다.

  한유가 쓴 「제악어문(祭鰐魚文)」이란 글 가운데 다음과 같은 말이 있다.

  "자사(刺史)인 내가 비록 어리석고 약하지만 또한 어찌 악어를 위하여 머리를 낮게 하고 마음을 아래로 하여 듣겠는가?"

한자 풀이 ————————

① **저 低 7** - 낮을 저[亻(人 : 사람 인)과 발음요소와 땅바닥이나 맨 아래를 뜻하는 氐(근본 저)가 합해진 글자로 사람이 땅을 향해 몸을 굽혀 있을 때나 낮출 때 키가 작고 낮게 보인다는 뜻을 나타냄]·숙일 저·구부릴 저

② **수 首 9** - 머리 수[눈·이마·머리의 모양을 본뜬 首에 머리털을 뜻하는 巛(川 : 내 천)이 생략된 丷

이 윗부분에 더해진 글자로 사람의 머리를 나타냄]·우두머리 수·첫째 수·첫머리 수·처음 수·

자백할 수·임금 수

③ **하 下 3** – 아래 하[땅의 기준을 뜻하는 一(한 일·땅 일)과 그 아래로 그은 丨(수직선)에 임의의

지점에 -(짧은 가로획)을 표시한 글자로 위·아래의 구조나 수직선상에서 지구 중심인 아래쪽과

위치·계급·능력 등이 낮은 아래쪽을 나타냄]·낮을 하·임금거처 하·내릴 하·낮출 하·겸손할 하

　* 下(하)는 높은 지위나 존칭으로 씀.

④ **심 心 4** – 마음 심(사람의 심장 모양을 본뜬 글자로 본뜻은 심장이며 이후 '마음'의 뜻이 생

긴 것임)·생각 심·심장 심 또는 염통 심·가슴 심·중심 심·별이름 심·근본 심

　* 예로부터 사람들은 모든 생각은 심장이 주관하는 마음에서 나온다고 믿었음. 心琴(심금 : 미묘한 마음).

용어 풀이 ────────

• 이부시랑(吏部侍郎) : 관리(官吏)의 임명과 해임을 관장하며 장관을 보좌하는 으뜸 벼슬.

• 한유(韓愈) : 문벌이나 배경 없이 관직에 오른 당(唐)나라 때의 정치가·사상가이며 문학가.

• 배척(排斥) : 물리쳐버리는, 따돌리거나 거부하여 밀어 내치는.

• 유학자(儒學者) : 공자(孔子)의 가르침을 근본으로 삼는 정교(政敎)일치의 학문을 연구하는 사람.

• 사리(舍利·奢利) : 붓다나 성자(聖者)의 유골. 후세에는 화장한 뒤에 나오는 작은 구슬을 가리킴.

• 조정(朝廷) : 임금이 나라의 정치를 의논하고 집행하는 곳.

• 논불골표(論佛骨表) : 부처의 유골인 불골사리(佛骨舍利)에 대한 논리적인 의견을 제왕께 올리는 발표문.

• 자사(刺史) : 행정단위인 주(州)지역의 으뜸 벼슬.

• 좌천(左遷) : 낮은 관직(官職)이나 지위로 떨어지거나 외직(外職)으로 전근되는.

• 포수(砲手) : 총으로 짐승을 잡는 사냥꾼.

직역 머리를 낮추고 마음을 아래로 향하게 한다는 뜻.

의역 남에게 머리를 숙여가며 복종한다는 뜻. 즉, 순종(順從)하여 감히 반항(反抗)하지

　　　못하는 모습을 비유하는 말임.

156

전호후랑
前虎後狼

* 이 글은 전문거호(前門据虎) 후문진랑(後門進狼)의 줄임말임(据 : 막아지킬 거, 進 : 다가올 진).

유래 요약 ─────────

중국 후한(後漢)의 장제(章帝)가 죽자 10살의 어린 나이인 화제(和帝)가 제위(帝位)에 올랐다. 그러나 화제는 장제의 황후(皇后)였던 두태후(竇太后)와 그녀의 오빠 두현(竇玄)이 정권(政權)을 잡게 되자 명목상(名目上)의 임금에 불과하게 되었다.

얼마 후 권력(權力)의 맛을 알게 된 두현은 한걸음 나아가 화제(和帝)를 시해(弑害)하고 자신이 직접 제위(諸位)에 오르기 위해 음모(陰謀)를 꾸미기 시작했다. 그러나 이 사실(事實)은 화제에 의해 곧 발각(發覺)되었고 뜻을 이루지 못한 두현은 체포(逮捕) 직전에 자살(自殺)하였다.

또 이번에는 두씨 일족을 대신하여 환관(宦官)이 권력을 쥐고 정사(政事)에 관여하기 시작한 것이다. 이로 인해 후한(後漢)은 결국 자멸(自滅)하게 된다.

명(明)나라 때 조설항(趙雪航)이라는 자가 이 당시의 상황(狀況)을 다음과 같이 비유적(比喩的)으로 말하고 있다.

"두씨가 제거(除去)되자 환관(宦官)의 세력(勢力)이 일어나게 되었다. 앞문의 호랑이를 막으니 뒷문의 이리가 나온다는 속담(俗談)은 바로 이것을 두고 한 말인 것 같다."

한자 풀이 ─────────

① 전 前 9 - 앞 전[본래는 歬으로 배가 나갈 때 갈라지는 물결을 뜻하는 八와 月(舟 : 배 주)와 나무를 깎아 파내는 도구인 刀(솜씨 교)가 합해진 글자로 배가 앞으로 나아가는 모습을 나타냄. 얼굴이 있는 쪽. 정문이나 현관이 있는 쪽]·먼저 전·일찍 전·옛(오래 전의, 지나간 때의) 전·인도할 전

② 호 虎 8 - 범 호 또는 호랑이 호[범을 뜻하는 虍(호피무늬 호)와 범이 걸어간 발자국을 뜻하는

儿(길게걸을 인)이 합해진 글자로 범의 형상을 나타냄. 몸의 털색깔이 황갈색 바탕에 검은 줄 무늬가 있는 야생동물]·용맹스러울 호

③ **후 後 9** - 뒤 후[종종걸음으로 걷는다는 뜻인 彳(조금걸을 척)과 끈을 뜻하는 糸(실 사)가 생략된 幺(작을 요)와 夂(뒤쳐올 치)가 합해진 글자로 끈에 발이 묶인 죄인이 뒤처져 나중에 온다는 뜻임]·늦을 후

④ **랑 狼 10** - 이리 랑(낭)[짐승을 뜻하는 犭(犬 : 개 견)과 발음요소인 良(어질 량)이 합해진 글자로 개와 비슷하나 늑대보다 크며 육식성으로 사나운 짐승임. 뒷다리가 짧고 용맹스러운 동물]

용어 풀이 ————

- 제위(帝位) : 황제(皇帝)나 국왕(國王)의 자리.
- 황후(皇后) : 황제(皇帝)의 아내를 이르는 정실(正室).
- 명목상(名目上) : 실제가 아니고 표면상으로만 내세우는 이름의.
- 시해(弑害) : 부모나 임금 등 윗사람을 칼이나 무기로 죽이는.
- 음모(陰謀) : 남을 죽이거나 해치기 위하여 남이 모르게 나쁜 일을 꾸미는.
- 발각(發覺) : 범행 등 숨겼던 나쁜 일이 겉으로 드러나 사람들에게 밝혀지는.
- 환관(宦官) : 궁중(宮中)에서 일하는 내관(內官)으로 생식기가 제거된 남자.
- 정사(政事) : 정치에 관계되는 일. 벼슬아치를 임명하고 해임하는 업무.
- 자멸(自滅) : 자기 스스로 또는 자연히 멸망하는.

직역 앞문의 호랑이를 막으니 뒷문으로 이리가 들어온다는 뜻.
의역 어려움이나 재앙(災殃)이 계속해서 닥쳐온다는 뜻.

157

전화위복
轉禍爲福

*화전위복(禍轉爲福)이라고도 씀.

유래 요약 ─────

중국 춘추전국시대(春秋戰國時代) 합종책(合綜策)으로 6국, 곧 한(韓)·위(魏)·조(趙)·연(燕)·제(齊)·초(楚)의 재상(宰相)을 겸임했던 종횡가(縱橫家) 소진(蘇秦)은 이런 말을 한 적이 있다.

"옛날에 일을 잘 처리(處理)했던 사람은 화(禍)를 바꿔 복(福)으로 만들었고(轉禍爲福), 실패(失敗)를 바꿔 공(功)으로 만들었다(因敗爲功)."

어떤 불행(不幸)한 일이라도 끊임없는 노력(努力)과 강인(强靭)한 의지(意志)로 힘쓰면 행복(幸福)으로 바꾸어 놓을 수 있다는 말이다.

다시 말해서 불행한 일이 닥치거나 좋지 않은 일이 생겼을 때 슬퍼하거나 포기(抛棄)하지 말고 바뀔 수 있다는 희망(希望)을 갖고 어떤 상황(狀況)에서도 최선(最善)을 다하라는 말이다.

한자 풀이 ─────

① 전 轉 18 - 구를 전[車(수레 거)와 둥근 실패나 물레를 손으로 돌린다는 뜻의 專(오로지 전)이 합해진 글자로 수레바퀴가 물레가 돌아가듯이 굴러간다는 뜻을 나타냄]·돌아누울 전·바꿀 전·옮길 전·변할 전

② 화 禍[禍] 14 - 재앙 화[災殃(재앙). 신(神)을 뜻하는 示(귀신 기)와 발음요소와 벌(罰)을 뜻하는 咼(입비뚤어질 와)가 합해진 글자로 신(神)의 노여움을 받아 입이 비뚤어졌다는 데서 재앙의 뜻을 나타냄. 홍수·화재·지진·화산 등 하늘과 땅의 변화로 생긴 뜻밖의 불행한 일]

③ 위 爲 12 - 할 위 또는 행할 위[본래 爫(爪 : 손톱 조)와 象(코끼리 상)이 변형된 爲이 합해진 글자로 손으로 코끼리를 쓰다듬으며 어떤 일을 하도록 부린다는 뜻을 나타냄]·위할 위·속일

위·될 위·만들 위·하여금 위

④ **복 福 14** - 복 복[신(神)에게 제물을 올리는 제단의 모양인 示(제사 시)와 술이 가득 들어 있는 술항아리를 본뜬 畐(가득할 복)이 합해진 글자로 조상이나 신(神)에게 제사를 정성껏 지내어 그 덕으로 자손이 누리는 운(運) 좋고 걱정 없는 즐거운 삶을 뜻함]·상서(祥瑞 : 복되고 즐거운 좋은 일이 일어날 조짐이 있는) 복·음복(飮福 : 제사를 지내고 난 뒤에 제사 음식을 나누어 먹는)할 복·많을 복

용어 풀이 ——————

- 합종책(合縱策) : 6개의 제후국(諸侯國)이 진(秦)나라의 침공을 막기 위한 6국 연합의 외교술에 관한 정책.
- 종횡가(縱橫家) : 중국 전국시대 제후들 사이를 오가며 여러 국가를 종횡으로 합쳐서 경륜하는 외교술을 논하는 사람.
- 처리(處理) : 일·사건·문제·판단 등을 합리적으로 이치에 맞게 다스려 해결하는.
- 화(禍) : 화재나 홍수·질병·사고 등 뜻하지 아니하게 생긴 불행이나 모질고 사나운 운수.
- 복(福) : 삶에서 누리는 좋고 만족할 만한 행운이나 좋은 운수.
- 강인(強靭) : 결심한 바를 이루려는 뜻이 굳고 세차며 질긴.
- 의지(意志) : 뜻을 갖고 어떤 목적을 실현하는 굳은 마음.
- 포기(抛棄) : 하고 있거나 하려던 일을 버리고 돌아보지 아니하는.
- 상황(狀況) : 일이 되어가거나 벌어지는 형편이나 모양.

직역 화(禍)가 바뀌어 오히려 복(福)이 된다는 뜻.
의역 언짢은 일이 원인이 되어 오히려 다른 좋은 일을 보게 됨을 이르는 뜻.

158

절차탁마
切磋琢磨

유래 요약 ―――――

중국 춘추시대(春秋時代) 공자(孔子)의 제자(弟子)인 위(魏)나라 유학자(儒學者)로서 언변(言辯)과 재기(才氣)가 뛰어난 자공(子貢)이 어느 날 스승인 공자에게 이렇게 물었다.

"선생님, 가난하더라도 남에게 아첨하지 않으며(貧而無諂), 부자가 되더라도 교만(驕慢)하지 않는 사람이 있다면(富而無驕), 그건 어떤 사람일까요?"

"좋긴 하지만, 가난하면서도 도(道)를 즐기고(貧而樂道), 부자가 되더라도 예(禮)를 좋아하는 사람만은 못하느니라(富而好禮)."

공자(孔子)의 대답(對答)에 이어 자공(子貢)은 또 이렇게 물었다.

"시경(詩經)에 '선명(鮮明)하고 아름다운 군자(君子)는 뼈나 상아(象牙)를 잘라서 줄로 간 것 - 切磋 - 처럼, 또한 옥(玉)이나 돌을 쪼아서 모래로 닦은 것 - 琢磨 - 처럼 밝게 빛나는 것 같다'고 나와 있는데 이는 선생님이 말씀하신 '수양(修養)에 수양을 쌓아야 한다'는 것을 말한 것일까요?"

공자는 이렇게 대답했다.

"이제는 하나를 들으면 둘을 알 수 있는 인물이로다."

한자 풀이 ―――――

① **절 切 4** - 끊을 절[(刀(칼 도)와 물체의 중간을 칼로 내리쳐 자른다는 뜻의 七(일곱 칠)이 합해진 글자로 칼이나 톱으로 짐승의 뼈나 뿔을 자른다는 뜻을 나타냄)·벨 절·썰 절·간절할 절·정성스러울 절·문지를 절

② **차 磋 15** - 갈 차[石(돌 석)과 벼이삭의 까끄라기가 들쭉날쭉한 모양인 差(다를 차)가 합해진 글자로 표면이 울퉁불퉁한 돌을 끝이 뾰족한 쇠붙이인 정으로 쪼고 다듬어서 편편하게 한다는 뜻을 나타냄. 뼈나 상아나 옥돌로 물건을 만들 때 광택을 내기 위하여 사포로

문지르는]

③ **탁 琢 12** - 쪼을 탁 또는 쫄 탁[王(玉 : 구슬 옥)과 옥을 다듬는 소리를 뜻하는 豕(발읽은돼지 의걸음 축)이 합해진 글자로 뾰족한 칼이나 정(구멍을 뚫는 데 쓰는 쇠로 만든 연장)으로 찍어 나무·돌에 글·그림을 새기거나 형상을 만드는]·옥다듬을[옥(玉)이나 돌을 쪼아 형태를 만들고 문질러 닦는] 탁

④ **마 磨 16** - 갈 마[石(돌 석)과 발음요소와 껍질에 섬유질이 많아 옷감으로 쓰는 식물인 麻(삼 마)가 합해진 글자로 삼이나 모래·돌로 매끄럽게 간다는 뜻을 나타냄. 칼이나 쇠붙이를 날을 세우기 위하여 숫돌에다 문지르는]·연자(硏子 : 둥근 돌을 말·소가 끌어 돌리며 찧는 방아) 방아 마

용어 풀이 ──────────

- 유학자(儒學者) : 공자(孔子)의 가르침을 근본으로 삼는 정교(政敎)일치의 학문을 연구하는 사람.
- 언변(言辯) : 말을 조리 있고 유창하게 하는 솜씨나 말재주.
- 재기(才氣) : 재주가 있는 기력과 성질 또는 체질.
- 교만(驕慢) : 겸손하지 못하고 잘난 체하며 뽐내는.
- 도(道) : 도덕적으로 종교적으로 사람이 마땅히 지켜야 할 도리.
- 시경(詩經) : 중국 춘추시대의 민요(民謠)를 중심으로 모은 시집(詩集).
- 선명(鮮明) : 산뜻하고 밝음, 논리가 뚜렷한.
- 군자(君子) : 덕(德)과 학식이 높은 사람, 높은 벼슬자리에 있는 사람, 또는 훌륭한 임금이나 황제.
- 수양(修養) : 몸과 마음을 단련하여 품성(品性)·지혜(智慧)·도덕(道德)을 닦음.

직역 옥·돌 따위를 톱으로 자르고 줄로 쓸고 끌로 쪼며 모래로 문질러 간다는 뜻.

의역 학문(學問)이나 기술(技術), 인격(人格)을 힘써 갈고 닦는다는 뜻.

159

점입가경
漸入佳境

유래 요약

중국 동진(東晉)시대 명화가(名畫家)로 서예(書藝)의 왕희지(王羲之)와 쌍벽을 이루는 고개지(顧愷之)가 있었다. 사안(謝安)은 그를 다재다능한 화가(畫家)이며 독특한 인품(人品)으로 천지개벽(天地開闢) 이래 최고의 인물이라고 했다. 특히 불교(佛敎) 인물화(人物畫)에 재능을 보였다고 한다.

365년 남경(南京)에 있던 승려(僧侶)들이 와관사(瓦官寺)를 짓기로 했다. 하지만 돈이 모자라 헌금자(獻金者)를 모으기로 하고 고민(苦悶)하고 있던 어느 날 20세의 청년(靑年)이 와서 말했다.

"내가 백만 전을 내겠소. 그러니 절이 완공(完工)되거든 알려주시오."

드디어 절이 완공되었다. 그 청년은 불당(佛堂) 한 칸을 깨끗이 정리시키고는 벽에다 유마힐(維摩詰)의 불상(佛像)을 그렸다. 이 그림이 알려지자 이를 보러오는 이들의 보시(布施)가 금세 백만 전을 넘었다고 한다. 이 청년이 바로 고개지(顧愷之)였다.

그는 사탕수수를 즐겨 먹었는데 늘 가느다란 가지부터 뿌리 부분으로 내려가며 씹었다고 한다. 이상하게 생각한 친구들이 묻자 태연(泰然)하게 말했다.

"그야 점점 뿌리 쪽으로 갈수록 단맛이 나기 때문이지(漸入佳境)."

이때부터 점입가경은 경치나 문장 또는 어떤 일의 상황이 갈수록 재미있게 전개(展開)되는 것을 뜻하게 됐다.

한자 풀이

① **점 漸 14** - 점점 점[氵(水 : 물 수)와 발음요소와 물속으로 점점 들어간다는 뜻의 斬(벨 참)이 합해진 글자로 바다의 밀물이 육지로 조금씩 조금씩 밀려오는. 증가·감소·흥미·병·능력 등 어떤 상황이 조금씩 변하는]·차차 점·천천히나아갈 점·번질 점·들(색깔이 번지며 물건에

배는) 점·스밀 점·위독할 점·심할 점

② **입 入 2** - 들 입(사람이 드나드는 옛날 움집의 입구 모양을 또는 초목의 뿌리가 땅속으로 뻗어 들어가는 모양을 본뜬 글자로 사람이나 물건을 문 안으로 들어오게 하거나 들어가게 하는)·들릴 입·들어올 입·빠질 입·넣을 입

③ **가 佳 8** - 아름다울 가[亻(人 : 사람 인)과 圭(홀 규)가 합해진 글자로 홀규를 들고 있는 사람이 아름답게 보인다는 뜻을 나타냄. 생김새가 보석처럼 맑고 고우며 경치 등이 볼만하게 훌륭한]·착할 가·좋을 가·훌륭할(태도가 매우 좋고 경치가 매우 아름답거나 덕망이 높고 위대한) 가

④ **경 境 14** - 지경 경[地境(지경). 땅이나 영토를 뜻하는 土(흙 토)와 발음요소인 竟(끝 경)이 합해진 글자로 땅이 끝나는 가장자리를 나타냄. 땅이나 지역을 나눌 때 한계가 되는 경계선. 지정된 장소]·경계(境界) 경·형편(形便) 경·사정(事情) 경·경우(境遇) 경·처지(處地) 경

용어 풀이 ────────

- 명화가(明畫家) : 예술성이 뛰어난 그림을 전문적으로 그리는 사람.
- 사안(謝安) : 중국 동진(東晉) 중기의 명재상(名宰相)으로 칭송이 높았던 손꼽히는 문화인이었음.
- 천지개벽(天地開闢) : 하나의 혼돈체(混沌體)였던 것이 하늘과 땅으로 갈라지면서 처음으로 열린. 자연계나 사회의 큰 변혁의 비유. 천지가 창조된 일.
- 불교(佛敎) : 석가모니를 교조(敎祖 : 종교를 처음 세운 사람)로 삼고 그가 설한 교법을 근본으로 하는 종교.
- 헌금자(獻金者) : 어려운 사람이나 의미 있는 사업에 돈을 바치는 사람.
- 불당(佛堂) : 불교의 교조인 석가모니인 부처를 모셔 놓은 높은 대청이나 집.
- 불상(佛像) : 부처의 형상을 표현한 조각(彫刻)이나 화상(畫像).
- 보시(布施) : 사랑하고 불쌍히 여기는 자비심(慈悲心)으로 남에게 조건 없이 베푸는.
- 전개(展開) : 어떤 일이나 이야기·문장·반응 등이 진전되면서 핵심 내용이 펼쳐지는.

> **직역** 점점 깊이 들어갈수록 아름다운 경지에 이른다는 뜻.
>
> **의역** 경치나 문장(文章)·사건 등이 갈수록 재미있게 전개된다는 뜻. 또는 시간이 지날수록 하는 짓이나 모양새를 차마 볼 수 없음을 비유적으로 이르는 말.

160

정중지와
井中之蛙

* 정중와(井中蛙)라고도 씀.

유래 요약

중국 전한(前漢) 말 정치가 왕망(王莽)이 건국(建國)한 신(新)나라에 마원(馬援)이라는 인재(人材)가 있었다. 그는 고향에서 조상(祖上)의 묘를 지키다가 중국 감숙성(甘肅省) 농서(隴西)에 웅거(雄據)하는 외효(隗囂)의 부하(部下)가 되었다.

그 무렵 공손술(公孫述)은 촉(蜀)나라 땅에 성(成)나라를 세우고 황제(皇帝)를 참칭(僭稱)하며 세력을 키우고 있었다.

외효는 그가 어떤 인물인지 알아보기 위해 마원(馬援)을 보냈다. 마원은 고향 친구인 공손술이 반가이 맞아 주리라 믿었는데 공손술은 계단 아래에 무장(武裝)한 군사들을 도열(堵列)시켜 놓고 위압적(威壓的)인 자세로 맞았다. 그리고 거드름을 피우며 말했다.

"옛날의 우정을 생각해서 자네를 장군(將軍)에 임명할까 하는데, 어떤가?"

마원은 잠시 생각해 보았다.

'천하의 자웅(雌雄)은 아직 결정되지 않았는데, 공손술은 예를 다하여 천하(天下)의 인재(人材)를 맞으려 하지 않고 허세(虛勢)만 부리고 있구나. 이런 자와 어찌 천하를 도모(圖謀)할 수 있겠는가……'

마원(馬援)은 서둘러 돌아와서 외효(隗囂)에게 고했다.

"공손술은 좁은 촉(蜀)나라 땅에서 으스대는 재주밖에 없는 우물 안 개구리(井中之蛙)였습니다."

그래서 외효는 공손술과 손잡을 생각을 버렸다.

한자 풀이

① 정 井 4 - 우물 정(정사각형의 난간 모양으로 만든 우물의 틀을 본뜬 글자로 물을 얻기 위하여 땅을 파고 4각 모양으로 나무막대를 설치하여 물이 괴게 만든 시설·샘)·밭이랑 정·

정자꼴 정·조리(條里)있을 정·취락 정

② **중 中 4** - 가운데 중(깃발을 가운데 꽂아 사람들을 모이게 하거나 부락·군부대·집단의 가운데에 깃발을 꽂은 모양의 글자로 사물이나 위치·나이·순서 등의 중심을 뜻함)·바를(중심을 잡아 균형을 이루는) 중·진행 중·안 중 또는 안쪽 중·속 중·중용(中庸) 중·사이 중·알맞을 중·중독(中毒)될 중·맞힐 중·맞을 중

③ **지 之 4** - 갈 지[두 발을 뜻하는 止(발 지)와 출발선을 뜻하는 一(가로획)을 그어 만든 글자로 한 발을 떼고 막 출발하려는 모습을 나타냄]·이를 지·이 지·어조사(~의, ~가, ~이, ~을) 지

④ **와 蛙 12** - 개구리 와[뱀이 웅크리고 있는 모양인 虫(벌레 훼·뱀 훼)와 발음요소와 개구리 모양을 본뜬 圭(서옥 규)가 합해진 글자로 올챙이가 자란 것으로 뒷발이 길고 발가락 사이에는 물갈퀴가 있는 물과 땅에서 사는 동물을 뜻함]·음란(淫亂 : 술과 여자를 밝히며 그릇된 생각으로 행동이 어지럽고 어수선한)할 와

용어 풀이 ————

- 웅거(雄據) : 산(山)이나 어느 곳에 굳세게 자리 잡고 버티는.
- 부하(部下) : 남의 아래에서 그 명령에 따라 움직이는 사람.
- 참칭(僭稱) : 분수에 맞지 아니하게 스스로 임금·황후라고 일컫는.
- 도열(堵列) : 병사나 직원 등 많은 사람들이 누구를 맞이하기 위하여 죽 늘어서 있는.
- 위압적(威壓的) : 위엄이나 위력 따위로 압박하거나 정신적으로 억누르는.
- 자웅(雌雄) : 암컷과 수컷을 아울러 이르는, 승부·우열·강약 따위를 비유적으로 이르는.
- 허세(虛勢) : 실질적인 세력이나 권력은 없는 헛된 기세(氣勢).
- 도모(圖謀) : 어떤 일을 이루기 위하여 대책과 방법을 세우는.
- 물정(物情) : 돌아가는 사정이나 형편, 세상 사람의 인심이나 심정.

직역 우물 안 개구리라는 뜻.
의역 세상을 바라보는 학식과 견문이 좁다는 뜻. 또는 세상(世上) 물정(物情)을 너무 모른다는 뜻.

161

조강지처
糟糠之妻

유래 요약 ————

중국 후한(後漢) 광무제(光武帝) 때의 일이다. 온후(溫厚)하고 강직(剛直)한 인물인 송홍(宋弘)은 광무제(光武帝)를 섬겨 태사공(太史公)에 임명(任命)되었다.

어느 날 광무제는 미망인(未亡人)이 된 누님 호양공주(湖陽公主)가 신하(臣下) 중 누구를 마음에 두고 있는지 의중(意中)을 떠보았다. 호양공주는 위엄있는 자태(姿態)와 덕행(德行)이 높은 송홍(宋弘)을 칭찬(稱讚)했다. 그러자 광무제는 알았다고 말한 후 어느 날 병풍 뒤에 호양공주를 앉혀놓고 송홍과 이런저런 이야기를 나누었다. 광무제가 먼저 말했다.

"속담(俗談)에 고귀(高貴)해지면 사귐을 바꾸고 부자(富者)가 되면 아내를 바꾼다고 하는데 그것이 인지상정(人之常情)이 아니겠소?"

그러자 송홍(宋弘)은 지체 없이 답했다.

"아닙니다. 신(臣)은 가난하고 비천(卑賤)한 때에 사귄 벗은 잊으면 안 되고(貧賤之友不可忘), 찌게미와 쌀겨를 먹으며 고생한 아내는 집에서 쫓아내면 안 된다고(糟糠之妻不下堂) 들었습니다."

한자 풀이 ————

① **조 糟 17** - 막걸리 조[米(쌀 미)와 발음요소와 한 그릇 안에 알코올 성분과 찌꺼기가 섞여 있다는 뜻의 曹(무리 조)가 합해진 글자로 쌀을 밥 하듯이 쪄서 누룩과 섞은 다음 알코올 성분이 생기도록 발효시켜 탁하게 걸러 짠 술]·술지게미(술을 거르고 통에 남은 누룩 껍데기와 밥의 찌꺼기. 몹시 가난할 때 끼니로 먹는 음식) 조 또는 지게미 조

② **강 糠 17** - 겨 강[곡식의 낟알을 뜻하는 米(쌀 미)와 발음요소인 康(편안할 강)이 합해진 글자로 벼·보리·조 같은 곡식을 찧어 벗겨진 얇은 속껍질이나 굵은 겉껍질]·쌀겨(몹시 가난할 때

밥 대신 끼니로 먹는 음식을 의미함) 강·잘(크기가 작은) 강·자잘할 강

③ **지 之 4** - 갈 지[두 발을 뜻하는 止(발 지)와 출발선을 뜻하는 一(가로획)을 그어 만든 글자로 한 발을 떼고 막 출발하려는 모습을 나타냄]·이를 지·이 지·어조사(~의, ~가, ~이, ~을) 지

④ **처 妻 8** - 아내 처[본래 비녀를 뜻하는 屮(싹날 철)과 彐(又 : 손우)와 女(여자 여)가 합해진 글자로 결혼한 여인이 손으로 매만진 머리에 비녀를 꽂는 모습을 나타냄. *비녀 : 여자의 쪽 진 머리가 풀어지지 않도록 가로질러 꽂는 장신구]·시집보낼(여자를 결혼시켜 남자의 집으로 가서 함께 사는) 처

용어 풀이 ───────

• 온후(溫厚) : 성질이 부드럽고 덕행(德行)이 두터운.

• 강직(剛直) : 기력과 체질이 꿋꿋하고 곧은.

• 태사공(太史公) : 중국 주(周)나라의 행정조직으로 토목·공작 따위의 일을 맡아보는 공조(工曹)에 해당하는 동관(冬官)의 최고 우두머리 벼슬.

• 미망인(未亡人) : 아직 죽지 못한 사람이라는 뜻으로 남편을 여의고 홀로된 여자.

• 자태(姿態) : 몸가짐과 맵시.

• 덕행(德行) : 어질고 너그러운 행실, 덕스러운 행동.

• 고귀(高貴) : 훌륭하고 귀한. 사회적 신분이나 지위 등이 높고 귀한.

• 인지상정(人之常情) : 사람이면 누구나 가지는 보통의 정서나 감정.

• 비천(卑賤) : 지위나 신분이 낮고 천한. 학문과 지식이 부족하고 하급직으로 어렵게 사는 존재.

직역 술지게미와 쌀겨로 끼니를 이으며 어렵게 함께 살아온 아내라는 뜻.

의역 몹시 가난하고 천(賤)할 때에 고생을 함께 겪어 온 본처(本妻)인 아내라는 뜻.
　　즉, 아내에 대한 지극한 사랑과 소중(所重)함을 비유적으로 나타낸 말.

162

조령모개
朝令暮改

유래 요약 ──────────

중국 한(漢)나라 문제(文帝) 때 흉노족(匈奴族)이 자주 북방을 침략(侵略)하여 곡식을 약탈(掠奪)하기 때문에 부족한 곡식 문제를 해결하기 위하여 둔병제도(屯兵制度)를 실시했으며 경제(經濟)에 밝은 어사대부(御史大夫) 조조(鼌錯)의 헌책(獻策) 상소문(上疏文) 가운데 조령모개(朝令暮改)라는 말을 쓰고 있다.

"이렇게 살기 힘든 형편(形便)에 다시 홍수(洪水)와 가뭄의 재난(災難)이 밀어닥치고 뜻하지 않은 조세(租稅)와 부역(負役)에 응하지 않으면 안 된다. 조세와 부역은 일정한 시기(時期)도 없이 아침에 명령(命令)이 내려오면 저녁에는 또 다른 명령이 고쳐 내려온다. 전답(田畓) 잡힐 것이 있는 사람은 반값에 팔아 없애고, 그것도 없는 사람은 돈을 빌려 원금과 같은 이자(梨子)를 물게 된다. 이리하여 논밭과 집을 팔고 자식(子息)과 손자(孫子)를 팔아 빚을 갚는 사람이 생겨나게 된다는 것이다."

즉, 지나친 세금(稅金)과 부역(負役)이 일관성(一貫性)이 없으므로 백성(百姓)들이 농토(農土)를 잃게 되고 도탄(塗炭)에 빠지게 된다는 말이다. 여기서 조령모개(朝令暮改)는 현실(現實)을 무시하거나 원칙(原則)이 서있지 않은 갈팡질팡하는 처사(處事)를 말한다.

한자 풀이 ──────────

① 조 朝 12 - 아침 조[艹(艸 : 풀 초)와 日(해 일)과 月(달 월)이 합해진 글자로 풀밭 사이로 해가 떠오르며 반대쪽에는 달이 걸려 있는 이른 아침을 나타냄]·조정(朝廷) 조·왕조[王朝 : 혈통에 따라 대(代)를 이르며 왕위에 오른 왕(王)들의 계열] 조

② 령 令 5 - 명령 영 또는 명령할 영(령)[命令(명령). 여럿을 뜻하는 亼(모일 집)과 무릎을 꿇고 있는 모습인 卩(卪 : 병부 절)이 합해진 글자로 꿇어앉은 사람에게 신(神)이나 높은 사람이 명

령을 내린다는 뜻]

③ **모 暮 15** - 저물 모[풀숲 사이로 해가 지는 모습인 莫(저물 모)와 日(해 일)이 합해진 글자로 해가 서쪽으로 완전히 넘어갔다는 뜻을 나타냄. 해가 져서 어두워지는. 한 해가 거의 다 지나가는]·늦을(계절이 지나가는 끝 무렵이 되는, ~하기에는 나이가 너무 많은) 모·더딜 모·늙은 모

④ **개 改 7** - 고칠 개 또는 바로잡을 개[어린 아이의 형상인 巳(뱀 사)가 변형된 己(몸 기)와 손에 회초리를 들고 있는 모양인 攵(攴 : 칠 복)이 합해진 글자로 '바로 잡다'의 뜻을 나타냄. 나쁜 버릇이나 잘못한 것을 회초리로 바르게 고치는. 잘못된 내용·제도·구조 등을 다시 만드는]·바꿀 개

용어 풀이 —————————

• 흉노족(匈奴族) : 몽고족 또는 터키족의 일파로 몽고 지방에서 활약하던 유목 민족.

• 약탈(掠奪) : 폭력을 써서 남의 것을 강제로 빼앗는.

• 둔병제도(屯兵制度) : 곡식이나 경작지를 지키기 위하여 군사를 상시 머물게 하는 법규.

• 어사대부(御史大夫) : 감찰기관으로 정치의 잘잘못을 따지고 풍속을 교정하며 관리들의 불법행위를 다루는 벼슬.

• 헌책(獻策) : 일에 대한 방법과 대책을 드리는.

• 상소문(上疏文) : 임금에게 올리는 글.

• 조세(租稅) : 국가나 지방 공공 단체가 필요한 경비(예산)를 위하여 국민으로부터 거두어들이는 수입.

• 부역(負役) : 나라의 명령에 의해 국민이 부담하는 노동.

• 전답(田畓) : 농사를 짓는 논과 밭.

• 도탄(塗炭) : 의식주를 해결하며 살아가는 생활 형편이 몹시 곤궁한.

• 원칙(原則) : 사회 질서나 행동·이론·법령 등에 있어서 일관되게 지켜야 할 규범이나 규칙.

직역 아침에 명령을 내렸다가 저녁에 그 법령을 다시 바꾼다는 뜻.

의역 법령을 자주 바꾸어 정책에 일관성이 없다는 뜻.

163

조삼모사
朝三暮四

유래 요약 ─────────

중국 송(宋)나라 시대에 원숭이를 기르는 저공(狙公)이라는 사람이 있었다. 그는 원숭이를 많이 길렀으며 심지어는 가족(家族)들의 양식(糧食)까지 퍼서 먹일 정도로 원숭이를 좋아했다.

그런데 얼마 안 되어 원숭이들에게 줄 먹이가 바닥이 나게 되어 하는 수 없이 원숭이들을 속여서 먹이를 줄이려고 먼저 원숭이들에게 다음과 같이 말하였다.

"너희에게 도토리를 주되, 아침에 세 개, 저녁에 네 개면 만족하겠니(朝三暮四)?"

그러자 원숭이들이 다 일어나 화를 내었다. 그래서 잠시 진정(鎭靜)되기를 기다렸다가 다시 말했다.

"그럼 너희들에게 도토리를 주되, 아침에 네 개, 저녁에 세 개면 만족하겠니(朝四暮三)?"

그러자 원숭이들은 다 엎드려 기뻐하였다.

이 이야기는 중국 고대(古代) 노자(老子) 사상(思想)을 계승한 『열자(列子)』라는 책에 실려 있는 것으로 간사(奸邪)한 꾀로써 남을 농락(籠絡)한다는 뜻을 담고 있다.

이후 조삼모사(朝三暮四)는 간사한 꾀나 속임수로 남을 농락하는 것으로 전해졌다.

한자 풀이 ─────────

① **조 朝 12** - 아침 조[⁺⁺(艸 : 풀 초)와 日(해 일)과 月(달 월)이 합해진 글자로 풀밭 사이로 해가 떠오르며 반대쪽에는 달이 걸려 있는 이른 아침을 나타냄]·조정(朝廷 : 임금이 신하들과 조회를 하거나 정치를 의논하고 집행하는 곳) 조·왕조[王朝 : 혈통에 따라 대(代)를 이르며 왕위에 오른 왕(王)들의 계열] 조

② **삼 三 3** - 석 삼[본래 세 줄의 가로획을 나란히 그은 글자로 숫자의 셋을 나타내며 또한 하

늘과 땅을 뜻하는 二(두 이) 사이에 사람을 뜻하는 一(가로획)이 더해져 천(天)·지(地)·인(人)을 뜻하기도 함]

③ **모 暮 15** - 저물 모[풀숲 사이로 해가 지는 모습인 莫(저물 모)와 日(해 일)이 합해진 글자로 해가 서쪽으로 완전히 넘어갔다는 뜻을 나타냄. 해가 져서 어두워지는. 한 해가 거의 다 지나가는]·늦을(계절이 지나가는 끝 무렵이 되는) 모·더딜 모·늙은(사람이 오래 살아 종말에 이르는) 모

④ **사 四 5** - 넉 사[돼지 같은 짐승의 콧구멍이나 입안의 혀와 이빨이 보이는 주둥이 모양을 본뜬 글자로 본뜻은 들이마시고 내쉬는 '숨'이며 四를 숫자의 넷으로 빌려 쓰면서 呬(숨쉴 희)가 새로 생긴 것임]·넷(1·2·3·4…로 된 숫자에서 4를 가리킴) 사·네번째 사·사방(동·서·남·북) 사

용어 풀이 ──────

• 저공(狙公) : 狙(원숭이 저)·公(어른 공). 원숭이를 달리 이르는 말, 예전에 원숭이를 가지고 재주를 부리게 하여 돈벌이를 하던 사람.

• 양식(糧食) : 쌀·보리·밀·조·콩 따위 같은 먹을 곡식이나 식량.

• 진정(鎭靜) : 격앙된 마음이나 감정·아픔 따위를 가라앉히는.

• 노자(老子) : 중국 춘추시대 사상가(思想家)이며 도가학파(道家學派)의 창시자.

　* **도가(道家) : 중국 선진(先秦)시대의 노장(老莊) 일파의 무위자연(無爲自然)의 설(說)을 따르는 학자의 총칭.**

• 사상(思想) : 사회 및 인생에 대한 전체적인 사고(思考)의 체계 및 태도 특히 정치적인 견해.

• 농락(籠絡) : 남을 속이어 휘잡아서 제 마음대로 놀리는.

• 희롱(戲弄) : 말이나 행동으로 실없이 사람이나 원숭이 같은 짐승을 놀리는.

직역 원숭이들에게 먹이를 아침에 세 개, 저녁에 네 개를 준다는 뜻.

의역 간사하고 교활한 잔꾀로 남을 속여 희롱(戲弄)한다는 뜻.

164

종용유상
從容有常

유래 요약 ───────

예로부터 이상적(理想的)인 인간상(人間像)을 일러 군자(君子)라 하였다. 이것을 가장 강조하고 실천(實踐)하려 애쓴 사람이 공자(孔子)였다.

공자에 의하면 "군자(君子)는 지식(知識)과 수양(修養)으로 가능하다." 하였다. 그러나 이 군자는 최고의 인격(人格)과 선(善)을 갖춘 자였기 때문에 그만큼 그에 따른 제약(制約)과 불편(不便)함이 많았다. 유상(有常)은 무상(無常)의 반대로 늘 변하지 않는 상도(常道)를 말한다. 따라서 '종용유상(從容有常)'은 어떤 상황에서도 얼굴색이나 행동(行動)은 바꾸지 않고 평소(平素)의 소신(所信)에 따라 정도(正道)를 걷는다는 것을 의미한다.

나아가 공자는 『예기(禮記)』「치의편(緇衣篇)」에서 이것을 지도자(指導者)나 통치자(統治者)의 태도(態度)라 하였다. 곧 백성(百姓)을 다스리는 자의 행동거지는 항상 조용하면서도 법도(法道)에 어긋나서는 안 된다고 하였다. 심지어는 옷도 자주 갈아입어서는 안 된다고 하였다.

『시경(詩經)』에도 도읍(都邑)의 유력가(有力家)가 지방에 내려와 살면서 늘 황색 옷을 입고 조용한 안색(顔色)으로 사람을 대하여 칭찬(稱讚)과 존경(尊敬)을 받는다고 하였다.

한자 풀이 ───────

① 종 從 11 - 따를 종 또는 좇을 종[걷는다는 뜻의 彳(조금걸을 척)과 두 개의 人(사람 인)이 겹쳐 뒷사람이 앞사람을 따라가는 모양을 뜻하는 从(종)과 足(발 족)이 합해진 글자로 발로 걸어서 따라가는 모습을 나타냄. 남의 명령이나 의견에 응하는]·일할 종·모실 종·친척 종·다음갈 종·종용할 종·부터 종

② 용 容 10 - 얼굴 용[머리에 쓰는 갓을 뜻하는 宀(집 면)과 눈썹과 수염·입을 나타내는 谷(골

곡)이 합해진 글자로 얼굴의 생김새나 인격·명예·이미지를 나타냄]·모양 용·모양낼 용·담을 용·용서할 용·포용할 용·관대할 용

* 종용(從容) : 몸가짐과 표정이 태연하고 침착한.

③ **유 有 6** - 있을 유[月(肉 : 고기 육)과 발음요소인 𠂇(又 : 손 우)가 합해진 글자로 사냥한 짐승을 손에 잡고 여기 가지고 있다고 말한다는 뜻을 나타냄. 현재 지니고 있거나 존재하는]·가질 유·혹 유·어떤 유·또 유·존재할 유

④ **상 常 11** - 항상 상 또는 늘 상[恒常(항상). 깃발을 뜻하는 巾(수건 건)과 발음요소와 기도하는 집을 뜻하는 尙(숭상할 상)이 합해진 글자로 기도와 제사로 신(神)을 섬기는 집에는 항상 높은 깃대에 깃발을 달아놓는다는 뜻을 나타냄]·법(언제나 지켜야 할 도리) 상·떳떳할 상·보통 상·상사람(보통사람) 상

용어 풀이 ————

• 이상적(理想的) : 활동과 지향(志向)의 최고 목표인 이상(理想)에 맞는.

• 군자(君子) : 덕(德)과 학식이 높은 사람, 높은 벼슬자리에 있는 사람 또는 훌륭한 임금이나 황제.

• 수양(修養) : 몸과 마음을 단련하여 품성·지혜·도덕을 닦는.

• 제약(制約) : 어떤 조건을 붙이어 제한하는, 사물의 성립에 필요한 조건이나 규정.

• 무상(無常) : 덧없는, 일정하지 아니하는, 제자리에 멈추어 있지 않고 늘 변하고 움직이는.

• 상도(常道) : 변하지 아니하는 떳떳한 도리, 언제나 지켜야 할 도리(道理).

• 소신(所信) : 어떤 일에 대하여 자기 스스로가 굳게 믿거나 생각하는 바.

• 예기(禮記) : 중국 고대(古代) 공자의 학설과 학풍을 신봉하고 연구하는 유가(儒家)의 경전(經典).

• 시경(詩經) : 중국 춘추시대의 민요(民謠)를 중심으로 모은 시집(詩集).

• 안색(顔色) : 좋고 나쁜 감정에 따라 얼굴에 나타나는 얼굴빛 또는 기색.

직역 얼굴색과 행동이 변함없이 늘 일정하다는 뜻.

의역 희로애락(喜怒哀樂)의 감정에 따라 안색과 행동이 변하지 않는 품격 있는 인물이라는 뜻. 즉, 군자(君子)를 비유하는 말.

165

주지육림
酒池肉林

유래 요약 ——————

고대(古代) 중국의 하(夏)나라 걸왕(桀王)은 자신이 정복(征服)한 오랑캐의 유시씨국(有施氏國)에서 공물(貢物)로 바친 세상에서 드문 요녀독부(妖女毒婦) 말희(妹喜)에게 반해서 보석(寶石)과 상아(象牙)로 장식한 궁전(宮殿)을 짓고 옥(玉)으로 만든 침대에서 밤마다 일락(逸樂)에 빠졌다.

걸왕(桀王)은 그녀의 소망(所望)에 따라 전국에서 선발(選拔)한 3,000명의 미소녀(美少女)들에게 오색찬란(五色燦爛)한 옷을 입혀 날마다 무악(舞樂)을 베풀기도 했다.

또 무악(舞樂)에 싫증이 난 말희(妹喜)의 요구에 따라 궁정(宮廷) 한 모퉁이에 큰 연못을 판 다음 바닥에 새하얀 모래를 깔고 향기로운 미주(美酒)를 가득 채웠다. 그리고 못 둘레에는 고기로 동산을 쌓고 포육(脯肉)으로 숲을 만들었다.

걸왕과 말희는 그 못에 호화선(豪華船)을 띄우고 못 둘레에서 춤을 추던 3,000명의 미소녀들이 신호(信號)의 북이 울리면 일제히 못의 미주(美酒)를 마시고 숲의 포육을 탐식(貪食)하는 광경을 바라보며 마냥 즐거워했다.

또한 은(殷)나라 주왕(紂王)의 마음을 사로잡은 달기(妲己)는 주왕이 정벌(征伐)한 오랑캐의 유소씨국(有蘇氏國)에서 공물로 보내온 요녀독부였다. 주왕은 그녀의 욕망(欲望)을 만족시키기 위해 역시 '주지육림(酒池肉林)'을 만들었다.

한자 풀이 ——————

① 주 酒 10 - 술 주[본래는 술을 빚는 그릇인 酉(술독 유)가 술의 뜻이었으나 酉(닭 유)로 쓰이면서 액체를 뜻하는 氵(水 : 물 수)를 덧붙여 酒(술 주)가 된 글자로 쌀 같은 곡류를 누룩으로 발효시켜 만든 막걸리 같은 음료를 뜻함]·잔치(축하할 만한 기쁜 일이 있을 때 음식을 차려놓고 술을 마시며 여럿이 즐기는 일) 주

② 지 池 6 - 못 지[氵(水 : 물 수)와 물을 한 곳으로 모이게 한다는 뜻의 也(또 야)가 합해진 글자로 주로 인위적으로 물길을 막아 만든 못을 나타냄. 물을 담을 수 있도록 오목하게 파인 곳이나 물이 괴어 있고 작은 생태계를 이루는 큰 웅덩이]·연지(붓으로 글씨를 쓸 때 먹을 가는 벼루 앞쪽의 물을 담는 오목한 곳) 지

③ 육 肉 6 - 고기 육[칼로 크게 썬 짐승의 고깃덩어리의 단면을 뜻하는 冂(멀 경)과 仌의 무늬 결이 합해진 글자로 소·돼지 같은 짐승이나 새·물고기의 살을 나타냄]·살 육·몸 육

④ 림 林 8 - 수풀 림(임)[木(나무 목) 두 개가 나란히 겹쳐진 글자로 나무와 풀의 수량이 많은 숲을 나타냄. 산이나 넓은 들에 나무와 풀이 많이 자라서 우거지거나 꽉 들어차 있는]·빽빽할 림(임)·들(논과 밭 또는 풀밭으로 평평하고 넓게 트인 땅) 림(임)·많을 림(임)

용어 풀이 ——————

• 공물(貢物) : 백성이 궁중이나 나라에 세금으로 바치던 특산물.

• 요녀독부(妖女毒婦) : 요망하고 간사하며 몹시 악독한 계집.

• 상아(象牙) : 코끼리의 위턱에 나서 입 밖으로 길게 뻗어 나온 두 개의 앞니.

• 일락(逸樂) : 쾌락을 즐기어 멋대로 노는.

• 오색찬란(五色燦爛) : 여러 가지 빛깔이 한데 섞이어 황홀하게 아름다운.

• 무악(舞樂) : 춤에 맞추어 연주하는 음악.

• 미주(美酒) : 맛이 좋은 술.

• 포육(脯肉) : 칼로 얇게 저미어서 양념을 하여 말린 고기.

• 호화선(豪華船) : 몹시 사치스럽고 화려하게 꾸민 배.

• 정벌(征伐) : 군대를 써서 적군이나 죄 있는 무리를 치는.

직역 술로 못(池)을 이루고 고기로 숲을 이룬다는 뜻.
의역 넘치는 술과 고기로 호화스럽게 차린 성대한 잔치를 뜻함.

166

죽마고우
竹馬故友

* 죽마구우(竹馬舊友)·죽마지우(竹馬之友)와 같은 뜻임.

유래 요약 ────────

중국 동진(東晉)시대 황제(皇帝)인 간문제(簡文帝) 때 촉(蜀)나라를 평정(平定)하고 돌아온 환온(桓溫)의 세력(勢力)이 날로 커지자, 간문제는 환온을 견제(牽制)하기 위해 은호(殷浩)라는 은사(隱士)를 건무장군(建武將軍) 양주자사(楊州刺史)에 임명했다.

은호는 환온의 어릴 때 친구로서 학식(學識)과 재능(才能)이 뛰어난 인재였지만 그가 벼슬길에 나간 후로는 서로 정치상(政治上)으로 대립되어 시기(猜忌)하는 사이였다.

그 무렵에 오호십육국(五胡十六國) 중 하나인 후조(後趙)의 왕(王) 석계룡(石季龍)이 죽고 호족(胡族) 사이에 분쟁(分爭)이 일어나자 진(晉)나라에서는 이 기회에 중원(中原) 땅을 회복(恢復)하기 위해 은호를 중원 장군에 임명했다. 임명된 은호 장군은 군사(軍士)를 이끌고 전선(戰線)으로 달려가다가 불행하게도 말(馬)에 떨어져 싸우지도 못하고 크게 패(敗)하고 말았다.

환온(桓溫)은 기다렸다는 듯이 은호(殷浩)를 규탄(糾彈)하는 상소(上疏)를 올려 그를 변방(邊方)으로 귀양(歸養)을 보내고 이렇게 말했다.

"은호는 나와 '어릴 때 같이 죽마를 타고 놀던 친구(竹馬故友)'였지만 내가 타던 죽마를 버리면 은호가 늘 가져가곤 했어. 그러니 그가 내 밑에서 머리를 숙여야 하는 것은 당연한 일이 아닌가."

한자 풀이 ────────

① **죽 竹 6** - 대 죽 또는 대나무 죽(곧게 뻗은 줄기와 마디에 난 양쪽 잎이 아래로 드리워진 대나무 두 그루가 마주 서 있는 모습을 본뜬 글자로 예부터 겨울의 풀이라고 부르는 대 또는 대나무를 나타냄)·편지 죽·문서 죽

② **마 馬 10** - 말 마(말의 머리·긴 목과 갈기·몸통·꼬리의 모양인 馬와 네 개의 말굽을 뜻하는

㶊이 합해진 글자로 달리는 말의 옆모습을 나타냄)·산가지 마·벼슬이름 마·아지랑이 마

> * 여기서 죽마(竹馬)는 옛날에 잎이 달린 대나무를 통째로 잘라서 다리 가랑이에 넣고 끌고 다닌 대막대기
>
> 를 뜻함.

③ **고 故 9** - 연고 고[緣故(연고). 회초리를 손에 잡은 모습인 攵(攴 : 칠 복)과 발음요소인 古(옛

고)가 합해진 글자로 본뜻은 '쳐서 죽이다'이며 실제로는 사람과 사물에 대한 인연이 된 까

닭을 나타냄]·이유 고·옛 고·오래될 고·친구 고·죽을 고·짐짓(속마음과 다르게, 일부러, 의도

적으로 ~하는) 고

④ **우 友 4** - 벗 우[𠂇(왼손 좌)와 又(오른손 우)가 합해진 글자로 서로 손을 잡고 어울리는 친구를

나타냄]·벗할 우·짝(한 쌍을 이루는 친구나 같이 앉아서 공부하는 친구) 우·친할 우

> * 朋(벗 붕) : 같은 스승 아래에서 가르침을 받은 친구, 交(벗 교) : 정(情)과 의리(義理)가 두터운 친구.

용어 풀이 ————————

• 평정(平定) : 난리를 평온하게 진정시키는, 내란이나 반란을 진압하여 안정시키는.

• 견제(牽制) : 지나치게 자유행동을 하거나 세력을 펴는 것을 못하도록 누르는.

• 은사(隱士) : 벼슬을 하지 않고 숨어 사는 선비.

• 자사(刺史) : 주(州) 단위의 행정지역의 으뜸 벼슬.

• 오호십육국(五胡十六國) : 304년 유연의 건국에서 439년 북위의 통일까지 중국 화북에 흥망한 5호(五

胡)와 한인(漢人)의 나라 및 그 시대.

> * 5호 - ①흉노(匈奴) ②갈(羯 : 흉노의 별종) ③선비(鮮卑 : 터키계) ④저(氐 : 티베트계) ⑤강(羌 : 티베트계)

• 회복(恢復) : 빼앗긴 영토를 되찾는다는 뜻. 쇠퇴한 국세(國勢)·가세(家勢)·병세(病勢) 등을 예전의 상태

로 되돌리는.

• 상소(上疏) : 임금에게 글을 올리는.

직역 어릴 때 대나무 말(馬)을 함께 타고 놀던 옛 친구라는 뜻.

의역 어릴 때부터 가까이 지내며 자란 소꿉동무라는 뜻.

167

중구난방
衆口難防

유래 요약 ──────

중국 송(宋)나라 말에서 원(元)나라 초에 걸쳐 활약(活躍)했던 증선지(曾先之)가 편찬한 역사서(歷史書)인 『십팔사략(十八史略)』에 보면 소공(召公)이 주(周)나라 려왕(厲王)의 언론(言論) 탄압(彈壓) 정책(政策)을 간(諫)하여 이렇게 말하고 있다.

"백성(百姓)의 입을 막는 것은 냇물을 막는 것보다 더한 것이 있습니다. 냇물이 막혔다가 터지면 사람이 많이 상(傷)하게 됩니다. 백성들도 마찬가지입니다. 그러므로 냇물을 다스리는 사람은 물이 흘러내리도록 하고 백성을 다스리는 사람은 생각하는 대로 말을 하게 합니다." 그러나 려왕(厲王)은 소공(召公)의 말을 듣지 않고 함구령(緘口令)을 계속 밀고 나갔다. 그로 인해 폭동(暴動)을 만나 도망친 곳에서 평생(平生)을 갇혀 사는 결과를 가져왔다.

중구난방(衆口難防)은 많은 사람들이 마구 떠드는 소리를 감당(堪當)할 수 없다는 뜻이다. 그러나 이 말을 부사로 사용하면 '여러 사람이 질서 없이 마구 떠들어댈 때'라고 풀이된다. 이 말을 직접 쓴 사람은 적국(敵國)의 포로(捕虜)가 되었다가 돌아온 것을 비웃는 군중(群衆)들을 꾸짖지 않고 "뭇 입은 막기 어렵다."라고 말한 춘추시대 송(宋)나라 사마화원이다.

한자 풀이 ──────

① **중 衆 12** - 무리 중[본래 目(눈 목)에서 한쪽 눈을 잃은 모양인 目(해 일)이 변형된 血(피 혈)과 세 개의 人(사람 인)을 뜻하는 乑(무리 중 또는 나란히설 음)이 합해진 글자로 뙤약볕에서 노동에 시달리는 노예의 집단인 무리를 나타냄. 어떤 일을 위하여 한 곳에 모여 있는 뭇사람들을 뜻함]·많을(수효가 많은) 중

② **구 口 3** - 입 구(혀를 움직여 말하는 입의 본래 모양인 ◡을 편하게 쓰도록 口와 같이 바뀐 글자로 소리를 내어 말하거나 음식을 먹는 기관을 뜻함)·말할 구·구멍 구(사각모양)·어귀 구·사람 구·인구 구

③ **난 難 19** - 어려운 난(란)[작은 새를 뜻하는 隹(새 추)와 堇(菫 : 진흙 근)이 합해진 글자로 진흙에 빠져 날개에 진흙이 묻은 새가 날지 못하고 어려움을 겪고 있다는 뜻을 나타냄]·어려워할 난(란)·난리(亂離) 난(란)·재앙(災殃) 난(란)·나무랄 난 또는 꾸짖을 난(란)

④ **방 防 7** - 막을 방 또는 방비할 방[防備(방비). 阝(阜 : 언덕 부)와 土(흙 토)와 발음요소인 方(모 방)이 합해진 글자로 흙으로 언덕을 쌓아 물의 넘침이나 적을 막는 '둑'의 뜻을 나타내며 土는 생략되었음]·둑(강이나 호수 주변에 흙이나 돌로 쌓은 제방) 방·방죽(물의 침범을 막기 위하여 높게 쌓은 둑) 방

용어 풀이 ─────────

• 활약(活躍) : 어떤 목적을 달성하기 위하여 힘차게 뛰어다니거나 활발히 활동하는.

• 언론(言論) : 말이나 글로써 자기의 생각을 발표하는 일.

• 탄압(彈壓) : 사람을 무력이나 권력 따위로 억지로 눌러 꼼짝 못하게 하는.

• 정책(政策) : 정치적 목적을 실현하기 위한 방법과 계책.

• 간하다(諫) : 어른이나 임금께 옳지 못하거나 잘못된 일을 고치도록 말하는.

• 함구령(緘口令) : 어떤 일의 내용을 말하는 것을 엄하게 금지하는 명령.

• 폭동(暴動) : 집단적 폭력행위를 일으켜 사회의 안녕 질서를 어지럽게 하는 일.

• 포로(捕虜) : 전쟁 중 사로잡은 적의 군사나 인원.

• 군중(群衆) : 한곳에 떼를 지어 모인 많은 사람이나 집단.

직역 여러 사람의 입을 막기가 어렵다는 뜻.

의역 많은 사람들이 각자가 다르게 떠들어대는 소리를 감당할 수 없다는 뜻. 즉, 의견이 분분(紛紛)하여 갈피를 잡을 수 없다는 뜻.

168

증삼살인
曾參殺人

유래 요약 ─────

옛날 중국 어느 마을에 증삼(曾參)이라는 동명이인(同名異人)이 살고 있었다. 그중 한 사람은 공자(孔子)의 제자(弟子)이며 효행(孝行)이 지극하였고, 그의 집안은 무척 빈한(貧寒)해 어머니가 베틀로 베를 짜서 팔아 생활을 하고 있었다.

그런데 어느 날 한 이웃집 사람이 급하게 달려와서 "증삼이 사람을 죽였답니다. 어서 피하십시오."라고 했다. 그렇지만 어머니는 "우리 아들은 살인(殺人)을 할 사람이 아니야, 그럴 리가 없습니다."라고 하며 태연(泰然)하게 베틀에서 일을 계속하고 있었다.

잠시 후 다른 사람이 또 달려와서 "당신 아들 증삼이 사람을 죽였다오."라고 했다. 그러나 어머니는 역시 "그럴 리가 없소." 하고 여전히 베를 짜고 있었다. 이윽고 또 한 사람이 달려와 "증삼이 사람을 죽였답니다."라고 같은 소식(消息)은 전했다. 그제서야 증삼의 어머니는 베틀에서 내려와 황급(遑急)히 담을 넘어 도망(逃亡)갔다는 것이다.

증삼(曾參)과 같은 도학군자(道學君子)라 할지라도 또 그것을 굳게 믿는 어머니라 할지라도 세 사람이 같은 말을 되풀이할 때는 어쩔 수 없이 당하게 된다는 말이다. 그래서 참이 아닌 거짓말을 퍼뜨려 남을 모해(謀害)하는 것을 증삼살인이라고 하게 되었다.

한자 풀이 ─────

① 증 曾 12 - 거듭 증[鼎(솥 정)의 생략형인 曰(가로 왈)과 시루에서 김이 나는 모양인 𥝱(㑸)가 합해진 글자로 본뜻은 떡을 찌는 '시루'였으며 이후 '거듭·일찍'으로 쓰게 된 것임. 물건을 위로 겹쳐서 쌓는]·더할(숫자·물건·내용 등을 보태는) 증·일찍 증·일찌기 증·곧(바로·즉시·곧바로) 증

② 삼 參 11 - 석 삼 또는 셋 삼[별을 뜻하는 厶(마늘모 모) 3개와 人(人 : 사람 인)과 빛난다는 뜻

의 彡(터럭 삼)이 합해진 글자로 머리 위에서 반짝이는 3개의 별을 나타냄. 三(셋 삼)과 같은
자임]·참여(參與)할 참

③ **살 殺** 11 - 죽일 살(시)[도구를 뜻하는 殳(몽둥이 수)와 발음요소와 나무 막대로 찔러 상처를 낸
다는 뜻의 朮(죽일 살)이 합해진 글자로 사람이나 짐승을 몽둥이나 칼, 창으로 마구 때리거나
찔러 죽게 하는]·죽을 살·없앨 살·어수선할 살·지울 살·감할 쇄·심할 쇄·시해(弑害)할 시

④ **인 人** 2 - 사람 인[벼슬아치가 증표인 홀(笏)을 잡은 두 손을 앞으로 내밀며 서 있는 옆모습
을 본뜬 글자로 두 발 똑바로 서서 걸으며 생각과 말을 할 줄 아는 만물의 우두머리를 뜻
함]·인격 인·남(상대방) 인

　* **사람의 훌륭한 정도 : 善人(선인)→信人(신인)→美人(미인)→大人(대인)→聖人(성인).**

용어 풀이 ──────

- 동명이인(同名異人) : 이름은 같으나 사람이 다름.
- 공자(孔子) : 공자는 기원전 551년 노(魯)나라에서 태어났고 중국 고대(古代) 사상가(思想家)였으며 인
　(仁)을 정치와 윤리의 이상(理想)으로 하는 도덕주의를 널리 밝혔음.
- 빈한(貧寒) : 가난하여 집안이 쓸쓸한.
- 살인(殺人) : 무기나 독극물 또는 무력으로 사람을 죽이는.
- 태연(泰然) : 태도나 기색(氣色)이 아무렇지도 아니하고 예사스러운.
- 황급히(遑急히) : 매우 급하게.
- 도학군자(道學君子) : 도학을 닦아서 덕행(德行)이 높은 사람.
　* **도학(道學) : 공자를 시조로 하는 유학(儒學)의 한 분파로 주자학의 별칭.**
- 모해(謀害) : 사실을 왜곡하거나 속임수를 써서 꾀를 꾸미어 남을 해롭게 하는.
- 증삼(曾參) : 중국 춘추시대 노(魯)나라의 유학자이며 공자(孔子)의 제자로 효도(孝道)를 역설하였으며
　공자의 덕행과 학설을 그의 손자 자사(子思)에 전했음.

직역 공자의 제자이며 효행이 높은 증삼(曾參)이 사람을 죽였다는 뜻.

의역 여러 사람이 없는 사실을 거짓으로 꾸며 되풀이하면 사실인 것처럼 믿게 된다는 뜻.

169

지록위마
指鹿爲馬

유래 요약 ────────

중국 진(秦)나라 시황제(始皇帝)가 순행(巡行) 도중 갑자기 죽자, 측근 환관(宦官)인 조고(趙高)는 거짓 조서(詔書)를 꾸미며 태자(太子) 부소(扶蘇)를 죽이고 후궁(後宮) 소생(所生)인 호해(胡亥)를 설득시켜 시황의 죽음을 비밀(祕密)에 붙이고 황제(皇帝)의 자리에 앉게 했다. 어린 호해(胡亥)는 "천하(天下)의 모든 쾌락(快樂)을 마음껏 즐기며 살겠다."고 말했을 정도로 어리석었다.

조고(趙高)는 호해를 조종(操縱)하여 방해물(妨害物)인 이사(李斯)를 죽게 한 다음 자신이 승상(丞相) 벼슬이 되어 권력(權力)을 한 손에 쥐고 흔들었다. 그러자 자신이 황제(皇帝)가 되려 했던 조고는 중신(重臣)들 가운데 자기를 반대하는 사람을 가려내기 위해 호해(胡亥)에게 사슴을 바치면서 이렇게 말했다.

"폐하, 말(馬)을 바치겠으니 거두어 주십시오."라고 하자 호해는 웃으며 "승상(丞相)이 실수(失手)를 하는구려, 사슴을 보고 말이라고 하니."

다시 조고는 "아닙니다. 말(馬)이옵니다."

호해는 웃으며 좌우에 있는 신하들에게 물었다. 어떤 신하는 말이라고 했고 어떤 신하는 사슴이라고 정직하게 대답했다.

지록위마(指鹿爲馬)는 사슴을 보고 말(馬)이라 우긴다는 뜻으로 『사기(史記)』「진시황본기(秦始皇本紀)」에 나오는 이야기다.

한자 풀이 ────────

① **지 指 9** - 가리킬 지[扌(手 : 손 수)와 발음요소인 旨(맛 지)가 합해진 글자로 본뜻은 '음식 맛을 보는 손가락'이며 이후 '손가락·가리키다' 뜻이 생겨났음. 손가락으로 사물·장소·길 따위의 방향을 나타냄]·손가락(물건을 집을 수 있고 숫자를 셀 수 있는 손끝에 달려 있는 다섯

개의 가락) 지

② **록 鹿 11** - 사슴 록(녹)[사슴의 머리와 머리에 난 뿔과 몸통을 뜻하는 严와 가늘고 긴 네 발
을 뜻하는 比(견줄 비)가 합해진 글자로 털빛은 갈색이고 성질은 온순하며 되새김을 하는
동물로 수컷은 머리에 나뭇가지 모양의 큰 뿔이 나 있는 동물을 뜻함]·작은수레(눈밭에서
사슴이 끄는 썰매 같은 작은 수레) 록(녹)

③ **위 爲 12** - 할 위 또는 행할 위[본래 ∞(爪 : 손톱 조)와 象(코끼리 상)이 변형된 爲이 합해진
글자로 손으로 코끼리를 쓰다듬으며 어떤 일을 하도록 부린다는 뜻을 나타냄]·위할 위·속
일 위·될 위·만들 위·하여금 위

④ **마 馬 10** - 말 마(말의 머리·긴 목과 갈기·몸통·꼬리의 모양인 馬와 네 개의 말굽을 뜻하는
灬이 합해진 글자로 달리는 말의 옆모습을 나타냄)·산가지 마·벼슬이름 마·아지랑이 마

   * 말은 잘 달리므로 군사·농경·운반·달리기 대회 등에 이용되며 목에 갈기털이 있는 것이 특징임.

용어 풀이 ─────────

• 시황제(始皇帝) : 중국 최초의 중앙집권적 통일제국인 진(秦)나라를 세우고 부국강병책을 추진한 황제.

• 순행(巡行) : 여행이나 공적(公的)인 업무를 위하여 여러 곳으로 돌아다니는.

• 환관(宦官) : 내시(內侍)와 같은 말로 불알을 제거한 궁중의 남자 내관(內官) 또는 벼슬.

• 조서(詔書) : 임금이나 황제(皇帝)의 명령을 적은 문서(文書).

• 후궁(後宮) : 제왕의 첩[妾 : 본처가 있는 남자와 계속적인 성적(性的) 결합관계를 맺고 있는 여자].

• 소생(所生) : 자기가 낳은 아들이나 딸.

• 조종(操縱) : 남을 자기 뜻대로 부리는. 기계 따위를 마음대로 다루어 부리는.

• 승상(丞相) : 중국의 역대 왕조(王朝)에서 천자(天子)를 보필하던 최고의 관직(官職).

• 중신(重臣) : 중요한 관직(官職)에 있는 신하(臣下).

• 사기(史記) : 중국 전한(前漢)의 사마천(司馬遷)이 지은 역사(歷史)책.

> **직역** 사슴을 가리켜 말(馬)이라고 한다는 뜻. 거짓된 행동으로 윗사람을 농락한다는 뜻.
>
> **의역** 황제나 어른을 속이고 권력을 농락하여 위세를 떨치려고 한다는 뜻.

170

지상담병
紙上談兵

유래 요약 ──────────

　중국 춘추전국시대(春秋戰國時代) 조(趙)나라에 조괄(趙括)이라는 사람이 있었다. 그의 아버지는 유명한 장군(將軍)인 조사(趙奢)였으며, 그 덕(德)에 조괄은 수많은 병법서(兵法書)를 읽어 병법에 능통(能通)했다.

　그런데 조사는 아들 조괄에게 병권(兵權)을 조금도 이양(移讓)하지 않았다. 그러자 조사의 아내는 어찌하여 아들을 홀대(忽待)하느냐고 묻자, 조사는 이렇게 말했다.

　"군대(軍隊)를 다스리는 것은 나라의 존망(存亡)과 관련되는 일이오. 그런데 괄(括)은 이 일을 너무 가볍게 생각하고 있소. 만일 괄(括)에게 병권(兵權)을 주면 조(趙)나라를 망하게 할 것이오."

　얼마 후 조괄의 아버지인 조사가 세상을 떠났고, 진(秦)나라가 공격(攻擊)해 오자 조정(朝廷)에서는 마땅한 인물(人物)을 고르다가 결국 조괄(趙括)을 대장(大將)으로 삼았다.

　조괄의 어머니는 조정(朝廷)으로 달려가 조괄은 대장(大將)의 그릇이 못되니 철회(撤回)해 달라고 간청(懇請)했다. 그 당시 재상(宰相)으로 있던 인상여(藺相如)마저 간청하였으나 효왕(孝王)은 듣지 않았다.

　조괄은 자신만만(自信滿滿)하게 싸움에 나섰으나 결국 전사(戰死)하고 대패하였다.

한자 풀이 ──────────

① **지 紙 10** - 종이 지[천의 재료인 糸(실 사)와 목화나 누에고치를 뜻하는 氏(각시 씨)가 합해진 글자로 옛날 섬유의 찌꺼기로 만든 종이를 나타냄]·바탕(글씨를 쓰거나 그림을 그리는 물체의 바닥) 지

② **상 上 3** - 위 상 또는 윗 상[땅의 기준을 뜻하는 一(한 일·땅 일)과 그 위로 그은 丨(수직선)에

-(짧은 가로획)을 표시한 글자로 어떤 기준보다 위치·계급·능력 등이 높은 위쪽을 나타냄]·
윗사람 상·첫째 상

* 上(상)이 동사로 쓰일 때는 '~로 올라가다'로 풀이함. 上京(상경) : 서울로 올라가다.

③ 담 談 15 - 말씀 담[言(말씀 언)과 발음요소와 마음이 밝고 깨끗하다는 뜻의 炎(아름다울 담)
이 합해진 글자로 물처럼 맑고 건전한 말로 서로 주고받으며 의견을 나누거나 이야기하
는]·이야기할 담·이야기(어떤 사물이나 역사·학문 등에 대하여 줄거리를 잡아서 하는 말) 담

④ 병 兵 7 - 병사 병 또는 병졸 병[兵士(병사). 무기를 뜻하는 斤(도끼 근)과 두 손을 뜻하는 六
(卄 : 받들 공)이 합해진 글자로 양손으로 무기를 잡고 있는 병사를 나타내며 이후 병기·싸움
의 뜻이 생겼음]·군사(軍士 : 무기를 들고 싸우는 전투병사) 병·병기(兵器) 병·전투 병

용어 풀이 ————

• 병법서(兵法書) : 중국 춘추전국시대 병법가(兵法家)들이 모든 인적(人的)·물적(物的) 조건을 포함하여
  전개되는 전쟁수행의 방법·전술·병술·병도(兵道)·군술(軍術)에 관해 필승조건을 체계적으로 쓴 책.

• 병권(兵權) : 병마지권(兵馬之權)의 준말로 군대를 다스릴 수 있는 권력.

• 이양(移讓) : 권리나 정권 등을 남에게 넘기어 주는.

• 존망(存亡) : 그대로 계속 존재하거나 망하여 없어지는.

• 조정(朝廷) : 임금이 나라의 정치를 신하들과 의논하고 집행하는.

• 철회(撤回) : 일단 제출하였던 것이나 주장하였던 것을 되돌리거나 취소하는.

• 간청(懇請) : 어떤 일이나 요구 등을 간곡하고 지성스럽게 요청하는.

• 재상(宰相) : 임금을 돕고 모든 관원(官員)을 지휘·감독하는 정2품의 벼슬.

직역 종이 위에서 병법(兵法)에 관한 이론을 말한다는 뜻.

의역 이론에만 밝을 뿐 실제적인 지식이나 전쟁에는 도움이 안 된다는 뜻. 즉, 실제
    적인 쓰임에는 필요 없음을 비유적으로 나타내는 말임.

171

지어지앙
池魚之殃

*앙급지어(殃及池魚)도 같은 뜻으로 씀.

유래 요약 ─────

　이 글은 『여씨춘추(呂氏春秋)』 「효행람(孝行覽)」에 나오는 이야기이다.

　중국 고대(古代) 송(宋)나라에 환사마(桓司馬)라는 사람이 귀중(貴重)한 구슬을 가지고 있었다. 그가 죄(罪)를 짓고 도망(逃亡)을 가자 왕(王)이 사람을 시켜 그가 가지고 있던 구슬을 어디에 두었는가를 물어보게 했다. 그는 구슬을 연못에 던져 버렸다고 했다. 그 연못물을 몽땅 퍼냈더니 구슬은 찾지 못하고 엉뚱한 물고기만 다 죽고 말았다.

　또 『광운(廣韻)』에는 이 말의 유래(由來)를 이렇게 말하고 있다.

　옛날 지중어(池仲魚)라는 사람이 있었다. 성문(城門)에 불이 나는 바람에 뜻밖에 지중어가 불에 타 죽었다. 그리고 성문에서 불이 나자 그 화(禍)가 연못에 살고 있는 물고기에까지 미쳤다. 그래서 성문실화 앙급지어(城門失火 殃及池魚), 못(池)의 물고기가 아니라 사람의 이름이 못(池)의 물고기였기 때문에 익살로 이런 속담이 생겨났다는 것이다.

한자 풀이 ─────

① **지 池 6** - 못 지[氵(水 : 물 수)와 물을 한곳으로 모이게 한다는 뜻의 也(또 야)가 합해진 글자로 주로 인위적으로 물길을 막아 만든 못을 나타냄. 물을 담을 수 있도록 오목하게 파인 곳이나 큰 웅덩이]

② **어 魚 11** - 물고기 어(물고기의 머리인 ⺈와 몸통과 비늘을 뜻하는 田와 지느러미와 꼬리를 뜻하는 灬가 합해진 글자로 물속에서 헤엄치며 살아가는 물고기를 나타냄)·잉어 어·생선(生鮮 : 잡은 그대로의 물고기) 어

　* 魚夫(어부) : 고기잡이를 직업으로 하는 사람, 魚父(어부) : 그냥 고기를 잡고 있는 어른.

③ **지 之 4** - 갈 지[두 발을 뜻하는 止(발 지)와 출발선을 뜻하는 一(가로획)을 그어 만든 글자로

한 발을 떼고 막 출발하려는 모습을 나타냄]·이를 지·이 지·어조사(~의, ~가, ~이, ~을) 지

④ **앙 殃 9** - 재앙 앙[災殃(재앙). 죽음을 뜻하는 歹(부서진뼈 알)과 옛날 형틀의 하나인 목에 칼을 쓴 모양의 央(가운데 앙)이 합해진 글자로 고통과 죽음을 당하는 재앙을 나타냄. 화재나 지진·홍수 등과 같은 뜻밖의 파괴·고통·죽음이 닥치는 불행한 사건을 뜻함]·해칠(해롭게 하는) 앙

용어 풀이 ─────────

• 여씨춘추 효행람(呂氏春秋 孝行覽) : 『여씨춘추』는 중국 진나라 정치가이자 재상인 여불위(呂不韋)가 3,000여명 빈객(賓客)들의 제자백가(諸子百家 : 학자와 학파들)의 지식(知識)을 집대성하여 편찬한 책임. 그중 한 권인 「효행람」.

　* **재상**(宰相) : **임금을 돕고 모든 관원**(官員)**을 지휘·감독하는 정2품의 벼슬.**

• 귀중(貴重) : 보석(寶石)이나 자료같이 귀하고 중요한 물건.

• 유래(由來) : 언어나 풍습·고장이나 사물의 생긴 처음부터 지나온 과정.

• 성문(城門) : 적을 막기 위하여 흙이나 돌 또는 시멘트로 높이 쌓은 큰 담인 성의 출입구에 만든 문.

• 속담(俗談) : 옛적부터 민간에 전하여 오는 알기 쉬운 격언(格言 : 교훈이 될 만한 짧은 말).

• 익살 : 남을 웃기려고 일부러 하는 우스운 말이나 행동.

직역 연못 속에 있는 물고기의 재앙(災殃)이라는 뜻. 즉, 불을 끄려고 연못의 물을 다 퍼내면 뜻밖에 물고기가 말라 죽는다는 뜻.

의역 다른 데서 생긴 재앙으로 아무 상관도 없는 사람이 뜻밖에 화(禍)를 당한다는 뜻.

172

지피지기
知彼知己

*본래는 지피지기 백전불태(知彼知己 百戰不殆)임.

유래 요약 ─────────

이 글은 중국 전국시대(戰國時代)에 지어진 병법서(兵法書)인 『손자(孫子)』에서 유래(由來)하는 말이다.

오(吳)나라 출신(出身)의 전략가(戰略家)인 손무(孫武)가 지은 이 책은 전쟁(戰爭)에서 이기기 위한 전술(戰術)의 법칙(法則) 뿐 아니라 국가경영(國家經營)의 중요한 내용(內容)과 비범(非凡)한 견해(見解)도 담고 있다.

그가 쓴 『손자(孫子)』 「모공편(謨功篇)」에는 다음과 같은 글이 실려 있다.

1. 백 번 싸워 백 번 이기는 것은 최상(最上)의 방책(方策)이 아니다. 싸우지 않고서 적(適)의 군대를 굴복(屈服)시키는 것은 최상의 전략(戰略)이다. 그러므로 으뜸가는 군대(軍隊)는 계략(計略)으로 적을 친다.

2. 적군(敵軍)을 알고 아군(我軍)을 알면 백 번 싸워도 위태(危殆)롭지 않다. 적군을 알지 못하고 아군을 알면 한 번은 이기고 한 번은 진다. 적군을 알지 못하고 아군도 알지 못하면 싸울 때마다 위태롭다.

한자 풀이 ─────────

① **지 知 8** - 알 지[矢(화살 시)와 큰 소리로 말한다는 뜻의 口(입 구)가 합해진 글자로 과녁을 향해 쏜 화살이 어디에 꽂혔는지를 관측자가 흰 깃발로 신호를 보내거나 말로 알려주어 알게 된다는 뜻을 나타냄. 이해하고 깨닫는]

② **피 彼 8** - 저 피[천천히 걷는다는 뜻의 彳(조금걸을 척)과 발음요소와 원줄기에서 갈라진다는 뜻의 皮(껍질 피)가 합해진 글자로 속과 겉이 반대되듯이 '이것'의 반대인 '저것'을 나타냄]·저이 피·저쪽 피

③ 기 己 3 - 몸 기[사람 몸의 척추의 뼈마디 모양을 본뜬 呂(려) 이것이 己로 변한 글자로 자기 자신을 가리키는 개인적인 개체로서의 활동하는 몸을 나타냄]·자기('저·제'를 말하는) 기

④ **전 戰 16** - 싸울 전[원시적인 무기를 뜻하는 單(홑 단)과 무력에 의한 투쟁을 뜻한 戈(창 과)가 합쳐진 글자로 창과 같은 무기를 들고 적과 싸운다는 뜻을 나타냄]·싸움 전·두려워할 전·떨 (어찌할 바를 모르는) 전

⑤ **불 不 4** - 아닐 불 또는 아닐 부[식물의 꽃대와 꽃받침과 꽃의 암술의 씨방이 자라서 열매가 될지 안 될지 아직 모른다는 뜻에서 '아니'라고 나타냄. '그렇지 아니하다'는 부정(否定)이나 반대(反對)를 나타냄]·못할 불·없을 불·않을 불

⑥ **태 殆 9** - 위태할 태 또는 위태로울 태[危殆(위태). 죽음을 뜻하는 歹(살발린뼈 알)과 발음요소와 태아를 뜻하는 台(별 태)가 합해진 글자로 어린 아이가 죽을 위험에 처해 있다는 뜻]·거의 태

용어 풀이 ————————

- 병법서(兵法書) : 병법가(兵法家)들이 모여 인적(人的)·물적(物的) 조건을 포함하여 전개되는 전쟁 수행의 방법·전술·병술·병도(兵道)·군술(軍術)에 관해 필승조건을 체계적으로 쓴 책.
- 전략가(戰略家) : 전쟁 수행의 방법이나 책략 등 전략을 세우는 데 능한 사람.
- 전술(戰術) : 전쟁에서 싸움을 승리로 이끌기 위한 기술이나 방법.
- 비범(非凡) : 보통 수준보다 재주나 능력이 훨씬 뛰어난 또는 그러한 사람.
- 굴복(屈服) : 무력이나 힘이 모자라서 상대방에게 굽히어 복종하는.
- 위태(危殆) : 적의 공격 등으로 형세가 어렵고 안전하지 못한.
- 지피지기(知彼知己) : 적을 알고 나를 알아야 한다는 것. 즉, 적의 형편과 나의 형편을 자세히 알아야 한다는 의미를 뜻함.
- 백전불태(百戰不殆) : 백 번 싸워도 위태롭지가 않다는 것. 즉, 승리한다는 뜻임.

> **직역** 상대를 알고 나를 알면 백번 싸워도 위태롭지 않다는 뜻.
> **의역** 상대방과 자신의 약점과 강점을 알아보고 승산이 있을 때 싸워야 이길 수 있다는 뜻.

173

징갱취제
懲羹吹虀

유래 요약 ─────────

중국 전국시대(戰國時代) 말엽 진(秦)나라에 대항(對抗)할 수 있는 세력(勢力)은 초(楚)나라와 제(齊)나라 뿐이었다. 그래서 진(秦)나라의 재상(宰相)인 장의(張儀)는 초나라의 삼려대부(三閭大夫)인 굴원(屈原)을 제거(除去)하기로 작정(作定)하고 기회(機會)를 노렸다.

그때 굴원을 증오(憎惡)하고 있는 초나라 회왕(懷王)의 총희(寵姬) 정수(鄭袖)와 영신(佞臣) 근상(勤尙) 등을 매수(買收)하여 굴원의 실각(失脚) 공작(工作)을 폈다. 그러나 다시 등용(登用)된 굴원(屈原)은 조국(祖國)을 생각하며 망명(亡命)도 하지 않고 방랑(放浪)하다가 동정호(洞庭湖) 남쪽을 흐르는 강(江)인 멱라(汨羅)에 몸을 던져 수중고혼(水中孤魂)이 되었다.

'징갱취제(懲羹吹虀)'는 굴원이 방랑시절에 쓴 초사(楚辭)에 실려 있는 글로서 9장 중 「석송(惜誦)」이라는 시(詩)의 첫 구절이다.

"懲於羹者而吹虀兮(징어갱자이취제혜 : 뜨거운 국에 데어서 냉채까지 불고 먹는데)

何不變此志也[하불변차지야 : 어찌하여 그 뜻(나약함)을 바꾸지 못하는가]"

한자 풀이 ─────────

① 징 懲 19 - 징계할 징[懲戒(징계). 心(마음 심)과 발음요소인 徵(부를 징)이 합해진 글자로 마음 속으로 잘못을 뉘우치고 스스로 징계한다는 뜻을 나타냄. 법을 위반하거나 부당한 행위를 한 사람에 대하여 벌을 주는]·혼날(잘못을 저질러 꾸지람을 듣는. 뜨거운 불·물에 데어서 무서워하는) 징

② 갱 羹 19 - 국 갱[羔(새끼양 고)와 맛이 좋다는 뜻의 美(맛날 미)가 합해진 글자로 밥과 함께 먹는 국을 나타냄. 물에다 고기나 채소만을 넣고 끓인 국이나 물에다 무와 다시마를 넣고 끓인 제사에 쓰는 국]·죽(녹말·도토리 등의 가루가 물에 가라앉은 앙금을 되게 쑤어 만든 묵 같은 음식) 갱

③ 취 吹 7 - 불 취[口(입 구)와 입을 크게 벌린 모습인 欠(하품 흠)이 합해진 글자로 입으로 바람을 부는 모습을 나타냄. 입김을 내쉬거나 입으로 바람을 부는]·숨쉴 취·악기불 취·충동(衝動 : 마음에 자극을 주는)할 취

④ 제 虀 23 - 양념할 제[산나물이나 가꾼 채소를 뜻하는 韭(부추 구)와 발음요소와 양념을 하여 무친다는 뜻의 齊(섞을 제)가 합해진 글자로 산나물이나 채소 등에 소금·기름·간장·고추·파·마늘·설탕 등의 재료를 적절하게 넣는]·무침(나물이나 채소·말린 생선·해초에 양념을 넣고 골고루 섞어 만든 반찬) 제·냉채(닭고기·해삼·채소를 잘게 썰고 양념한 후 국물 있게 만든 음식) 제

용어 풀이 ──────────

• 세력(勢力) : 남을 자기 의사에 복종시키거나 지배할 수 있는 권력이나 기세의 힘.

• 작정(作定) : 어떤 일을 계획하고 실천하기로 마음먹고 결정하는.

• 총희(寵姬) : 남달리 귀엽게 여기어 임금으로부터 사랑을 받는 여자.

• 영신(佞臣) : 간사하고 아첨 잘하는 신하(臣下).

• 매수(買收) : 금품 따위를 써서 남의 마음을 사서 자기편으로 만드는.

• 실각(失脚) : 발을 헛디디는, 권좌의 자리나 벼슬의 지위를 잃는.

• 공작(工作) : 어떤 목적을 위하여 미리 계획하여 일을 꾸미는.

• 등용(登用·登庸) : 관직이나 중요한 자리에 인재(人材)를 뽑아서 쓰는.

• 망명(亡命) : 정치적인 이념이나 문제 등으로 합법적인 절차를 거쳐 남의 나라로 몸을 피하는.

• 수중고혼(水中孤魂) : 물에 빠져 죽은 사람의 외로운 넋.

• 초사(楚辭) : 중국 전국시대 초(楚)나라 호남·호북지방에 일어난 서정적 운문(韻文)이며 대표적 작가는 굴원(屈原)임.

직역 뜨거운 국물에 입을 데어 놀란 나머지 차가운 냉채도 입으로 불면서 먹는다는 뜻.

의역 한 번 실패에 겁이 나서 지나치게 조심한다는 뜻.

174

차래지식
嗟來之食

유래 요약 ————

중국 춘추시대(春秋時代)의 어느 해 제(齊)나라에 큰 기근(飢饉)이 들었다. 식량(食糧)이 부족(不足)하여 많은 사람들이 초근목피(草根木皮)로 연명(延命)을 하거나 그것도 못하는 사람은 주린 배를 움켜잡고 죽음을 기다리는 수밖에 없었다.

이때 금오(金烏)라는 부자(富者)가 이를 기회(機會)로 하여 자신의 덕(德)을 널리 알리기 위해 길가에 음식(飲食)을 늘어놓고 지나가는 굶주린 사람들에게 나누어줬다.

하루는 오랫동안 굶어 걸음도 제대로 못 옮기는 초라한 한 남자가 걸어오고 있었다. 그 모습을 바라본 금오는 양손에 음식을 들고 이렇게 말했다.

"야! 이리 와서 이거 먹어(嗟來之食)."

이 말을 들은 그 남자는 음식을 받아먹지 않고 눈을 치켜뜨고 한참 동안 금오를 쳐다보더니 입을 열었다.

"나는 지금까지 이렇게 남을 업신여기며 던져주는 음식을 먹지 않았기 때문에 이 꼴이 되었소(予不食嗟來之食 以至於斯也 : 여불식차래지식 이지어사야). 당신의 이 같은 적선(積善)은 받아들일 수가 없소."

금오(金烏)는 한 방 쏘아주고는 뒤도 돌아보지 않고 걸어가는 그 남자를 쫓아가서 무례(無禮)를 사과(謝過)하고 음식을 받아주기를 간청(懇請)했다.

이 글은 중국 고대(古代) 유가(儒家)의 경전(經典)인『예기(禮記)』「단궁편(檀弓篇)」에 전해지고 있다.

한자 풀이 ————

① **차 嗟** 13 - 탄식할 차[歎息·嘆息(탄식). 口(입 구)와 발음요소와 몹시 슬퍼한다는 뜻의 差(한탄할 차)가 합해진 글자로 충격적인 불행한 일로 한탄하고 슬퍼하며 '아!'하고 한숨을 내쉬는]·

슬플 차·찬탄(讚嘆 : 한 일이나 행실·이룬 업적 등을 칭찬하며 감탄하는)할 차·탄식하는소리 차

② **래 來 8** – 올 래(내)[줄기와 꼿꼿한 이삭을 뜻하는 木(나무 목)과 양쪽으로 꺾여 있는 잎의 모양인 人人가 합해진 글자로 겨울에 얼어서 뿌리가 들뜬 보리를 밟아주고 집으로 돌아온다는 뜻을 나타냄. 사람이 어느 곳을 향하여 오는. 과거 어느 때부터 지금까지 전해내려 오는]·앞으로 래(내)·다가올 래(내)

③ **지 之 4** – 갈 지[두 발을 뜻하는 止(발 지)와 출발선을 뜻하는 一(가로획)을 그어 만든 글자로 한 발을 떼고 막 출발하려는 모습을 나타냄]·이를 지·이 지·어조사(~의, ~가, ~이, ~을) 지

④ **식 食 9** – 밥 식[본래 米(쌀 미)와 水(물 수)가 합해진 글자로, 또는 人(사람 인)과 良(좋을 량)이 합해진 글자로 쌀·보리 등을 끓여 익혀 숟가락으로 떠서 끼니로 먹는 음식을 뜻함]·음식 식·먹을 식·양식 식·일식(日蝕) 식·월식(月蝕) 식·먹일 사·기를 사

용어 풀이 ——————

- 기근(飢饉) : 홍수나 가뭄 따위로 흉년이 들어 식량이 모자라는.
- 초근목피(草根木皮) : 풀의 뿌리와 나무껍질이라는 뜻으로 양식이 부족할 때의 험한 음식을 비유하는.
- 연명(延命) : 식량이 부족하여 제대로 먹지 못하고 초근목피 등으로 목숨을 겨우 이어가는.
- 기회(機會) : 어떠한 일이나 행동을 하기에 가장 좋은 시기나 경우.
- 덕(德) : 인간관계에서 올바르고 너그러운 마음이나 품성. 도덕적 이상을 추구하는 인격.
- 적선(積善) : 어려운 사람에게 물질을 베푸는 등 착한 일을 많이 하는.
- 간청(懇請) : 꼭 필요한 요구사항 등을 간절히 청하는.
- 유가(儒家) : 공자(孔子)의 학설·학풍 등을 신봉하고 연구하는 학자(學者)나 학파(學派).
- 경전(經典) : 변하지 아니하는 법식(法式)과 도리(道理). 성인(聖人)·현인(賢人)이 쓴 글이나 책.

직역 "야! 이리 와서 이것 먹어라"라고 무시하며 주는 음식이라는 뜻.

의역 남을 업신여기며 예의 없는 태도로 푸대접한다는 뜻. 즉, 모욕적인 대접을 비유적으로 이르는 말.

175

창해일속
滄海一粟

* 대해일적(大海一滴)과 같은 뜻임. 滴(물방울 적).

유래 요약 ──────

이 글은 새로운 시경(詩境)을 개척(開拓)한 철학적(哲學的) 요소(要素)가 짙은 「적벽부(赤壁賦)」의 한 내용이다.

중국 북송(北宋)시대의 시인(詩人)이자 문장가(文章家)인 소동파(蘇東坡)라고 불리는 소식(蘇軾)은 당송(唐宋)의 사람으로 산문(散文)과 시(詩)에 뛰어났다. 소식(蘇軾)이 어느 날 벗과 함께 적벽(赤壁)으로 가서 유람(遊覽)을 하고 있었다. 하늘에는 달이 떠 있어 그 달빛이 일렁거리는 물결에 비치는 모습은 마치 선경(仙境)과 다를 바 없었다. 여기에 술상을 차려놓고 잔을 주고받으며 시(詩)를 읊조렸다. 문득 소식(蘇軾)은 조조(曹操)와 주유(周瑜)가 한판 승부(勝負)를 벌였던 적벽지전(赤壁之戰)이 떠올라 이렇게 읊조렸다.

"달이 밝고 별이 드문데 까막까치가 남쪽으로 날아간다는 것은 …… 물고기와 새우들이 짝하고 고라니와 사슴들이 벗하고 있다. 작은 배를 타고서 술잔을 서로 권하니 우리의 인생은 하루살이처럼 짧고 우리의 몸은 푸른 바다 속에 있는 좁쌀 한 톨과 같구나! 우리의 삶은 정말로 너무 짧구나! 어찌 장강(長江)처럼 다함이 없는가?"

한자 풀이 ──────

① 창 滄 13 - 푸를 창[氵(水 : 물 수)와 발음요소와 蒼(푸를 창)과 같이 쓰이는 倉(푸를 창)이 합해진 글자로 창고에 물이 가득차거나 바다처럼 물이 깊고 많아서 물빛이 높은 하늘처럼 푸르게 보이는]·큰바다[푸른 물결이 출렁대는 아득한 넓은 바다인 창랑(滄浪)] 창 또는 물이름 창

② 해 海 10 - 바다 해[氵(水 : 물 수)와 발음요소와 언제나·항상의 뜻인 每(매양 매)가 합해진 글자로 온갖 물길이나 하천물을 받아들여 항상 물이 마르지 않고 괴여 있는 큰 구역이라는 데서 '바다'의 뜻을 나타냄. 지구 표면에서 양쪽에 육지를 끼고 있는 넓은 바다]·넓을 해·

세계 해·많을 해

③ 일 一 1 - 한 일(한 획으로 가로선을 그어 만든 글자 또는 산가지 1개를 가로놓아 만든 글자로 1·2·3·4…로 된 아라비아 숫자에서 1을 가리킴)·하나 일·첫째 일·오로지 일·땅 일

④ 속 粟 12 - 조 속[초목의 열매가 주렁주렁 매달려 있는 모양을 본뜬 覀(襾 : 덮을 아)와 米(쌀 미)가 합쳐진 글자로 볏과에 속하는 한해살이풀로 쌀알보다 작고 둥근 좁쌀 알갱이의 곡식을 뜻함]·좁쌀(조의 열매를 찧은 쌀) 속·벼(쌀의 열매를 맺는 한해살이풀) 속·곡식 속·녹봉(祿俸) 속

용어 풀이 ————————

- 시경(詩境) : 시(詩)를 짓고 싶은 마음이 일어나는 경지.
- 개척(開拓) : 새로운 분야에 처음으로 길을 여는.
- 철학적(哲學的) : 인생이나 세계의 근본원리를 추구하는 학문인 철학에 기초한.
- 요소(要素) : 어떤 일이나 사물의 성립·효력 발생 등에 꼭 필요한 근본적인 조건.
- 적벽부(赤壁賦) : 시인(詩人) 소동파(蘇東坡)가 귀양을 가서 쓴 작품으로 소리를 내어 부르는 송서(誦書)의 일종임.
- 문장가(文章家) : 사상(思想)이나 느낌을 글자로 나타내는 문장을 뛰어나게 잘 짓는 사람.
- 당송(唐宋) : 중국의 당(唐)나라와 송(宋)나라를 아울러 이르는 말.
- 산문(散文) : 글자의 수나 운율의 제한을 받지 아니하고 자유롭게 쓰는 보통 문장.
- 유람(遊覽) : 자유롭게 돌아다니며 구경하는.
- 선경(仙境) : 경치가 신비스럽고 그윽한 곳. 신선(神仙)이 산다는 곳.
- 적벽지전(赤壁之戰) : 한헌제(漢獻帝) 건안(建安) 13년 조조(曹操)가 군대를 인솔하여 손권(孫權)을 토벌하기 위해 형주(荊州)로 남하하자 손권과 유비(劉備)가 연합군을 편성하여 주유(周瑜)의 지휘하에 장강(長江) 적벽(赤壁) 일대에서 조조 군대를 대파한 전쟁.

직역 넓고 푸른 바다 속에 있는 한 톨의 좁쌀이라는 뜻.

의역 지극히 작거나 보잘것없는 인간의 존재를 뜻함.

176

천고마비
天高馬肥

* 추고마비(秋高馬肥)와 같은 뜻임.

유래 요약

이 글은 『한서』 「흉노전(漢書 匈奴傳)」에 나오는 말이다.

중국 은(殷)나라 시대에 북방인 몽골고원과 만리장성(萬里長城) 지대를 중심으로 활약(活躍)한 흉노(匈奴)는 주(周)·진(秦)·한(漢)의 삼왕조(三王朝)를 거쳐 무려 육조(六朝)에 이르는 동안 북방 변경(邊境)의 농경(農耕)지대를 끊임없이 침범(侵犯)하고 약탈(掠奪)해 온 표한(剽悍)한 유목민족(遊牧民族)이었다. 그래서 고대(古代) 중국의 군주(君主)들은 흉노의 침입(侵入)을 막기 위해 고심(苦心)했으므로 전국시대(戰國時代)에는 연(燕)·조(趙)·진(秦)나라의 북방 변경에 성벽(城壁)을 쌓았고, 천하(天下)를 통일(統一)한 진시황(秦始皇)은 기존의 성벽을 증축(增築), 연결하여 만리장성을 완성(完成)하기도 했다.

그러나 북방(北方)의 초원(草原)에서 방목(放牧)과 수렵(狩獵)으로 살아가는 흉노에게 초원이 얼어붙는 긴 겨울은 살아야 할 양식(糧食)이 필요했기 때문에 그들의 침입은 끊이지 않았다. 그래서 북방 변경(邊境)의 중국인들은 '하늘이 높고 말이 살찌는(天高馬肥)' 활동(活動)하기 좋은 계절(季節)인 가을만 되면 언제 흉노가 침입(侵入)할 줄 몰라 전전긍긍(戰戰兢兢)했다고 한다.

한자 풀이

① 천 天 4 - 하늘 천[서있는 사람을 뜻하는 大(큰대)와 정수리에 닿는 머리끝 위를 뜻하는 一(가로획)이 합해진 글자로 멀고 넓은 무한대의 공간을 나타냄]·하느님 천·자연 천·임금 천·조물주 천·날씨 천

② 고 高 10 - 높을 고[冂(멀 경)의 옛날 한자인 同(성곽 경)과 그 위에 높이 치솟은 망루의 모양인 亠이 합해진 글자로 높은 지대 위에 층층으로 지은 누각이나 높은 건물을 나타냄]·비쌀

고·뛰어날 고

③ **마 馬 10** - 말 마(말의 머리·긴 목과 갈기·몸통·꼬리의 모양인 馬와 네 개의 말굽을 뜻하는 灬이 합해진 글자로 달리는 말의 옆모습을 나타냄)·산가지 마·벼슬이름 마·아지랑이 마

＊ 말은 목에 갈기털이 있는 것이 특징임.

④ **비 肥 8** - 살찔 비[月(肉 : 몸 육)과 본래 卪(卩 : 병부 절)이 변형된 巴(뱀 파)가 합해진 글자로 사람이나 소·돼지 등 짐승이 살이 쪄서 몸집이 크고 뚱뚱한]·거름[식물이나 곡식이 잘 자라게 하기 위하여 땅에 주는 영양물질(퇴비나 질소·인산·칼륨)] 비

용어 풀이 ━━━━━━

• 한서 흉노전(漢書 匈奴傳) : 역사가인 반고(班固)가 저술한 흉노족의 활동을 적은 기록.

• 만리장성(萬里長城) : 중국 서쪽 간수성의 자위관에서 시작하여 동쪽 허베이성의 산해관에 이르는 길이 2,700km 되는 북쪽에 있는 성.

• 활약(活躍) : 힘차게 활동하거나 뛰어다니는.

• 왕조(王朝) : 한 왕가(王家)가 다스리는 시대나 같은 왕가가 속하는 통치자의 계열.

• 변경(邊境) : 나라의 경계가 되는 변두리의 땅.

• 약탈(掠奪) : 무력이나 폭력을 써서 남의 것을 강제로 빼앗는.

• 표한(剽悍) : 성질이 급하고 사나운.

• 유목민족(遊牧民族) : 물과 풀밭을 따라 옮겨 다니며 양(羊) 같은 가축을 기르는 민족.

• 방목(放牧) : 말(馬)·소(牛)·양(羊) 따위의 가축을 목장에 놓아서 기르는.

• 전전긍긍(戰戰兢兢) : 매우 두려워하여 벌벌 떨며 조심하는.

• 오곡백과(五穀百果) : 중요한 곡식인 쌀·보리·조·콩·기장과 사과·배 등 온갖 과일.

직역 하늘이 높고 말(馬)이 살찐다는 뜻.

의역 하늘이 맑고 오곡백과(五穀百果)가 무르익는 계절인 가을을 뜻함. 즉, 가을이 좋은 계절(季節)이라는 것을 비유적으로 나타내는 말임.

177

천려일득
千慮一得

*천려일실 천려일득(千慮一失 千慮一得)의 일부임.

유래 요약

이 글은 중국 전한(前漢)의 사마천(司馬遷)이 지은 역사책인 『사기(史記)』「회음후열전편(淮陰後列傳篇)」에 나오는 말이다.

한(漢)나라의 한신(韓信)이 조(趙)나라의 군대 20만 명을 격파(擊破)하고 조나라 재상(宰相) 성안군(成安君)을 죽였다. 그리고 조왕(趙王)과 모사(謀士) 이좌거(李左車)를 사로잡았다. 이좌거의 능력(能力)을 알고 있던 한신은 그를 불러 연(燕)나라와 제(齊)나라를 공격(攻擊)하여 승리(勝利)할 방법을 물었다. 그러나 이좌거는 자신은 대답(對答)할 능력이 없다고 하면서 거듭 사양(辭讓)하였다. 한신(韓信)이 계속 설득(說得)하자 이좌거는 마지못해 이렇게 답하였다.

"'지혜로운 사람도 천 번 생각에 한 번의 실수가 있을 수 있고, 어리석은 사람도 천 번 생각하면 한 번은 맞을 수 있다'라고 하였습니다. 그러기에 '미친 사람의 말도 성인(聖人)이 택한다'고 했습니다. 생각에 내 꾀가 반드시 쓸 수 있는 것이 못되겠지만 다만 어리석은 충성(忠誠)을 다할 뿐입니다." 하고 한신(韓信)으로 하여금 연(燕)나라와 제(齊)나라를 칠 생각을 말고 장병(將兵)들을 쉬게 하라고 권(勸)하였다. 결국 한신(韓信)은 이좌거(李左車)의 도움으로 크게 성공(成功)을 하게 되었다.

한자 풀이

① 천 千 3 - 일천 천[많은 수(數)를 뜻하는 十(열 십)과 人(사람 인)이 생략된 /(삐침 별)이 합해진 글자로 많은 사람이라는 데서 수효의 천(1,000)을 나타냄. 십진급수의 단위로 백(100)의 10배를 뜻함]

② 려 慮 15 - 생각할 려(여)[心(마음 심)과 발음요소와 빙돌리다의 뜻인 盧(목로 로)가 생략된 庿

가 합해진 글자로 어떤 사람·사물·일에 대하여 꼼꼼하게 보살피며 궁리한다는 뜻을 나타냄]·염려(念慮 : 어떤 일을 두려워하거나 이모저모로 걱정하는)할 려(여)

③ 일 一 1 - 한 일(한 획으로 가로선을 그어 만든 글자 또는 산가지 1개를 가로놓아 만든 글자로 1·2·3·4…로 된 아라비아 숫자에서 1을 가리킴)·하나 일·첫째 일·오로지 일·땅 일

④ 득 得 11 - 얻을 득[본래 行(다닐 행)의 생략형인 彳(자축거릴 척)과 발음요소인 튜(취할 득)이 합해진 글자로 걸어가다가 땅에 떨어진 돈을 손으로 줍는. 혼자 힘으로 노력하여 지식과 기술을 배우는]·취할 득·깨달을 득·만족(滿足)할 득·득볼(어떤 거래에서 이익을 얻는) 득

용어 풀이 ―――――――

• 격파(擊破) : 적의 세력을 쳐서 무찌르거나 탱크·전투함·전투기 따위를 쳐부수는.

• 재상(宰相) : 임금을 돕고 모든 관원(官員)을 지휘·감독하는 정2품의 벼슬.

• 모사(謀士) : 꾀를 잘 내어 일을 잘 이루게 하는 사람, 또는 남을 도와 꾀를 내는 사람.

• 승리(勝利) : 전투나 운동 경기 또는 게임 등을 상대방과 겨루어서 이기는.

• 사양(辭讓) : 겸손하여 어떤 제의나 배려에 응하지 아니하거나 받지 아니하는.

• 설득(說得) : 어떤 목적을 이루기 위하여 상대방이 알아들을 수 있도록 여러 가지를 깨우쳐 말하는.

• 성인(聖人) : 덕(德)과 지혜가 뛰어나 길이 우러러 받들고 모든 사람의 스승이 될 만한 사람.

• 충성(忠誠) : 참마음에서 우러나는 정성, 특히 임금이나 나라에 대한 정성을 말함.

• 천려(千慮) : 천 번의 사려(思慮), 즉 여러모로 생각하여 마음을 쓰는 일.

직역 천 번 생각하면 한 번은 얻는 것이 있다는 뜻.

의역 많이 생각하다 보면 한 번은 좋은 것이 나올 수 있다는 뜻.

178

천의무봉
天衣無縫

유래 요약 ─────────

이 글은 중국 당(唐)나라 때 천상(天上)의 직녀(織女)와 인간(人間) 곽한(郭翰)의 사랑에서 유래(由來)된 말이다.

직녀(織女)의 외로움을 가엽게 여긴 옥황상제(玉皇上帝)가 직녀를 지상(地上)으로 보낸다. 직녀는 인간 세상(世上)의 곽한이라는 장수(將帥)와 일 년 동안 정분(情分)을 나누게 된다. 둘의 정(情)은 깊어만 가고…….

일 년 후 약조(約條)한 대로 직녀(織女)는 천상(天上)으로 돌아가고 둘은 슬픈 이별(離別)을 한다. 그 후 직녀성(織女星)은 반짝이지 않게 되었다고 한다.

곽한(郭翰)이 직녀인 선녀(仙女)를 만난 장면(場面)과 대화(對話)내용은 다음과 같다.

어느 날 곽한이 뜰에 나와 낮잠을 자고 있는데 하늘에서 젊고 아름다운 여자가 훨훨 내려왔다. 곽한은 놀라 몸을 일으켜 누구신가라고 묻자 그 선녀는 이렇게 대답했다.

"저는 하늘에서 온 직녀(織女)로 잠시 지상(地上)에 내려온 것입니다."

곽한이 가까이 다가가 훑어보니 그녀가 입은 옷은 어느 곳에도 꿰맨 자국이 없었다. 아무리 생각해도 이해(理解)할 수가 없어 그 까닭을 물었더니 그 선녀(仙女)는 이렇게 대답했다.

"저희들이 입은 천의(天衣)라는 것은 원래 실이나 바늘을 사용(使用)하지 않는답니다."

그 후 이 말은 사물(事物)의 완전무결(完全無缺)함을 뜻하며 시가(詩歌)적으로 쓰이게 되었다.

한자 풀이 ─────────

① 천 天 4 - 하늘 천[서있는 사람을 뜻하는 大(큰 대)와 정수리에 닿는 머리끝 위를 뜻하는 一(가로획)이 합해진 글자로 하늘을 상징적으로 나타냄]·하느님 천·자연 천·임금 천·조물주

천·날씨 천

* 하늘의 정의는 땅과 바다에서 보이는 넓고 무한대의 둥근 모양에 해·달·별들이 있는 공간

② **의 衣 6** - 옷 의[人(사람 인)이 겹친 모양인 𧘇와 몸을 감싸 덮는다는 뜻의 亠(머리 두)가 합해진 글자로 목에 둘러대는 깃과 소매가 있는 위에 입는 옷을 나타냄. 저고리 : 한복(韓服)의 일종인 웃옷]

③ **무 無 12** - 없을 무[舞(춤출 무)에서 舛(어그러질 천) 대신 4개의 발바닥 모양인 灬이 합해진 글자로 깃털 장식을 잡고 흔들며 춤추는 모습을 나타냄. 본뜻은 춤이며 '없다'는 뜻은 亡(없을 망)에서 가져온 것임]·아닐(부정하는) 무·말(금지를 뜻하는) 무·빌(텅 비어 있는) 무

* 동사로 '~하지 못하다'.

④ **봉 縫 17** - 꿰맬 봉 또는 기운 봉[糸(실 사)와 발음요소와 갈라진 천의 양쪽을 잇는다는 뜻의 逢(만날 봉)이 합해진 글자로 옷을 만들 때 옷감을 치수대로 자른 다음 재봉틀로 바느질을 하는]·혼솔(바늘땀을 드문드문 꿰맨 옷의 솔기) 봉·미봉(옷을 꿰매듯이 잘못된 것을 꾸며 맞추는) 봉

용어 풀이 ——————

- 천상(天上) : 하늘 위 또는 하늘 위의 세계. · 직녀(織女) : 베틀로 피륙을 짜는 여자.
- 옥황상제(玉皇上帝) : 도가(道家)에서 말하는 하느님을 뜻함.

  * 도가(道家) : 중국 선진(先秦)시대의 노장(老莊)일파의 무위자연(無爲自然)의 설을 따르는 학자의 총칭.

- 약조(約條) : 조건을 붙이어 약속하는.
- 직녀성(織女星) : 은하수 서쪽에서 볼 수 있는 거문고 별자리의 수성(首星)인 베가(vega)의 한자 이름이며, 음력 7월 7일 은하수 건너 견우성(牽牛星)과 만난다는 전설의 별임.
- 선녀(仙女) : 신선(神仙)이 산다는 곳인 선경(仙境)에 사는 여자.
- 천의(天衣) : 하늘에서 입는 선녀(仙女)의 옷. 하늘나라 사람의 옷. 임금의 옷.
- 완전무결(完全無缺) : 모두 갖추어서 부족함이나 결함이 없는.
- 시가(詩歌) : 시(詩)와 노래로 가사를 포함한 시문학(詩文學)을 통틀어 이르는 말.

직역 천상(天上)의 선녀(仙女)의 옷은 바늘과 실로 꿰맨 흔적이 없다는 뜻.

의역 말과 시(詩)·문장(文章) 등이 꾸민 데가 없이 자연스럽고 흠이 없다는 뜻.
즉, 완전무결(完全無缺)하여 결점이나 흠이 전혀 없음을 비유적으로 이르는 말임.

179

천재일우
千載一遇

* 천세일시(千歲一時)와 같은 뜻임. 載(해 재)=年(해 년).

유래 요약

이 글은 중국 동진(東晉)시대에 동양태수(東陽太守)를 역임(歷任)한 원굉(袁宏)이라는 학자(學者)가 여러 문집(文集)에 시문(詩文) 300여 편을 남겼는데 그중 『문선(文選)』에 수록(收錄)된 「삼국명신서찬(三國名臣序贊)」에 나오는 말이다. 이것은 『삼국지(三國志)』에 실려 있는 건국(建國) 명신(名臣) 20명에 대한 행장기(行狀記)인데, 그중 위(魏)나라의 순문약(荀文若)을 찬양(讚揚)한 글에서 원굉(袁宏)은 이렇게 쓰고 있다.

"夫末遇伯樂則千載無一驥[부말우백락칙천재무일기 : 무릇 백락(伯樂)을 만나지 못하면 천년이 지나도 천리마(驥 : 천리마 기) 한 필을 찾아내지 못한다]"

즉, 말(馬)에 대해 높은 안목(眼目)을 가진 명인(名人) 백락(伯樂)을 만나지 못하면 천년이 지나도 한 마리의 천리마(千里馬)도 발견할 수 없다는 것은 어진 신하(臣下)가 명군(名君)을 만나는 것이 어렵다는 것을 비유(比喩)한 것이다.

"夫萬歲一期有生之通途(부만세일기유생지통도 : 무릇 만 년에 한 번 기회가 온다는 것은 사람이 살고 있는 세상의 공통된 원칙이요)

千載一遇賢智之嘉會[천재일우현지지가회 : 천 년에 한 번 만나게 된다는 것은 어진 사람과 지혜(智慧)로운 사람이 용케 만나는 것이다]"

* 夫(사내 부)가 구절이나 문장의 맨 앞에 올 때는 말을 꺼내는 발어사(發語辭)로 쓰임. <예> 무릇·대저·대체로 보아·헤아려 생각하건대.

한자 풀이

① 천 千 3 - 일천 천[많은 수(數)를 뜻하는 十(열 십)과 人(사람 인)이 생략된 丿(삐침 별)이 합해진 글자로 많은 사람이라는 데서 수효의 천(1,000)을 나타냄. 십진급수의 단위로 백(100)의 10배를 뜻함]

② 재 載 13 - 실을 재[車(수레 거)와 발음요소와 머리 위에 물건을 올려놓는다는 뜻의 戈 (해할 재 : 해치거나 해롭게 한다는 뜻)가 합해진 글자로 운반하기 위하여 수레 따위에 짐을 싣는다는 뜻을 나타냄. 신문·잡지·학술지에 출판되도록 글을 올리는]·해(지구가 태양을 한 바퀴 도는 데 걸리는 365일을 1년으로 보는 세월) 재·기록할 재·비롯할 재

③ 일 一 1 - 한 일(한 획으로 가로선을 그어 만든 글자 또는 산가지 1개를 가로놓아 만든 글자로 1·2·3·4…로 된 아라비아 숫자에서 1을 가리킴)·하나 일·첫째 일·오로지 일·땅 일

④ 우 遇 13 - 만날 우[辶_(辵 : 쉬엄쉬엄갈 착)과 발음요소와 偶(우연 우)가 생략된 禺(짐승 우)가 합해진 글자로 짐승들이 돌아다니다가 만나듯 길을 걸어가다가 우연히 사람을 마주치게 되는. 좋은 기회를 만나는]·마주칠(정면으로 만나거나 부딪치는) 우·당할(뜻밖에 불행한 일을 만나게 되는) 우

용어 풀이 ─────────

• 동양태수(東陽太守) : 동양 지역의 지방관.

　　* 太守 : 각 주(州)·부(府)·군(郡)·현(縣) 단위의 행정 책임을 맡았던 으뜸 벼슬.

• 역임(歷任) : 여러 직위(職位)를 두루 거쳐 지내는.

• 삼국지(三國志) : 중국 진(晉)나라의 학자인 진수(陳壽)가 편찬한 위(魏)·촉(蜀)·오(吳)의 3국에 대한 정확한 사실의 역사.

• 명신(名臣) : 이름난 신하(臣下).

• 행장기(行狀記) : 개인의 몸가짐이나 품행 등 일생의 행적을 적은 기록.

• 찬양(讚揚) : 상대방의 훌륭한 행위에 대해 아름다움을 기리고 착함을 드러내는.

• 안목(眼目) : 사물을 보고 분별하는 견문(見聞)과 학식(學識).

• 천리마(千里馬) : 하루에 천리를 달릴 만한 썩 빠르고 좋은 말(馬).

• 명군(名君) : 훌륭한 군주(君主)나 임금.

직역 천 년에 한 번 만날 수 있는 기회(機會)라는 뜻.

의역 평생을 두고 한 번 있을까 말까한 좀처럼 얻기 어려운 기회라는 뜻.

180

청천벽력
青天霹靂

유래 요약 ─────────

이 글은 중국 남송(南宋)시대의 시인(詩人) 육유(陸游)의 시(詩) 「검남시고(劍南詩稿)」의
일부분으로 오언절구(五言絶句)로 이루어진 끝 구절의 말이다.

육유(陸游)는 남송(南宋)이 여진족(女眞族)이 건국(建國)한 중국의 왕조(王朝)인 금(金)나
라의 지배(支配)를 받게 되자 금(金)나라와 맞서 싸우자고 주장(主張)했다. 하지만 갑자
기 병마(病魔)가 찾아들어 몸을 움직일 수가 없었다.

육유는 간신히 병마를 이겨내고 건강(健康)을 회복(回復)한 뒤에 갑자기 찾아온 병마
(病魔)로 인해 아무것도 할 수 없었던 자신의 처지(處地)를 안타까워하는 시(詩)를 썼다.

"放翁病過秋 忽起作醉墨(방옹병과추 홀기작취묵 : 방옹이 병으로 가을을 지내고 홀연히 일어
나 취하여 글을 쓰니)

正如久蟄龍 青天飛霹靂(정여구칩룡 청천비벽력 : 정히 오래 움츠렸던 용과 같이 푸른 하늘에
벼락을 치네)"

한자 풀이 ─────────

① 청 青 8 - 푸를 청[새싹을 뜻하는 主(生 : 날 생)과 붉은 광물을 뜻하는 丹(붉을 단)이 합해진
   글자로 붉은 바위에서 이끼가 파랗게 자라나는 또는 물기가 많은 우물 주위에서 싹이 많
   이 움트고 푸르게 자라는 모습을 나타냄. 광물인 구리(Cu)가 산화작용으로 생긴 녹이나 맑
   은 하늘의 빛깔같이 푸른]
② 천 天 4 - 하늘 천[서있는 사람을 뜻하는 大(큰 대)와 정수리에 닿는 머리끝 위를 뜻하는 一
   (가로획)이 합해진 글자로 멀고 넓은 무한대의 공간을 나타냄]·하느님 천·자연 천·임금 천·
   조물주 천·날씨 천

③ **벽 霹** 21 - 벼락 벽[電(번개 전)이 생략된 雨(雨 : 비 우)와 발음요소인 辟(물리칠 벽)이 합해진 글자로 높은 전기에너지가 하늘을 가르며 땅으로 내리치는 벼락을 나타냄. 공중에서 구름 덩어리가 마찰하면서 생기는 양(+)전기와 땅위의 물체에 흐르는 음(-)전기 사이의 방전작용]·천둥 벽

④ **력 靂** 24 - 벼락 력[먹구름에서 쏟아지는 소나기를 뜻하는 雨(雨 : 비 우)와 발음요소인 歷(어지러울 력)이 합해진 글자로 구름의 마찰로 생긴 양(+)전기와 땅위의 물체에서 띠는 음(-)전기의 사이에 방전작용으로 일어나는 높은 열과 빛]·천둥[天動(천동→천둥):방전현상으로 생기는 수십만 ℃의 열로 공기가 팽창 및 충돌하면서 하늘을 울리는 소리] 력

용어 풀이 ————————

• 오언절구(五言絶句) : 중국 당(唐)나라 때에 성행하였던 한 구절(句節)이 다섯 글자로 이루어진 오언(五言)과 네 개의 구절인 사구(四句)로 된 한시(漢詩).

• 여진족(女眞族) : 동부 만주에 살던 퉁구스 계통의 민족(民族), 여직(女直)이라고 함.

• 건국(建國) : 나라를 세우는 또는 나라를 처음으로 세우는.

• 왕조(王朝) : 한 왕가(王家)가 다스리는 시대나 같은 왕가에 속하는 통치자의 계열.

• 지배(支配) : 아랫사람을 감독하거나 상대방의 의사를 무시하고 생각과 행동을 구속하는.

• 병마(病魔) : 몸에서 생리적 작용의 이상으로 발생되는 병(病)을 사람을 괴롭히는 악마에 비유한 말.

• 회복(回復) : 건강 등 이전의 상태로 돌이키는.

• 처지(處地) : 현재 처하여 있는 사정이나 형편.

• 벽력(霹靂) : 벼락과 같은 뜻이며 먹구름과 우레 소리와 강대한 전류(電流)가 동반됨.

• 날벼락 : 생벼락과 같은 말이며 느닷없이 치는 벼락으로 뜻밖에 당하는 불행이나 재앙을 뜻함.

직역 맑게 갠 하늘에 갑자기 치는 날벼락(아무 죄도 없이 뜻밖에 당하는 벼락)이라는 뜻.
의역 갑자기 일어난 놀라운 일이나 또는 지진·벼락같은 천재지변(天災地變)을 뜻함.

181

청출어람
靑出於藍

* 원래 '청출어람 청어람(靑出於藍 靑於藍)'의 준말임.

유래 요약

이 글은 중국 춘추전국시대(春秋戰國時代)의 유학자(儒學者)이며 사상가(思想家)로 성악설(性惡說)을 주창(主唱)한 순자(荀子)의 사상(思想)을 집록(輯錄)한 『권학편(勸學篇)』에 나오는 말이다.

"學不可以已(학불가이이 : 학문은 그쳐서 안 된다)

靑取之於藍 而靑於藍[청취지어람 이청어람 : 푸른색은 쪽(藍)에서 취했지만 쪽빛보다 더 푸르고]

氷水爲之 而寒於水(빙수위지 이한어수 : 얼음은 물이 이루었지만 물보다도 더 차다)"

또 북조(北朝) 북위(北魏)의 이밀(李謐)은 어려서 공번(孔璠)을 스승으로 삼아 학문(學問)을 하였다. 그는 학문의 발전(發展) 속도(速度)가 매우 빨라 열심히 노력(努力)한 결과 몇 년이 지나자 스승의 학문을 능가(凌駕)하게 되었다. 공번(孔璠)은 이제 그에게 더 이상 가르칠 것이 없다고 생각하고 도리어 그를 스승으로 삼기로 청(請)했다. 그러자 친구들은 그의 용기(勇氣)를 높이 샀다.

한자 풀이

① 청 靑 8 - 푸를 청[새싹을 뜻하는 主(生 : 날 생)과 붉은 광물을 뜻하는 丹(붉을 단)이 합해진 글자로 붉은 바위에서 이끼가 파랗게 자라나는 또는 물기가 많은 우물 주위에서 싹이 많이 움트고 푸르게 자라는 모습을 나타냄. 광물인 구리(Cu)가 산화작용으로 생긴 녹이나 맑은 하늘의 빛깔같이 푸른]

② 출 出 5 - 날 출[화분 같은 그릇을 뜻하는 凵(입벌릴 감)과 안쪽 가운데에 屮(싹날 철)이 합해진 글자로 땅이나 화분에서 새싹이 돋아난다는 뜻을 나타냄]·낳을 출·태어날 출·나아갈 출·떠날 출·나올 출

③ 어 於 8 - 어조사 어[語助辭(어조사). 글자로는 方(모 방)과 仒(구결자 어)가 합해진 글자이나

실제로는 烏(까마귀 오)의 옛글자의 약자(略字)에서 음(音)을 빌려온 글자로 원인·장소·대상·진행 방향 등을 나타냄. ~에·~에서·~에게·~로부터·~한테·~보다 등으로 풀이되는 한문의 토씨임]·대신할 어·이보다('한층 더'의 뜻을 나타내는, 오히려, ~보다 더) 어·탄식하는소리 오·감탄할 오

④ 람 藍 18 - 쪽 람 또는 쪽풀 람(남)[艹(艸 : 풀 초)와 발음요소인 監(볼 감)이 합해진 글자로 마디풀과에 딸린 한해살이풀로 붉은 자줏빛을 띠고 잎은 남빛 색소인 인디고(indigo)가 들어 있는 물감으로 쓰는 식물을 뜻함]·쪽빛(남색 즉 진한 파란 색깔) 람(남)

용어 풀이 ─────────

- 유학자(儒學者) : 공자(孔子)의 가르침을 근본으로 삼는 정교(政敎)일치의 학문을 연구하는 사람.
- 사상가(思想家) : 사회나 인생에 대한 생각·판단을 체계화하고 원리적으로 통일된 견해를 갖고 활동하는 사람.
- 성악설(性惡說) : 고대 중국의 유학자 순자(荀子)가 주장한 학설로 사람의 타고난 본성은 악하다고 생각하는 윤리사상.
- 주창(主唱) : 주의(主義)나 사상(思想)을 앞장서서 주장하는.
- 순자(荀子) : 중국 전국시대 말기의 사상가로 유물론적 유가(儒家)·맹자의 성선설에 대하여 성악설을 주장한 사람.
- 집록(輯錄·集錄) : 여러 책에서 모아 기록하는.
- 권학편(勸學篇) : 중국 청(靑)나라 말의 고관 장지동(張之洞)이 쓴 것으로 청소년들에게 서양의 과학·기술의 연구를 권하고 고대(古代)의 윤리 도덕을 정신적 지주로 삼을 것을 설파하였음.
- 쪽 : 마디풀과의 한해살이풀로 밭에서 재배하는 작물로 잎은 남색(藍色 : 푸른색) 물감으로 씀.
- 학문(學問) : 인문 사회나 자연 과학 등 어떤 분야를 체계적으로 배우고 연구하는 일.
- 능가(凌駕) : 다른 것과 비교하여 그것을 훨씬 넘어서는.

직역 쪽(藍)에서 나온 푸른 물감이 오히려 쪽빛보다 더 푸르다는 뜻.

의역 제자(弟子)나 후배가 스승이나 선배보다 더 나음을 뜻함.

182

청풍명월
清風明月

유래 요약 ——————

이 글은 조선시대(朝鮮時代) 중기에 선비 송순(宋純)이 지은 가사(歌詞)에 나오는 말이다.

송순(宋純)은 세상(世上)을 굽어보고 하늘을 우러러본다는 정자(亭子)의 노래인 「면앙정가(俛仰亭歌)」로 유명한 사람이다. 「면앙정가」는 2음보(音譜) 1구(句)로 계산하여 전체 145구이며 필사본(筆寫本) 『잡가(雜歌)』에 국문가사(國文歌詞)가 전한다. 작자(作者)의 문집(文集)인 『면앙집(俛仰集)』에는 한역가(漢譯歌)가 실려 있으며 「면망정가」를 「무등곡(無等曲)」이라고도 한다.

그가 쓴 시(詩) 중 아래와 같은 시가 있다.

"십년을 경영하여 초려(草廬) 한 칸 지어내니 반 칸은 청풍(淸風)이요 반 칸은 명월(明月)이라. 강산(江山)은 들일 데 없으니 둘러 두고 보리라."

다시 풀이하면

"초가집을 한 칸 지어 반 칸에는 바람이 머물고 반 칸에는 달빛이 가득차 있다. 더욱 아름다운 강(江)과 산(山)은 초가집에 둘 수 없으니 그저 있는 곳에 두고 볼 수밖에 없다"는 뜻이다.

이 시(詩)는 옛 선비들이 자연(自然)의 아름다움을 가장 사랑했다는 표현(表現)이다.

한자 풀이 ——————

① 청 淸 11 - 맑을 청[氵(水 : 물 수)와 깨끗하고 순수하다는 뜻의 靑(푸를 청)이 합해진 글자로 맑은 물을 나타냄. 파랗게 보일 정도로 투명하고 깨끗한. 날씨·하늘·소리·정신·눈동자 등이 맑은]·깨끗할 청·청렴(淸廉 : 마음이 깨끗하고 정직하며 탐욕이 없는)할 청

② 풍 風 9 - 바람 풍[배의 돛 모양을 본뜬 帆(돛 범)이 생략된 凡(무릇 범)과 虫(뱀 훼)가 합해진

글자로 돛이 바람에 의해 뱀이 움직이는 모양처럼 흔들린다는 뜻을 나타냄]·모양 풍·풍속 풍·경치 풍

* 風(풍)은 유행처럼 지나가는 세상이나 한 시대에 뛰어난 활약을 나타냄→풍운아(風雲兒)

③ **명 明 8** – 밝을 명[본래 囧(창문 경)이 변형된 日(날 일)과 月(달 월)이 합해진 글자로 밤에 창문으로 달빛이 밝게 비친다는 뜻을 나타냄]·맑을 명·깨달을 명·총명할 명·날샐 명·밝힐 명·이승(살고 있는 이 세상) 명

④ **월 月 4** – 달 월[초승달에서 둥근 보름달까지 변화하는 달의 모양을 형상화한 글자로 지구의 둘레를 약 1달에 1번 돌고 있는 위성(衛星)]·한달 월·세월 월

* 본래 달월의 글자는 달의 모양인 ((ℂℂ○을 그린 月이며 1달은 28~31일임.

용어 풀이 ————

• 선비 : 옛날에 학식은 있으나 벼슬하지 아니한 사람. 학문을 닦는 사람을 예스럽게 이르는 말.

• 가사(歌詞) : 노래의 뜻을 담고 있는 내용이 되는 글.

• 정자(亭子) : 자연과 더불어 신선하게 놀기 위하여 경치 좋은 곳에 지은 집.

• 음보(音譜) : 악보와 같은 말로 음악의 곡조(曲調)를 기호로 써서 기록한 것.

• 필사본(筆寫本) : 인쇄에 의하지 않고 손으로 써서 만든 책으로 사본(寫本)·수서본(手書本)·서사본(書寫本)이라고 함.

• 잡가(雜歌) : 조선(朝鮮) 후기 아무 벼슬 없는 일반 백성인 서민층에서 불리던 민속악(民俗樂).

• 문집(文集) : 시(詩)나 문장(文章)을 모아 엮은 책.

• 초려(草廬) : 볏짚·밀집·갈대 따위로 지붕을 이은 집.

• 자연(自然) : 사람의 힘을 더하지 아니한 우주 사이에 저절로 된 그대로의 상태.

직역 맑은 바람과 밝은 달로 이루어진 자연의 아름다움을 뜻함.

의역 결백하고 온건한 성격을 평하거나 풍자와 해학으로 세상을 논한다는 뜻.

* 풍자(諷刺) : 사람의 결점이나 문학 작품의 모순 따위를 빗대어 비웃으면서 말하는 것.
* 해학(諧謔) : 재미있고 우습고도 품위가 있는 말과 행동.

183

초미지급
焦眉之急

*소미지급(燒眉之急)과 같은 뜻임.

유래 요약 ─────

금릉(金陵) 장산(莊山)의 법천불혜선사(法泉佛慧禪師)는 그의 수행(修行)이 그 시대에 뛰어나다고 평가를 받은 고승(高僧)이었다. 만년(晚年)에 나라의 어명(御命)으로 대상국지해선사(大相國智海禪寺)의 주지(住持)로 임명되었을 때 사문(沙門)을 불러 모아 놓고 다음과 같이 물었다.

"내가 왕명(王命)을 받들어 주지로 가는 것이 옳겠는가? 이곳 장산(蔣山)에 머물며 있으며 불도(佛道)에 정진(精進)하는 것이 옳겠는가?"

이 같은 물음에 아무도 대답하는 사람이 없었다. 도(道)를 닦아야 하느냐? 출세(出世)를 해야 하느냐? 하고 망설인 것이다. 그러자 선사(禪師)는 붓을 들어 명리(命理)를 초탈(超脫)한 경지(境地)를 게(偈)로 쓴 다음 앉은 채로 입적(入寂)하여 사문(沙門)들을 놀라게 했다. 이 법천불혜선사가 수주(隨州)에 있을 때 그곳 중들로부터 여러 가지 질문(質問)을 받고 대답한 말 가운데 이런 것이 있다.

"어느 것이 가장 급박(急迫)한 글귀가 될 수 있습니까?"라고 묻자 그것은 "불이 눈썹을 태우는 것이다."라고 대답했다는 것이다.

한자 풀이 ─────

① 초 焦 12 - 탈 초[灬(火 : 불 화)와 발음요소인 隹(새 추)가 합해진 글자로 새를 불에 그슬린다는 뜻을 나타냄. 새가 불에 까맣게 탄 것같이 나무나 물체가 불에 타서 재가 되는]·그을릴(고기를 연기에 쬐어 검게 되는) 초·그슬을(겉만 살짝 타게 하는) 초·애탈 초 또는 애태울(속이 타거나 피가 마르는) 초

② 미 眉 9 - 눈썹 미 또는 눈썹털 미[目(눈 목)과 巴(뱀 파)의 변형인 尸이 합해진 글자로 눈 위의 눈썹을 그린 것임. 눈두덩 위나 눈시울에 가로로 난 눈을 보호하는 짧은 털]·가(가장자

리) 미·언저리 미

③ **지 之 4** – 갈 지[두 발을 뜻하는 止(발 지)와 출발선을 뜻하는 一(가로획)을 그어 만든 글자로 한 발을 떼고 막 출발하려는 모습을 나타냄]·이를 지·이 지·어조사(~의, ~가, ~이, ~을) 지

④ **급 急 9** – 급할 급[본래 心(마음 심)과 발음요소와 손을 뻗쳐 뒤에서 잡는다는 뜻의 及(미칠 급) 이 합해진 글자로 사람이 잡히려고 하는 순간의 초조하게 쫓기는 마음 상태를 나타냄. 지체할 시간이 없는]·서두를 급·빠를(열차나 버스가 빠른 속도로 달리는) 급·중요할 급·급작스러울 급

용어 풀이 ─────────

• 선사(禪師) : 불교(佛敎)의 한 종파인 선종(禪宗)의 법리(法理)에 통달한 중.

• 수행(修行) : 행실·학문·기예·종교 등을 닦는.

• 고승(高僧) : 불교(佛敎)에서 학식(學識)과 덕망(德望)이 높은 중.

• 만년(晩年) : 사람의 일생이나 평생에서의 끝이 되는 시기.

• 어명(御命) : 임금의 명령으로 어령(御令)·왕명(王命)이라고 함.

• 주지(住持) : 불교(佛敎)에서 한 절(寺)을 책임지고 관리하는 중.

• 사문(沙門) : 부지런히 좋은 일을 닦고 나쁜 일을 일으키지 않는다는 뜻으로 머리를 깎고 불문(佛門)에 들어가 도(道)를 닦는 사람 또는 도를 닦는 중에 있는 승려(중). .

• 명리(命理) : 하늘이 내린 목숨과 자연의 이치.

• 초탈(超脫) : 세속을 벗어나는

• 게(偈) : 부처의 공덕(功德)이나 가르침을 찬미하는 가타[伽陀 : 불교에서 시(詩)의 형식으로 부르는 노래 글귀].

• 입적(入寂) : 출가(出家)하여 절에서 도(道)를 닦는 중의 죽음을 이르는 말.

• 초미(焦眉) : 눈썹에 불이 붙은 것과 같이 매우 절박함을 이르는 말.

직역 눈썹에 불이 붙어 곧 탈 정도로 급하다는 뜻.

의역 매우 위험하고 대단히 급한 상태를 뜻함. 즉, 그대로 방치할 수 없는 상황을 비유하는 말임.

184

촌철살인
寸鐵殺人

유래 요약

중국 남송(南宋)시대에 나대경(羅大經)이라는 학자(學者)가 있었다. 그가 어느 날 밤에 집으로 찾아온 손님들과 함께 주고받은 맑고 고고(孤高)한 이야기를 『학림옥로(鶴林玉露)』에 기록(記錄)으로 남겼다.

거기에 보면 종고선사(宗藁禪師)가 불교(佛敎) 참선(參禪)을 두고 비유컨대

"어떤 사람이 무기(武器)를 한 수레 가득 싣고 와서 이것저것 꺼내 써도 사람을 죽이는 올바른 수단(手段)이 되지 못한다. 내게는 단지 한 치(寸) 쇳조각만 있을 뿐이나 그것으로 당장 사람을 죽일 수 있다."라고 했다.

'촌철살인(寸鐵殺人)'은 여기에서 비롯했다.

보통 성인(成人) 남자 손가락 한 개 폭의 촌(寸)인 쇠로 만든 무기 철(鐵)에서 촌철은 한 치도 못되는 작은 무기를 뜻한다. 여기에서 살인(殺人)은 사람을 죽인다는 뜻이 아니라 참선(參禪)으로 마음 속 잡스러운 생각을 없애고 얻는 깨달음을 말한다. 즉, 한 가지에 집중(集中)해 참선(參禪)하면 깨우치는 순간(瞬間)이 온다는 뜻이다.

오늘날에는 뜻이 바뀌어 아주 짧고 간결한 말로 핵심(核心)을 찌르거나 기발(奇拔)한 생각이나 도덕상·예술상의 진리(眞理)를 간결(簡潔)하고 날카롭게 표현(表現)한 경구(警句)를 가리키기도 한다.

한자 풀이

① 촌 寸 3 - 마디 촌[又(손 우)가 변형된 寸와 맥박을 뜻하는 丶(점 주)가 합해진 글자로 손목의 맥박 뛰는 동맥을 엄지손가락으로 누르고 있는 모습을 나타냄. 손목에서 맥박이 뛰는 곳까지의 짧은 거리]·치(1촌=약 3.33cm) 촌

② 철 鐵 21 - 쇠 철[金(쇠 금)과 흙으로 만든 용기에 불을 피워 철을 달군 후 모루 위에 올려놓

고 두드려 창을 만든다는 뜻의 㦪(클 질)이 합해진 글자로 쓸모 있는 쇠 또는 쇠붙이를 나타
냄]·철물(鐵物 : 칼·가위·못·망치 등 쇠를 녹여서 만든 여러 가지 물건) 철·무기(武器 : 총·대포·탱크
등 전투용 기구) 철

③ **살 殺 11** - 죽일 살(시)[도구를 뜻하는 殳(몽둥이 수)와 발음요소와 나무 막대로 찔러 상처를
낸다는 뜻의 朮(죽일 살)이 합해진 글자로 사람이나 짐승을 몽둥이나 칼·창으로 마구 때리
거나 찔러 죽게 하는]·죽을 살·없앨 살·어수선할 살·지울 살·감할 쇄·심할 쇄·시해(弑害)
할 시

④ **인 人 2** - 사람 인[벼슬아치가 증표인 홀(笏)을 잡은 두 손을 앞으로 내밀며 서 있는 옆모습
을 본뜬 글자로 두 발로 똑바로 서서 걸으며 생각과 말을 할 줄 아는 만물의 우두머리를 뜻
함]·인격 인·남(상대방) 인

　　* 사람의 훌륭한 정도 : 善人(선인)→信人(신인)→美人(미인)→大人(대인)→聖人(성인).

　　* 여기서 美人(미인)은 재주와 덕행(德行)이 뛰어난 사람을 뜻함.

용어 풀이 ─────────

• 고고(孤高) : 속(俗)된 현실 사회에서 벗어나 홀로 깨끗하고 우뚝한.

• 선사(禪師) : 불교(佛敎)의 한 종파인 선종(禪宗)의 법리(法理)에 통달한 중.

• 참선(參禪) : 불교의 법리(法理)를 통달한 중인 선사(禪師)에게 선도(禪道)를 배워 닦거나 스스로 선법
(禪法)을 닦아 구하는.

• 무기(武器) : 총·대포·폭탄·탱크 등 전투에 쓰이는 기구의 총칭.

• 수단(手段) : 어떤 목적을 달성하기 위한 방법 또는 도구, 어떤 일을 처리하는 꾀나 솜씨.

• 핵심(核心) : 사물의 가장 중심이 되거나 중요한 알맹이 부분.

• 간결(簡潔) : 복장이나 문장이나 말 등이 간단하고 깔끔한.

• 기발(奇拔) : 어떤 재주나 능력 또는 분야에 있어서 남보다 유달리 재치 있게 뛰어난.

• 경구(警句) : 기발한 감상(感想)을 간결하게 표현한 구(句)나 도덕상의 진리를 날카롭게 표현한 문구(文句).

직역 단 한 치(寸) 밖에 되지 않는 자그마한 쇠붙이로 사람을 죽인다는 뜻.

의역 간단한 한마디의 말로 남의 급소(急所)나 약점을 찌를 수 있다는 뜻.

185

추기급인
推己及人

유래 요약 ─────

　중국 춘추시대(春秋時代) 제(齊)나라에 대설(大雪)이 내렸다. 제(齊)나라의 경공(景公)은 따뜻한 방안에서 여우 털로 만든 옷을 입고 설경(雪景)의 아름다움에 푹 빠져 있었다. 그는 눈이 계속 내리면 온 세상(世上)이 더욱 깨끗하고 아름다워질 거라고 생각했다. 그때 재상(宰相)인 안자(晏子 : 안영)가 경공(景公) 곁으로 다가와 창밖 쌓인 눈을 쳐다보고 있을 때 경공(景公)은 들뜬 목소리로 이렇게 말했다.

　"올해 날씨는 이상하군. 사흘 동안이나 눈이 내려 땅을 뒤덮었건만 마치 봄날처럼 조금도 춥지 않아."

　안자(晏子)는 경공이 입은 여우 털옷을 물끄러미 바라보더니, 정말로 춥지 않은지 되물었다. 그러나 경공은 안자가 왜 그렇게 묻는지 그 의미(意味)를 되새겨볼 생각도 않고 그저 웃음을 짓기만 했다. 그러자 안자는 정색(正色)을 하며 이렇게 말했다.

　"옛날의 현명(賢明)한 군주(君主)들은 자기가 배불리 먹으면 누군가가 굶주리지 않을까 생각하고, 자기가 따뜻한 옷을 입으면 누군가가 얼어 죽지 않을까를 걱정했으며 …… 그런데 경공(景公)께서는 다른 사람을 조금도 생각하지 않으시는군요."

　경공은 안자의 이 말에 얼굴을 붉히며 아무 말도 하지 못했다.

　안자(晏子)는 제(齊)나라의 정치가(政治家)로 국민(國民)의 신망(信望)이 두터웠고 매우 검소(儉素)한 재상(宰相)이었다.

한자 풀이 ─────

① 추 推 11 - 밀 추[扌(手:손 수)와 발음요소와 몽둥이를 뜻하는 椎(몽치 추)가 생략된 隹(새 추)가 합해진 글자로 손으로 밀어젖힌다는 뜻을 나타냄. 문을 열기 위하여 앞쪽으로 밀고 나가거나 수레·물체를 밀어 앞으로 내보내는]·옮길 추·천거할 추·미룰 추·미루어헤아릴

추·궁구할 추·가릴 추

② 기己3 - 몸 기[사람 몸의 척추의 뼈마디 모양을 본뜬己(呂) 이것이 己로 변한 글자로 자기 자신을 가리키는 개인적인 개체로서의 활동하는 몸을 나타냄]·자기('저·제'를 말하는) 기

③ 급及4 - 미칠 급[〃(人 : 사람 인)과 又(손 우)가 합해진 글자로 손을 뻗쳐 사람을 뒤에서 잡으려는 모습을 나타냄. 어떤 말이나 영향·법의 적용이 어느 대상에 끼치는]·이를 급·및 급·와 급·더불 급

④ 인人2 - 사람 인[벼슬아치가 증표인 홀(笏)을 잡은 두 손을 앞으로 내밀며 서 있는 옆모습을 본뜬 글자로 두 발로 똑바로 서서 걸으며 생각과 말을 할 줄 아는 만물의 우두머리를 뜻함]·인격 인·남(상대방) 인

　* 사람의 훌륭한 정도 : 善人(선인)→信人(신인)→美人(미인)→大人(대인)→聖人(성인).

　* 여기서 美人(미인)은 재주와 덕행(德行)이 뛰어난 사람을 뜻함.

용어 풀이 ───────

• 대설(大雪) : 눈이 오랫동안 내리거나 많이 쌓여 있는 눈.

• 공(公) : 남자 3인칭의 높은 말 또는 높은 벼슬과 지위를 나타냄.

• 설경(雪景) : 눈이 내리거나 눈이 쌓여 있는 경치.

• 재상(宰相) : 임금을 돕고 모든 관원(官員)을 지휘·감독하는 정2품의 벼슬.

• 정색(正色) : 사람이 어떠한 생각과 감정의 변화로 얼굴빛을 갑자기 바꾸어 엄정한 빛을 보이는.

• 현명(賢明) : 어질고 영리하여 사물의 이치에 밝은.

• 군주(君主) : 물려받아 나라를 다스리는 최고 지위에 있는 사람. 임금 또는 군장

• 신망(信望) : 믿음과 어질고 너그러운 행실로 얻은 명망(名望).

• 검소(儉素) : 사치하지 아니하고 평범하며 알뜰한.

직역 자신의 처지를 미루어 다른 사람의 형편을 헤아린다는 뜻.

의역 자기 마음을 표준 삼아 남의 마음을 똑같이 추측한다는 뜻. 즉, 제 배부르면 남의 배고픈 줄 모른다는 속담과 그 뜻이 일맥상통함.

186

출이반이
出爾反爾

* 출호이자반호이자야(出乎爾者反乎爾者也)의 준말임.

유래 요약

이 글은 『맹자(孟子)』의 「양혜왕(梁惠王) 하편(下篇)」에 나오는 말이다.

중국 전국시대(戰國時代) 추(鄒)나라 목공(穆公)이 노(魯)나라와 전쟁(戰爭)을 하는 과정에서 백성들의 비협조적(非協調的)인 태도(態度)가 못마땅하여 맹자(孟子)에게 물었다.

"이번 전쟁에서 우리 지휘관(指揮官)이 무려 33명이나 죽었는데도 백성(百姓)들은 그것을 보고만 있었지 누구 한 사람 지휘관을 위해서 죽은 자가 없습니다. 이 괘씸한 자들을 죽이자니 수(數)가 너무 많고 그렇다고 그냥 내버려두자니 앞으로도 또 그럴 테니 이것을 어떻게 하면 좋겠습니까?"

그러자 맹자가 입을 열었다.

"흉년(凶年)이나 재난(災難)이 든 해에 노약자(老弱者)는 굶어죽고 젊은이들은 사방으로 흩어졌는데 그 수(數)가 수천 명이나 되었지요. 그때 임금의 창고(倉庫)에는 곡식(穀食)과 재물(財物)이 가득했습니다. 그런데도 지휘관(指揮官)들은 이것을 꺼내어 백성을 구하자고 간청(懇請)하지도 아니하였으니 이것이야말로 윗사람이 태만(怠慢)해서 아랫사람들을 죽이는 것입니다. 공자(孔子)의 제자인 증자(曾子)가 말씀하시길 '너에게서 나온 것은 너에게로 돌아온다(出乎爾者反乎爾者也)'고 했습니다. 백성들은 과거 지휘관들한테 당한 것을 이렇게 보답(報答)한 것입니다."

한자 풀이

① 출 出 5 - 날 출[화분 같은 그릇을 뜻하는 凵(입벌릴 감)과 안쪽 가운데에 屮(싹날 철)이 합해진 글자로 땅이나 화분에서 새싹이 돋아난다는 뜻을 나타냄]·나올(안에 밖으로 또는 앞을 향하여 오는) 출

② 이 爾 14 - 너 이 또는 너 이[아름답게 빛나는 꽃의 모양을 그린 글자로 본뜻은 아름답고

성(盛)한 꽃이라는 형용사를 돕는 글자이며 '너'는 빌려 쓴 것임. 사람을 가리키는]·그 이·오직 이 또는 뿐 이·같이 이·그러할 이

③ 반 反 4 - 돌이킬 반[벼랑을 뜻하는 厂(굴바위 엄)과 又(손 우)가 합해진 글자로 벼랑 아래로 흘러내리는 흙을 손으로 다시 퍼 올린다는 뜻을 나타냄]·돌아갈 반·되풀이할 반

④ 호 乎 5 - 어조사 호[語助辭(어조사). 목소리가 올라감을 뜻하는 丿(삐침 별)과 발음요소인 兮(어조사 혜)가 합해진 글자로 말의 억양을 강하게 하는 한문의 토. 얼마나 ~한가!, ~하지 아니한가!]·감탄할(아! ~도다) 호

⑤ 자 者 9 - 놈 자[본래 鼎(솥 정)의 생략형인 日(날 일)에 尗(콩 숙)이 합해진 글자로 본뜻은 '삶다'이며 '놈 자'는 빌려쓰게 된 것임]·사람[기술자·신문기자·독자(讀者)·학자(學者)] 자·것(이것·저것 등) 자·어조사(語助辭) 자

⑥ 야 也 3 - 잇기 야 또는 이끼 야[뱀이 긴 몸을 웅크리고 있는 고리 모양의 글자로 끊임없이 쭉 이어진다는 뜻을 나타냄. 물체나 물질·사람·깃발 등이 연쇄 고리 모양으로 계속 이어지는. * 이끼는 잇기의 옛말임]·라(~라·~이라·~라서·~도다. 〈예〉: 사람의 도리라, 바로 천국이라) 야·또 야·뱀 야

용어 풀이 ──────────

• 지휘관(指揮官) : 군대를 지휘하고 통솔하는 직책을 가진 군인.

• 흉년(凶年) : 홍수나 가뭄으로 농작물이 잘 되지 아니한 해.

• 재난(災難) : 화재·홍수·지진 등 뜻밖의 불행한 일.

• 곡식(穀食) : 곡물(穀物)과 같은 뜻으로 사람의 식량이 되는 쌀·보리·콩·조·수수 따위의 총칭.

• 재물(財物) : 돈이나 그 밖의 값이 많이 나가는 보석 등의 물건을 통틀어 말함.

• 간청(懇請) : 간곡하고 지성스럽게 마음에서 우러나와 어떤 일이나 요구를 청하는.

• 태만(怠慢) : 학업이나 직무 등 하는 일이 게으르고 느린.

> **직역** 너에게서 나온 것은 너에게로 돌아온다는 뜻.
>
> **의역** 자기가 행한 선악(善惡)이나 화복(禍福)은 다 자기가 받게 된다는 뜻. 즉, 뿌린 대로 거두어들인다는 뜻.

187

측은지심
惻隱之心

유래 요약 ─────────

측은지심(惻隱之心)은 맹자(孟子)의 사단설(四端說)에 나오는 말이다.

중국 전국시대(戰國時代)의 사상가(思想家)인 맹자가 성선설(性善說)을 바탕으로 두고 주창(主唱)한 인간 도덕(道德)에 관한 설(說)로 인간은 태어날 때부터 선(善)한 존재이며 덕(德)을 높일 수 있는 인(仁)·의(義)·예(禮)·지(智)의 4가지 기본 품성을 가지고 있다고 하였다.

사단(四端)은 네 가지의 시초나 근원을 뜻하는 것으로 다음과 같다.

• 인(仁)에서 우러나는 측은지심(惻隱之心 : 가엾고 불쌍히 여기는 마음)

• 의(義)에서 우러나는 수오지심(羞惡之心 : 부끄러워하고 미워하는 마음)

• 예(禮)에서 우러나는 사양지심(辭讓之心 : 겸손하게 양보하는 마음)

• 지(智)에서 우러나는 시비지심(是非之心 : 잘잘못을 가릴 줄 아는 마음)

맹자(孟子)는 이러한 사상(思想)을 바탕으로 덕행(德行)을 백성(百姓)들에게 펼치는 왕도정치(王道政治)를 주장(主張)하였다.

한자 풀이 ─────────

① 측 惻 12 - 슬퍼할 측 또는 슬플 측[忄(心 : 마음 심)과 발음요소와 동정한다는 뜻의 則(헤아릴 측)이 합해진 글자로 남의 불행이나 죽음을 보고 딱하고 가엾게 생각하거나 통곡하며 마음 아파하는]

② 은 隱 17 - 숨을 은[阝(阜 : 언덕 부)와 발음요소와 깊숙한 언덕에 가려져서 보이지 않게 한다는 뜻의 㥯(은)이 합해진 글자로 자취를 감춘다는 뜻을 나타냄. 언덕에 몸을 감추거나 천으로 가리는]·몰래 은·숨길 은·세상을멀리할 은·은퇴(隱退)할 은·불쌍할 은·가엾을 은·측은

할 은

③ **지 之** 4 - 갈 지[두 발을 뜻하는 止(발 지)와 출발선을 뜻하는 一(가로획)을 그어 만든 글자로 한 발을 떼고 막 출발하려는 모습을 나타냄]·이를 지·이 지·어조사(~의, ~가, ~이, ~을) 지

④ **심 心** 4 - 마음 심(사람의 심장 모양을 본뜬 글자로 본뜻은 심장이며 이후 '마음'의 뜻이 생긴 것임)·생각 심·심장 심 또는 염통 심·가슴 심·중심 심·별이름 심·근본 심

　　* 예로부터 사람들은 모든 생각은 심장이 주관하는 마음에서 나온다고 믿었음. **心琴**(심금 : 미묘한 마음).

용어 풀이

- **맹자(孟子)** : 중국 전국시대(戰國時代) 유가(儒家)의 대표적인 사상가(思想家)이자 교육가. 맹자는 공자(孔子)가 죽고 나서 100년 정도 뒤에 태어났음.
- **사단설(四端說)** : 맹자(孟子)가 주창한 인간 도덕성에 관한 ①측은(惻隱) ②수오(羞惡) ③사양(辭讓) ④시비(是非).
- **사상가(思想家)** : 사회나 인생에 대한 생각·판단을 체계화하고 원리적으로 통일된 견해를 갖고 활동하는 사람.
- **성선설(性善說)** : 중국 맹자(孟子)가 주창한 도덕설로 인간의 본성은 선천적(先天的)으로 착하다는 설.
- **주창(主唱)** : 견해(見解)나 판단(判斷) 등 어떤 사상(思想)을 앞장서서 부르짖는다는 뜻.
- **덕(德)** : 올바르고 너그러운 마음과 공정하고 포용성 있는 품성.
- **인(仁)** : 남에게 베푸는 인자(仁慈)한 성품과 너그러운 행실.
- **왕도정치(王道政治)** : 유교(儒敎)를 주장하는 이상적 정치인 인덕(仁德)을 근본으로 천하를 다스리는 정치.

직역 가엾고 불쌍히 여기는 마음을 뜻함.

의역 불쌍히 여기어 동정하는 타고난 어진 마음을 뜻함.

188

칠보지재
七步之才

* 칠보재(七步才)라고도 씀.

유래 요약 ────────

이 글은 『세설신어(世說新語)』「문학편(文學篇)」에 나오는 글이다.

중국 삼국시대(三國時代)의 영웅(英雄)이었던 위왕(魏王) 조조(曹操)는 건안문학(建安文學)의 융성(隆盛)을 가져왔을 정도로 시문(詩文)의 애호가(愛好家)였다. 그의 영향을 받아 맏아들인 조비(曹丕)도 글재주가 뛰어났지만 셋째 아들인 조식(曹植)은 특히 시재(詩才)에 뛰어나 당대에 칭송(稱頌)이 자자(藉藉)했다.

위(魏)나라의 문제(文帝) 조비는 셋째 아들인 조식이 위왕(魏王)으로부터 많은 총애(寵愛)를 받게 되자 아우에 대한 증오심(憎惡心)이 깊어졌다. 조조(曹操)가 죽은 뒤 위왕(魏王)을 물려받은 조비는 후한(後漢)의 헌제(獻帝)를 폐하고 스스로 제위(帝位)에 올라 문제(文帝)라 일컫고 국호(國號)를 위(魏)라고 했다.

어느 날 문제(文帝)는 동아왕(東阿王)으로 책봉(冊封)된 아우인 조식(曹植)을 불러 이렇게 하명(下命)했다.

"일곱 걸음을 옮기는 사이에 시(詩)를 짓도록 하라. 짓지 못할 땐 중벌(重罰)을 면하지 못할 것이니라."

조식은 일곱 걸음을 옮기며 이렇게 읊었다.

"煮豆燃豆萁(자두연두기 : 콩대를 태워서 콩을 삶으니)

豆在釜中泣(두재부중읍 : 가마솥 속에 있는 콩이 우는구나)

本是同根生(본시동근생 : 본디 같은 뿌리에서 태어났건만)

相煎何太急(상전하태급 : 어찌 이다지도 급히 삶아대는가)"

문제(文帝)는 동생 조식(曹植)이 쓴 핍박(逼迫)에 대한 칠보시(七步詩)를 듣자 얼굴을 붉혔다고 한다.

* 건안문학(建安文學)에서 建安은 임금이 즉위한 해에 붙이는 칭호인 연호(年號)임.

① **칠 七 2** - 일곱칠(수직으로 세워져 있는 긴 물건을 칼로 중간을 대각선으로 내리치며 자르는 모습의 글자로 본뜻은 '끊다'이며 일곱은 빌려 쓴 것임. 1·2·3·4…로 된 아라비아 숫자에서 7을 가리킴)

② **보 步 7** - 걸을 보[오른쪽 발을 뜻하는 위쪽의 止(발 지)와 왼쪽 발을 뜻하는 止(발 지)를 거꾸로 쓴 아래쪽의 㐀이 합해진 글자로 앞서가고 따라가는 사람의 왼발과 오른발의 모습을 나타냄. 발자국을 옮기며 걷거나 목적지를 향해 걸어가는]·다닐 보·걸음 보·보(걷는 두 발 사이의 간격) 보·운수 보

③ **지 之 4** - 갈 지[두 발을 뜻하는 止(발 지)와 출발선을 뜻하는 一(가로획)을 그어 만든 글자로 한 발을 떼고 막 출발하려는 모습을 나타냄]·이를 지·이 지·어조사(~의, ~가, ~이, ~을) 지

④ **재 才 3** - 재주 재[본래 扌(手 : 손 수)가 변형된 글자로 옛날 중국에서 강물이 넘쳐 피해를 입을 것을 손으로 강에 둑을 쌓아 막았다는 데서 유래(由來)되어 재주를 나타냄. 땅거죽을 꿰뚫고 돋아나는 식물의 새싹처럼 무한한 가능성을 지닌]·재간 재·겨우 재·바탕 재

• 세설신어(世說新語) : 후한(後漢) 말에서 동진(東晉) 말까지 약 200년간 실존했던 제왕과 고관귀족을 비롯하여 문인·학자·현자·스님·부녀자 등 700여명 인물들의 독특한 언행과 일화의 모음집.

• 총애(寵愛) : 남달리 귀엽게 여기는 사랑.

• 자자(藉藉) : 어떤 소문이나 이야기들이 여러 사람의 입에 오르내리는.

• 증오심(憎惡心) : 사람을 시기하며 몹시 미워하는 마음.

• 헌제(獻帝) : 후한(後漢) 최후의 황제.

• 책봉(冊封) : 왕세자(王世子)·세손(世孫)·후(后)·빈(嬪) 등을 봉하여 세우는.

• 핍박(逼迫) : 형세(形勢)가 절박하도록 바싹 닥쳐오는 또는 닥쳐와서 몹시 괴롭게 구는.

직역 일곱 걸음을 옮기는 사이에 시(詩)를 지을 수 있는 재주를 뜻함.

의역 시문(詩文)에 대한 아주 뛰어난 재주를 뜻함. 즉, 뛰어난 재주를 이르는 말임.

189

침어낙안
沈魚落雁

유래 요약 ───────

이 글은 중국 전국시대(戰國時代) 말기 송(宋)나라 사상가(思想家)인 장자(莊子)의 「제물론(齊物論)」에 나오는 말이다. 「제물론」은 만물(萬物)은 일체(一體)이며 그 무차별(無差別) 평등(平等)의 상태를 천균(天均)이라 하는데 이러한 입장(立場)에서 보면 생사(生死)도 하나이며 꿈과 현실(現實)도 구별이 없다는 것이다.

「제물론」에 현인(賢人)인 설결(齧缺)과의 대화(對話)에서 그의 스승인 왕예(王倪)는 다음과 같이 말하고 있다.

"사람은 소와 돼지를 먹고, 사슴은 풀을 먹으며, 지네는 뱀을 먹고, 솔개와 까마귀는 쥐를 즐겨 먹는다. 이것은 타고난 천성(天性)이므로 어느 것이 올바른 맛인지를 알 수 없다. 모장과 여희는 사람들이 좋아하는 절세(絶世) 미인(美人)이다. 그런데 물고기들은 그녀들을 보면 물속으로 깊게 숨어버리고, 새들은 높이 날아가 버리며 사슴들은 뛰어 달아난다. 이들 중 어느 것이 천하(天下)의 미인(美人)을 알고 있다고 하겠는가?"

여기서 물고기가 물속으로 들어가고 새가 날아가 버리는 것은 그녀들이 사람이기 때문에 피해 달아나는 것이지 미인(美人)이라서 그런 것도 아니고 미인이 아니라서 그런 것도 역시 아니다. 그런데 절세미인이기 때문이라고 판단(判斷)을 내리고 '침어락안'이라는 말로 나타낸 것이다.

한자 풀이 ───────

① **침 沈 7** - 가라앉을 침[氵(水 : 물 수)와 발음요소와 가라앉아 안정한 상태를 뜻하는 尤(음)이 합해진 글자로 사람·물체·배 따위가 물속에 빠져 밑바닥까지 내려가는]·잠길 침·빠질 침·머물 침·깊을 침

② **어 魚 11** - 물고기 어(물고기의 머리인 ⺈와 몸통과 비늘을 뜻하는 田와 지느러미와 꼬리

를 뜻하는 灬가 합해진 글자로 물속에서 헤엄치며 살아가는 물고기를 나타냄)·잉어 어·생
선(生鮮 : 잡은 그대로의 물고기) 어

  * 魚夫(어부) : 고기잡이를 직업으로 하는 사람, 魚父(어부) : 그냥 고기를 잡고 있는 어른.

③ **락 落 13** - 떨어질 낙(락)[艹(艸 : 풀 초)와 발음요소인 洛(강이름 락)이 합해진 글자로 초목의
  잎이 땅 위에 떨어진다는 뜻을 나타냄. 시험에 떨어지거나 해와 달이 지는]·이룰 낙(락)·몰
  락(沒落)할 낙(락)·함락(陷落)할 낙(락)·마을 낙(락)·비로소 낙(락)

④ **안 雁 12** - 기러기 안[人의 형태로 줄지어 날아가는 모습을 뜻하는 厂(기슭 엄)과 여러
  마리의 새를 뜻하는 隹(隹·隹·隹 : 새추……)이 합해진 글자로 하늘을 무리지어 높이 나는
  기러기를 나타냄. 가을에 우리나라에 와서 봄에 북쪽으로 날아가는 목이 길고 다리가 짧
  은 철새]

용어 풀이 ——————

- 사상가(思想家) : 사회나 인생에 대한 생각·판단을 체계화하고 원리적으로 통일된 견해를 갖고 활동하
  는 사람.
- 무차별(無差別) : 사람이나 생물체나 생각이나 천성 등을 차등을 두어서 구별하지 않는.
- 평등(平等) : 차별이 없이 고르고 한결같은.
- 천균(天均) : 옳은 것과 그릇된 것을 아울러 한 가지로 보는.
- 입장(立場) : 당면하고 있는 처지나 상황.
- 현인(賢人) : 어질고 총명하여 덕(德)과 지혜가 뛰어난 성인(聖人) 다음가는 사람.
- 천성(天性) : 사람이나 생물체 등이 본래 타고난 성격이나 성품·취향.
- 절세미인(絶世美人) : 이 세상에서 나오는 것이 끊어져 버린 세상에 견줄 사람이 없는 미인.
- 판단(判斷) : 어떤 대상의 진위(眞僞)·선악(善惡)·미추(美醜) 따위를 생각하고 정하는.

직역 노는 물고기는 물에 가라앉고 나는 기러기는 땅으로 떨어진다는 뜻.
의역 물고기가 물속으로 숨고 기러기가 땅으로 떨어질 정도로 여인의 얼굴이 매우
  아름답다는 뜻. 즉, 여인의 미모(美貌)를 극찬한 말임.

190

쾌도난마
快刀亂麻

유래 요약 ─────────

중국 남북조시대(南北朝時代) 북제(北齊)의 창시자(創始者) 고환(高歡)은 선비족화(鮮卑族化)한 한족(漢族)으로 그의 부하(部下)도 대부분 북방(北方) 변경지대(邊境地帶)의 선비족(鮮卑族)이었다. 선비족의 군사(軍士)는 난폭(亂暴)했지만 전투(戰鬪)에는 용감(勇敢)했기 때문에 고환(高歡)은 이러한 선비족 군사의 힘을 배경(背景)으로 정권(政權)을 유지(維持)하고 있었다.

고환은 아들을 여럿 두고 있었는데 하루는 이 아이들의 재주를 시험(試驗)해 보고 싶어 한 자리에 불러 모았다. 그는 아들들에게 뒤얽힌 삼실(섬유질 성분이 많은 '삼' 식물의 껍질에서 뽑아낸 실) 한 뭉치씩을 나눠주고 추려내 보도록 했다. 다른 아이들은 모두 한 올 한 올 뽑느라 진땀을 흘리고 있는데 양(羊)이라는 아들은 잘 드는 칼 한 자루를 들고 와서는 헝클어진 삼실을 한 번에 싹둑 잘라버리고는 놀란 표정을 하고 있는 아버지 앞에 나아가 이렇게 말했다.

"어지러운 것은 베어버려야 합니다.(亂者須斬 : 난자수참)"

이런 연유(緣由)로 해서 '쾌도난마(快刀亂麻)'라는 성어(成語)가 생겨났는데 당초에는 통치자(統治者)가 백성들을 참혹(慘酷)하게 다스린다는 뜻이었다.

한자 풀이 ─────────

① 쾌 快 7 - 상쾌할 쾌[忄(心 : 마음 심)과 발음요소와 걸림이 없이 터 있다는 뜻의 夬(터놓을 쾌)가 합해진 글자로 마음에 아무런 걸림이 없어 유쾌하고 시원하다는 뜻을 나타냄. 근심 걱정에서 벗어나 마음이 평화로운]·쾌할 쾌·시원할 쾌·기분좋을 쾌·잘들(한 번에 자를 정도로 칼이 날카로운) 쾌·빠를 쾌

② **도 刀 2** - 칼 도(칼집을 뜻하는 ㄱ와 칼을 뜻하는 ノ가 합해진 글자로 한쪽에만 날이 있는 외날 칼을 뜻함, 무기로 쓰는 긴 칼부터 부엌에서 쓰는 식칼. 글자를 새기는 조각칼)·자를 도·거루 도·위엄 도

③ **난 亂 13** - 어지러울 난(란)[爫(爪 : 손톱 조)와 새장 모양인 冂와 새를 뜻하는 厶(사사 사)와 又(손 우)로 된 𤔔(란)과 잡은 새를 옷 속에 감추어 불룩한 모습인 乚(숨을 은)이 합해진 글자로 새가 어지럽게 퍼덕인다는 뜻을 나타냄]·난리 난(란)·풍류끝장단 난(란)·얽힐 난(란)

④ **마 麻 11** - 삼 마[广(바윗집 엄)과 껍질이 벗겨진 두 그루의 식물 모양인 𣏟가 합해진 글자로 다 자란 삼을 베어 말리기 위해 바위 위에나 지붕 밑에다 펼쳐 놓은 모습을 나타냄. 한해살이풀로 줄기의 껍질에 섬유질이 많아 삼베 옷감으로 씀]·저릴 마·참깨 마

용어 풀이 ─────────

- 창시자(創始者) : 어떤 일을 하거나 이론을 제시하거나 나라를 세우거나 처음으로 시작한 사람.
- 선비족(鮮卑族) : 고대(古代) 남쪽 만주에서 몽골지방에 걸쳐 살고 있던 유목(遊牧)민족.
- 한족(漢族) : 중국 본토에서 예로부터 살아온 종족. 약 5,000년 전에 황하 상류에서 북동부로 이동해 온 아시아 남방 계통의 황색 인종.
- 난폭(亂暴) : 몹시 거칠고 사나운.
- 정권(政權) : 정부를 구성하여 정치의 운영을 담당하는 권력.
- 유지(維持) : 세력이나 사업이나 정권 따위를 계속 지탱해 나가는.
- 시험(試驗) : 재능·실력 등을 일정한 절차에 따라 공정하게 알아보는 일.
- 연유(緣由) : 까닭. 어떤 것에 기인하여 일어나는.
- 참혹(慘酷) : 비참하고 끔찍한. 차마 눈으로 볼 수 없을 정도로 슬프고 처참한.

직역 날카로운 칼로 어지럽게 헝클어진 삼(麻) 가닥을 단번에 자른다는 뜻.
의역 복잡하게 얽힌 사물이나 문제를 재빠르고 명쾌하게 처리한다는 뜻.

191

타산지석
他山之石

유래 요약

이 글은 중국 춘추시대(春秋時代)에 민요(民謠)를 중심으로 하여 모은 시집(詩集)인 『시경(詩經)』 「소아편(小雅篇)」에 있는 한 구절이다. 소아(小雅) 학명(鶴鳴)이라는 시(詩)에 이런 구절이 있다.

초야(草野)에 있는 어진 사람들을 데려다가 덕(德)을 더욱 아름답게 만드는 재료(材料)로 삼으라는 뜻으로 ……

"樂彼之園(낙피지원 : 즐거운 저 동산에)

爰有樹檀(원유수단 : 박달나무 심어 놓으니)

基下維穀(기하유곡 : 그 밑에는 닥나무 자라는구나)

他山之石[타산지석 : 다른 산(山)의 보잘것 없는 돌이라도]

可以攻玉[가이공옥 : 이로써 옥(玉)을 갈 수 있네]"

이 시(詩)에서는 다른 사람의 말이나 행동(行動)이 자신의 학문(學問)과 덕(德)을 닦는 좋은 참고가 될 수 있다는 뜻으로 '타산지석(他山之石)'이란 말을 쓰게 된다.

자기의 의견(意見)과 똑같은 사람이 되기를 바라는 지도자(指導者)처럼 어리석은 사람은 없다. 똑같은 돌 똑같은 쇠끼리는 서로 상대를 갈거나 다듬을 수 없다는 것은 누구나 다 아는 진리(眞理)이다. 의견(意見)이 서로 다른 사람끼리 정답게 지내는 가운데 더욱 빛이 나고 날이 서게 되는 것이다.

한자 풀이

① **타 他 5** - 다를 타[亻(人 : 사람 인)과 뱀의 상형인 它(뱀 사·다를 타)의 변형자인 也(잇기 야)가 합해진 글자로 사람과 뱀이 다르다는 뜻을 나타냄. 어떤 생김새나 생각·생활·특징·철학·민족

따위가 나와 다른]·남[자기 자신을 가리키는 自(자기 자)의 반대되는 다른 사람] 타·저(상대방) 타

② **산 山 3** - 뫼 산 또는 메 산(우뚝 솟은 봉우리 3개가 𝗠의 그림과 같이 붙어 있는 산의 모습을 본뜬 글자로 둘레보다 우뚝하게 높이 솟아 있는 땅덩이를 나타냄)·무덤(시체나 유골을 묻은 묘) 산

③ **지 之 4** - 갈 지[두 발을 뜻하는 止(발 지)와 출발선을 뜻하는 一(가로획)을 그어 만든 글자로 한 발을 떼고 막 출발하려는 모습을 나타냄]·이를 지·이 지·어조사(~의, ~가, ~이, ~을) 지

④ **석 石 5** - 돌 석[바위를 뜻하는 厂(언덕 엄)과 작은 돌덩이를 뜻하는 口(입 구)가 합해진 글자로 언덕 아래로 굴러 떨어진 작은 돌을 나타냄. 산기슭에 여기저기 널려 있는 크고 작은 단단한 바위 조각]·저울(옛날에 긴 막대에 눈금을 표시하고 돌을 매달아 무게를 재던 기구) 석·섬(가마니에 담은 곡식의 용량) 석

용어 풀이 ————————

• 민요(民謠) : 사회를 구성하는 민중(民衆) 속에서 자연적으로 발생하여 전하는 민족의 풍습·감정 등을 나타낸 노래.

• 초야(草野) : 풀이 무성하게 자라 후미지고 으슥한 시골 땅.

• 덕(德) : 올바르고 너그러운 마음과 공정하고 포용성이 있는 품성.

• 재료(材料) : 물건을 만들거나 일을 이루는데 바탕으로 쓰이는 것, 예술을 표현하는 자료.

• 학문(學問) : 자연과학(自然科學)과 인문과학(人文科學)에 대한 체계적인 지식(智識)을 연구하는.

• 의견(意見) : 어떤 사물(事物)에 대하여 마음에 일어난 생각.

• 지도자(指導者) : 사람이나 단체·백성을 어떤 목적이나 방향으로 가리키어 이끌어 나가는.

• 진리(眞理) : 참된 이치나 도리, 모든 사람에게 타당하다고 인정되는 인식의 내용.

직역 다른 산(山)의 쓸모없는 돌이라도 옥(玉)을 가는 데에 필요하다는 뜻.

의역 다른 사람의 하찮은 언행일지라도 자기의 지식과 인격을 닦는 데에 도움이 된다는 말.

192

타초경사
打草驚蛇

* 타초경사(打┤驚巳)라고도 씀.

유래 요약 ─────────

이 글은 중국 당(唐)나라의 문인(文人)인 단성식(段成式)의 수필집(隨筆集)인 『유양잡조(酉陽雜俎)』에 나오는 말이다.

당(唐)나라 때 지방(地方)의 한 탐관오리(貪官汚吏) 현령(縣令)이 온갖 명목(名目)으로 세금(稅金)을 거둬들여 사복(私腹)을 채우자 이것을 본 백성들이 견디다 못해 일부러 현령(縣令)에게 그 부하(部下)들의 부정부패(不正腐敗) 사실을 일일이 열거(列擧)해 고발장(告發狀)을 올렸다.

그러자 고발장을 읽어보던 현령은 깜짝 놀라며 '汝雖打草 吾巳警蛇(여수타초 오이경사)'라는 글귀를 적어 놀란 가슴을 진정(鎭靜)시켰다고 한다. 즉, '너희들이 비록 풀밭을 건드렸지만 이미 나는 놀란 뱀과 같다'라는 뜻으로 백성들이 자기 부하(部下)들의 비리(非理)를 고발(告發)한 것은, 곧 우회적(迂廻的)으로 자신의 비리(非理)를 고발한 것이라고 생각해 지레 겁을 먹은 것이다.

이렇게 해서 을(乙)을 징계(懲戒)하여 갑(甲)을 각성(覺醒)하게 하려한 백성(百姓)들의 의도(意圖)는 충분히 달성(達成)되었다.

한자 풀이 ─────────

① 타 打 5 - 칠 타[扌(手 : 손 수)와 발음요소와 텅텅 칠 때 나는 소리인 丁(고무래 정)이 합해진 글자로 손으로 소리 나게 물체나 사람이나 짐승을 때린다는 뜻. 어떤 문제를 해결하거나 적을 공격하여 피해를 주는]

② 초 草 10 - 풀 초[艹(艸 : 풀 초)와 발음요소와 해가 떠오르는 모습의 早(이를 조)가 합해진 글자로 태양의 따뜻한 기운을 받아 땅에서 싹들이 돋아나는 풀을 나타냄]·잡초 초·시작할 초·대강 초

③ **경 驚** 23 - 놀랄 경[馬(말 마)와 두려워한다는 뜻의 敬(공경할 경)이 합해진 글자로 말이 크게 놀라는 모습을 나타냄. 조심성이 많은 말이 놀라서 갑자기 벌떡 뛰듯이 사람이 어떤 자극을 받아 당황할 정도로 놀라는]·놀랠 경·경기(驚氣 : 어린 아이가 갑자기 근육이 수축되면서 놀라 까무러치는 병) 경

④ **사 蛇** - 11 뱀 사[뱀이 웅크리고 있는 모습을 본뜬 虫(뱀 훼)와 몸통을 꼿꼿이 세우고 물려고 하는 뱀의 모습을 뜻하는 它(뱀 사·다를 타)가 합해진 글자로 몸은 가늘고 길며 피부가 비늘로 덮여 있어 배의 비늘을 세워 앞으로 움직이는 파충류 동물]·배암(뱀의 원래의 말) 사·이무기(전해 내려오는 물속에 산다는 큰 구렁이) 타

용어 풀이 ────────

- 문인(文人) : 시(詩)·문장(文章) 등에 종사하거나 뛰어난 사람.
- 탐관오리(貪官汚吏) : 탐욕(貪慾)이 많고 부정(不正)을 일삼는 벼슬아치.
- 현령(縣令) : 지역 단위인 현(縣)에 둔 지방장관(地方長官).
- 명목(名目) : 표면상으로 내세우는 이름이나 이유·핑계.
- 사복(私腹) : 사사로운 배라는 뜻에서 개인의 이익이나 욕심을 뜻하는 말임.
- 부정부패(不正腐敗) : 국가나 사회 구성원이 권한과 영향력을 부당하게 사용하여 개인의 이익을 취하는.
- 고발장(告發狀) : 범죄(犯罪) 사실을 경찰서나 검찰청에 신고하기 위하여 제출하는 서류.
- 비리(非理) : 어떤 지위와 직책에서 임무와 달리 도리(道理)에 어긋나는 일.
- 지레 : 어떤 시기나 시간이 되기 전에 미리. 어떤 일이 벌어지기 전에 미리.
- 각성(覺醒) : 깨어 정신을 차리는. 주의를 환기시키는. 잘못을 깨닫는.

직역 풀을 두들겨서 숨어 있는 뱀을 놀라게 한다는 뜻.

의역 변두리를 울려 적의 정체를 드러나게 하거나 공연히 문제를 일으켜 화를 불러 일으킨다는 뜻.

193

태산북두
泰山北斗

유래 요약 ─────

중국 당(唐)나라 때 문학자(文學者)이자 사상가(思想家)인 한유(韓愈)라는 사람이 있었다. 그는 이백(李白), 두보(杜甫), 백거이(白居易)와 함께 당(唐)나라의 대표적인 4대 시인(詩人)의 한 사람으로 2살 때 고아(孤兒)가 되었으나 열심히 노력하여 25살 때 진사과(進士科)에 급제(及第)한 뒤 벼슬이 이부상서(吏部尚書)까지 되었다.

한유(韓愈)는 사상분야(思想分野)에서는 도교(道敎)와 불교(佛敎)를 배격(排擊)하고 유가(儒家)의 사상을 존중(尊重)하여 도학(道學)의 선구자(先驅者)가 되었다. 그리하여 그가 죽은 뒤 당서(唐書:당나라의 역사책)에서는 다음과 같이 평(評)하였다.

"당(唐)나라가 선 이래 한유(韓愈)는 육경[六經 : ①시경(詩經) ②서경(書經) ③역경(易經) ④춘추(春秋) ⑤예기(禮記) ⑥악기(樂記)]의 글을 배워 모든 학자들의 스승이 되었다. 그가 죽은 후 그의 가르침이 널리 퍼졌기 때문에 학자들은 그를 태산북두 (泰山北斗)와 같이 우러러보며 존경(尊敬)하였다."

한자 풀이 ─────

① 태 泰 10 - 편안할 태[便安(편안). 본래 폭포 같이 쏟아지는 물줄기를 뜻하는 氺(水 : 물 수)와 屯(머무를 둔)이 변형된 夫가 합해진 글자로 사람이 물줄기를 맞으며 태연하게 앉아 있다는 뜻을 나타냄. *옛날에 중국의 천자(天子 : 황제·임금)가 태산에서 신령에게 제사를 올리며 마음에 편함을 얻은 것이 유래된 것임]·클 태

② 산 山 3 - 뫼 산 또는 메 산(우뚝 솟은 봉우리 3개가 ⛰의 그림과 같이 붙어 있는 산의 모습을 본뜬 글자로 둘레보다 우뚝하게 높이 솟아 있는 땅덩이를 나타냄)·무덤(시체나 유골을 묻은 묘) 산

③ 북 北 5 - 북녘 북[마주보는 사람의 모습인 亻(人 : 사람 인)과 등진 사람의 모습인 匕(비수 비)
가 합해진 글자로 두 사람이 서로 등지고 있는 모습을 나타냄. 북극성 별자리가 보이는 북
쪽 방향]·뒤 북·등질 배

④ 두 斗 4 - 말 두[옛날 곡식의 용량을 재는 데 사용하는 자루가 달린 국자를 나타낸 기구를
'말'이라고 한 글자로 쌀 같은 곡식의 부피를 재는 단위로 1말은 약 18L(리터)에 해당하며
높이가 50cm 정도 되는 원통형임. 1말(斗)=10되임]·별이름(국자모양으로 생긴 북두칠성) 두

용어 풀이 ————

• 사상가(思想家) : 사회나 인생에 대한 생각·판단을 체계화하고 원리적으로 통일된 견해를 갖고 활동하
는 사람.

• 진사과(進士科) : 소과초시(小科初試)에서 시(詩)나 글을 짓는 문예 분야인 제술과(製述科).

• 급제(及第) : 시험이나 문무관(文武官)을 뽑는 과거(科擧)시험에 합격하는.

• 이부상서(吏部尙書) : 이부의 장관으로 품계는 정3품의 벼슬. 상서성에 속해 문관의 인사와 공훈에 관
한 사무를 맡아봄.

• 도교(道敎) : 무위자연설(無爲自然說)을 근간으로 하는 중국의 대표적인 민족종교이자 철학사상.

• 불교(佛敎) : 석가모니를 교조(敎祖 : 종교를 처음 세운 사람)로 삼고 그가 설한 교법을 근본으로 하는 종교.

• 유가(儒家) : 공자(孔子)의 학설과 학풍 따위를 신봉하고 연구하는 학자나 학파.

• 선구자(先驅者) : 말을 탄 행렬에서 맨 앞장에 선 사람. 어떤 사상에 있어 다른 사람보다 앞선 사람.

• 북두(北斗) : 북두성(北斗星) 또는 북두칠성으로 북쪽 하늘의 큰곰자리에서 가장 뚜렷하게 보이는 국자
모양으로 생긴 일곱 개의 별임.

직역 높고 큰 태산(泰山)과 북두칠성(北斗七星) 별이라는 뜻.
의역 세상 사람으로부터 높이 우러러 존경받는 훌륭한 인물(人物)이라는 뜻.

194

토사구팽
兎死狗烹

유래 요약 ━━━━━━━

중국의 명장(名將)인 유방(劉邦)은 초(楚)나라 패왕(霸王) 항우(項羽)를 멸하고, 한(漢)나라의 고조(高祖)가 되자 무관(武官)의 장수(將帥)였던 한신(韓信)을 초(楚)나라의 왕(王)으로 세웠다. 그런데 이듬해에 항우(項羽)의 맹장(猛將)이었던 종리매(鍾離眛)가 한신에게 몸을 의탁(依託)하고 있다는 사실을 알고 과거의 악몽(惡夢)이 되살아나 한신에게 당장 그를 압송(押送)하라고 명했다. 그러나 종리매와 오랜 친구인 한신은 고조(高祖)의 명령을 어기고 오히려 종리매를 숨겨줬다. 그러자 고조는 바로 제후(諸侯)들에게 한신을 포박(捕縛)하라고 명령했다.

그러던 어느 날 교활(狡猾)한 가신(家臣)이 한신에게 속삭이듯 이렇게 말했다.

"종리매의 목을 가져가시면 폐하께서 기뻐하실 것입니다."

한신이 이 말을 전하자 종리매는 크게 노하며,

"고조(高祖)가 초(楚)나라를 치지 않은 것은 자네 곁에 내가 있기 때문일세. 그런데도 자네가 내 목을 가지고 고조에게 가겠다면 당장 내손으로 목을 잘라주지. 하지만 그땐 자네도 망한다는 걸 잊지 말게."라고 말을 남기고 자결(自決)하자 한신은 그 목을 가지고 고조를 배알(拜謁)했다. 그러나 한신은 고조한테 포박(捕縛)당하자 분개(憤慨)하여 이렇게 말했다.

"狡兎死良狗烹(교토사양구팽 : 교활한 토끼를 사냥하고 나면 좋은 사냥개는 삶아 먹히고) 敵國破謀臣亡(적국파모신망 : 적국을 부수면 지혜 있는 신하는 버림을 받는다)고 하더니, 한(漢)나라를 세우기 위해 분골쇄신(粉骨碎身)한 내가 이번에는 죽게 되었구나!"

한자 풀이 ━━━━━━━

① 토 兎[兔] 7 - 토끼 토[한쪽 귀가 꺾인 토끼의 귀 모양을 본뜬 刀와 몸통과 발과 꼬리의 모양인 兜이 합해진 글자로 귀가 크고 뒷다리가 발달하였으며 꼬리가 짧은 작은 짐승으로 집토끼와 산토끼를 뜻함]·달(둥근달) 토

② **사 死 6** - 죽을 사[흐트러진 뼈를 뜻하는 歹(뼈앙상할 알)과 죽은 사람을 뜻하는 匕(비수 비)가 합해진 글자로 질병·사고 등으로 생명을 잃은 상태를 뜻함]·다할 사·죽일 사·생기없을 사

    * 옛날 중국에서는 사람이 죽으면 살이 다 썩어 없어진 뒤에 뼈만 모아 장례를 치렀음.

③ **구 狗 8** - 개 구[길짐승을 뜻하는 犭(犬 : 개 견)과 발음요소와 몸을 오그리고 있는 모습의 句(글귀 구)가 합해진 글자로 강아지를 나타냄. 귀가 밝고 냄새를 잘 맡아 집을 지키거나 사냥을 하는 동물]·강아지 구

④ **팽 烹 11** - 삶을 팽[솥을 뜻하는 亨(형통할 형)과 灬(火 : 불 화)가 합해진 글자로 쌀·고기·나물·계란 또는 빨래를 솥에 넣고 물을 붓고 끓이어 익히거나 때를 빼는. 호의를 베풀며 자기의 뜻대로 따르게 하는]·요리 팽 또는 요리할 팽·달일(한약재를 물에 넣고 오래 끓이거나 진하게 하는) 팽

용어 풀이 —————————

• 패왕(霸王) : 인의(仁義)를 가볍게 여기고 무력이나 권세로 백성을 다스리는 왕.

• 고조(高祖) : 제1대의 황제나 임금.

• 맹장(猛將) : 용맹한 장수(將帥 : 군사를 거느리는 우두머리).

• 의탁(依託) : 남에게 의뢰하고 부탁하는.

• 악몽(惡夢) : 운수 따위가 좋지 아니한 불길(不吉)한 꿈, 또는 끔찍하고 무서운 꿈.

• 압송(押送) : 범인이나 죄인 등을 강제로 잡아 보내는.

• 포박(捕縛) : 나쁜 사람이나 도둑·적군·범인·죄인 등을 잡아서 끈으로 묶는.

• 자결(自決) : 자기의 일을 스스로 책임지고 해결하는. 스스로 자기 목숨을 끊는.

• 배알(拜謁) : 임금이나 높은 어른을 직접 만나 뵙는.

• 분골쇄신(粉骨碎身) : 뼈가 가루가 되고 몸이 부서지도록 목숨을 아끼지 아니하고 있는 힘을 다하는.

> **직역** 토끼 사냥이 끝나면 사냥하던 개를 삶아 먹어 없애버린다는 뜻.
>
> **의역** 싸워서 나라를 세운 헌신한 장수(將帥)도 쓸모가 없으면 비참하게 버려진다는 뜻.
>
>   즉, 필요할 때 요긴하게 써 먹고 쓸모가 없어지면 가혹하게 버린다는 뜻.

195

투서기기
投鼠忌器

유래 요약

이 글은 중국 『삼국지(三國志)』에서 유비(劉備)가 촉(蜀)나라의 장수(將帥)인 관운장(關雲長)에게 한 말이다.

조조(曹操)가 나이 어린 헌제(獻帝)를 우습게 알고 마치 황제(皇帝)가 된 듯이 문무백관(文武百官) 앞에서 황제도 무시(無視)하고 환호(歡呼)하는 대중(大衆) 앞에 나댄다. 이때 젊고 의리(義理) 많은 관운장이 이를 보고 청룡언월도(靑龍偃月刀)를 잡고 조조(曹操)를 죽이려하자 현덕(賢德)이 급히 말렸다.

관우(關羽 : 관운장)가 왜 말리냐고 문자 현덕은 '투서기기(投鼠忌器)'라고 말했다. 즉, 쥐를 때려잡고 싶어도 주위의 물건이나 그릇을 깰까 두려워 쥐를 잡지 못한다는 뜻이니 전하여 헌제(獻帝)를 핍박(逼迫)하는 간신(奸臣) 조조를 제거(除去)하고 싶지만 혹시 헌제에게 누(累)가 미칠까봐 조조(曹操)를 제거하지 못한다는 뜻이다.

다른 이야기를 들어보면, 중국 서한(西漢) 경제(景帝) 때의 정치가(政治家) 가의(賈誼)는 황제(皇帝)의 측근에서 위세(威勢)를 부리는 한 무리의 신하(臣下)들을 보고도 황제에게 죄(罪)를 범하는 일이 될까 두려워 감히 그들을 건드리지 못한다는 것을 이렇게 표현(表現)했다. "俚諺曰, 欲投鼠而忌器(이언왈, 욕투서이기기)"

　* 俚諺曰(이언왈 : 세상 사람들 사이에 떠도는 속담에 말하기를), 欲(하고자할 욕. ~무엇을 하고 싶으나 또는 장차 ~하려 한다는 뜻).

한자 풀이

① 투 投 7 - 던질 투[扌(手 : 손 수)와 발음요소와 치거나 던진다는 뜻의 殳(몽둥이 수·창 수)가 합해진 글자로 손으로 몽둥이나 창·공·돌·수류탄·그물 등을 멀리 힘껏 던진다는 뜻을 나타냄. 전쟁이나 조국을 위하여 목숨을 바치는. 빛을 화면에다 비치는. 사업에 돈을 쏟아 붓

는]·투여할 투·버릴 투

② **서 鼠 13** - 쥐 서[齒(이 치)가 생략된 臼(절구 구)와 쥐의 배·발과 발톱·꼬리의 모양을 본뜬 㲋이 합해진 글자로 주로 사납고 날렵한 들쥐나 동굴쥐를 나타냄]·좀도둑(자질구레한 물건 을 훔치는 도둑) 서

③ **기 忌 7** - 꺼릴 기[心(마음 심)과 발음요소와 두려워한다는 뜻의 己(몸 기)가 합해진 글자로 윗 사람이나 상대방을 어렵게 여기거나 나쁜 징조 등에 대하여 두려워 피하거나 싫어하는]·삼 갈(슬프거나 불행한 의식 앞에서 말과 행동을 조심하는) 기·시기할 기 또는 질투할 기·기일 기

④ **기 器 16** - 그릇 기[신(神)에게 바치는 희생물인 개를 뜻하는 犬(개 견)과 제사에 쓰이는 그 릇 모양인 4개의 口(입구)가 합해진 글자로 컵·사발·항아리·병 등과 같이 여러 가지 모양 의 음식을 담는 물건]·도량(度量) 기·재능(才能) 기·쓰일 기·기관(생물체의 간·심장·관다발 따 위의 기관) 기

용어 풀이 ─────────

• 관운장(關雲長) : 중국 삼국지에 나오는 관우(關羽)의 본명 외에 부르는 자(字)인 운장을 붙인 이름.
• 헌제(獻帝) : 후한(後漢) 최후의 황제.
• 문무백관(文武百官) : 학문 전문의 문관(文官)과 군사 전문의 무관(武官)과 기타의 모든 벼슬아치.
• 청룡언월도(靑龍偃月刀) : 칼날 부분이 달의 반월형이며 칼에 용(龍)의 그림이 새겨져 있고 손잡이가 긴 큰 칼.
• 핍박(逼迫) : 형세가 매우 절박하도록 바싹 닥쳐오는.
• 간신(奸臣) : 성질이 간교하고 행실이 바르지 못한 임금을 섬기는 벼슬인 신하(臣下).
• 누(累) : 남의 잘못으로 말미암아 받게 되는 정신적인 괴로움이나 물질적인 손해.
• 위세(威勢) : 사람을 두렵게 하거나 엄하게 다루어 복종시키는 힘 또는 기세.

직역 물건을 던져 쥐를 때려잡고 싶으나 곁에 있는 그릇을 깰까 두려워한다는 뜻.
의역 임금 곁의 간신(奸臣)을 제거하려 해도 임금에게 누(累)가 될까 두려워한다는 뜻.
　　즉, 어떤 일을 하고 싶어도 그 일로 인해 다른 것을 손해 입을까봐 못한다는 뜻.

196

파죽지세
破竹之勢

유래 요약 ─────────

　고대(古代) 중국 위(魏)나라의 권신(權臣) 사마염(司馬炎)은 원제(元帝)를 폐(廢)한 뒤 스스로 제위(帝位)에 올라 무제(武帝)라 일컫고 국호(國號)를 진(晉)이라고 했다. 이리하여 천하(天下)는 3국(國) 중 유일(唯一)하게 남아 있는 오(吳)나라와 진(晉)나라로 나뉘어 대립(對立)하게 되었다.

　이윽고 무제(武帝)는 진남대장군(鎭南大將軍) 두예(杜預)에게 출병(出兵)을 명령했다. 이듬해 무창(武昌)을 점령(占領)한 두예는 장수(將帥)들과 오(吳)나라를 공략(攻略)할 작전(作戰)회의를 하고 있었다. 이 때 한 장수가 의견(意見)을 말했다.

　"지금 우리 군사(軍士)의 위엄(威嚴)은 이미 떨쳐져 있소. 그것은 마치 대나무를 쪼개는 기세(破竹之勢)요. 대나무란 처음 몇 마디만 쪼개지면 그 다음부터는 칼날이 닿기만 해도 저절로 쪼개지는 법인데 어찌 이런 절호(絶好)의 기회(機會)를 버린단 말이오."

　이리하여 그는 곧장 오(吳)나라 수도(首都)를 향해 진군(進軍)할 것을 명령(命令)했고 진(晉)나라 군대(軍隊)가 이르는 곳마다 오(吳)나라 군대는 싸우지 않고 항복(降伏)을 했다.

한자 풀이 ─────────

① 파 破 10 - 깨뜨릴 파[石(돌 석)과 발음요소와 물체의 일부를 떼어낸다는 뜻의 皮(가죽 피)가 합해진 글자로 돌을 깨거나 깨뜨린다는 뜻을 나타냄. 건물을 부수어 헐어버리는. 질서나 양심 또는 인간관계를 무너지게 하는]·쪼갤(연장을 사용하거나 힘을 가해 단단한 물체를 여러 조각으로 갈라지게 하는) 파

② 죽 竹 6 - 대 죽 또는 대나무 죽(곧게 뻗은 줄기와 마디에 난 양쪽 잎이 아래로 드리워진 대나무

두 그루가 마주 서 있는 모습을 본뜬 글자로 예부터 겨울의 풀이라고 부르는 대 또는 대나무를 나타냄]·편지 죽

* 대나무 줄기는 단단하고 질기며 마디가 있어 잘 쪼개지지 않는 특성이 있음.

③ 지 之 4 - 갈 지[두 발을 뜻하는 止(발 지)와 출발선을 뜻하는 一(가로획)을 그어 만든 글자로 한 발을 떼고 막 출발하려는 모습을 나타냄]·이를 지·이 지·어조사(~의, ~가, ~이, ~을) 지

④ 세 勢 13 - 세력 세[勢力(세력). 力(힘 력)과 발음요소와 마구 휘두른다는 뜻의 埶(권세 세)가 합해진 글자로 성대한 기운이나 세력을 나타냄. 국가나 사회단체 활동을 지배하는 힘이나 영향력]·기세(氣勢) 세·권세(權勢) 세·형세(形勢) 세·불알 세

용어 풀이 ─────────

• 권신(權臣) : 권력과 세력을 잡은 신하(臣下) 또는 권세가 있는 신하.

• 사마염(司馬炎) : 진(晉)나라를 처음으로 세운 개국 황제이며 서진(西晉)의 1대 황제임.

• 원제(元帝) : 중국 위(魏)나라의 5대 황제이자 마지막 황제.

• 폐(廢)하다 : 사람을 어떤 지위에서 몰아내다. 있어 온 풍습이나 제도를 없애다.

• 국호(國號) : 정식으로 제정(制定)한 나라의 이름, 즉 국명(國名).

• 출병(出兵) : 군대를 동원하여 전선에 내어 보내는.

• 공략(攻略) : 적(敵)의 영토나 진지를 공격하여 빼앗는.

• 절호(絶好) : 무엇을 하기에 다시없이 좋은 기회.

• 진군(進軍) : 전쟁할 때 군대가 앞으로 쳐들어가는.

• 항복(降伏) : 힘이나 무력에 눌리어 전쟁을 포기하고 적(敵)에게 굴복하는.

직역 대나무를 쪼개는 기세(氣勢 : 세차게 뻗치는 힘)라는 뜻.

의역 맹렬한 기세나 세력이 강대하여 적(敵)으로 대하는 자가 없다는 뜻. 또는 강한 대적(大敵)도 거침없이 물리치는 의기와 강한 힘을 뜻함.

197

포락지형
炮烙之刑

유래 요약 ——————

　　중국 전한(前漢)의 사마천(司馬遷)이 지은 역사(歷史)책인 『사기(史記)』의 「은본기(殷本紀)」에 다음과 같은 이야기가 나온다.

　　중국 고대(古代) 하(夏)·상(商)·주(周)의 3왕조(王朝) 가운데 상왕조(商王朝)의 마지막 왕인 주왕(紂王)은 속국(屬國) 유소씨(有蘇氏)의 나라로부터 달기(妲己)라는 여자를 공물(貢物)로 받았다. 그녀는 희대(稀代)의 요녀(妖女) 독부(毒婦)였다.

　　주왕(紂王)은 원래 지용(智勇)을 겸비(兼備)한 현군(賢君)이었으나 달기(妲己)에게 마음을 빼앗긴 이후 폭군음주(暴君淫主)로 치달았다. 주왕은 무거운 세금(稅金)으로 궁궐(宮闕)을 새로 짓고 주지육림(酒池肉林) 속에서 음주음락(飮酒淫樂)으로 나날을 보냈다. 이에 백성들은 원성(怨聲)이 높았고 폭정(暴政)에 반기(反旗)를 드는 제후(諸侯)들도 늘어만 갔다. 그러자 주왕은 자신을 비방(誹謗)하거나 배반하는 자들을 누르기 위해 새로운 형벌(刑罰)을 만든 것이 바로 '포락지형(炮烙之刑)'이다.

　　이 형벌은 기름을 바른 구리 금속 기둥을 숯불 위에 걸쳐 달군 후, 그 위로 죄인(罪人)을 맨발로 건너가게 하는 잔인(殘忍)하고 가혹(苛酷)한 방법으로 약칭 포락(炮烙)이라고 한다.

한자 풀이 ——————

① 포 炮 9 - 구울 포[火(불 화)와 발음요소인 包(쌀 포)가 합해진 글자로 전체를 통째로 싸서 불에 굽는다는 뜻은 나타냄. 짐승을 통째로, 고구마 등을 잎사귀나 은박지에 싸서 불 속에서 익게 하는]·그스를(고기 따위를 불에 거죽만 조금 타도록 하는) 포

② 락 烙 10 - 지질 락(낙)[火(불 화)와 발음요소와 어떤 부위나 일부분을 뜻하는 各(각각 각)이 합해진 글자로 불에 달군 쇠로 죄지은 사람의 살을 태우거나 가축·노예·물건을 표시하기

위하여 태우는]

③ **지 之 4** - 갈 지[두 발을 뜻하는 止(발 지)와 출발선을 뜻하는 一(가로획)을 그어 만든 글자로
한 발을 떼고 막 출발하려는 모습을 나타냄]·이를 지·이 지·어조사(~의, ~가, ~이, ~을) 지

④ **형 刑 6** - 형벌 형[刑罰(형벌). 刂(刀 : 칼 도)와 형틀을 뜻하는 井(우물 정)이 합해진 글자로 범
죄자에게 가하는 형벌을 나타냄. 옛날에 죄인(罪人)을 형틀에 매어 놓고 칼로 위협하거나
앙갚음으로 주는 고통]·법(범죄자에게 형벌을 선고하고 집행할 수 있도록 규정한 법률) 형

용어 풀이 ────────

• 왕조(王朝) : 한 왕가(王家)가 다스리는 시대나 같은 왕가에 속하는 통치자의 계열.

• 공물(貢物) : 백성이 궁중이나 나라에 세금으로 바치던 특산물.

• 희대(稀代) : 희세(稀世)와 같은 말로 세상에 아주 드문.

• 요녀(妖女) : 요사스럽고 간사한 여자.

• 독부(毒婦) : 몹시 악독한 여자.

• 폭군음주(暴君淫主) : 사납고 악한 군주(君主)가 음탕한 생활을 일삼는.

• 주지육림(酒池肉林) : 술이 연못을 이루고 고기가 숲을 이룬다는 뜻으로 호화스러운 술잔치를 뜻함.

• 음주음락(飮酒淫樂) : 술만 마시고 음탕한 생활로 제멋대로 즐기는.

• 지용(智勇) : 슬기와 용기.

• 현군(賢君) : 덕망(德望)이 높고 정사(政事)를 잘 다스리는 어진 임금.

• 반기(反旗) : 반대의 뜻을 나타내는 행동이나 표시.

• 비방(誹謗) : 남을 비웃고 헐뜯어 말하는.

• 포락(炮烙) : 쇠붙이를 불에 시뻘겋게 달구어 살에 대고 약간 탈 정도로 태우거나 눋게 하는.

직역 불에 달군 쇠로 사람의 몸을 굽고 지지는 형벌이라는 뜻.

의역 덕망(德望)이 없는 왕(王)의 백성에 대한 가혹한 통치를 비유적으로 이르는 말임.

198

포식난의
飽食暖衣

유래 요약 ─────

　중국 춘추전국시대(春秋戰國時代) 동주(東周) 유가(儒家)의 대표적인 사상가(思想家)이자 교육가(教育家)인 맹자(孟子)가 등문공(滕文公)에게 초빙(招聘)되자 유교(儒敎)에서 묵자주의(墨子主義)로 전향(轉向)한 진상이 등(滕)나라 임금도 백성(百姓)들과 마찬가지로 손수 농사(農事)지어 먹어야 하지 않느냐고 질문(質問)했다.

　맹자(孟子)는 인간의 생활이 분업(分業)하는 것임을 강조하며 대답했다.

　"원시적(原始的)인 자급자족(自給自足)만으로는 나라의 기틀을 공고(鞏固)히 할 수 없으며, 군왕(君王)과 선각자(先覺者)들이 강을 막고 농사짓는 법을 가르쳐 주어 백성들이 따뜻한 옷을 입고(暖衣) 배불리 먹고 사는 것(飽食)이 아니겠는가?"

　"그러나 배불리 먹고 따뜻하게 입고 편안(便安)하게 산다 해도 가르침이 없으면 새나 짐승에 가깝게 되는데, 성군(聖君)께서 이를 근심하여 인륜(人倫)으로 백성들에게 가르치게 하시니, 아버지와 자식 사이에는 친함이 있고, 임금과 신하 사이에는 의리가 있고, 부부 사이에는 분별이 있고, 어른과 아이들 사이에는 차례가 있고, 친구 사이에는 믿음이 있다.[오륜(五倫) : 父子有親(부자유친), 君臣有義(군신유의), 夫婦有別(부부유별), 長幼有序(장유유서), 朋友有信(붕우유신)]"

한자 풀이 ─────

① **포 飽 14** - 배부를 포 또는 포식 포[음식을 뜻하는 𩙿(食 : 밥 식)과 발음요소와 배가 불룩 나온 모양인 包(쌀 포)가 합해진 글자로 밥을 많이 먹어서 배가 부풀거나 배가 부르게 잔뜩 먹은]·찰(많이 먹어서 배가 가득한) 포·물릴(많이 먹어서 먹기가 싫은) 포·가득할 포·만족(滿足 : 마음이 흡족한)할 포

② **식 食 9** - 밥 식[본래 米(쌀 미)와 水(물 수)가 합해진 글자 또는 人(사람 인)과 良(좋을 량)이 합

해진 글자로 쌀·보리 등을 끓여 익혀 숟가락으로 떠서 끼니로 즐겨 먹는 음식을 뜻함]·음
식 식·먹일 사

③ 난 暖 13 - 따뜻할 난[日(해 일)과 발음요소와 昷(온화할 온)과 같은 爰(미칠 원)이 합해진 글자
로 햇볕을 쏘이거나 열을 받아 따뜻하다는 뜻을 나타냄. 기온이 봄날씨같이 따뜻한]

④ 의 衣 6 - 옷 의[人(사람 인)이 겹친 모양인 㐄와 몸을 감싸 덮는다는 뜻의 亠(머리 두)가 합해
진 글자로 목에 둘러대는 깃과 소매가 있는 위에 입는 옷을 나타냄. 저고리 : 한복(韓服)의 일
종인 웃옷]

  * 우리나라 고유의 의복에서 衣(옷 의)는 위에 입는 옷, 裳(치마 상)은 아래에 입는 옷.

용어 풀이 ───────────

• 유가(儒家) : 공자(孔子)의 학설과 학풍을 신봉하고 연구하는 학자나 학파.

• 등문공(滕文公) : 중국 전국시대 등(滕)나라 국군(國君)이었던 등정공(滕定公)의 아들(太子).

• 유교(儒敎) : 공자(孔子)를 시조로 하는 중국의 대표적인 사상이며 인(仁)을 도덕의 최고 이념으로 삼았음.

• 묵자주의(墨子主義) : 중국 전국시대 초기의 사상가인 묵자(墨子)가 남의 행복과 유익한 가치를 굳게
  지키는 주장.

• 전향(轉向) : 정치사상이나 종교·교육 등에 있어서 이전의 정신적 지향이나 신념을 바꾸는.

• 자급자족(自給自足) : 필요하여 얻고자 하는 물품을 스스로 생산하여 충당하는.

• 선각자(先覺者) : 정치·종교 따위에 있어서 남보다 앞서서 깨닫는 사람.

• 성군(聖君) : 어질고 덕이 뛰어난 임금.

• 인륜(人倫) : 인간 사회에서 지켜야 할 도리.

직역 배부르게 먹고 따뜻하게 옷을 입으며 넉넉하게 산다는 뜻.

의역 풍족한 삶을 누린다는 뜻이나 인간은 짐승과 달리 인륜(人倫)을 깨닫고 실천해
야 한다는 것을 내포하고 있음을 말함.

199

풍수지탄
風樹之嘆

*풍수지감(風樹之感)·풍수지비(風樹之悲)와 같은 뜻임.

유래 요약 ──────

중국 고대(古代) 사상가(思想家)였던 공자(孔子)가 자기의 뜻을 펴기 위해 떠돌다가 고어(皐魚)라는 사람의 곡성(哭聲)을 듣고 우는 까닭을 물어보았더니 슬픈 어조(語調)로 이렇게 말했다.

"저에게는 세 가지 한(恨)이 있습니다. 첫째는 공부(工夫)를 한답시고 집을 떠났다가 고향(故鄕)에 돌아가 보니 부모(父母)님은 이미 세상(世上)을 떠난 것이고, 둘째는 저의 경륜(經綸)을 받아들이려는 군주(君主)를 어디에서도 만나지 못한 것이며, 셋째는 서로 속마음을 터놓고 지내던 친구와 사이가 멀어진 것입니다."

고어(皐魚)는 한숨을 쉬고는 시(詩) 한 수를 읊었다.

"樹欲靜而風不止(수욕정이풍부지 : 나무는 고요히 머물고자 하나 바람이 그치지 않고)

子欲養而親不待(자욕양이친부대 : 자식은 봉양하고자 하나 부모님은 기다려 주시지 않네)

往而不可追者年也(왕이불가추자년야 : 한번 흘러가면 쫓아갈 수 없는 이 세월이요)

去而不見者親也(거이불견자친야 : 가시면 다시 볼 수 없는 것은 부모이시네)"

"저는 이제 이대로 서서 말라죽으려고 합니다."

공자(孔子)는 고어(皐魚)의 말이 끝나자 제자(弟子)들을 돌아보며 이렇게 말했다.

"이 말을 명심(銘心)해 두어라. 훈계(訓戒)로 삼을 만하지 않은가?"

이 글귀에 깊은 감명(感銘)을 받고 고향으로 돌아가 부모를 섬긴 제자가 13명이나 되었다.

한자 풀이 ──────

① 풍 風 9 -바람 풍[배의 돛 모양을 본뜬 帆(돛 범)이 생략된 凡(무릇 범)과 虫(뱀 훼)가 합해진 글자로 돛이 바람에 의해 뱀이 움직이는 모양처럼 흔들린다는 뜻을 나타냄]·모양 풍·풍속

풍·경치 풍

* 風(풍)은 유행처럼 지나가는 세상이나 한 시대에 뛰어난 활약을 나타냄. <예>풍운아(風雲兒).

② **수 樹** 16 – 나무 수[木(나무 목)과 발음요소인 尌(세울 주)가 합해진 글자로 울타리처럼 촘촘히 세워 심은 나무를 나타냄]·심을 수·세울 수·병풍(문을 가리거나 바람을 막기 위하여 나무틀에 천이나 종이를 바른 물건) 수

③ **지 之** 4 – 갈 지[두 발을 뜻하는 止(발 지)와 출발선을 뜻하는 一(가로획)을 그어 만든 글자로 한 발을 떼고 막 출발하려는 모습을 나타냄]·이를 지·이 지·어조사(~의, ~가, ~이, ~을) 지

④ **탄 嘆[歎]** 14 – 탄식할 탄[歎息·嘆息(탄식). 입을 벌리고 있는 모습인 欠(하품 흠)과 발음요소와 근심을 뜻하는 堇(堇 : 진흙 근)이 합해진 글자로 근심과 슬픈 일로 한숨을 쉰다는 뜻을 나타냄]·한숨쉴(근심이나 설움이 마음에 가득 차 숨을 몰아서 길게 내쉬는) 탄·칭찬할 탄·감탄할 탄

용어 풀이 ─────────

• 사상가(思想家) : 사회나 인생에 대한 생각·판단을 체계화하고 원리적으로 통일된 견해를 갖고 활동하는 사람.

• 곡성(哭聲) : 죽음을 슬퍼하며 우는 소리, 곡하는 울음소리.

• 한(恨) : 억울하거나 원통하거나 원망스럽게 생각하여 스스로 뉘우치거나 맺힌 마음.

• 경륜(經綸) : 일정한 포부를 가지고 일을 조직적으로 계획하거나 세상을 다스리는 능력.

• 군주(君主) : 임금. 군장(君長 : 원시 부족 사회의 우두머리).

• 봉양(奉養) : 부모나 조부모를 물질적, 정신적으로 받들어 섬기는.

• 명심(銘心) : 어떤 일을 잊지 아니하도록 마음에 깊이 새기어 두는.

• 훈계(訓戒) : 어떤 일이나 문제에 대해 말씀으로 타일러서 경계하도록 교육시키는.

• 감명(感銘) : 보고 들은 내용을 깊이 느끼어 마음속에 새겨 두는.

직역 계속 부는 바람 속에 서 있는 나무의 한탄(恨嘆)이라는 뜻.

의역 부모가 살아계실 때 효도하지 않으면 뒤에 한탄하게 된다는 뜻. 즉, 효도를 다하지 못한 채 어버이를 여읜 자식의 슬픔을 이르는 말.

200

풍전등화
風前燈火

*풍전등촉(風前燈燭)과 같은 뜻임.

유래 요약 ─────────

중국 춘추시대(春秋時代) 제(齊)나라는 여러 차례 침략(侵略)을 받았지만 한 번도 승리(勝利)한 적이 없었다. 이를 한탄(恨歎)한 임금은 양저라는 관리(官吏)를 대장(大將)으로 임명(任命)하면서 이렇게 말했다.

"자네는 사리(事理)가 밝고 능력(能力)을 확실히 갖추었으니 이번 전쟁(戰爭)에서는 꼭 승리(勝利)할 수 있도록 힘써 주시오."

이 말을 들은 양저는 서둘러 장가라는 장군(將軍)을 만나 승리할 수 있는 전략(戰略)을 상의(相議)하기로 약속(約束)을 하였다. 그런데 어찌된 일인지 장가는 약속 시간이 한참 지난 해 질 무렵에야 허겁지겁 나타나 변명(辨明)을 했다.

"친척(親戚)들이 송별회(送別會)를 베풀어 준다기에 갔다가 빠져나오지 못하고 이제야 겨우 왔네. 미안(未安)하네."

이 변명을 들은 양저는 장가의 말이 끝나기도 전에 꾸짖었다.

"지금 우리나라는 바람 앞의 등불처럼 위급(危急)한 상황(狀況)인데 송별 잔치가 다 뭐요. 나라를 걱정하는 임금님 보기 부끄럽지도 않소?"

그 길로 돌아간 양저는 다음날 임금에게 아뢰어 장가를 벌(罰)을 주었다.

이 일이 있은 후 제(齊)나라 군사(軍士) 중 약속을 어기는 자가 한 명도 없었다고 한다.

한자 풀이 ─────────

① 풍 風 9 -바람 풍[배의 돛 모양을 본뜬 帆(돛 범)이 생략된 凡(무릇 범)과 虫(뱀 훼)가 합해진 글자로 돛이 바람에 의해 뱀이 움직이는 모양처럼 흔들린다는 뜻을 나타냄]·모양 풍·풍속 풍·경치 풍

* 風(풍)은 유행처럼 지나가는 세상이나 한 시대에 뛰어난 활약을 나타냄. <예>풍운아(風雲兒).

② 전 前 9 – 앞 전[본래는 歬으로 배가 나갈 때 갈라지는 물결을 뜻하는 八와 月(舟 : 배 주)와 나무를 깎아 파내는 도구인 刀(솜씨 교)가 합해진 글자로 배가 앞으로 나아가는 모습을 나타냄]·먼저 전

③ 등 燈 16 – 등불 등[火(불 화)와 발음요소인 登(오를 등)이 합해진 글자로 제사를 지내기 위해 제단에 올라갈 때 불을 밝힌다는 뜻을 나타냄]

  * 등잔불 : 燈盞(등잔). 석유나 기름을 넣고 심지를 연결하여 불을 켜는 작은 그릇.

④ 화 火 4 – 불 화[장작을 엇갈리게 세운 모습인 人와 불꽃을 뜻하는 두 개의 丶(점 주)가 합해진 글자로 장작이 탈 때 불꽃이 튀거나 위로 치솟아 피어오르는 모양을 나타냄]·불사를 화·급할 화

  * 불은 나무나 석유 등을 이루는 탄소(C)와 공기 중의 산소(O_2)가 화합하면서 열과 빛을 내는 현상.

용어 풀이 ────────

• 침략(侵略) : 무력으로 남의 나라를 침범하여 땅이나 영토를 빼앗는.

• 한탄(恨歎) : 원통하거나 뉘우침이 있을 때에 저절로 한숨을 내쉬는.

• 관리(官吏) : 관직(官職)에 있는 사람. 벼슬아치·공무원.

• 대장(大將) : 군대에서 지휘·감독하는 장성급의 가장 높은 자리. 한 무리의 우두머리.

• 사리(事理) : 어떤 일이나 사물의 정당한 도리에 맞는 취지, 변화하는 현상에 대한 판단력.

• 전략(戰略) : 전쟁에서 승리할 수 있는 수행 방법이나 꾀.

• 상의(相議) : 어떤 일이나 문제를 놓고 가장 이상적인 해결 방법을 서로 의논하는.

• 변명(辨明) : 자기가 행한 일에 대하여 잘못이 없음을 따져서 밝히는.

• 위급(危急) : 홍수·전쟁·화재·사고·질병 등 어떤 상황이 위태롭고 급박한.

직역 바람 앞에 놓인 등불이라는 뜻.
의역 매우 위급한 상황이나 위태로운 처지에 놓여 있다는 뜻. 즉, 생명이나 나라의 존망(存亡)이 매우 위험한 상태라는 말.

201

필부무죄
匹夫無罪

* 필부무죄(疋夫無罪)라고도 씀.

유래 요약 ──────────

"匹夫無罪 懷璧基罪[필부무죄 회벽기죄 : 필부는 죄가 없고 옥(玉 : 둥근 옥)을 가지고 있는 것이 죄다]."

위의 글은 중국 고대(古代) 사상가인 공자(孔子)가 쓴 역사서(歷史書) 『춘추(春秋)』의 대표 주석서인 『춘추좌씨전(春秋左氏傳)』 환공 10년에 나오는 말이다.

중국 춘추시대(春秋時代) 우(虞)나라를 다스리던 우공(虞公)은 동생 우숙(虞叔)이 가지고 있는 명옥(名玉)을 몹시 탐냈다. 동생 우숙은 형의 끈질긴 간청(懇請)에 못 이겨 하는 수 없이 그 옥(玉)을 바치면서 이렇게 말했다.

"주(周)나라의 속담(俗談)에 필부(匹夫)는 죄(罪)가 없어도 옥(玉)을 가지고 있으면 그것이 곧 죄(罪)가 된다고 했습니다. 그러므로 내가 이것을 가져서 화(禍)를 불러들일 이유(理由)가 없습니다."

우숙(虞叔)이 말한 속담(俗談)은 곧 신분(身分)이 낮은 보통 사람이 옥(玉)을 가지고 있는 것은 훗날 화(禍)를 초래(招來)할 수 있다는 것으로 우공에게 건넨 것은 바로 화근(禍根)을 넘겨준 것이라는 말이다.

얼마 후 우공(虞公)은 또 우숙(虞叔)이 가지고 있던 보검(寶劍)을 달라고 했다. 그러나 우숙은 형(兄)이 만족(滿足)할 줄 모르는 사람으로 나중에 내 목숨까지 달라고 할지도 모른다고 염려하여 반란(叛亂)을 일으켜 우공을 쳤다.

한자 풀이 ──────────

① 필 匹 4 - 짝 필[匚(감출 혜)와 나란히 있는 남녀 두 사람을 뜻하는 儿(八 : 여덟 팔)이 합해진 글자로 보이지 않게 가려진 곳에 남녀가 들어가 잘 어울리는 한 쌍을 나타냄. 남녀가 서로 뜻이 맞거나 잘 어울리는. 疋(짝 필·배필 필)]·변변치못한사람 필·천한사람 필

② **부 夫 4** − 사내 부[사람의 정면 모습인 大(큰 대)에 동곳(상투를 고정하는 물건)을 뜻하는 一(가로획)이 합해진 글자로 결혼한 성인이 된 남자를 나타냄]·남편 부·일하는남자 부·지아비(남편을 낮추어 이르는 말) 부

③ **무 無 12** − 없을 무[舞(춤출 무)에서 舛(어그러질 천) 대신 4개의 발바닥 모양인 灬이 합해진 글자로 깃털 장식을 잡고 흔들며 춤추는 모습을 나타냄. 본뜻은 춤이며 '없다'는 뜻은 亡(없을 망)에서 가져온 것임]·아닐(부정하는) 무·말(금지를 뜻하는) 무·빌(텅 비어 있는) 무

    * 동사로는 '~하지 못하다'.

④ **죄 罪 13** − 죄 죄[잡아들인다는 뜻인 罒(网 : 그물 망)과 그릇된 일을 뜻하는 非(아닐 비)가 합해진 글자로 마땅히 지켜야 할 도리나 법(法)에 어긋나는 일을 저지른 사람을 잡아들인다는 뜻을 나타냄. 법률상 처벌을 면치 못하는 불법(不法) 행위]·허물 죄·물고기그물 죄

용어 풀이 ─────

• 필부(匹夫·匹婦) : 匹(짝 필 : 남녀의 짝을 뜻함). 짝을 이루고 사는 평범하고 미천(微賤)한 사내와 부녀자.

    * 미천(微賤)한 : 신분이나 사회적 지위가 보잘것없고 천한.

• 명옥(名玉) : 보석이나 보물 같이 귀중한 옥(玉).

• 간청(懇請) : 간곡하고 지성스럽게 무엇을 청하는.

• 속담(俗談) : 옛적부터 민간 사이에서 전하여 오는 알기 쉬운 격언(格言 : 교훈이 될 만한 짧은 글).

• 화(禍) : 홍수·화재·질병·사고 등 불행한 재앙을 뜻함.

• 신분(身分) : 개인의 사회적 지위나 사람의 법률상 자격.

• 화근(禍根) : 화(禍)를 당하거나 불러오는 재앙의 근원.

• 반란(叛亂) : 나라와 겨레를 배반하고 난리를 일으키는.

• 회벽(懷璧) : 懷(품을 회)·璧(구슬 벽). 몸에 지니고 있거나 소장하고 있는 둥근 구슬로 된 귀중한 보물.

직역 지위가 없이 보잘것없는 보통 사람은 죄(罪)를 질 일이 없다는 뜻.

의역 죄(罪) 없는 사람도 분수에 맞지 않은 지위에 앉거나 보물을 지니면 재앙(災殃)을 당한다는 뜻. 즉, 높은 지위로 부정을 하여 죄를 지게 된다는 뜻.

202

필부지용
匹夫之勇

유래 요약 ──────────

중국 고대(古代) 정치가(政治家)인 유방(劉邦)을 도와 한(漢)나라를 세운 일등 공신(功臣)인 한신(韓信)이라는 무관장수(武官將帥)가 있었다. 그는 처음에는 초(楚)나라 항우(項羽) 밑에서 낮은 벼슬을 맡고 있었으나 항우가 한신을 별로 쓸모없는 사람이라 생각하고 중요(重要)한 일을 맡기지 않았다. 이에 실망(失望)한 한신(韓信)은 항우의 곁을 떠나 한(漢)나라의 유방(劉邦) 밑으로 가 대장군(大將軍)이 되어 초(楚)나라와의 전쟁(戰爭)에서 승리(勝利)하였다.

결과적으로 보면 초나라의 항우가 실패(失敗)한 이유는 인재(人材)를 볼 줄 몰라 제대로 쓰지 못하고 남의 의견(意見)에 귀를 기울이지 않은 데 있다. 그리하여 한(漢)나라의 황제(皇帝)가 된 유방은 궁궐(宮闕)에 대신(大臣)들을 불러놓고 말했다.

"대신들은 내가 천하(天下)를 차지할 수 있었던 이유를 알고 있소? 인재를 제대로 알아보고 그의 능력(能力)에 따라 일을 맡겼기 때문이오. 하지만 항우(項羽)는 인재를 알아보지 못하고 제대로 쓰지도 못했소. 그대들은 항우에 대해 어떻게 생각하시오?"

이에 한신(韓信)이 말했다.

"항우(項羽)는 누구도 따라갈 수 없는 용맹(勇猛)한 사람입니다. 그러나 인재(人材)를 알아보지 못하고 부리는 것도 서툴러서 匹夫之勇(필부지용)에 지나지 않습니다."

한자 풀이 ──────────

① 필 匹 4 - 짝 필[匚(감출 혜)와 나란히 있는 남녀 두 사람을 뜻하는 儿(八 : 여덟 팔)이 합해진 글자로 보이지 않게 가려진 곳에 남녀가 들어가 잘 어울리는 한 쌍을 나타냄. 남녀가 서로 뜻이 맞거나 잘 어울리는. 疋(짝 필·배필 필)]·변변치못한사람 필·천한사람 필

② **부 夫 4** – 사내 부[사람의 정면 모습인 大(큰 대)에 동곳을 뜻하는 一(가로획)이 합해진 글자로 결혼한 성인이 된 남자를 나타냄. *동곳 : 성인 남자의 머리털을 끌어올려 정수리 위에 틀어 감아 맨 상투가 풀어지지 아니하게 꽂는 물건]·남편 부·일하는남자 부·지아비(남편을 낮추어 이르는 말) 부

③ **지 之 4** – 갈 지[두 발을 뜻하는 止(발 지)와 출발선을 뜻하는 一(가로획)을 그어 만든 글자로 한 발을 떼고 막 출발하려는 모습을 나타냄]·이를 지·이 지·어조사(~의, ~가, ~이, ~을) 지

④ **용 勇 9** – 날랠 용[力(힘 력)과 거는 고리가 달린 종의 모습인 甬(길 용)이 합해진 글자로 크고 무거운 쇠북(종)을 들거나 움직일 수 있는 힘과 용기를 나타냄. 사람이나 짐승이 하늘을 나는 듯이 빠르게 뛰거나 용솟음치듯이 힘찬]·군셀(육체적으로 힘차고 튼튼하며 정신적으로 의지가 강한) 용·용맹(勇猛 : 용감하고 사나우며 동작이 날랜)할 용

용어 풀이 ───────

- 필부(匹夫) : 匹(짝 필 : 남녀의 짝을 뜻함). 보잘것없거나 하찮은 사내.
- 무관장수(武官將帥) : 군대에 적을 두고 전투에 참가하는 군사를 지휘·관리하는 우두머리.
- 실망(失望) : 바라는 바대로 되지 아니하여 마음이 크게 상하는.
- 대장군(大將軍) : 군사를 지휘·관리하는 무관(武官)의 으뜸 벼슬.
- 실패(失敗) : 일이나 경쟁·전쟁 따위에서 잘못하여 뜻대로 되지 않고 그르치는.
- 인재(人材) : 어떤 일을 할 수 있는 학식이나 능력을 갖춘 사람, 뛰어난 사람.
- 궁궐(宮闕) : 임금이 거처하는 큰 집.
- 대신(大臣) : 군주(君主)국가에서 장관(長官)을 이르는 말. 의정(議政)을 통틀어 이르는 말.
- 용맹(勇猛) : 용감하고 사나운. 날래고 사나운.

직역 보잘것없는 하찮은 사내의 용기라는 뜻.
의역 생각이 짧은 사람이 자기의 혈기(血氣)만 믿고 함부로 대드는 용기를 뜻함.

203

함흥차사
咸興差使

유래 요약 ————————

이 글은 조선(朝鮮) 후기(後期)에 지어진 야담집(野談輯)인 『축수편(逐睡篇)』에 전하는 말이다.

조선(朝鮮) 제1대 왕(王)인 태조(太祖) 이성계(李成桂)는 두 차례에 걸친 왕자(王子)의 난(亂)에 분한 마음이 가슴에 쌓여 왕위(王位)를 정종(定宗)에게 물려주고 고향인 함흥(咸興)으로 돌아가 생활하였다.

그는 조선(朝鮮)을 세울 때 공(功)이 컸던 아들 방원을 제치고 새로 얻은 젊은 왕비(王妃)의 아들인 방석을 세자(世子)로 책봉(冊封)하였다. 그러나 방원은 형제(兄弟)를 죽이고 왕좌를 차지하여 태종(太宗)으로 정당성(正當性)을 인정(認定)받기 위해 도성(都城)으로 모셔오려고 함흥으로 차사(差使)를 여러 번 보냈으나 이성계(李成桂)나 문관(文官)으로서의 신하(臣下)인 조사의(趙思義)가 이끄는 반란군(叛亂軍)은 그 사신(使臣)들을 죽이거나 잡아 가두어 돌려보내지 않았다.

태조(太祖)가 서울로 돌아올 때 태종(太宗)이 마중나간 곳이 지금의 왕십리(往十里)에 있는 살곶이 다리 근처라 한다. 살곶이는 태조가 태종을 멀리서 보고 화가 나서 그에게 활을 쏘았는데 그 화살이 날아가 꽂힌 자리를 가리킨다.

한자 풀이 ————————

① **함 咸 9** – 다 함[연장을 뜻하는 戌(도끼 월)과 발음요소인 口(입 구)가 합해진 글자로 도끼를 들고 모두 함께 소리를 지른다는 뜻을 나타냄. 모두 다, 전체·전부를 뜻함]·같을(누구에게나 똑같이 대하는, 생각이나 마음·판단 등이 모두 같은) 함

　＊**함흥(咸興)** : 함경남도 함흥만 연안에 있는 도시.

② **흥 興 16** – 일으킬 흥[두 사람이 무거운 짐을 마주 드는 모습인 舁(마주들 여)와 '합하다'는

뜻의 同(함께 동)이 합해진 글자로 '일으키다·일어나다·느끼다·흥하다'의 뜻을 나타냄. 어떤 자극을 받아 감정이 흥분되는]

③ **차 差 10** - 다를 차[본래 禾(벼 화)의 변형인 ⺶(羊 : 양 양)과 ナ(왼손 좌)와 工(장인 공)이 합해진 글자로 벼를 손에 잡고 이삭의 길이를 자로 재어보니 각각 다르다는 뜻을 나타냄]·어기어질 차·어긋날 차·견줄 차

④ **사 使 8** - 부릴 사[亻(人 : 사람 인)과 발음요소인 事(일 사)와 통하는 吏(관리 리)가 합해진 글자로 말이나 소를 몰아 수레나 쟁기를 끌게 하듯이 사람을 잘 다루어 일을 시키는. 공적인 임무를 하게 하는]·사신(使臣 : 임금이나 나라의 명을 받고 국가의 업무로 외국에 파견되어 임무를 수행하는 신하 또는 공무원) 사·하여금 사

용어 풀이 ─────

- 야담(野談) : 민간(民間)에서 사사로이 기록된 짧고 잡다한 역사 이야기의 총칭.
- 축수편(逐睡篇) : 조선(朝鮮) 후기에 이루어진 민간 설화나 세상에 널리 알려지지 아니한 이야기를 주로 수록한 책.
- 함흥(咸興) : 함경남도 중남부에 위치한 시(市). 조선 왕조 발상지.
- 왕비(王妃) : 임금의 아내.
- 사신(使臣) : 임금의 명령을 받고 외국 사절로 가는 신하.
- 세자(世子) : 왕세자(王世子)의 준말로 임금의 자리를 이을 이로 정한 아들.
- 책봉(冊封) : 왕세자·왕세손·왕후·비(妃)·빈(嬪)·부마 등을 봉작(封爵)하던 일. * **봉작 : 관직의 벼슬을 주는.**
- 정당성(正當性) : 옳고 바르거나 도리에 합당한 성질.
- 차사(差使) : 임금이 중요한 임무를 지워 파견하는 임시 벼슬, 또는 고을 원이 죄인을 잡으려고 보낸 관리.
- 반란군(叛亂軍) : 나라와 겨레를 배반하고 난리를 일으키는 군대.

직역 함흥에 거처하고 있는 태조 이성계를 모시기 위해 차사(差使)를 보냈으나 결코 돌아오지 못했다는 뜻.

의역 심부름을 시킨 뒤 아무 소식이 없거나 한번 가기만 하면 깜깜무소식이라는 뜻.

204

행불유경
行不由徑

유래 요약 ————————

이 글은 중국 유가(儒家)의 성전(聖典)이라고 하는 사서(四書)의 하나인 『논어(論語)』「옹야편(雍也篇)」에 나오는 말이다.

공자(孔子)에게는 문학(文學)에 재능(才能)이 뛰어나며 공문십철(孔門十哲)에 속하는 자유(子游)와 자하(子夏)라는 제자(弟子)가 있었다. 자유(子游)는 노(魯)나라에서 벼슬하여 작은 도시인 무성(武城)의 재상(宰相)으로 임명(任命)되었다.

공자(孔子)는 사랑하는 제자가 벼슬을 하게 되자 일하는 모습도 볼 겸 축하(祝賀)도 할 겸해서 직접 무성으로 찾아갔다.

공자는 제자 자유(子游)에게 물었다.

"일을 잘 하려면 좋은 협력자(協力者)가 필요하다. 자네도 부하(部下) 중에 훌륭한 인물(人物)이 필요(必要)할 텐데, 그래 쓸 만한 인물(人物)이 있느냐?"

그러자 자유(子游)가 대답(對答)했다.

"예, 안심(安心)하십시오. 성(姓)은 담대(澹臺), 이름은 멸명(滅明)이라는 자가 있습니다. 훌륭한 인물로 언제나 천하(天下)의 큰 길을 가고 결코 지름길이나 뒤안길을 가지 않습니다(行不由徑)."

공자(孔子)는 기뻐하며 "그런 인물을 얻어서 다행(多幸)이다. 소중(所重)히 대하려무나."라고 격려(激勵)했다.

한자 풀이 ————————

① 행 行 6 - 다닐 행[들어 올린 왼발 모양인 彳(조금걸을 척)과 바닥에 닿는 오른발 모양인 亍(자축거릴 촉)이 합해진 글자로 가다가 멈췄다가 하면서 천천히 걸어간다는 뜻을 나타냄]·걸을 행·행할 행·항오 항

② 불 不 4 - 아니 불 또는 아닐 불(식물의 꽃대와 꽃받침과 꽃의 암술로 된 씨방을 본뜬 글자로 씨방이 자라서 열매를 맺을지 모른다는 뜻에서 '아니'라고 나타냄)·못할 불·없을 불·않을 불

　*'그렇지 아니하다'라는 부정(否定)이나 반대(反對)의 뜻을 나타냄. 동사로는 '~를 하지 마라'.

③ 유 由 5 - 말미암을 유 또는 비롯될 유(바닥이 깊은 술단지나 술병을 망태 같은 자루에 담아 놓은 모습을 나타낸 글자로 '말미암다'는 빌려온 것임. 어떤 일의 동기나 까닭 또는 인연이 되는)·에서부터 유·까닭 유·오히려 유

④ 경 徑 10 - 지름길 경[彳(조금걸을 척)과 발음요소와 곧게 뻗은 길을 뜻하는 巠(물줄기 경)이 합해진 글자로 어느 곳을 질러서 가는 가장 짧은 길을 뜻함]·곧 경 또는 곧을 경·곧바로 경·지름(원이나 둥근 구의 중심점을 지나서 만나는 그 둘레 위의 두 점을 직선으로 이은 선분) 경

용어 풀이 ─────

• 유가(儒家) : 공자(孔子)의 학설이나 학풍을 신봉하고 연구하는 학자나 학파.
• 성전(聖典) : 성인(聖人)들의 말씀으로 이루어진 책, 종교상 신앙의 최고 법전.
• 사서(四書) : 중국의 고전(古典)인 칠서(七書) 중에서 『논어(論語)』·『맹자(孟子)』·『중용(中庸)』·『대학(大學)』의 4가지 책.
• 공문십철(孔門十哲) : 중국 고대(古代)의 성현(聖賢)인 공자(孔子)의 문하생(門下生) 중 뛰어난 10명의 제자를 뜻하며 사과십철(四科十哲)이라고도 함. * 門下生 : 한 스승의 집을 드나들며 가르침을 받는 제자.
• 재상(宰相) : 임금을 돕고 모든 관원(官員)을 지휘·감독하는 정2품의 벼슬.
• 안심(安心) : 아무 걱정 없이 마음을 편히 가지는.
• 소중(所重) : 매우 귀하고 중요한.
• 뒤안길 : 늘어선 집들의 뒤쪽으로 난 길. 관심을 받지 못하는 초라하고 쓸쓸한 생활 또는 처지.
• 격려(激勵) : 용기나 의욕을 북돋아주는.

> **직역** 지름길이나 뒤안길로 가지 않고 큰 길로 걷는다는 뜻.
> **의역** 하는 일이나 행동에 사사로움이 없이 떳떳하고 바르게 함을 비유하여 이르는 말.

205

형설지공
螢雪之功

유래 요약

이 글은 중국 당(唐)나라 때 이한(李瀚)이라는 학자(學者)가 역사(歷史)의 사실을 통해 윤리도덕(倫理道德)·충군애국(忠君愛國) 등의 심성(心性)을 기르기 위해 쓴 『몽구(蒙求)』라는 책에 나오는 말이다.

진(晉)나라에 차윤(車胤)이라는 선비가 있었다. 그는 어릴 때 집안이 가난해서 등불을 켤 기름을 살 돈이 없었다. 그래서 여름이면 비단 주머니에 수십 마리의 개똥벌레(螢光虫 : 형광충=반딧불이)를 담아 글을 비추어 밤을 새우며 공부(工夫)를 해야만 했다. 그는 마침내 이름이 조정(朝廷)에 크게 알려져 내무부(內務部) 장관(長官)에 해당하는 어부 상서(尚書)에까지 벼슬이 올랐다.

또 같은 시대의 손강(孫康)도 집이 가난해서 기름을 구할 수가 없었으며 겨울에는 항상 내려 쌓인 눈이 반사(反射)하는 빛을 이용(利用)하여 글을 읽었다. 그는 젊었을 때부터 청렴결백(淸廉潔白)해서 친구를 사귀어도 함부로 사귀는 일이 없었다. 그는 열심히 공부하여 후에 감찰원장(監察院長)에 해당하는 어사대부(御史大夫)까지의 벼슬에 올랐다.

그러므로 이 이야기에서 유래하여 고학(苦學)하는 것을 형설(螢雪)이니 형설지공(螢雪之功)이니 말하고 공부하는 서재(書齋)를 가리켜 형창설안(螢窓雪案 : 반딧불 창에 눈 책상)이라고 한다.

한자 풀이

① 형 螢 16 - 개똥벌레 형[虫(벌레 훼)와 발음요소와 모닥불 같은 빛을 낸다는 뜻의 熒(등불 형)이 생략된 ꭩ(불꽃 형)이 합해진 글자로 몸의 배 끝에서 빛을 내며 날아다니는 곤충을 뜻함. 그 빛을 '반딧불'이라고 함]

② 설 雪 11 - 눈 설[ꭩ(雨 : 비 우)와 손으로 잡고 쓰는 대나무로 만든 비를 뜻하는 彗(빗자루 혜)

가 생략된 ⺕(又 : 손 우)가 합해진 글자로 하늘에서 떨어지는 눈을 비로 쓴다는 뜻을 나타냄. *대기 중의 수증기가 상승하면서 찬 기운을 만나 응결되면서 생긴 하얀 얼음의 결정]·씻을 설

③ **지 之 4** - 갈 지[두 발을 뜻하는 止(발 지)와 출발선을 뜻하는 一(가로획)을 그어 만든 글자로 한 발을 떼고 막 출발하려는 모습을 나타냄]·이를 지·이 지·어조사(~의, ~가, ~이, ~을) 지

④ **공 功 5** - 공 공 또는 공로 공[功勞(공로). 力(힘 력)과 발음요소와 힘써 이룬다는 뜻의 工(장인 공)이 합해진 글자로 사회·국가·인류를 위하여 가치 있는 목표를 달성한 업적을 뜻함]·이바지할(몸 바쳐 애쓰는) 공·일할 공 또는 일 공·상복(장례 지낼 때 입는 예복)입을 공·공부(工夫)할 공

용어 풀이 ─────────

• 윤리도덕(倫理道德) : 사람이 마땅히 행하거나 지켜야 할 도리(道理).

• 충군애국(忠君愛國) : 임금께 충성(忠誠)을 다하고 나라를 사랑하는.

• 심성(心性) : 심성정(心性情)의 준말로 본디부터 타고난 마음씨.

• 조정(朝廷) : 임금이 나라의 정치를 의논하고 집행하는 곳.

• 상서(尙書) : 상서성(尙書省)의 장관으로 천자(天子)와 신하(臣下) 사이에 오가는 문서를 맡아보는.

• 청렴결백(淸廉潔白) : 마음이 깨끗하고 희며 지나치게 탐하는 욕심이 없음.

• 감찰(監察) : 감시하며 살핀다는 뜻으로 공무상의 비위(非違)나 비행(非行)을 조사·감독하는.

• 고학(苦學) : 학비를 자기 힘으로 벌어 고생하며 배우는.

• 서재(書齋) : 책을 갖추어 두고 글을 읽거나 쓰는 방.

직역 곤충의 반딧불과 흰 눈의 반사빛으로 글을 읽는다는 뜻.

의역 가난하고 어려운 환경 속에서도 부지런하고 꾸준히 학문을 닦아 공(功)을 쌓는다는 뜻.

206

호가호위
狐假虎威

유래 요약 ─────────

중국 춘추전국시대(春秋戰國時代) 초(楚)나라 선왕(宣王) 때의 일이다.

어느 날 선왕은 위(魏)나라에서 사신(使臣)으로 왔다가 그의 신하가 된 강을(江乙)에게 물었다.

"위(魏)나라를 비롯한 북방(北方) 제국(帝國)이 우리나라 재상(宰相) 소해휼(昭奚恤)을 두려워하고 있다는데 그게 사실(事實)이오?"

강을(江乙)이 말했다.

"그렇지 않습니다. 북방 제국이 어찌 일개 재상(宰相)에 불과한 소해휼 따위를 두려워하겠습니까? 전하(殿下), 혹 '호가호위(狐假虎威)'라는 말을 알고 계시는지요?"

"모르오."

"하오면 들어보십시오. 어느 날 호랑이한테 잡아먹히게 된 여우가 이렇게 말했나이다. '네가 나를 잡아먹으면 나를 모든 짐승의 우두머리로 삼은 천제(天帝)의 명령을 어기는 것이 되어 하늘에서 내리는 천벌(天罰)을 받게 된다. 만약 내 말을 못 믿겠다면 내 뒤를 따라와 봐. 나를 보는 짐승은 모두 달아날 테니까' 그래서 호랑이는 여우를 따라가 보았더니 과연 여우의 말대로 만나는 짐승마다 혼비백산(魂飛魄散)하여 달아나는 것이었습니다. 사실 짐승들을 달아나게 한 것은 여우 뒤에 있는 호랑이였는데도 호랑이 자신은 전혀 깨닫지 못했다고 합니다. 마찬가지로 지금 북방의 제국이 두려워하고 있는 것은 소해휼이 아니라 그 배후(背後)에 있는 초(楚)나라의 강병(强兵)이옵니다."

한자 풀이 ─────────

① 호 狐 8 - 여우 호[犭(犬 : 개 견)과 여우 짐승의 모양을 나타내는 瓜(오이 과)가 합해진 글자로 개와 비슷하며 몸이 홀쭉하고 주둥이가 길고 뾰족하며 꾀가 많고 성질이 교활한 짐승

을 뜻함]

② **가 假 11** - 거짓 가[亻(人 : 사람 인)과 발음요소와 임시로 남의 손을 빌린다는 뜻의 叚(빌릴 가)가 합해진 글자로 진실이 아닌 임시변통으로 말하고 행동한다는 데서 거짓을 나타냄]·꾸밀 가·잠시 가·가령 가·빌릴 가

③ **호 虎 8** - 범 호 또는 호랑이 호[범을 뜻하는 虍(호피무늬 호)와 범이 걸어간 발자국을 뜻하는 儿(길게걸을 인)이 합해진 글자로 범의 형상을 나타냄. 몸의 털색깔이 황갈색 바탕에 검은 줄무늬가 있는 무서운 야생동물]

④ **위 威 9** - 위엄 위[威嚴(위엄). 女(여자 여)와 날이 둥근 큰 도끼를 뜻하는 戌(개 술)이 합해진 글자로 두목이 칼이나 창을 들고 다소곳이 앉아 있는 여자에게 위협을 준다는 뜻을 나타냄. 엄격하고 두려운 태도]·세력(勢力 : 권력이나 기세의 힘) 위·두려워할 위·으를(무섭게 억누르는) 위

용어 풀이 ———————

• 사신(使臣) : 임금이나 국가의 명령을 받고 외국 사절(使節)로 가는 신하(臣下).
• 제국(帝國) : 다른 민족을 통치·통제하는 정치체계로 황제(皇帝)가 다스리는 나라.
• 재상(宰相) : 임금을 돕고 모든 관원(官員)을 지휘·감독하는 정2품의 벼슬.
• 전하(殿下) : 왕(王)을 높여 이르거나 부르던 말.
• 천제(天帝) : 우주를 창조하고 주재한다고 믿어지는 초자연적인 절대자 하느님.
• 혼비백산(魂飛魄散) : 넋이 날아가고 흩어지다라는 뜻으로 몹시 놀라 어찌할 바를 모르는.
• 배후(背後) : 등의 뒤, 어떤 대상이나 대오(隊伍)의 뒤쪽.
• 강병(强兵) : 굳세고 강한 병사나 군대. 군비나 병력 따위를 강화하는.
• 소인배(小人輩) : 간사하고 도량이 좁은 사람이나 그 무리.

직역 여우가 호랑이의 위세를 빌어 다른 짐승을 두렵게 한다는 뜻.
의역 남의 세력이나 권세를 빌어 위세(威勢)를 부린다는 뜻. 즉, 소인배(小人輩)가 권력자의 힘을 빌려 큰소리를 치며 이익을 챙기는 행위를 뜻함.

207

호사유피
虎死留皮

* 이 고사(故事)는 虎死留皮人死留名(호사유피인사유명)의 일부임

유래 요약 ──────────

이 글은 『오대사(五代史)』 「왕언장전(王彦章傳)」에 나오는 말이다.

왕언장(王彦章)은 병졸(兵卒)에서 시작하여 양(梁)나라의 태조(太祖)인 주전충(朱全忠)의 장군(將軍)이 된 용장(勇將)이다. 그는 무거운 철창(鐵槍)을 양쪽 손에 들고 늘 주전충의 곁을 따라다녔다. 그래서 사람들은 그를 왕철창(王鐵槍)이라고 불렀다.

주전충이 왕위(王位)에 오른 뒤 6년 만에 피살(被殺)되고 그 아들은 다시 동생에게 피살을 당하는 등 양(梁)나라에 내분(內紛)이 일어나자 진(晉)나라 왕(王) 이존욱(李存勗)은 황제(皇帝)가 되어 국호(國號)를 당(唐)이라 하고 양(梁)나라와 대치(對峙)하게 되었다. 이때 왕언장(王彦章)은 초토사(招討使)가 되어 싸우다가 패(敗)하게 되자 일시적으로 파면(罷免)되었다가 당(唐)나라 황제(皇帝)가 대군(大軍)을 이끌고 공격(攻擊)해 오자 또다시 등용(登用)되었지만 포로(捕虜)가 되고 말았다.

당(唐)나라 임금이 왕언장(王彦章)의 용맹성(勇猛性)을 아까워하며 귀순(歸順)할 것을 종용하자, 그는 이렇게 말했다.

"아침에는 양(梁)나라를 섬기고 저녁에는 진(晉)나라를 섬기는 일은 할 수 없소."

왕언장은 결국 사형(死刑)을 당했다. 그는 평소(平素)에 속담(俗談)을 인용(引用)하여 자신의 생각을 입버릇처럼 말하기를 좋아하였다.

'호랑이는 죽어 가죽을 남기고, 사람은 죽어서 이름을 남긴다'라고……

한자 풀이 ──────────

① 호 虎 8 - 범 호 또는 호랑이 호[범을 뜻하는 虍(호피무늬 호)와 범이 걸어간 발자국을 뜻하는 儿(길게걸을 인)이 합해진 글자로 범의 형상을 나타냄. 몸의 털색깔이 황갈색 바탕에 검은 줄무늬가 있고 사슴 등의 짐승을 잡아먹는 몹시 사납고 무서운 야생동물(野生動物)을 뜻

함. 권력을 가진 자의 사나운 기세를 뜻함]

② **사 死 6** - 죽을 사[흐트러진 **뼈**를 뜻하는 歹(뼈앙상할 알)과 죽은 사람을 뜻하는 匕(비수 비)가 합해진 글자로 질병·사고 등으로 생명을 잃은 상태를 뜻함]·다할 사·죽일 사·생기없을 사

③ **유 留 10** - 머무를 유(류)[田(밭 전)과 발음요소와 흐르는 물이 머물러 있는 저수지나 연못을 뜻하는 丣(못 유·토끼 묘)와 같이 쓰는 卯(토끼 묘)가 변형된 㘞(류)가 합해진 글자로 밭에 나가서 일할 때 문에 빗장을 채우고 오래 머물러 있다는 뜻을 나타냄]·남길(의미있는 사물을 남게 하는) 유(류)·오랠 유(류)

④ **피 皮 5** - 가죽 피(짐승의 털가죽을 뜻하는 厂와 손에 칼을 잡은 모습의 攴가 합해진 글자로 칼로 털가죽을 벗기는 모습을 나타냄. 개나 호랑이 같은 짐승인 척추동물의 몸을 싸고 있는 털이 그대로 붙어 있는 날가죽)·껍질(나무나 뱀·매미 등의 껍질처럼 물체나 몸의 거죽을 싸고 있는 물질의 층) 피

용어 풀이 ────────

- 오대사(五代史) : 중국 화북의 중심을 지배한 양(梁)·당(唐)·진(晉)·한(漢)·주(周) 다섯 왕조(王朝)의 역사.
- 병졸(兵卒) : 전쟁할 때 앞장서서 싸우는 군사(軍士).
- 용장(勇將) : 용맹스러운 군사의 우두머리인 장수(將帥).
- 피살(被殺) : 총이나 칼 등의 무기에 의해 죽임을 당하는.
- 내분(內紛) : 군대나 조직·단체의 내부에서 저희끼리 싸우거나 일으키는 분쟁.
- 초토사(招討使) : 전쟁에 준하는 난리가 일어난 지역에 임시로 파견하는 특별 관원(정3품 벼슬).
- 파면(罷免) : 공적인 잘못으로 인하여 맡고 있는 직무(職務)나 직업(職業)에서 쫓아내는.
- 등용(登用) : 능력이나 재주가 뛰어난 인재(人材)를 뽑아서 어떤 자리에 쓰는.
- 귀순(歸順) : 적대관계나 반항심을 버리고 복종하거나 순응하는.
- 종용(慫慂) : 설명하고 달래어 권하는.

직역 호랑이(범)는 죽어서 가죽을 남긴다는 뜻.
의역 호랑이가 죽어서 가죽을 남기듯이 사람은 죽어서 이름을 남긴다는 뜻.

208

호연지기
浩然之氣

유래 요약 ──────

이 글은 중국 전국시대(戰國時代) 제(齊)나라 공손추(公孫丑)가 부동심(不動心)에 대한 이야기 끝에 나오는 말이다.

어느 날 공손추 제자(弟子)는 철인(哲人) 맹자(孟子)에게 물었다.

"선생님께서 제(齊)나라 재상(宰相)이 되셔서 도(道)를 널리 행하기만 하면 제(齊)나라 임금은 틀림없이 천하(天下)의 패자(霸者)가 될 것입니다. 그런 걸 생각하면 선생님도 역시 마음이 움직이시겠지요?"

맹자(孟子)가 "나는 40세 이후에는 마음이 움직이는 일이 없다."고 답하자, 공손추는 다시 물었다. "마음을 움직이지 않게 하는 방법이 무엇입니까?"

"그것은 한마디로 말하자면 '용(勇)'이다. 자기 마음속에 부끄러움이 없으면 두려울 것이 없고 그것이 바로 큰 용기이며, 마음을 움직이지 않게 하는 최상(最上)의 방법(方法)이니라. 다시 말하자면 부동심(不動心)을 위해서는 호연지기(浩然之氣)를 길러야 한다."

"호연지기가 무엇입니까?"

"그것은 하늘과 땅 사이에 넘치는 강하고 곧은 것이며 더 키우면 광대무변(廣大無邊)한 천지(天地)를 꽉 채우는 원기(元氣)가 된다. 그러나 이 기(氣)는 도의(道義)가 합쳐져야 도덕적 용기가 생기게 된다."

한자 풀이 ──────

① 호 浩 10 - 넓을 호[氵(水 : 물 수)와 발음요소와 큰 소리로 아뢴다는 뜻의 告(고할 고)가 합해진 글자로 큰 물을 나타냄. 물이 바다처럼 아득하게 넓게 가득 펼쳐있는]·클 호·물질펀할 호

② 연 然 12 - 그럴 연[犬(개 견)과 月(肉 : 고기 육)과 灬(火 : 불 화)가 합해진 글자로 본뜻은 개를 제물로 바치기 위하여 불에 산 채로 굽는다는 뜻을 나타내며 '그러하다·당연하다'는 이후

에 생긴 것임. 하늘·자연처럼 원래 있는 그러한 모양이나 상태를 말함]·그러할 연 또는 그렇다할 연·그러나 연·불탈 연·불사를 연

③ **지 之 4** - 갈 지[두 발을 뜻하는 止(발 지)와 출발선을 뜻하는 一(가로획)을 그어 만든 글자로 한 발을 떼고 막 출발하려는 모습을 나타냄]·이를 지·이 지·어조사(~의, ~가, ~이, ~을) 지

④ **기 氣 10** - 기운 기[세 가닥의 얇은 구름 띠가 하늘에 퍼져 있는 모습인 气(기운 기)에 밥을 지을 때 나오는 증기를 뜻하는 米(쌀 미)가 합해진 글자로 힘이나 정력·전기·빛·열 등을 일으키는 에너지를 뜻함. 하늘과 땅 사이에 가득 차서 만물을 자라게 하는 원천적인 힘]·기후 기·기체 기

용어 풀이 ─────────

- 공손추(公孫丑) : 맹자(孟子)의 제자로 관중(管仲)과 안영(晏嬰)의 업적에 대해 물으며 부동심(不動心)과 호연지기(浩然之氣)에 대한 문답을 기록한 사람.
- 부동심(不動心) : 하늘을 찌를 만큼 굳센 기운을 키워 공포나 유혹 등 어떤 일에도 흔들리지 않는 마음.
- 철인(哲人) : 어질고 사리(事理 : 사물의 이치)에 밝은 사람. 철학가(哲學家).
- 재상(宰相) : 임금을 돕고 모든 관원(官員)을 지휘·감독하는 정2품의 벼슬.
- 패자(霸者) : 무력과 권력으로 천하를 다스리는 사람. 어느 분야에서 가장 우수한 사람. 제후 우두머리.
- 광대무변(廣大無邊) : 한없이 넓고 커서 끝이 없는.
- 원기(元氣) : 타고난 기운. 심신의 정력. 만물의 정기(精氣).
- 도의(道義) : 사람이 마땅히 행하여야 할 도덕적(道德的) 의리(義理).
- 호연(浩然) : 넓고 큰 모양. 뜻이 크고 넓은. 하늘과 땅에 부끄럽지 않은 씩씩하고 굳센 정신.
- 공명정대(公明正大) : 하는 일이나 행동·태도에 사사로움이 없이 공평하고 공정하며 의젓한.

직역 하늘과 땅 사이에 가득 찬 넓고도 큰 원기(元氣)를 뜻함.

의역 세상에 꺼릴 것이 없는 공명정대(公明正大)한 도덕적 용기를 뜻함.

209

호접지몽
胡蝶之夢

* 호접몽(胡蝶夢)이라고도 함.

유래 요약 ──────

　중국 춘추전국시대(春秋戰國時代) 사상가(思想家)인 장자(莊子)는 전쟁(戰爭)이 끊이지 않는 불안(不安)한 시대(時代)를 살았다. 그래서 그는 인간(人間)의 자유(自由)가 무엇인지를 사유(思惟)하게 되었다. 그 결과(結果) 물(物)의 시비(是非)·선악(善惡)·진위(眞僞)·미추(美醜)·빈부(貧富)·귀천(貴賤)·화복(禍福)을 구분 짓는 일이 어리석은 일임을 깨닫고 만물(萬物)을 결국 하나의 세계(世界)로 귀결된다[物我一體]는 무위자연(無爲自然)을 제창(提唱)하였다. [사람의 힘을 더하지 않는 인위(人爲)를 부정하는 사상]

　장자(莊子)가 어느 날 꿈을 꾸었다. 꽃과 꽃 사이를 즐겁게 훨훨 날아다니는 나비였다. 그러다가 문득 잠을 깨어보니 자기는 분명(分明) 장주(莊周 : 장자의 본래 이름)가 아닌가. 이는 대체 장주(莊周)인 자기 꿈속에서 나비가 된 것일까, 그렇지 않으면 자기는 나비이고 그 나비인 자기가 꿈속에서 장주(莊周)가 된 것일까. 꿈이 현실(現實)인가 현실이 꿈인가. 그 사이에 도대체 어떤 구별(區別)이 있는 것인가? 추구(追求)해 나가면 인생(人生) 그 자체가 하나의 꿈이 아닌가.

　장자(莊子)의 이런 우화(寓話)는 독자(讀者)를 유현(幽玄)의 세계로 끌어들여 생각하게 한다.

한자 풀이 ──────

① **호 胡 9** - 턱밑살 호[月(肉 : 살 육)과 발음요소와 모호하다는 뜻의 古(옛 고)가 합해진 글자로 소 같은 짐승의 턱 밑에 늘어진 살을 뜻함]·어찌 호·오래살 호·목줄띠 호·오랑캐 호·되 호

② **접 蝶 15** - 나비 접[곤충을 뜻하는 虫(벌레 훼)와 나비의 날개 모양을 본뜬 枼(나뭇잎 엽)이 합해진 글자로 나뭇잎 같은 엷은 날개에 비늘 가루가 묻어 있고 아름다운 색깔의 무늬로 되어

있으며 긴 대롱 모양의 입으로 꽃의 꿀을 빨아먹는 곤충]·호접(胡蝶 : 나비 종류의 곤충) 접

③ **지 之 4** - 갈 지[두 발을 뜻하는 止(발 지)와 출발선을 뜻하는 一(가로획)을 그어 만든 글자로
한 발을 떼고 막 출발하려는 모습을 나타냄]·이를 지·이 지·어조사(~의, ~가, ~이, ~을) 지

④ **몽 夢 14** - 꿈 몽[눈썹을 뜻하는 艹(艸 : 풀 초)와 罒(目 : 눈 목)과 人(사람 인)의 변형인 冖(덮을
멱)과 어두움을 뜻하는 夕(저녁 석)이 합해진 글자로 꿈의 뜻을 나타냄. 인생에서 실현시키
고 싶은 희망이나 이상(理想)]·꿈꿀 몽·희미(稀微 : 어떤 기억이 분명하지 못하는)할 몽

용어 풀이 ─────────

- 사유(思惟) : 생각하는, 철학적으로 개념·구성·판단·추리 등을 행하는 인간의 이성(理性)의 작용.
- 시비(是非) : 옳고 그름이나 잘잘못 또는 옳으니 그르니 하는 말다툼.
- 진위(眞僞) : 참과 거짓. 진짜와 가짜를 통틀어 이르는.
- 미추(美醜) : 아름다움과 추함. 미인(美人)과 추녀(醜女)를 아울러 이르는.
- 화복(禍福) : 홍수·화재·사고 등 불행한 재앙과 물질적 정신적 행복.
- 제창(提唱) : 어떤 일을 맨 처음으로 내놓아 그 의견을 굳게 주장하는.
- 추구(追求) : 이상(理想)이나 가치를 어디까지나 뒤쫓아 구하는.
- 우화(寓話) : 인격화한 동식물을 주인공으로 등장시켜 그들의 행동 속에 풍자와 교훈의 뜻을 나타내는
이야기.
- 유현(幽玄) : 사물의 이치(理致) 또는 아취(雅趣 : 아담한 정취)가 헤아리기가 어려울 정도로 깊고 그윽하
며 미묘한.
- 호접(胡蝶) : 나방과 달리 앉아 있을 때는 두 쌍의 넓적한 날개를 접어서 등위로 곧추 세우는 나비.

직역 꽃과 꽃 사이를 날아다니는 나비가 된 꿈이라는 뜻.
의역 물질세계와 정신세계의 구별을 잊거나 인생의 덧없음을 뜻함.

210

화룡점정
畵龍點睛

유래 요약

중국 남북조(南北朝)시대, 남조(南朝)인 양(梁)나라의 장승요(張僧繇)는 우군장군(右軍將軍)과 오흥태수(吳興太守) 등의 벼슬을 지낸 사람이었지만 붓 하나로 모든 사물을 실물(實物)과 똑같이 그릴 정도로 유명한 화가(畵家)로 알려져 있었다.

어느 날 장승요(張僧繇)는 금릉[金陵 : 남경(南京)]에 있는 안락사(安樂寺)의 주지(住持)로부터 용(龍)을 그려달라는 부탁(付託)을 받았다. 그는 절의 벽에다 검은 구름을 헤치고 하늘로 날아오를 듯한 두 마리의 용(龍)을 생동감(生動感)있게 그렸다. 단, 용(龍)의 눈에 눈동자가 그려져 있지 않았다.

사람들이 그 이유(理由)를 묻자, 장승요(張僧繇)는 이렇게 대답했다.

"눈동자를 그려 넣으면 용(龍)은 당장 벽을 박차고 하늘로 날아가 버릴 것이오."

그러나 사람들은 그의 말을 믿으려 하지 않았다.

당장 눈동자를 그려 넣으라는 재촉에 견디다 못한 장승요는 한 마리의 용(龍)에 점을 찍어 눈동자를 그려 넣었다. 그러자 돌연 벽 속에서 번개가 번쩍이고 천둥소리가 요란(搖亂)하게 울려 퍼지더니 한 마리의 용(龍)이 튀어나와 비늘을 번뜩이며 하늘로 날아가 버렸다. 그러나 눈동자를 그려 넣지 않은 용(龍)은 벽에 그대로 남아 있었다고 한다.

한자 풀이

① 화 畵[畵] 12 - 그림 화[聿(붓 율)과 田(밭 전)과 경계를 뜻하는 一(땅 일)이 합해진 글자로 본 뜻은 붓으로 그어 가른다는 뜻으로 밭의 경계선이나 그림을 그린다는 뜻을 나타냄]·그릴 화·그을 획·구획할 획

② 룡 龍 16 - 용 룡(용)[머리 위의 뾰족한 뿔과 벌리고 있는 입과 매의 발톱과 기다란 몸뚱이

를 가진 상상의 동물을 형상화한 글자로 '용'을 나타냄. *중국 周(주)나라 때부터 비·바람의 신묘(神妙)한 조화를 부리는 하늘을 나는 상상의 동물로 여겨 왔음]

③ 점 點 17 - 점 점 또는 검은점 점[黑(검을 흑)과 발음요소와 표시하거나 칠한다는 뜻의 占(차지할 점)이 합해진 글자로 옛날 포로나 노예 또는 임금의 반역자 얼굴에 먹물로 점을 찍어 표시한다는 뜻을 나타냄]

④ 정 睛 13 - 눈동자 정[目(눈 목)과 발음요소와 맑다는 뜻의 靑(푸를 청)이 합해진 글자로 맑은 눈빛을 내비치는 눈 안에 박힌 구슬 모양의 눈알을 나타냄. 사물을 바로 보는 시선(視線)이나 살아 있는 생명을 나타냄]·눈방울(또렷또렷한 눈알) 정·눈검은자위 정

용어 풀이 ——————

• 우군장군(右軍將軍) : 군(軍)의 우두머리로 오른쪽 군사나 부대를 지휘·통솔하는 무관(武官).
• 오흥태수(吳興太守) : 오흥 지역의 태수[太守 : 주(州)·부(府)·군(郡)·현(縣)의 행정구역의 행정을 책임 맡았던 지방관의 으뜸 벼슬].
• 실물(實物) : 실제의 물체나 인물(人物).
• 화가(畫家) : 그림 그리는 것을 전문적인 업으로 하는 예술가
• 주지(住持) : 한 절(寺)을 책임지고 관리하는 중.
• 부탁(付託) : 남에게 무슨 일을 해 달라고 청하거나 맡기는.
• 생동감(生動感) : 힘차게 살아 움직이는 것과 같은 느낌.
• 요란(搖亂·擾亂) : 사람들이 마구 떠들어 시끄럽고 정신이 없는.

직역 용(龍)을 그린 뒤에 마지막으로 점을 찍어 눈동자를 그려 넣는다는 뜻.
의역 무슨 일을 할 때 최후의 중요한 부분을 마무리함으로써 그 일이 완성된다는 뜻.

211

화서지몽
華胥之夢

유래 요약 ─────────

　이 글은 고대(古代) 중국의 최초 성천자(聖天子)로 알려진 황제(黃帝) 공손헌원(公孫軒轅)이 어느 날 낮잠을 자다가 꿈속에서 화서씨(華胥氏)의 나라로 가서 진리(眞理)를 깨닫게 되었다는 이야기다.

　그는 화서씨(華胥氏)의 나라로 놀러가서 안락(安樂)하고 평화(平和)로운 이상경(理想境)을 보았다. 그 곳에는 통치자(統治者)도 신분(身分)의 상하(上下)도 연장(年長)의 권위(權威)도 없고 백성들은 욕망(欲望)도 애증(愛憎)도 이해의 관념(觀念)도 없을 뿐 아니라 삶과 죽음에도 초연(超然)하다.

　황제(黃帝)는 꿈에서 깨어나자 맑은 정신(精神)으로 진리(眞理)를 훤히 깨달을 수 있었다. 그리고 중신(重臣)들을 불러 모아 놓고 꿈 이야기를 한 다음 이렇게 말했다.

　"짐은 지난 석 달 동안 방안에 들어앉아 심신(心身) 수양(修養)에 전념(全念)을 하며 사물을 다스리는 법(法)을 터득(攄得)하려 했으나 끝내 좋은 생각이 떠오르지 않았소. 그런데 짐은 이번에 꿈속에서 비로소 백성(百姓)을 다스리는 그 도(道)를 터득한 듯 싶소."

　그 후 황제(黃帝)가 도(道)의 정치(政治)를 베푼 결과 천하(天下)를 잘 다스리게 되었다고 하였다.

한자 풀이 ─────────

① 화 華 12 - 빛날 화[艹(艸 : 풀 초)와 아래로 처져 늘어져 있다는 뜻의 垂(드리울 수)가 합해진 글자로 본래는 초목의 가지에 무성하게 활짝 핀 꽃들이 아래로 드리우고 있는 모양을 나타냄. 활짝 핀 아름다운 꽃같이 화려하게 보이는]·꽃 화 또는 꽃필 화·번성할 화·영화(榮華) 화

② 서 胥 9 - 서로 서[月(肉 : 몸 육)과 발음요소와 오른발과 왼발이 짝이 되어 걷는다는 뜻의 疋

(발 소)가 합해진 글자로 마치 한 쌍처럼 서로 돕고 함께 행동한다는 뜻을 나타냄. 생각·행동·책임·직업 등이 똑같은]·짝 서

③ 지 之 4 - 갈 지[두 발을 뜻하는 止(발 지)와 출발선을 뜻하는 一(가로획)을 그어 만든 글자로 한 발을 떼고 막 출발하려는 모습을 나타냄]·이를 지·이 지·어조사(~의, ~가, ~이, ~을) 지

④ 몽 夢 14 - 꿈 몽[눈썹을 뜻하는 艹(艸 : 풀 초)와 罒(目 : 눈 목)과 人(사람 인)의 변형인 冖(덮을 멱)과 어두움을 뜻하는 夕(저녁 석)이 합해진 글자로 꿈의 뜻을 나타냄. 인생에서 실현시키고 싶은 희망이나 이상(理想)]·꿈꿀 몽·희미(稀微 : 어떤 기억이 분명하지 못하는)할 몽

용어 풀이 ─────

- 성천자(聖天子) : 지혜(智慧)와 덕(德)이 뛰어난 황제(皇帝)나 국가 최고 권력자.
- 화서씨(華胥氏) : 이상향(理想鄕 : 이상적인 나라)이고 신선(神仙)이며 정신만으로 여행할 수 있는 나라.
- 안락(安樂) : 몸과 마음이 편안하고 생활이 즐거운.
- 이상경(理想境) : 활동과 지향의 최고 목표이며 이념으로 추구하는 가장 바람직한 경지(상태).
- 통치자(統治者) : 주권을 행사하며 국토와 국민을 다스리는 원수(元首)나 지배자.
- 권위(權威) : 일정한 부분에서 사회적으로 인정받고 일정한 영향을 끼칠 수 있는 능력이나 위신.
- 애증(愛憎) : 사랑과 미움.
- 관념(觀念) : 견해나 생각, 추상적이고 공상적인 생각.
- 초연(超然) : 어떤 현실 속에서 벗어나 그것에 대하여 알려고 하거나 참견하지 아니하는.
- 중신(重臣) : 중요한 관직(官職)에 있는 신하(臣下 : 임금을 섬기어 벼슬하는 사람).
- 화서(華胥) 또는 화서씨(華胥氏) : 중국에서 몇 천만리 떨어진 엄주의 서쪽과 태주의 북쪽에 있다고 말하는 나라.

직역 낮잠을 자다가 화서씨(華胥氏)의 나라로 가서 꾸었던 특별한 꿈이라는 뜻.

의역 꿈을 통해 백성에게 도(道)의 정치를 베푸는 진리를 터득했다는 뜻. 고로 예부터 좋은 꿈을 가리켜 화서지몽(華胥之夢)이라고 함.

212

회사후소
繪事後素

유래 요약 ——————

이 글은 중국 유교(儒敎)의 근본문헌(根本文獻)인 『논어(論語)』의 「팔일(八佾)」에 나오는 말이다.

공자(孔子)의 제자(弟子)로서 공문십철(孔門十哲)의 한 사람인 자하(子夏)는 시(詩)와 예(禮)에 통달(通達)했었다. 자하(子夏)는 공자(孔子)에게 물었다.

"선생님, '고운 미소에 보조개여, 아름다운 눈에 또렷한 눈동자여, 소박(素朴)한 마음으로 화려(華麗)한 무늬를 만들었구나'라고 하셨는데 그것이 무엇을 말하는 것입니까?"

공자(孔子)가 말씀하시기를 "그림 그리는 일은 흰 바탕이 있은 후이다(繪事後素)."라고 하였다.

이에 자하(子夏)가 평소에는 예(禮)를 강조하는 공자에게 "그럼, 예(禮)는 나중입니까?"라고 다시 물었다.

공자(孔子)가 말씀하시기를 "동양화(東洋畫)에서 하얀 바탕이 없으면 그림 그리는 일이 불가능한 것과 마찬가지로 소박(素朴)한 마음의 바탕이 없이 눈과 코와 입의 아름다움만으로는 진정한 여인(女人)의 아름다움을 표현(表現)할 수 없다는 것이다." 하였다.

이에 자하(子夏)는 밖으로 드러난 형식적(形式的)인 예(禮)보다는 그 예의 본질적(本質的)인 인(仁)한 마음이 중요(重要)하다는 것을 깨달았다.

한자 풀이 ——————

① 회 繪 19 - 그림 회[糸(실 사)와 발음요소와 여러 가지를 합한다는 뜻의 會(모을 회)가 합해진 글자로 오색(五色)실로 배합하듯이 여러 가지 색으로 그린 그림을 나타냄. 어떤 대상이나 현상을 아름답게 표현하는 예술]·그림그릴 회·수놓을(천조각에 색실과 바늘로 그림을 떠서 놓

는) 회

② **사 事 8** - 일 사[깃발이나 팻말의 모양인 史와 彐(又 : 오른손 우)가 합해진 글자로 팻말 아래 사람들이 모여 작업이나 행사하는 모습을 나타냄]·섬길 사·벼슬 사·경영할 사

③ **후 後 9** - 뒤 후[종종걸음으로 걷는다는 뜻인 彳(조금걸을 척)과 끈을 뜻하는 糸(실 사)가 생략된 幺(작을 요)와 夊(뒤져올 치)가 합해진 글자로 발이 묶인 죄인이 뒤로 처져 늦게 온다는 뜻을 나타냄. ~한 뒤에]

④ **소 素 10** - 본디 소 또는 본래 소[본래 흙에서 싹이 나오는 모습인 垩(生 : 날 생)과 糸(실 사)가 합해진 글자로 누에고치에서 처음 뽑아낸 명주실이 희다는 뜻을 나타냄. 성품·성질·성분·상태·요소·소망·기술 등을 처음부터 가지고 있는]·바탕 소·평소 소·흴 소·생초 소·흰 깁 소·질박할 소·채식 소

용어 풀이 ─────

• 팔일(八佾) : 팔일무어정(八佾無於庭)의 첫 두 글자를 딴 무락(舞樂)의 이름으로 예법(禮法)과 음악(音樂)에 관한 이야기를 모은 책의 이름. * 佾(춤줄 일 : 사람이 춤을 출 때 쭉 늘어선 줄)

• 공문십철(孔門十哲) : 중국 고대(古代)의 성현(聖賢)인 공자(孔子)의 문하생(門下生) 중 뛰어난 10명의 제자를 뜻하며 사과십철(四科十哲)이라고도 함. * 門下生 : 한 스승의 집을 드나들며 가르침을 받는 제자.

• 통달(通達) : 어떤 분야에 막힘이 없이 환히 잘 아는. 도(道)에 깊이 통하는.

• 소박(素朴) : 형식적인 꾸밈이나 거짓이 없이 수수한 자연 그대로 나타내는.

• 화려(華麗) : 옷차림이나 그림·경치·문장 따위가 빛나고 고운.

• 형식적(形式的) : 겉으로 나타내는 외형(外形)이나 격식(格式) 따위에 주로 신경을 써서 나타내는.

• 본질적(本質的) : 본래부터 가지고 있는 사물의 독특한 성질을 중심으로 이루는.

직역 그림은 먼저 흰 바탕이 있는 이후에 그리거나 채색을 한다는 뜻.
의역 순수한 마음의 바탕이 있는 뒤에 글을 쓰고 장식을 해야 한다는 뜻.

참고자료 年齡別 名稱(연령별 명칭) - 論語(논어) -

年齡	名稱 및 풀이	漢字 뜻
2·3세	孩提(해제 : 어린아이)	孩(어린이 해) 提(끌어당길 제)
10세	沖年(충년 : 10살 안팎의 어린 나이)	沖(어릴 충) 年(해년·나이 년)
15세	志學(지학 : 학문에 뜻을 둠)	志(뜻 지)·學(배울 학·학문 학)
16세	瓜年(과년 : 결혼하기에 적당한 여자 나이)· 破瓜(파과)(女)	瓜(오이 과·익을 과) 年(나이 년) 破(깨뜨릴 파) 瓜(오이 과)
20세	弱冠(약관 : 관례를 하는 성인 남자)· 芳年(방년 : 꽃다운 여자)	弱(젊을 약) 冠(갓 관) 芳(꽃다울 방) 年(나이 년)
30세	立志(입지 : 뜻을 세움)· 而立(이립 : 30살을 달리 이르는 말)	立(설 립·세울 립) 志(뜻 지)
40세	不惑(불혹 : 세상 일에 정신을 팔지 않는다는 뜻)·強仕(강사)(男)	不(아닐 불) 惑(미혹할 혹·정신잃을 혹) 強(힘쓸 강) 仕(선비 사)
50세	知天命(지천명 : 하늘의 뜻을 깨달아 안다는 뜻)·艾年(애년)	知(알 지) 天命(하늘의 뜻) 艾(쑥 애)
60세	耳順(이순 : 만물의 이치 등 듣는 대로 이해가 된 다는 뜻)·指使(지사)	耳(귀 이·들을 이) 順(도리에따를 순) 指(뜻 지) 使(순종할 사)
61세	回甲[회갑 : 60갑자(甲子)의 갑(甲)이 되돌아온 다는 뜻, 還甲(환갑)]	回(돌아올 회) 甲(60갑자 갑) 還(돌아올 환)
62세	進甲(진갑 : 회갑·환갑 다음해 때의 생일을 뜻함)	進(나아갈 진·더할 진) 甲=회갑·환갑
64세	破瓜[파과 : 破瓜之年의 준말로 벼슬에서 물러 난다는 뜻(男)]	破(깨뜨릴 파) 瓜(오이 과→벼슬을 뜻함)
66세	美壽(미수 : 아름답게 오래 즐기며 산다는 뜻)	美(아름다울 미) 壽(목숨 수·오래살 수)

70세	古稀(고희 : 옛부터 드물게 사는 나이라는 뜻→ 人生七十古來稀)	古(옛 고·오래될 고) 稀(드물 희·적을 희)
71세	望八(망팔 : 여든을 바라본다는 뜻)	望(바랄 망) 八(여덟 팔→80을 뜻함)
77세	喜壽[희수 : 장수(長壽 : 오래 삶)를 기쁘게 축하한다는 뜻]	喜(기쁠 희) 壽(목숨 수·오래살 수)
80세	傘壽(산수 : 눈썹이 희도록 80세까지 오래 살았다는 뜻)·白眉(백미)	傘(우산 산→八과 十으로 풀어 80을 뜻함) 白(흰 백) 眉(눈썹 미)
81세	望九(망구 : 아흔을 바라본다는 뜻)	望(바랄 망) 九(아홉 구→90살을 뜻함)
88세	米壽(미수 : 여든여덟 살을 다르게 부르는 말임)	米(쌀 미 : 米의 한자를 분해하면 八+八됨)
90세	卒壽(졸수 : 구십 살을 다르게 부르는 말임)	卒(마칠 졸 : 卆와 같은 한자로 九+十됨)
91세	望百(망백 : 백을 바라본다는 뜻)	望(바랄 망) 百(일백 백→100살을 뜻함)
99세	白壽(백수 : 구십아홉 살을 다르게 부르는 말임)	白[흰 백 : 百(100)빼기 一(1)은 99살을 뜻함]
100세	百壽(백수 : 일백 살을 다르게 부르는 말임)· 上壽(상수)	百(일백 백 : 100살) 壽(목숨 수·오래살 수)
108세	茶壽(다수 : 백여덟 살을 다르게 부르는 말임)	茶(마실차 다 : 茶의 한자를 분해하면 20+88 뜻함)
111세	皇壽(황수 : 제국 군주인황제가 누린 나이라는 뜻)	皇(임금 황·봉황 황·면류관 황)
125세	天壽(천수 : 타고난 수명의 한계를 뜻함)· 天命(천명)	天(하늘 천)·命(목숨 명·수명 명)

漢字(한자)의 部首(부수)

1. 한자의 부수는 한자자전(漢字字典)에서 한자를 찾는 길잡이 역할을 함.
2. 한자의 부수는 한자를 구성하는 의미요소와 발음요소로 한자를 근본적으로 이해하는 기본 문자임.

1획		
순	부수	부수명
1	一	한 일·오로지 일·땅 일
2	丨	뚫을 곤·통할 곤
3	丶	점 주·불똥 주·심지 주
4	丿	삐칠 별·삐침 별
5	乙	새 을·굽을 을
6	乚	乙의 변형된 부수
7	亅	갈고리 궐

2획		
순	부수	부수명
1	二	두 이·둘째 이·거듭 이
2	亠	돼지머리 두·머리부분 두 * 윗사람 인
3	人	사람 인·백성 인·남 인(他人)
4	𠆢	人의 변형된 부수
5	亻	人의 변형된 부수
6	儿	어진사람 인·걸을 인
7	入	들 입·들어올 입
8	八	여덟 팔·나눌 팔
9	丷	八과 같은 부수
10	冂	멀 경·빌 경·경계 경
11	冖	덮을 멱·덮어가릴 멱
12	冫	얼음 빙
13	几	안석 궤·책상 궤
14	凵	입벌릴 감·구덩이 감
15	刀	칼 도·자를 도
16	刂	刀의 변형된 부수
17	力	힘 력·힘쓸 력(역)
18	勹	쌀 포
19	匕	비수 비·숟가락 비
20	匚	상자 방·모진그릇 방
21	匸	감출 혜·덮을 혜
22	十	열 십·많을 십

23	十	十의 변형된 부수
24	卜	점 복·점칠 복
25	卩	병부 절·마디 절
26	巳	卩의 변형된 부수
27	厂	굴바위 엄·기슭 엄
28	厶	사사 사·아무 모·마늘모 모
29	又	오른손 우·또 우

3획		
순	부수	부수명
1	口	입 구·말할 구·사람 구
2	囗	에워쌀 위·큰입 구
3	土	흙 토·땅 토·나라 토
4	士	선비 사·벼슬 사·사내 사
5	夂	뒤져올 치·뒤져서올 치
6	夊	천천히걸을 쇠
7	夕	저녁 석
8	大	큰 대·어른 대·심할 대
9	女	여자 녀(여)·계집 녀(여)
10	子	아들 자·아이 자·씨 자
11	宀	집 면·움집 면
12	寸	마디 촌·치 촌·손 촌
13	小	작을 소·조금 소
14	尢	절름발이 왕·곱사 왕
15	兀	尢와 같은 부수
16	尸	주검 시·죽음 시·시동 시
17	屮	싹날 철
18	屮	왼손 좌, 屮의 변형된 부수
19	山	뫼 산·메 산
20	川	내 천·굴 천
21	巛	川의 변형된 부수
22	工	장인 공·공구 공·일 공
23	己	몸 기·자기 기·이미 기
24	巾	수건 건·두건 건

25	干	방패 간·범할 간·막을 간
26	幺	작을 요·어릴 요
27	广	집 엄·바윗집 엄
28	廴	길게걸을 인·당길 인
29	廾	받쳐들 공·손맞잡을 공·팔짱낄 공
30	弋	주살 익·화살 익
31	弓	활 궁·활꼴 궁
32	彐	돼지머리 계
33	彑	彐와 같거나 변형된 부수
34	彐	〃
35	彡	터럭 삼·무늬 삼
36	彳	조금걸을 척·자축거릴 척
37	忄	心의 변형된 부수·마음심변
38	扌	手의 변형된 부수·손수변
39	氵	水의 변형된 부수·물수변
40	犭	犬이 변형된 부수·개사슴록변
41	阝左	阜 언덕부 변(좌부변)
42	阝右	邑 고을읍 방(우읍방)

4획

순	부수	부수명
1	心	마음 심·생각 심·가슴 심·심장 심
2	小	心의 변형된 부수
3	戈	창 과·찌를 과
4	戶	지게 호·집 호·지게문 호
5	手	손 수·사람 수
6	支	지탱할 지·가지 지
7	攴	칠 복·채찍질할 복
8	攵	攴의 변형된 부수
9	文	글월 문·무늬 문
10	斗	말 두·별이름 두·되 두
11	斤	도끼 근·무게 근·낫 근
12	方	모 방·방위 방·네모 방
13	无	없을(無의 옛날한자) 무
14	旡	목멜 기·숨막힐 기
15	日	날 일·해 일·날짜 일
16	曰	가로 왈·말할 왈
17	月	달 월·세월 월
18	木	나무 목·질박할 목

19	欠	하품 흠
20	止	그칠 지·발 지
21	歹	살발린뼈 알·뼈앙상할 알
22	殳	칠 수·몽둥이 수·창 수
23	毋	말 무·아닐 무·없을 무
24	比	견줄 비·나란할 비
25	毛	터럭 모·털 모
26	氏	씨족 씨·성씨 씨
27	气	기운 기·구름기운 기
28	水	물 수·강 수·별이름 수
29	火	불 화·불사를 화
30	灬	火의 변형된 부수
31	爪	손톱 조·할퀼 조
32	爫	爪의 변형된 부수
33	父	아버지 부·아비 부
34	爻	점괘 효·사귈 효
35	爿	나무조각 장·널 장
36	片	조각 편·한쪽 편
37	牙	어금니 아·상아 아
38	牛	소 우
39	犬	개 견·큰개 견
40	尢	尤와 같이 쓰는 부수
41	王	玉의 변형된 부수
42	礻	示의 변형된 부수
43	罒四冗	网 변형된 부수 또는 약자
44	耂	늙을노(로)
45	艹	艸의 변형된 부수
46	辶	길갈착·辵의 변형된 부수

5획

순	부수	부수명
1	玉	구슬 옥·옥 옥
2	玄	검을 현·가물(희미하게 보이는) 현
3	瓜	오이 과·참외 과
4	瓦	기와 와·질그릇 와
5	甘	달 감·맛 감
6	生	날 생·낳을 생·살 생
7	用	쓸 용·부릴 용·써 용
8	田	밭 전·사냥할 전

9	疋	발 소·짝 필
10	疋	疋의 변형된 부수
11	疒	병들어기댈 녁·병질 안
12	癶	걸을 발·필 발·등질 발
13	白	흰 백·아뢸 백
14	皮	가죽 피·껍질 피
15	皿	그릇 명·사발 명
16	目	눈 목·조목 목
17	罒	目·网의 변형된 부수
18	矛	창 모·세모진창 모
19	矢	화살 시·곧을 시
20	石	돌 석·섬 석
21	示	보일 시·제사 시
22	禸	짐승발자국 유
23	禾	벼 화·곡식 화
24	穴	구멍 혈·굴 혈
25	宀	穴의 변형된 부수
26	立	설 립(입)·세울 립(입)
27	歺	歹의 변형된 부수
28	衤	衣의 변형된 부수
29	氺	水의 변형된 부수

6획

순	부수	부수명
1	竹	대 죽·대나무 죽
2	竹	竹의 변형된 부수
3	米	쌀 미·낱알 미
4	糸	가는실 멱·실 사
5	缶	장군 부·질그릇 부
6	网	그물 망
7	羊	양 양·노닐 양
8	羊	羊의 변형된 부수
9	羊	〃
10	羽	깃 우·날개 우
11	老	늙을 노(로)
12	而	말이을 이·수염 이·또 이
13	耒	쟁기 뢰·가래 뢰
14	耳	귀 이
15	聿	붓 률(율)

16	肉	고기 육·몸 육·살 육
17	臣	신하 신·하인 신
18	自	스스로 자·부터 자·코 자
19	至	이를 지·지극할 지
20	臼	절구 구·확(우묵하게 판 돌) 구
21	舌	혀 설·말 설
22	舛	어그러질 천·어길 천
23	舟	배 주·배댈 주
24	艮	그칠 간·되돌아볼 간
25	色	빛 색·색 색·얼굴빛 색
26	艸	풀 초·파릇파릇날 철
27	虍	범 호·범무늬 호
28	虫	벌레 충(훼)·뱀 훼
29	血	피 혈·근친 혈
30	行	다닐 행·항오 항
31	衣	옷 의
32	襾	덮을 아·가리어숨길 아
33	襾	襾의 변형된 부수

7획

순	부수	부수명
1	見	볼 견·의견 견
2	角	뿔 각·모날 각
3	言	말씀 언·말할 언
4	谷	골 곡·골짜기 곡
5	豆	콩 두·제기 두
6	豕	돼지 시·멧돼지 시
7	豸	맹수 치·발없는벌레 치
8	貝	조개 패·돈 패·재물 패
9	赤	붉을 적·벌거벗을 적
10	走	달릴 주·달아날 주
11	足	발 족·넉넉할 족
12	足	足의 변형된 부수
13	身	몸 신·아이밸 신
14	車	수레 거·수레 차
15	辛	매울 신·고생 신
16	辰	별 진·별 신
17	辵	쉬엄쉬엄갈 착·길갈 착
18	邑	고을 읍·도읍 읍

19	酉	술병 유·닭 유·술 유
20	釆	분별할 변·나눌 변
21	里	마을 리(이)
22	臼	臼의 변형된 부수
23	镸	長의 변형된 부수

8획		
순	부수	부수명
1	金	쇠 금·금 금·성씨 김
2	長	길 장·긴 장·어른 장
3	門	문 문·집안 문·가문 문
4	阜	언덕 부
5	隶	미칠 이·밑 이
6	隹	새 추
7	雨	비 우·비올 우·내리 우
8	⻗	雨의 변형된 부수
9	靑	푸를 청
10	非	아닐 비·어긋날 비
11	飠	食의 변형된 부수

9획		
순	부수	부수명
1	面	낯 면·얼굴 면·방위 면
2	革	가죽 혁·고칠 혁
3	韋	에워쌀 위·에울 위
4	韭	부추 구
5	音	소리 음·음악 음
6	頁	머리 혈
7	風	바람 풍·경치 풍
8	飛	날 비·오를 비
9	食	밥 식·먹을 식·먹을 사·기를 사
10	飠	食의 변형된 부수
11	首	머리 수·우두머리 수
12	香	향기 향·향기로울 향

10획		
순	부수	부수명
1	馬	말 마
2	骨	뼈 골·요긴할 골
3	高	높을 고
4	髟	머리털늘어질 표

5	鬥	싸울 투·다툴 각
6	鬯	울창술 창·활집 창
7	鬲	막을 격·오지병 격·솥 력(역)·사이뜰 격
8	鬼	귀신 귀

11획		
순	부수	부수명
1	魚	물고기 어
2	鳥	새 조
3	鹵	소금밭 로(노)
4	鹿	사슴 록(녹)
5	麥	보리 맥·밀 맥
6	麻	삼 마·저릴 마

12획		
순	부수	부수명
1	黃	누를 황·늙은이 황
2	黍	기장 서
3	黑	검을 흑·어두울 흑
4	黹	바느질할 치

13획		
순	부수	부수명
1	黽	맹꽁이 맹·힘쓸 민
2	鼎	솥 정·세발솥 정
3	鼓	북 고·북칠 고·풀무 고
4	鼠	쥐 서·좀도둑 서

14획		
순	부수	부수명
1	鼻	코 비
2	齊	가지런할 제·공손할 제

15획		
순	부수	부수명
1	齒	이 치·나이 치

16획		
순	부수	부수명
1	龍	용 룡(용)·언덕 롱(농)
2	龜	거북 귀·터질 균

17획		
순	부수	부수명
1	龠	피리 약

알기 쉽게 풀이한
핵심 고사성어

발행일 2021년 10월 15일 초판 1쇄

지은이 장원일
발행인 고영래
발행처 (주)미래사

주소 서울시 마포구 신수로 60, 2층
전화 (02)773-5680
팩스 (02)773-5685
이메일 miraebooks@daum.net
등록 1995년 6월 17일(제2016-000084호)

ISBN 978-89-7087-909-3 (04710)
        978-89-7087-908-6 (세트)